des Helden von Kap
Trafalgar. **S. 229**

NATURAL HISTORY MUSEUM
Zu Besuch bei Dino-
sauriern, Insekten und
Charles Darwin **S. 151**

ST PAUL'S CATHEDRAL
Das Meisterwerk von
Christopher Wren
besitzt die zweitgrößte
Kuppel der Welt. **S.180**

VICTORIA & ALBERT MUSEUM
Erlesene Sammlung von
Kunst und Kunsthand-
werk aus den Kulturen
der Welt. **S. 232**

TOWER OF LONDON
Zwischen Gruseln und
Glitzern: Die Festung
blickt auf eine blutige
Geschichte zurück und
ist Aufbewahrungsort
der Kronjuwelen. **S. 216**

WESTMINSTER ABBEY
Die Nationalkathedrale
der Briten: Die Grablege
der englischen Könige
ist ein Meisterwerk der
Hochgotik. **S.239**

TOWER BRIDGE
Eine Brücke mit Cha-
rakter und Eigenleben:
Sie ist das Wahrzeichen
Londons und ein tech-
nisches Bravourstück.
S. 224

WHITEHALL
Die Straße der Mächti-
gen mit stoischen Wäch-
tern an Horse Guards.
S. 250

TATE
Weltberühmte Samm-
lungen britischer,
moderner und zeitge-
nössischer Kunst an zwei
Standorten. **S. 210**

TRAFALGAR SQUARE
Der majestätischste
Platz Londons zu Ehren

WINDSOR CASTLE
Der Sommersitz der
Royals hoch über der
Themse ist die am längs-
ten noch bewohnte Burg
der Welt. **S. 257**

■ DAS IST LONDON

■ TOUREN

LEGENDE

Baedeker Wissen
●   Textspecial, Infografik & 3D

Baedeker-Sterneziele
★★ Top-Reiseziele
★   Herausragende Reiseziele

BAEDEKER

L

LONDON

>>

So etwas wie London
gibt es nirgends.
Überhaupt nicht,
egal wo.

<<

Vivienne Westwood

baedeker.com

TOP 19

Die Top-Sehenswürdigkeiten von London

Fast tägliche Attraktion: die Wachablösung. **S. 54**

★★ COURTAULD INSTITUTE GALLERY

Eine der feinsten Gemäldesammlungen der Welt, besonders gut mit Impressionisten bestückt **S. 198**

BRITISH MUSEUM

Eine Schatzkammer der Archäologie und Kunst dieser Erde. **S. 48**

★★ GREENWICH

Ein Muss für Marine-Enthusiasten und ein herrliches Ausflugsziel. **S. 81**

BUCKINGHAM PALACE

Hier wohnen die Royals, wenn sie in London sind.

★★ HAMPTON COURT PALACE

Wo Heinrich VIII. Tennis spielte und eine seiner

Ehefrauen spukt, erlebt man heute einen herrlichen Tudorpalast. **S. 100**

★★ HOUSES OF PARLIAMENT

Hier schlägt das Herz von Britanniens Demokratie. **S. 105**

★★ HYDE PARK

Hier entspannt sich London. Der größte Park der Stadt ist ein Spaziergängerparadies! **S. 114**

★★ KEW GARDENS

Der ehrwüridge Botanische Garten vor den Toren der Stadt bietet Erlebnisse für die Sinne und ist immer noch Forschungsstätte. **S. 123**

★★ NATIONAL GALLERY

Ein nahezu vollständiger Querschnitt durch die europäische Malerei vom Mittelalter bis ins 19. Jahrhundert. **S. 142**

■ SEHENSWERTES VON A BIS Z

■ HINTERGRUND

■ ERLEBEN UND GENIESSEN

PREISKATEGORIEN

Restaurants
Preiskategorien
für ein Hauptgericht
€€€€   über £ 25
€€€   £ 20– £ 25
€€   £ 10– £ 20
€   unter £ 10

Hotels
Preiskategorien
für ein Doppelzimmer
€€€€   über £ 300
€€€   £ 200– £ 300
€€   £ 120– £ 200
€   £ 70– £ 120

MAGISCHE MOMENTE

ÜBERRASCHENDES

D

DAS IST ...

London

Die großen Themen rund um
die spannendste Metropole Europas.
Lassen Sie sich inspirieren!

Trooping the Colour, die Geburtstagsparade der Queen,
ist der alljährliche Höhepunkt in Londons Festkalender. ▶

EINMAL KÖNIGIN SEIN ...

... oder doch wenigstens jemand Royalem etwas näher kommen! Hand aufs Herz: Da steht man als bekennender Demokrat vor Buckingham Palace, schaut gebannt auf Pomp und Circumstance der Wachablösung und hofft insgeheim, dass die Queen aus dem Fenster spickt. Was fasziniert so an den Royals?

◄ Während William und Kate der Queen folgen, haben Harry und Meghan einen anderen Weg eingeschlagen.

DENN die Frage sei erlaubt, warum sich die Briten diesen vermeintlichen Anachronismus leisten, anders formuliert: Was tun die Royals eigentlich, und weshalb bekommen sie so viel Geld?

Die britische Monarchie ist die älteste der Welt. Faktisch ist die Macht des Monarchen aber sehr beschnitten. Es gibt zwar keinen offiziellen Akt, der nicht in seinem Namen geschähe, er eröffnet das Parlament, ist nominell Chef der Armee und Oberhaupt der Kirche. Doch könnte er heute niemals entscheidend in die Politik eingreifen – selbst in so fundamentalen Fragenwie dem Brexit. Gegenüber den Politikern hat er jedoch einen unschätzbaren Vorteil – er ist nicht dem wankelmütigen Wahlvolk ausgeliefert. Elizabeth II. regiert seit 1952 und hat damit in der Dienstalter-Rangliste ihre Ur-Ur-Großmutter Victoria überholt. Der Monarch verkörpert also Kontinuität und Verlässlichkeit.

Royales Repräsentieren

Wer wissen will, was die Royals täglich so tun, kann dies im **Royal Bulletin** in den Zeitungen oder im **Royal Diary** auf www.royal.gov.uk nachlesen. Man wird feststellen, dass die »Firma« (Prinz Philip) nicht nur große Anlässe, sondern vor allem eine Unzahl kleinerer Zeremonien beehrt: Princess Anne eröffnet eine Ausstellung, die Herzogin von Cambridge besucht einen Kindergarten, der Prince of Wales inspiziert ein Kriegsschiff. Nur Philip hat sich altersbedingt herausgenommen. Dabei fällt immer wieder auf, dass die Royals gerade bei den »kleinen Leuten« äußerst beliebt sind.

Statistisch gesehen muss jeder Brite knapp 1 Pfund pro Jahr für die Royals berappen. Damit finanziert er den gesamten Repräsentationsaufwand (»Sovereign Grant«), u.a. den Piper to the Sovereign, der jeden Morgen um 9 Uhr unter dem Fenster der Queen 15 Minuten lang den Dudelsack bläst. Die Queen, mit einem geschätzten Privatvermögen von 385 Mio. Pfund, beteiligt sich nicht an diesen Kosten. Kommt die Sprache auf das Geld, fällt die Meinung der Untertanen über ihre erste Familie deutlicher aus: Viele wollen ihr jegliche Zuschüsse streichen. Doch den meisten sind sie immer noch ihr Geld wert.

Das Ritual der Entrückung

Nachdem die Queen sich vor Dianas Sarg verneigt hatte und William und Kate süßen Nachwuchs bekommen haben, war lange Ruhe an der **Yellow-Press**-Front. Auch die Missbrauchsvorwürfe an »Randy Andy« 2019 wurden noch seltsam zurückhaltend behandelt. Da rumorte aber schon der Zwist zwischen William mit Kate und Harry mit Meghan, einer selbstbewussten Frau, noch dazu geschieden und Amerikanerin. Der Sturm brach los, als **Harry und Meghan** verkündeten, sich aus royalen Verpflichtungen zurückzuziehen, nicht zuletzt weil die Boulevardpresse, angeführt vom Revolverblatt »The Sun«, sich insbesondere über Meghan als »Duchess Difficult« hermachte.

Wer nun aber meint, die Royals zerfallen, wird sich wohl täuschen. Zwar fanden 46 % der Briten richtig, was Harry und Meghan tun, aber 70 % finden die Monarchie immer noch »quite« oder »very important«. Daran ändert auch der Brexit nichts. Sie haben offenbar das institutionelle Wesen der Royals erkannt, wie es schon 1867 der Verfassungstheoretiker **Walter Bagehot** enthüllt hat: »Das Geheimnis unserer

ROYAL ROBES

»Wahre Eleganz kommt immer ohne Anstrengung daher«. Modedesigner Bruce Oldfield musste es wissen, denn er und David Sassoon haben mit Princess Diana eine Stilikone eingekleidet. An ihrem offiziellen Wohnort Kensington Palace zeigt die Ausstellung »Diana: Designing for a Princess «, wie die Queen of Hearts trotz des höfischen Korsetts ihren eigenen Stil geprägt hat. Näher kommt man dem Mythos Royals kaum. (▶ S. 119)

Monarchie kommt aus ihrer lebendigen Existenz. Wir sollten etwas Geheimnisvolles nicht ans Tageslicht zerren.« Oder, wie es der Dokumentarfilmer **David Attenborough** etwas volksnaher formulierte: »Die ganze Institution beruht auf Mystik und dem Stammesoberhaupt in seiner Hütte. Wenn je ein Stammesmitglied in diese Hütte hineinschaut, dann ist das ganze System des Häuptlings zerstört, und der Stamm zerfällt.«

Dafür wird schon der kommende Häuptling sorgen. Auf die Frage, ob er sich als König so verhalten würde wie als Thronfolger, antwortete der zukünftige Charles III: »I am not that stupid.«

Ob Harry und Meghan es schaffen werden, ein halbwegs privates Leben zu führen?

UND ABENDS INS WESTEND

Wenn in London, dann natürlich auch ins West-end-Musical. Also rasch noch online Karten bestellen! Leichter gesagt als getan: Zur Auswahl stehen an die 40 Produktionen. Das Geschäft brummt.

Der »Herr der Ringe« hat es natürlich auch auf die Musicalbühne geschafft. Nach 492 Vorstellungen war aber Schluss. ▶

ES kommt nicht von ungefähr, dass gerade London neben New York als **Welthauptstadt des Musicals** gilt. Dort hat es angefangen. In einer riesigen, immer größer werdenden Stadt wollte man unterhalten sein, und dazu eigneten sich erdenschwere Bühnenklassiker nur bedingt. Der Startschuss fiel 1872 im Alhambra Theatre mit »The Black Crook« (»Der schwarze Schuft«). Lange gab danach der New Yorker Broadway den Ton an: Wer gerät bei »Westside Story« nicht ins Schwärmen?

Als aber **Andrew Lloyd Webber** nacheinander »Cats« (1980), »Starlight Express« (1984) und »Das Phantom der Oper« (1986) auf die Bühne brachte, übernahm London die Führung. Es begann das **Zeitalter der Megamusicals**, die mit einem immensen Aufwand an Personal, Ausstattung und Technik realisiert wurden. Die Millionen, die das kostete, wollten eingespielt sein, weshalb derartige Produktionen sehr lange laufen mussten. Auf der aktuelle Hitliste der am längsten gespielten Westend-Produktionen steht zwar mit Agatha Christie's »Mausefalle« mit über 26 000 Vorstellungen ein Theaterstück deutlich an der Spitze, aber sämtliche folgenden Plätze belegen Musicals, angeführt von den immer noch laufenden »Les Misérables« und »Phantom der Oper« (beide ca. 14 000 Vorstellungen).

▌ Geschäft mit Charme

Längst ist Musical also ein Riesengeschäft geworden. Die Society of London Theatres hat 2018 für alle Westend-Bühnen 15,5 Millionen Besucher gezählt, die **765 Millionen Pfund** an den Kassen ließen. Die allermeisten dürften ins Musical gegangen sein. Was aber nicht zum Dauerbrenner wird, wird abgesetzt. Laufend werden neue Produktionen ausgeworfen und alle möglichen Trends probiert: Jukebox-Musicals wie »Thriller Live!«, Filmadaptionen wie »Mamma Mia!« und auch Megamusicals werden wieder gewagt, siehe »Lord of the Rings«. Man könnte jetzt natürlich meinen, dass das alles zu industrialisiert sei. Aber genau das ist es ja: Das ist kein Amateurtheater, hier sind Vollprofis am Werk, und wer mit Musicals etwas anfangen kann, sollte hingehen. Außerdem besteht der Charme eines Musicalbesuchs in London nicht zuletzt darin, dass man nicht in eine extra gebaute, perfekt durchorganisierte Vergnügungsmaschine mit Rundumversorgung kommt, sondern in **ein alteingesessenes, »richtiges« Theater** mit einem Vorher (Wo essen wir noch was?) und einem Nachher (Gehen wir noch was trinken?). Dann muss man nur noch entscheiden: Will ich eine Geschichte sehen? Geht es mir vor allem um die Musik? Oder beides, am besten mit gigantischer Show?

THRILLER LIVE!

Mal die 1980er live erleben? Im Lyric Theatre in der Shaftesbury Avenue kommen sie auf die Bühne: THRILLER Live! huldigt seit 2009 Michael Jackson, Moonwalking garantiert. Völlig sorglos wird der Abend mit der Buchung eines Pre-Show-Dinners in einem Restaurant. (www.lyrictheatre.co.uk)

LINKS: Liebe, Hoffnung, Aufbegehren – dass Musicals nicht gleich seichte Unterhaltung bedeuten, beweist »Les Misérables«.
OBEN: Der King of Pop lebt?
UNTEN: Wer diese Wahl hat ... ist eindeutig im Westend angekommen.

GURKE UND KÄSE-REIBE

»Walkie Talkie«, »Gherkin« oder »Cheesegrater« lauten einige der Spitznamen, die die Londoner ihren neuen Wolkenkratzern verpasst haben. Und es kommen immer weitere hinzu – riesige Kräne schwenken von morgens bis abends eifrig neue Bauteile hin und her. Heute geht, was vor einigen Jahren noch nicht möglich war: sagenhafte Blicke von oben genießen.

◄ Es wird eng in der City. Der Blick geht von der Kirche St Botolph auf die »Gurke«, links daneben ein Stück »Käsereibe«, dazwischen »1 Undershaft« und ganz links das »Skalpell«.

FRÜHER konzentrierten sich die Wolkenkratzer in den Finanzvierteln City of London und Canary Wharf oder setzten hier und dort als Solitär einen Akzent, wie Centre Point am östlichen Ende der Oxford Street. Heute entstehen Türme südlich der Themse in Southwark und Lambeth, auch in Stratford beim Gelände der Olympischen Spiele 2012. In der City kommen immer noch neue Himmelsstürmer hinzu.

▌ Brennglasarchitektur

Die Formenvielfalt der Wolkenkratzer ist immens, auch wenn nicht alles gelungen wirkt – über neue Architektur kann man sich herrlich echauffieren. Ein tolles Beispiel ist das 160 Meter hohe »20 Fenchurch Street«, genannt **»The Walkie Talkie«**. Diesen Spitznamen erhielt das Gebäude, weil es sich nach oben hin dominant ausdehnt und das Stadtbild verändert. Der Architekt hatte allerdings nicht vorhergesehen, dass die konkave Fassade wie ein Brennglas wirkte, und deshalb u. a. die Karosserie eines unten geparkten Jaguars zum Schmelzen brachte. Der Besitzer eines nahe gelegenen Cafés soll die unverhoffte Wirkung zum Spiegeleier braten im Freien genutzt haben. Der Architekt besserte nach. Abhilfe schaffen seither Lamellen, was aber nicht verhindern konnte, dass der Turm den **»Carbuncle Cup«** für den hässlichsten Neubau Großbritanniens des Jahres 2015 erhielt ...
Für Aufsehen sorgten auch das **Lloyd's Building** im High-Tech-Stil im Jahr 1986 und Norman Fosters formschöne runde »Essiggurke« (**»The Gherkin«**) mit dem offiziellen Namen »St Mary Axe« im Jahr 2004, doch blieben beide für die Öffentlichkeit unzugänglich.

▌ Der Blick von oben ...

Das spektakulärste Gebäude des neuen Millenniums war zweifellos **»The Shard«**. Wie eine Glasscherbe schießt der Bau 310 Meter in die Höhe, ist somit der höchste in Westeuropa, und bietet allen, die den gepfefferten Preis zahlen, einen unvergleichlichen Rundblick.
Es geht aber auch günstiger, etwa beim Frühstück im Duck & Waffle im Heron Tower oder im »Walkie Talkie«, wo man bei Vorbuchung den Sky Garden mit seinen zwei Restaurants sogar kostenlos besuchen kann (▶ S. 133, https://skygarden.london).

▌ ... und in die Zukunft

Dagegen mutet die »Käsereibe« (**»The Cheesegrater«**) nahe beim Walkie Talkie, offiziell »122 Leadenhall Street«, fast höflich an: Der Turm mit schräger Fassade lehnt sich sozusagen zurück, um die Blickachse auf St Paul's nicht zu verstellen. Direkt daneben lehnt sich die ebenfalls schräge Fassade des neuen Gebäudes **»The Scalpel«** in die andere Richtung.
Londons Stadtplanung sieht 27 solcher Sichtachsen vor, darunter Blicke auf Buckingham Palace und die Tower Bridge, doch werden die Regeln nicht immer eingehalten. Ein neuer Wohnturm in Stratford stört schon den historischen geschützten Blick von Richmond Park auf St. Paul's. Die Entwicklung ist anscheinend nicht aufzuhalten.
Bis 2026 sollen 13 neue Hochhäuser in der City entstehen. Dazu gehört **»1 Undershaft«,** fast so hoch wie »The Shard« und ganz oben mit Restaurant. Seinen Spitznamen hat der Turm auch schon weg: »The Trellis«, das Blumengitter.

AUSSICHTEN 24/7

Überkommt Sie des Nachts die Idee, bei einem Mitternachtssnack hoch oben im 40. Stock eines Wolkenkratzers den Blick über London schweifen zu lassen, sollten Sie sich ins Restaurant Duck & Waffle im Heron Tower begeben. Im vierthöchsten Turm der City of London (202 m) erwartet Sie rund um die Uhr neben einer fabelhaften Aussicht auf Tower Bridge und die umliegenden Wolkenkratzer eine bunte Auswahl an Gerichten, z. B. schottischen Lachs, Käsepolenta oder die namengebende Waffel mit Confit vom Entenschlegel und -ei. (▶S. 321)

OBEN: Im Himmel herrschen paradiesische Zustände. Etwas näher dran ist man im Sky Garden des »Walkie Talkie«.
UNTEN: »Walkie Talkie« grüßt über die Themse hinweg »The Shard«.

Surimi Prawn Masala   Stir Fried Lamb Doner   Sri Lanka Veggie Curry   Tandoori Chic Masala

DIE WELT IN EINER STADT

Samstagvormittag in Brixton: Menschen in farbenprächtigen Gewändern laufen umher, Gospelgruppen singen. Geschäfte und Stände bieten Devotionalien aus Haiti traditionelle chinesische Medizin Kochbananen und Jamswurzeln feil. Der Fischhändler stammt aus der Karibik, der Metzger aus Kolumbien, die Gerichte aus Jamaika, Mexiko oder Thailand. Mit tendrin geht es mit Champagnerbar und französischem Käse sogar noch europäisch zu ....

Multikulturelle Begegnungen bahnen sich gern bei einem guten Essen an. Das weiß man auch in »Banglatown«. ▶

22

Masala Noodle

Spinach, Chickpea & Potatoes

Mix and Match
Up to 2 dishes
Regular £6
Large £7

Chickpeas and Spinach

Chicken Tikka

LONDON ist spürbar multikulti – jeder dritte Londoner wurde im Ausland geboren. Die kulturelle Vielfalt ist mittlerweile weit mehr als ein Ergebnis des ehemaligen Weltreichs.

So leben neben Schwarzen, die in der Nachkriegszeit aus den britischen Kolonien in der Karibik nach Brixton kamen, heute dort auch viele Südamerikaner. Immigranten aus der Kronkolonie Hongkong gründeten zwar Chinatown, aber heute führen auch Zuwanderer aus Hunan, Szechuan und Nordchina ihre Restaurants in London. Und auch jeder Krieg und Krisenherd der Welt ließ neue Einwanderer nach Großbritannien kommen, die boomende Finanzbranche lockte Fachleute aus der ganzen Welt, und etwa 100 000 Studenten stammen aus dem Ausland.

An jeder Ecke eine neue Welt

Manche Stadtteile sind geradezu geprägt von bestimmten Gruppen. So ist **Lambeth** ein Hort der portugiesischen Küche, **Dalston** im East End kulinarisch in türkischer Hand, und **Brick Lane**
nennt sich »Banglatown«. Die vom Marble Arch nach Norden führende **Edgware Road** ist ein arabisches Viertel mit entsprechenden Zeitungshändlern und Kleidungsgeschäften; neben den in London allgegenwärtigen libanesischen Restaurants servieren hier auch Iraker und Syrer hervoragende und preiswerte Mahlzeiten. Im nördlichen Stadtteil **Wood Green** sind viele griechische Zyprioten zu Hause, westlich in **Southall** sind es Sikhs, im nordöstlichen **Stamford Hill** leben 20 000 chassidische Juden. Trotzdem ist fast die gesamte Stadt ethnisch gemischt.

Unerschütterliche Vielfalt

Auch wenn der Brexit künftig den Zustrom bremsen sollte: London ist und bleibt ein spannender Schmelztiegel der Kulturen, **neben New York die multikulturellste Stadt der Erde**. Es gilt, dies zu feiern und zu genießen, denn das weitgehend harmonische Miteinander ist eine Bereicherung für das städtische Leben und für jeden London-Besucher.

EINMAL UM DIE WELT

Die Fahrt zum belebten Brixton Market dauert nicht lang – drei Stationen ab Victoria Station mit der schnellen Victoria Line. Dort angekommen, hat man das Gefühl, einmal um die Welt gereist zu sein. Oder genauer: Die ganze Welt hat sich nach hierher aufgemacht. Menschen unterschiedlichster ethnischer Herkunft, ob Händler oder Kunden, treffen sich in den Markthallen und den umliegenden Straßen. Großartige kulinarische Köstlichkeiten hier, andere exotische Waren da – wozu noch in die Ferne schweifen …? (▶ S. 352)

OBEN LINKS: Beim Notting Hill Carnival
Ende August geht es karibisch zu.
OBEN RECHTS UND UNTEN: Auf dem
Brixton Market gibt es nichts, was es
nicht gibt auf dieser Welt.

LONDONS LEBENS-ADER

Wenn Sie ihre Bootstour auf der Themse oder den Spaziergang am Ufer bei Niedrigwasser unterneh-men, schauen Sie doch mal genau hin: Vielleicht erspähen Sie jemanden, wie er das Flussbett durchforstet. »Mudlark« nennen die Londoner diese Schatzsucher. Hin und wieder haben sie Glück und finden im Schlick Überbleibsel der Geschichte ...

◄ Auch im Schlick unter der Millennium Bridge wird sich was finden. Gegen leuchten London Bridge Station und The Shard.

ZUM Beispiel römische Münzen aus der Antike, Pilgerabzeichen von Reisenden aus dem Mittelalter oder Scherben rheinischer Bartmannskrüge aus dem 16.–18. Jahrhundert. Abgenagte Knochen und Austernschalen in Greenwich könnten Küchenabfall aus dem Tudor-Palast sein, von dem aus Heinrich VIII. den Bau der Kriegsmarine vorantrieb und Elizabeth I eine Entdeckungsfahrt zur arktischen Nordwestpassage verabschiedete. Glasflaschen erinnern an das 19. Jahrhundert, als London Mittelpunkt eines Weltreichs war. Und die **Fragmente französischer Francs** erzählen eine besonders kuriose Geschichte: Frankreich schickte die Münzen zum Einschmelzen nach London. Die Kranführer ließen ab und zu und natürlich völlig aus Versehen eine Kiste ins Wasser fallen, um den Schatz bei Ebbe zu heben. Pech nur, dass die Franzosen bald nur noch halbierte Münzen schickten und so dem Nebenverdienst der Hafenarbeiter ein Ende setzten.

Der Puls schlägt wieder

Die Themse, die London zu dem gemacht hat, was es ist, könnte noch weit mehr erzählen. Sie ist **mit der Geschichte des Landes eng verwoben**, doch nach der Schließung der Docks in den 1960er-Jahren wandte sich die Metropole von ihrem Fluss ab. Im East End taten sich Industriebrachen auf und verwahrlosten die Lagerhäuser. Auch in der Stadtmitte wurde es ruhig um die einstige Lebensader.

In den letzten 30 Jahren vollzog sich aber die Wende: Auf beiden Ufern, östlich und westlich des neuen Finanzviertels Canary Wharf, entstanden Wohnhäuser, alter Baubestand wurde renoviert. In Westminster und der City rückte der Fluss wieder in den Mittelpunkt des Geschehens. Moderne Fußgängerbrücken, die Millennium Bridge und Golden Jubilee Bridge, verbinden das Nordufer mit dem belebten Kulturviertel auf der South Bank, wo der **Thames Path** viel Abwechslung zwischen Westminster Bridge und Tower Bridge bietet.

Aufs Wasser!

Immer mehr Ausflugsboote verkehren auf dem Strom, und auf den Ufern spielt sich wieder **spannendes städtisches Leben** ab. Londons grüne Seite zeigt sich bei einer Flussfahrt zum Vorort Richmond oder weiter zur königlichen Residenz Hampton Court – Monarchen nutzten die Themse, die keinesfalls ein zahmes Flüsschen ist, schon immer als Wasserweg. Und als die Queen 2012 ihr 60. Thronjubiläum feierte, gehörte eine prächtige Schiffsprozession selbstverständlich dazu. Das Tor zur Welt für Händler und Entdecker ist die Themse zwar nicht mehr, dafür ein lebendiger Teil der Stadt.

Auf einer Bootstour nach Greenwich kommen Sie am herrschaftlichen Royal Naval College vorbei (rechts) und können einen Abstecher zum Nullmeridian unternehmen – mit einem Fuß in der östlichen, mit dem anderen in der westlichen Hemisphäre zu stehen kommt ja nicht alle Tage vor … (oben).

EINE KLASSISCHE BOOTSTOUR? LANGWEILIG!

Wer das Adrenalin in den Adern pulsieren lassen will, wählt einen Trip auf dem grellorangenen Speedboat von Thames Rockets (www.thamesrockets.com). Gestartet wird beim London Eye. Sobald der Captain unter der Tower Bridge hindurch ist und den Motor auf Touren bringt, heißt es festhalten: Sie düsen vorbei an Canary Wharf, der »Cutty Sark«, dem Greenwich Observatory und der O2 Arena bis zur Thames Barrier. (▶ S. 357)

T

TOUREN

Durchdacht, inspirierend, entspannt

Mit unseren Tourenvorschlägen
lernen Sie Londons beste Seiten kennen.

Fahrradfahren in London – warum nicht? Die Infrastruktur ist gut.
Nur an den Linksverkehr muss man sich gewöhnen. ▶

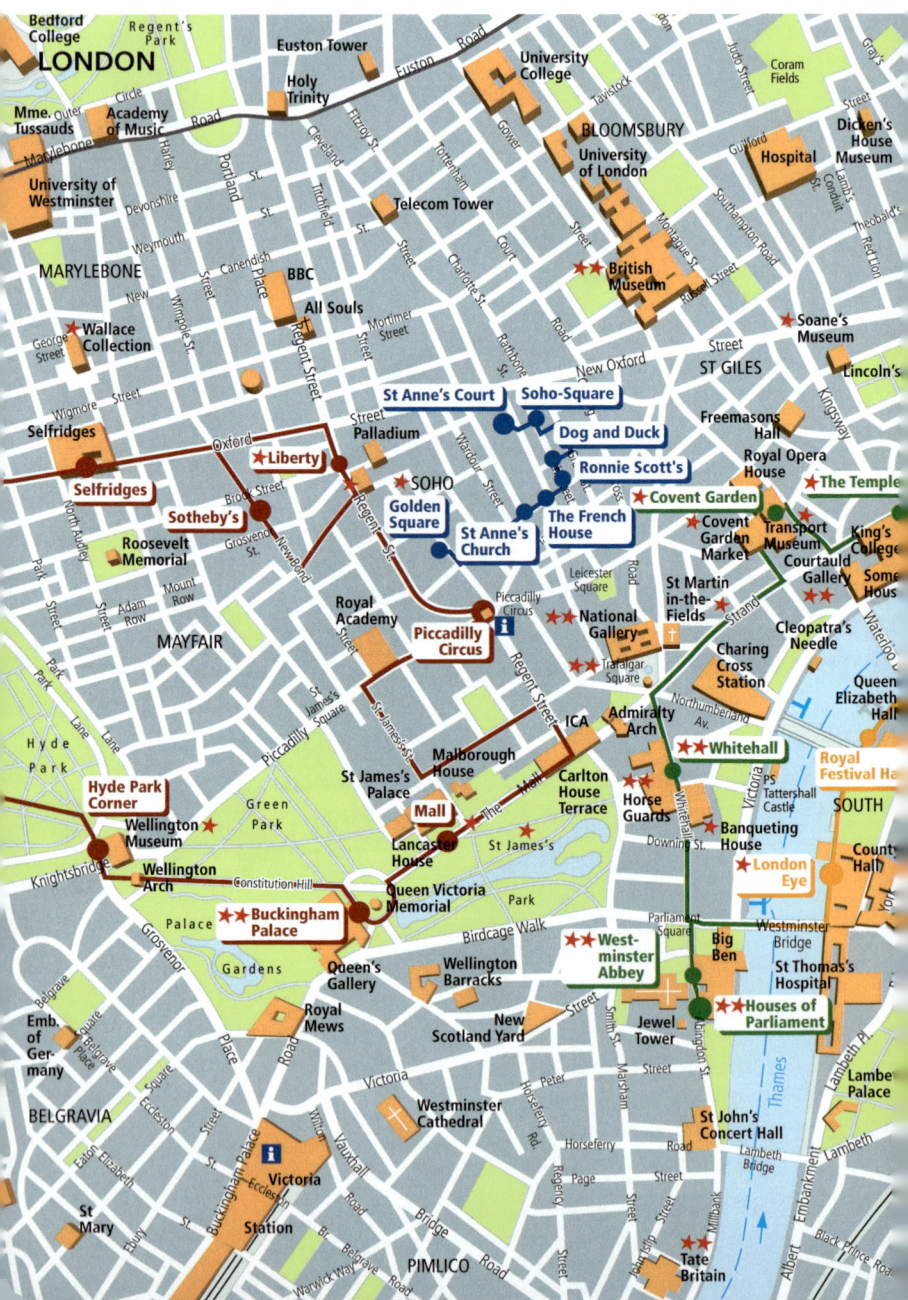

LONDON

Bedford College
Regent's Park
Euston Tower
University College
Coram Fields
Holy Trinity
Mme. Tussauds
Academy of Music
BLOOMSBURY
Dicken's House Museum
University of Westminster
University of London
Hospital
MARYLEBONE
Telecom Tower
British Museum
BBC
All Souls
Soane's Museum
Wallace Collection
ST GILES
Lincoln's
Selfridges
St Anne's Court
Soho-Square
Freemasons Hall
Palladium
Liberty
Dog and Duck
Royal Opera House
Selfridges
SOHO
Ronnie Scott's
Covent Garden
The Temple
Sotheby's
Golden Square
St Anne's Church
The French House
Covent Garden Market
Transport Museum
King's College
Roosevelt Memorial
Courtauld Gallery
Some House
Royal Academy
Piccadilly Circus
Leicester Square
St Martin in-the-Fields
Cleopatra's Needle
MAYFAIR
National Gallery
Charing Cross Station
Queen Elizabeth Hall
Hyde Park
Trafalgar Square
ICA
Admiralty Arch
Whitehall
Royal Festival Ha
Hyde Park Corner
St James's Palace
Malborough House
Carlton House Terrace
Horse Guards
Tattersall Castle
SOUTH
Wellington Museum
Green Park
Mall
Banqueting House
County Hall
Wellington Arch
Constitution Hill
Lancaster House
St James's
Queen Victoria Memorial
London Eye
Knightsbridge
Buckingham Palace
Queen's Gallery
Wellington Barracks
Westminster Abbey
Big Ben
Westminster Bridge
St Thomas's Hospital
BELGRAVIA
Royal Mews
New Scotland Yard
Jewel Tower
Houses of Parliament
Emb. of Germany
Westminster Cathedral
St John's Concert Hall
Lambe Palace
Victoria Station
Lambeth Bridge
St Mary
PIMLICO
Tate Britain

UNTERWEGS IN LONDON

Im Zeitalter der Billigflüge ist natürlich auch ein Tagestrip nach London denkbar. Aber **drei Tage** sollten es für die Themse-Metropole schon mindestens sein, will man die wichtigsten Sehenswürdigkeiten besuchen, in das eine oder andere Museum schauen und natürlich shoppen gehen. Wer gut zu Fuß ist, kommt zwischen City und Westminster ganz gut zurecht. Extensives »Gehen« aber wird man in London bald satt haben, denn wir bewegen uns in einer der flächenmäßig größten Städte der Welt. Doch Busse und vor allem die – von den Londonern wegen ihres technischen Zustands oft geschmähte, aber nicht zu vermeidende – U-Bahn bringen einen eigentlich überall hin. Nur die Stoßzeiten sollte man vermeiden. Was die Verkehrsanbin-

DAS FLÜSTERN DER GEISTER

Unternehmen Sie eine Zeitreise ins Leben der Hugenotten vor 300 Jahren: Die Räume in Dennis Severs' House sind eine Abfolge von Stillleben, eingefrorene Szenen, aus denen sich die Bewohner anscheinend gerade mal für einen Augenblick entfernt haben. Ein Stuhl liegt umgekippt, das Sherryglas ist halb voll. Besucher dürfen die Stille nicht stören, lauschen geflüsterten Gesprächsfetzen und bekommen niemanden zu Gesicht. (▶ S. 44)

dungen angeht, ist es fast einerlei, wo man sich in London nieder-
lässt; was angenehme Umgebung und abendliche Ausgehmöglichkei-
ten betrifft, sind die Hotels im Westend, in Knightsbridge und
Kensington immer noch erste Wahl.

Die Idee, mit dem Auto nach London zu fahren, sollte man schnell
wieder vergessen, auch wenn man Anfahrtsstrecke und Linksverkehr
vielleicht nicht scheut. Denn die **Congestion Charge**, eine Maut für
jedes Fahrzeug, das in die Innenstadt fährt, kostet mittlerweile
£ 11,50 pro Tag. Das Ganze wird elektronisch überwacht. Und wen
selbst das nicht schreckt – Parkplätze sind Mangelware und uner-
laubtes Parken kommt sehr teuer zu stehen.

DAS HERZ DER STADT: DIE MUST-SEES

Start und Ziel: Westminster Bridge – Tower Bridge (Nordufer der
Themse) | **Dauer:** mind. 4 Stunden

*Dieser Spaziergang berührt Highlights und Wahrzeichen der
Stadt, die beim ersten Mal in London jeder sehen möchte. Dazu
gehören natürlich Big Ben und Tower Bridge, die großen Gottes-
häuser Westminster Abbey und St Paul's Cathedral sowie das Regierungsviertel mit Downing Street. Der wichtigste Platz der
Stadt, Trafalgar Square, das quirlige Covent Garden-Viertel und
die fast 950 Jahre alte Festung, The Tower of London, dürfen
nicht fehlen. Fangen Sie am besten morgens um 10 Uhr an, um
den Aufzug der königlichen Wache um 11 Uhr (sonntags eine
Stunde früher) zu erleben.*

Tour 1

Es geht los an der U-Bahn-Station Westminster, wo man beim Londoner Wahrzeichen Big Ben, dem Uhrturm der ❶ ★★ **Houses of Parliament**, ans Tageslicht kommt. Die ganze Pracht des Parlamentsge-
bäudes erlebt man am besten von Westminster Bridge aus. Von dort
geht man über den Parliament Square zu einem kurzen Blick auf
❷ ★★ **Westminster Abbey** – die vollständige Besichtigung hebt
man sich besser für einen anderen Tag auf – und dann die Straße
❸ ★★ **Whitehall** hinauf: Wo die vielen Schaulustigen stehen, ist
Horse Guards. Bald folgt Londons großartigster Platz und Hommage
an Britanniens Seehelden Lord Nelson, ★★ **Trafalgar Square**, an
dessen Nordseite sich die ★★ **National Gallery** entlangzieht. Zwei
Dinge sollte man hier auf jeden Fall tun: nicht die Tauben füttern,

Start bei
Big Ben

aber dafür unbedingt einen Blick zurück Whitehall hinab zu Big Ben werfen! Dann aber geht es auf dem ★ **Strand** weiter zur City, vorbei an Waterloo Bridge und Somerset House mit der ★★ **Courtauld Institute Gallery**. Endlich ist es Zeit für eine erste Pause: Die Pubs und Cafés in ❹ ★ **Covent Garden** etwas weiter nördlich sind genau der richtige Ort dafür, etwa das Café im Royal Opera House.

Ins Herz der City Dann zurück zum Strand und zum Temple Bar Memorial. Unmittelbar hier öffnet sich auf der rechten Straßenseite ein schmaler Torbogen nach ❺ ★ **The Temple**. Hinter Temple Bar beginnt ❻ **Fleet Street**, von deren großer Zeit als Zeitungsstraße allerdings nichts mehr zu spüren ist. Sie geht über in Ludgate Hill, von wo man schon bald ❼ ★★ **St Paul's Cathedral** sieht. Nach der Kathedrale folgt man Cannon Street und Queen Victoria Street zur U-Bahn-Station Bank. Hier ist man im Herzen der Londoner Finanzwelt mit der **Bank of England** und der ❽ **Royal Exchange**.

Bei Bank Station beginnt die letzte Etappe: durch Threadneedle Street oder ❾ **Lombard Street** zum viktorianischen Leadenhall Market (schöner Platz für eine Pause!), dann auf der Gracechurch Street zum **Monument**, von dort die Fenchurch Street entlang und an All-Hallows-by-the-Tower vorbei zum ❿ ★★ **Tower** und schließlich zur ⓫ ★★ **Tower Bridge**.

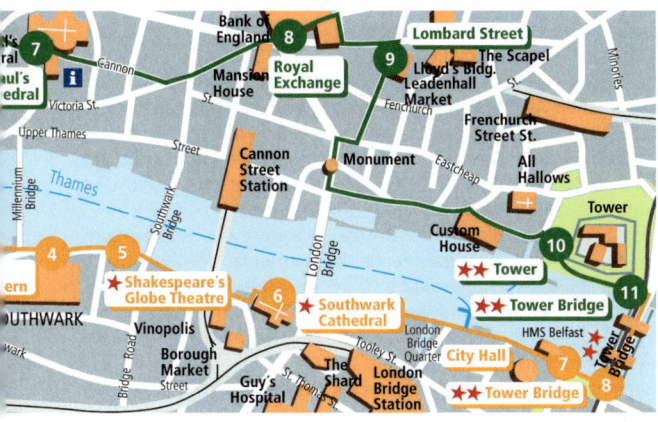

KULTUR, STREETFOOD, SCHÖNE AUSSICHTEN

Start und Ziel: Westminster Bridge – Tower Bridge
Dauer: mind. 2 Stunden

Dieser entspannte, weil weitgehend von Autoverkehr freie Spaziergang am Südufer der Themse macht Sie mit einem attraktiven Kulturviertel bekannt. Außerdem bietet er tolle Aussichten auf Westminster und die City of London – vor allem, wenn Sie am Anfang der Strecke eine Runde im Riesenrad London Eye drehen – sowie auf Brücken und die Themse. Unterwegs gibt es ein großes gastronomisches Angebot, beispielsweise Streetfood vom Feinsten auf dem besten Gourmetmarkt der Stadt.

Tour 2

Der Weg beginnt am östlichen Ende der Westminster Bridge, von wo man den besten Blick auf die ★★ **Houses of Parliament** hat. Die Treppe hinab geht es dann auf den Uferweg der South Bank zum 135 m hohen Riesenrad ❶ ★ **London Eye**, das eine ganz andere Perspektive auf Big Ben und dazu über die gesamte Stadt bietet. Von hier führt der Spaziergang schließlich bis zur Tower Bridge. Immer wieder gibt es Gelegenheiten zu attraktiven Stopps in Pubs, Bars und Geschäften am diesseitigen Ufer.

Start am London Eye

Wo die stählerne Eisenbahnbrücke Charing Cross Bridge den Fluss überquert, zeigt sich die City erstmals in aller Panorama-Schönheit: die Kuppel von ★★ **St Paul's**, umringt von auffälligen Türmen des

Panorama der City

37

Finanzviertels wie die »Gurke«, das »Walkie-Talkie« und die »Käsereibe«, in der Ferne die Tower Bridge und »The Shard« am Südufer. Für eine Pause empfiehlt sich das Café oder das Restaurant Skylon mit einem tollen Ausblick in der ❷ **Royal Festival Hall** oder hinter der Waterloo Bridge eines der Lokale in Gabriel's Wharf, einem alternativ angehauchten Plätzchen mit Galerien für Kunsthandwerk. Bald folgt ❸ **Oxo Tower** mit seinen Designerläden, einer teuren Bar und einem noch teureren Restaurant.

Die nächste Brücke, Blackfriars Bridge, markiert die Grenze zum Stadtteil **Southwark**, einst das Viertel der Fuhrleute, der Spelunken, Spieler und Huren. Rechts erhebt sich die gewaltige Bankside Power Station, als ❹ ★★ **Tate Modern** ein Mekka für Anhänger moderner Kunst; direkt gegenüber führt die filigrane Millennium Bridge geradewegs auf St Paul's zu.

Im anschließenden ❺ ★ **Shakespeare's Globe Theatre** kann man elisabethanische Theaterluft schnuppern und bald darauf einen Blick in ❻ ★ **Southwark Cathedral** werfen, eine der schönsten gotischen Kirchen London.

Dann aber ist wieder wohl verdiente Pause angesagt und dazu gibt es kaum einen besseren Ort als den unmittelbar gegenüber der Kathedrale unter den Gleisen von London Bridge Station liegenden **Borough Market**, den schönsten Delikatessenmarkt der Stadt. Was hier angeboten wird, kommt in den Restaurants, Take-aways und Pubs ringsum in Stoney Street, Park Street und Bedale Street auf den Tisch.

Das letzte Wegstück führt an der spektakulär schiefen ❼ **City Hall** vorbei zur ❽ ★★ **Tower Bridge** und, wer mag, vielleicht noch hinüber zum ★★ **Tower.**

GLANZVOLL SHOPPEN, ENTSPANNEN IM PARK

- -
Start und Ziel: Piccadilly Circus
Dauer: mind. 3 Stunden
- -

Tour 3

»West End« steht in London für Vergnügen, für das edle und stilvolle Leben. Sonnen Sie sich in diesem Glanz! Der Rundgang führt zum Kunsthaus Sotheby's, durch exklusive Einkaufsstraßen und herrliche Parks, an zwei königlichen Palästen vorbei, entlang der royalen Prozessionsmeile, schließlich zu gediegenen Clubs und den Luxuslieferanten der High Society.

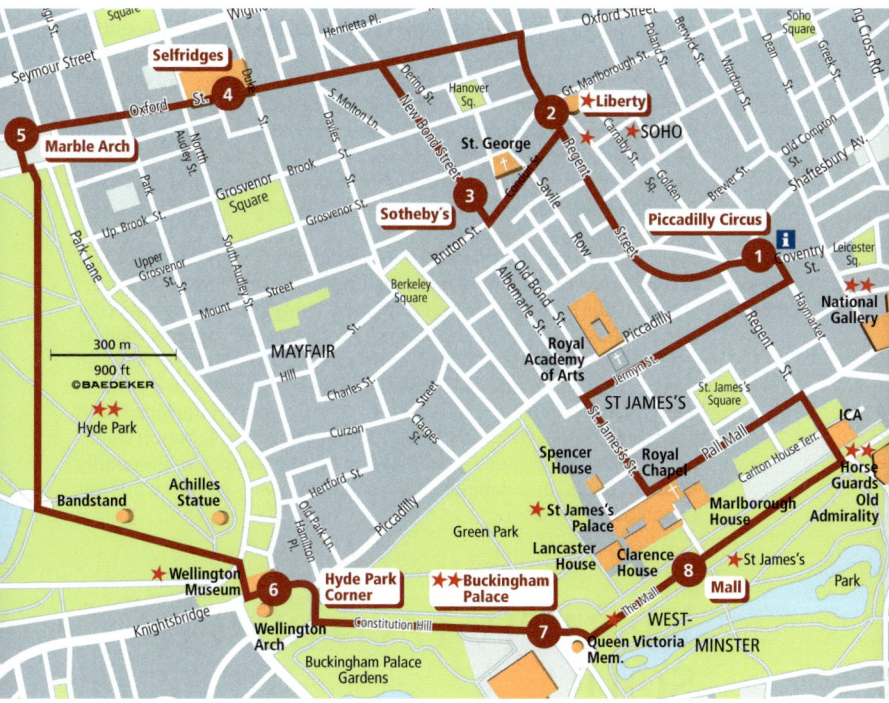

Der Spaziergang beginnt an ❶ **Piccadilly Circus**. Von ihm geht in einem herrlichen Bogen Regent Street ab, die Haupteinkaufsmeile des West End – am Kaufhaus ❷ ★ **Liberty** und, wenn Kinder dabei sind, am Spielwarengeschäft Hamley's führt hier kein Weg vorbei. Am Oxford Circus trifft die Regent Street die hektische Oxford Street, wo sich die Geschäfte und Kaufhäuser von Luxus bis Ramsch nahtlos fortsetzen und man vor lauter Touristen kaum vorwärtskommt. Wer das nicht will, kann zumindest einen Teil des Wegs via Conduit Street durch die New Bond Street – wo die wirklich teuren Geschäfte inkl. des in aller Welt bekannten Auktionshauses ❸ **Sotheby's** zu Hause sind – zur Oxford Street gehen. Fast an deren Westende auch für Shoppingmüde ein weiteres Muss: ❹ **Selfridges**, nicht so bekannt wie Harrods, aber mindestens so groß und ähnlich edel.

Im Herz des West End

Dann erreicht man mit der Nordostecke des ★★ **Hyde Park** den grünen Teil des Spaziergangs, markiert von ❺ **Marble Arch** und Speakers' Corner. Den Weg durch den Park schlägt man ganz nach Lust und Laune ein (eine etwas längere Variante: nach Westen um

Durch den Hyde Park

den Serpentine-See herum zum Princess Diana Memorial Fountain mit Kaffeepause am Lido), jedenfalls sollte man an **❻ Hyde Park Corner** wieder herauskommen, wo Britanniens Kriegsheld Wellington wohnte und sich heute ringsum eine ganze Anzahl von Kriegsdenkmälern versammelt. Am Green Park entlang geht es zum **❼ ★★ Buckingham Palace**. Von dort aus kann man durch den **★ St James's Park** spazieren, die Eichhörnchen füttern und an Horse Guards Parade herauskommen und den Spaziergang beenden.

Durch Londons Clubland

Wer dann immer noch Kondition hat, marschiert vom Palast ein kurzes Stück die **❽ Mall** entlang bis zu Carlton House Terrace und dort treppauf zur St James's Street und oben – durch das Viertel der Londoner Klubs – wieder in die Gegenrichtung zum **St James's Palace**, einem der wenigen Londoner Tudorbauten. Danach schlägt man den Weg zurück durch das Viertel St James's ein, der recht lang geraten kann, denn edle Herrenausstatter, Tabak- und Pfeifenläden und schließlich auf Piccadily das Nobelkaufhaus Fortnum & Mason lauern beiderseits der Straßen. Jedenfalls kommt man wieder an **Piccadilly Circus** heraus, und dahinter beginnt Chinatown – genau richtig für Lunch oder Dinner.

KREATIV UND BUNT: SOHO

Start: Soho Square | **Ziel:** Golden Square | **Dauer:** 2 Stunden

Tour 4

Wenn Sie nicht nur das Schöne, Reiche und Edle sehen wollen, sondern auch ein Faible für die Bohème haben, dann entdecken Sie das Viertel, wo Casanova verkehrte und Karl Marx wohnte, wo Prinz Philip und trinksüchtige Dichter abtauchten. Soho haftet immer noch eine Aura des Verrufenen an – nicht ganz zu Unrecht, obwohl das Viertel heute treffender als kreativ und bunt zu bezeichnen ist.

Sohos Mittelpunkt

Das erkennt man schon am **❶ Soho Square** (U-Bahn: Tottenham Court Road). Der Platz wurde in den 1680er-Jahren als Adresse für die feine Gesellschaft angelegt, woran die schöne Platzmitte mit einer Statue von Karl II. und einige Häuser, vor allem St Barnabas House in der Südostecke, erinnern. Doch bald kam weniger vornehmes Volk: St Patrick's Church an der Ostseite, jetzt mit Marmorpracht, ist die Nachfolgerin einer katholischen Kirche für arme Iren, die wiederum an der Stelle steht, wo die venezianische Kurtisane Teresa Cornelys in den 1760er-Jahren Maskeraden veranstaltete und Casanova empfing. Im Haus Nr. 1 im Nordwesten hat Paul Mc-Cartneys Musikfirma ihren Sitz. Der Keller ist ein Nachbau vom berühmten Beatles-Studio Nr. 2 in der Abbey Road. Drei Minuten entfernt im charmanten ❷ **St Anne's Court** (über die Carlisle St., an der ersten Kreuzung links) nahmen 1968 Die Vier im noch existierenden Trident Studio »Hey Jude« auf.

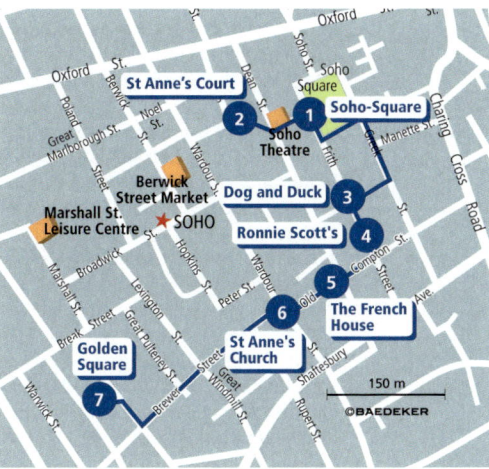

Vom Soho Square führt die Greek St. nach Süden. Das Restaurant Gay Hussar links zählte einst General Eisenhower, die Königin von Thailand, Sowjetspione und Mick Jagger zu seinen Kunden. Dann geht es rechts in die Bateman St. zum ❸ **Dog and Duck,** einem mit Spiegeln, Fliesen und Holz herrlich verzierten Pub der 1890er-Jahre. Eine Gedenktafel auf der Westseite der Frith St. direkt südlich der Kreuzung mit der Bateman St. ehrt Dr. John Snow, der 1854 verunreinigtes Trinkwasser als die Ursache von Cholera erkannte. Fünf Jahre zuvor waren über 50 000 Londoner an der Seuche gestorben. Zu den Opfern zählte eines der Kinder von Karl Marx, der in der Dean St. Nr. 28 von 1850 an sechs Jahre lang in Armut gelebt hatte.

Prominente Namen

Wieder auf der Frith St. geht es nach Süden. Im Haus Nr. 20 links wohnte 1764/1765 der achtjährige Mozart. Gegenüber, in Londons berühmtestem Jazzklub ❹ **Ronnie Scott's**, trat Jimi Hendrix zum letzten Mal live auf. Bald erreicht man die Old Compton St., heute Mittelpunkt der Londoner Gay-Szene, wo genügend mitunter schicke Lokale einladen, die die Spelunken der Nachkriegszeit mit legendären Kneipenwirten und recht gemischter Klientel abgelöst haben. Die Treffen des Thursday Club im Haus Nr. 29 – 31 gaben in den 1950ern Anlass zu allerlei Gerüchten, denn dort entkam Prinzgemahl Philip dem steifen Palastprotokoll und lud einen erlesenen Kreis, darunter Peter Ustinov, zu einer feucht-fröhlichen wöchentlichen Runde ein. Im heute ungefährlichen Pub Coach and Horses von 1849 (Greek St. südlich der Old Compton St.) verkehrten damals Gangster, korrupte Polizisten und Künstler. ❺ **The French House** (Dean St. 49) war während des Zweiten Weltkriegs so etwas wie das inoffizielle Haupt-

Musik und Historie

quartier für Charles de Gaulle; einige Jahre später verlor dort der trinkfreudige Dichter Dylan Thomas 1953 das einzige Manuskript seines Hörspiels »Unter dem Milchwald«.

Etwas Ruhe Über die Old Compton St. Richtung Westen kommt man zur Wardour St., deren nördlicher Abschnitt das Zentrum der britischen Kinobranche ist, und nach einigen Schritten ist man am grünen Platz vor dem merkwürdigen Turm der ⑥ **St Anne's Church**. Er ist das einzige Überbleibsel der im Zweiten Weltkrieg zerstörten Kirche – ein Architekturkritiker beschrieb die Form der Spitze als »gekreuzte Bierfässer«. Der Kirchhof bietet Erholung in einer hektischen Gegend und ist die letzte Ruhestätte des Essayisten William Hazlitt (1778 – 1830), dessen Adresse Frith St. Nr. 6 jetzt das sehr feine Hazlitt Hotel beherbergt, und des deutschen Abenteurers Theodor von Neuhoff (1694 – 1756), der für die Unabhängigkeit von Korsika kämpfte, König der Insel wurde und später sein Königreich als Pfand für seine Befreiung aus einem Londoner Schuldnergefängnis bot.

Doch noch ein bisschen verrucht In der Brewer St. hat sich dann doch noch ein Rest vom verruchten Soho gehalten. An Sexshops und dubiosen Klubs vorbei geht es Richtung Westen und dann rechts in die Lower James St. zum ⑦ **Golden Square**. Er wurde Anfang des 18. Jahrhunderts für ein adliges Publikum angelegt, woran einige wenige Bauten erinnern, so zwei Häuser an der Westseite, ehemals Domizil der portugiesischen Botschaft. Von hier sind Regent St. und die U-Bahn-Station Piccadilly Circus nicht weit.

JUNG UND MULTIKULTI: SPITALFIELDS

Start: U-Bahn-Station Aldgate East | **Ziel:** Spitalfields Market | **Dauer:** 1,5 – 2 Stunden

Tour 5 *Spitalfields ist heute ein Fest für das Auge und den Gaumen. Auch eine spannende Vorgeschichte als Stadtteil hugenottischer und jüdischer Einwanderer schwingt mit. Das Geld des angrenzenden Bankenviertels macht sich in manchen Läden und Cafés zunehmend bemerkbar, doch prägt das Alltagsleben der Bangladeshis und Studenten immer noch das Geschehen. Wer sich diesen Spaziergang an einem Sonntag vornimmt, findet bunte Märkte für Trödel und Mode.*

Direkt neben der U-Bahn-Station Aldgate East, Ausgang 3, steht die ❶ **Whitechapel Art Gallery**, 1901 im Arts & Crafts-Stil gebaut. Zusammen mit der benachbarten Bibliothek stellte sie als »Universität des Ghettos« eine wichtige Kultureinrichtung für das arme East End dar und ist heute einer der profiliertesten Ausstellungsorte Londons für zeitgenössische Kunst. Die Whitechapel High St. führt östlich zur Osborne Street.

Kunst und Handwerk

Die Osborne St. mündet in Brick Lane, die Hauptachse von »Banglatown«, das Viertel der Immigranten aus Bangladesch. Hier steht ein Curry-Restaurant neben dem anderen. Monika Ali's Erfolgsroman »Brick Lane« beschreibt das Leben um die letzte Jahrtausendwende, als die Straßenszene noch vielfältiger war und es z. B. mehr Textilgeschäfte gab als heute.

Banglatown

Linker Hand in der Fashion St. steht der Moorish Market, 1905 im maurischen Stil gebaut und heute Wirtschaftskolleg. Die ❷ **Jamme Masjid Mosque** Ecke Fournier St./Brick Lane ist das einzige Bauwerk Großbritanniens, das drei Weltreligionen gedient hat: 1743 von französischen Hugenotten als Eglise Neuve gebaut, wurde sie 1809 von einer Gesellschaft zur Missionierung der hier ansässigen Juden übernommen. Das misslang, denn 1897, nach der Einwanderung Zehntausender osteuropäischer Juden, wurde die Kirche zur Synagoge. Nach dem Zweiten Weltkrieg zog die jüdische Gemeinschaft nach und nach weg und 1975 erfolgte die Umwandlung in ein muslimisches Gotteshaus. Auf Brick Lane einige Schritte weiter sieht man rechts den

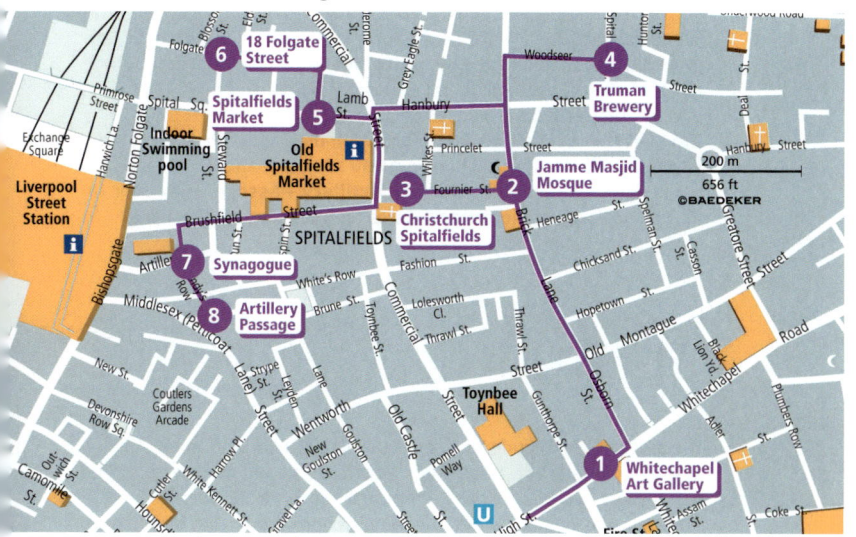

Schriftzug »CH. N. Katz« über einem Fenster. Hier wurden im letzten damals verbliebenen jüdischen Laden des Viertels bis Ende der 1990er Papiertüten und Kordeln verkauft.

Das alte Schneider-viertel

Stattliche Häuser aus georgianischer Zeit säumen Fournier Street. An deren Ende steht die markante Kirche ❸ **Christchurch Spitalfields**, ein Werk des Wren-Schülers Nicholas Hawksmoor. Von der Fournier St. biegt man rechts in die Wilkes St. und wieder rechts in die Princelet St.: Beide Straßen vermitteln einen Eindruck vom Wohlstand der hugenottischen Seidenweber im 18. Jh., die kostbare Kleidung für die feine Gesellschaft herstellten – Beispiele sind im ▶ Victoria & Albert Museum zu sehen. Von den langen Fensterreihen der ausgebauten Dachgeschosse profitierten ab dem 19. Jh. jüdische Schneider. Wieder auf Brick Lane, geht es nach Norden zur ehemaligen ❹ **Truman Brewery**, heute in den Händen eines schrägen, jungen, kreativen Volks: Modegeschäfte, preiswerte Esslokale, Künstlerateliers, Medienunternehmen, Nachtklubs und ein schriller Sonntagsmarkt.

Marktleben

Ein Stückchen zurück nach Süden, rechts in die Hanbury St. (Dachfenster der Weber im Haus Nr. 24-26) und über die Commercial St. geht es zum ❺ **Spitalfields Market**. Der westliche Teil der Markthalle aus den 1880er-Jahren wurde für schicke Neubauten abgerissen, doch ein Eindruck des alten Marktgeschehens bleibt, besonders sonntags, wenn in der gesamten Umgebung richtig viel los ist (Achtung: samstags und montags ist geschlossen!).
Nördlich des Markts zeigen die Folgate St. und die umliegenden Straßen Beispiele für sanierte Stadthäuser des 18. Jh.s. In ❻ **Nr. 18 Folgate St.** schuf der Amerikaner **Dennis Severs** eine bezaubernde Rekonstruktion des einstigen Lebens der Seidenweber in jener Zeit, ein begehbares Gesamtkunstwerk.
Am Markt vorbei geht es über Fort St. in die Sandys Row zur letzten ❼ **Synagoge** des Viertels in einem Bau aus dem Jahr 1854; dann weiter links in die stimmungsvolle ❽ **Artillery Passage**. Hier oder im Spitalfields Market bieten viele Cafés und Restaurants Stärkung.
www.dennissevershouse.co.uk

AUSFLÜGE

Die perfekte Ergänzung zu einem Aufenthalt in London ist ein Ausflug in eine andere Stadt. Unterwegs gibt es Blicke auf die sanfte, grüne Landschaft, am Ziel ist die Stimmung beschaulicher, weniger multikulturell und deshalb vielleicht »englischer« als in der Hauptstadt.

Da das Verkehrsnetz auf London zentriert ist, kann man in einem bequemen Tagesausflug diese Eindrücke sammeln

Einige herausragende Ziele befinden sich am Rand des Stadtgebiets oder nur eine kurze Entfernung außerhalb. Obligatorisch ist natürlich ★★ **Greenwich**, wo Britanniens Seemacht geformt wurde; darüberhinaus locken die herrlichen Parks und Gewächshäuser von ★★ **Kew Gardens**, die majestätische Stille um den Tudor-Palast ★★ **Hampton Court Palace** oder das Flanieren an der Riverside von **Richmond**. Wer wissen will, wo und vor allem wie die Royals wohnen, muss unbedingt nach ★★ **Windsor Castle** fahren.

In die nähere Umgebung

Lohnende Ziele in einem Umkreis von 100 km um London sind gut mit der Bahn oder mit Linienbussen (ab Victoria Coach Station) zu erreichen.

Etwas weiter weg

Arundel in den South Downs (80 km südlich) gilt als eine der reizvollsten Städte Südenglands. Über ihr thront die Burg der Herzöge von Norfolk (Bahn ab Victoria Station).

Das berühmte Seebad **Brighton** an der Südküste (80 km südlich) lockt mit dem Vergnügungspark Palace Pier auf einem ins Meer hinausragenden viktorianischen Pier (Bahn ab Victoria Station). Brighton Pavilion, ein für den Prinzregenten, den späteren König Georg IV. im extravaganten orientalischen Stil erbauten Palast, ist eine weitere Attraktion.

In der Bischofsstadt **Canterbury** (75 km südöstlich) steht mit der Kathedrale einer der schönsten Sakralbauten Englands und die Hauptkirche der anglikanischen Kirche. Die hübsche Altstadt am Fluss Stour lädt zum Verweilen ein (Bahn ab Victoria Station oder Charing Cross).

Ascot, wenige Kilometer südwestlich von Windsor, ist alljährlich im Juni zur Galopprennwoche »Ascot Week« Treffpunkt der High Society. Donnerstags kommen zum Gold Cup die Royals in Kutschen von Schloss Windsor herüber (Bahn ab Waterloo Station).

Das weltberühmte Universitätsstädtchen **Cambridge** (90 km nördlich) glänzt mit mittelalterlichen Colleges. Ein Spaziergang oder Ausflug mit dem Stakkahn am trägen River Cam ist hier eine beliebte Sommerbeschäftigung (Bahn ab Liverpool Street Station).

Oxford, eine der ältesten Universitätsstädte der Welt (90 km nordwestlich), gilt aus historischer und architektonischer Sicht als die zweitwichtigste Stadt Großbritanniens nach London. Besonders attraktiv sind die Colleges, die Kathedrale, die Gärten und die High Street – und natürlich das Studentenleben (Bahn ab Paddington).

S

SEHENS-WERTES

Magisch, aufregend, einfach schön

Alle Reiseziele sind
alphabetisch geordnet. Sie haben
die Freiheit der Reiseplanung.

★★ BRITISH MUSEUM

Lage: Great Russell St. | **U-Bahn:** Russell Square, Goodge Street
Eingänge: Great Russell St., Montague Place | tgl. 10 – 17.30, Fr. bis
20.30 Uhr | **Führungen:** »Eye Opener«, tgl. ab 11 (jew. ein Saal, frei,
ca. 30 – 40 Min.); »Around the world in 90 minutes«, Fr.– So. 11.30
u. 14 (Highlights, £ 14, nach Voranmeldung); »Friday night spotlight
tour«, Fr. 17 – 19 (ausgewählte Objekte, frei, ca. 20 Min.); »Hands
on desks«, tgl. 11 – 16 Uhr (Anfassen erlaubt in den Sälen 1, 2, 24,
33, 42, 43, 49, 68) | Eintritt frei (Spende erwünscht)
www.britishmuseum.org

H/J 5

Sammelleidenschaft auf die Spitze getrieben: Als eines der bedeu-
tendsten Museen der Erde stellt das British Museum grandiose
Objekte aus, die die Geschichte der Menschheit mitbestimmt
haben und weltberühmt sind.

So stehen viele der jährlich über sechs Millionen Besucher staunend
und manchmal ehrfürchtig vor den Kunst- und Alltagsgegenständen
aus Ägypten, Mesopotamien, aus Griechenland und dem Römischen
Reich, aus dem übrigen Europa und dem Rest der Welt.

Collecting the World

Im Gegensatz zu vielen anderen Museen von Weltrang muss man im British Museum aber nicht vorbuchen und, wenn man nicht gerade an Wochenenden in der Hauptsaison oder am Nachmittag kommt, auch nicht
mit Warteschlangen rechnen: Der Eintritt ist kostenlos, denn das Museum ist sehr erfolgreich im Werben um große Spender aus der Wirtschaft. Kleine Spenden der Besucher sind aber ebenfalls willkommen.
Von den derzeit geschätzten acht Mio. Objekten ist natürlich nur ein
Bruchteil ausgestellt, und selbst all diese besichtigen zu wollen, ist
nahezu unmöglich. Was man unbedingt gesehen haben muss, ist
nachstehend aufgeführt; zwei bis drei Stunden sollte man dafür mindestens einplanen. Das Museum macht auf seiner Website unter **»Visit / Object Trails«** Vorschläge u. a. für einen ein- und einen drei-
stündigen Aufenthalt und was man mit Kindern ansehen könnte.

❚ Das Wichtigste

Am Lesetisch mit Marx, Gandhi und Lenin

Great Court
und Reading
Room

Das Erste, was Sie nicht versäumen sollten, ist der Great Court. Stararchitekt **Norman Foster** schuf hier Europas größten überdachten
Platz, indem er den kreisrunden ehemaligen Lesesaal der British Library mit einem Glasdach überkuppelte. Hier ist das Empfangszent-
rum mit Besucherinformation, Great Court Restaurant, Court Café,
Buchladen und Museumsshops untergekommen.

OBEN: Im Great Court geht der Blick erst einmal andächtig nach oben – die grandiose Dachkonstruktion aus Stahl und Glas schuf Sir Norman Foster.

LINKS: Nicht wundern: In der Ägyptischen Abteilung stoßen Sie nicht nur auf menschliche Mumien, auch Katzen, Hunde und sogar Krokodile mumifizierten die alten Ägypter.

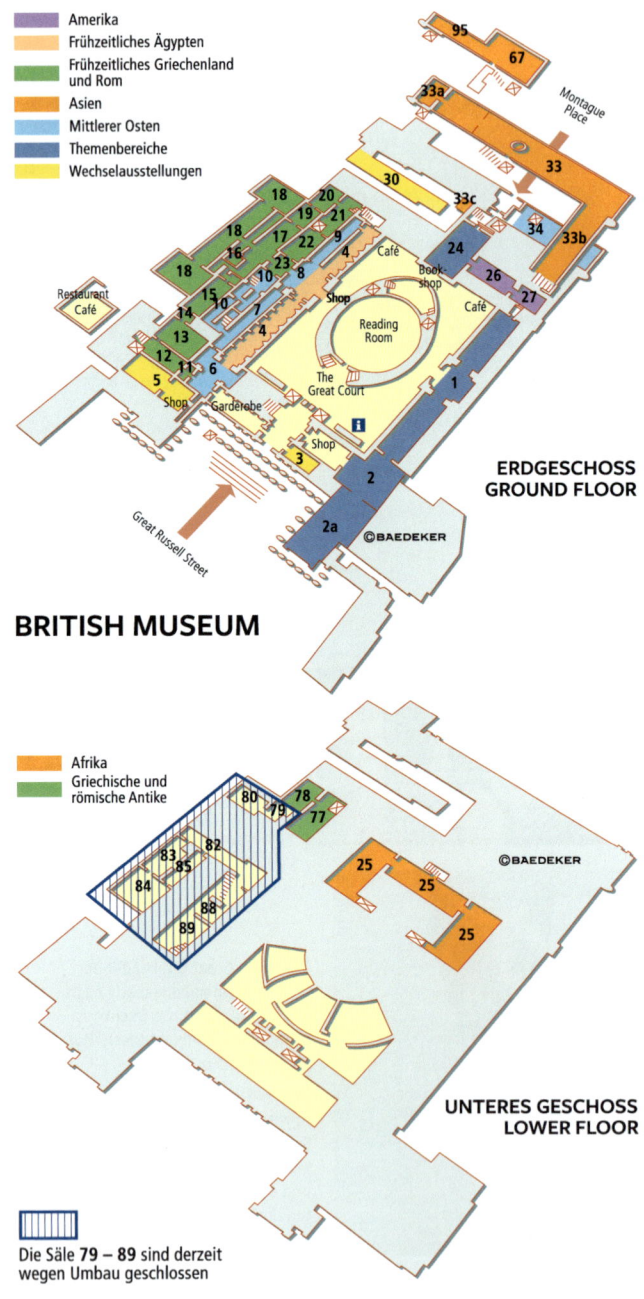

Amerika
Frühzeitliches Ägypten
Frühzeitliches Griechenland und Rom
Asien
Mittlerer Osten
Themenbereiche
Wechselausstellungen

Montague Place

Café
Book-shop
Café
Reading Room
The Great Court
Shop
Garderobe
Shop
Shop
Restaurant Café

Great Russell Street

ERDGESCHOSS GROUND FLOOR

© BAEDEKER

BRITISH MUSEUM

Afrika
Griechische und römische Antike

© BAEDEKER

UNTERES GESCHOSS LOWER FLOOR

Die Säle **79 – 89** sind derzeit wegen Umbau geschlossen

50

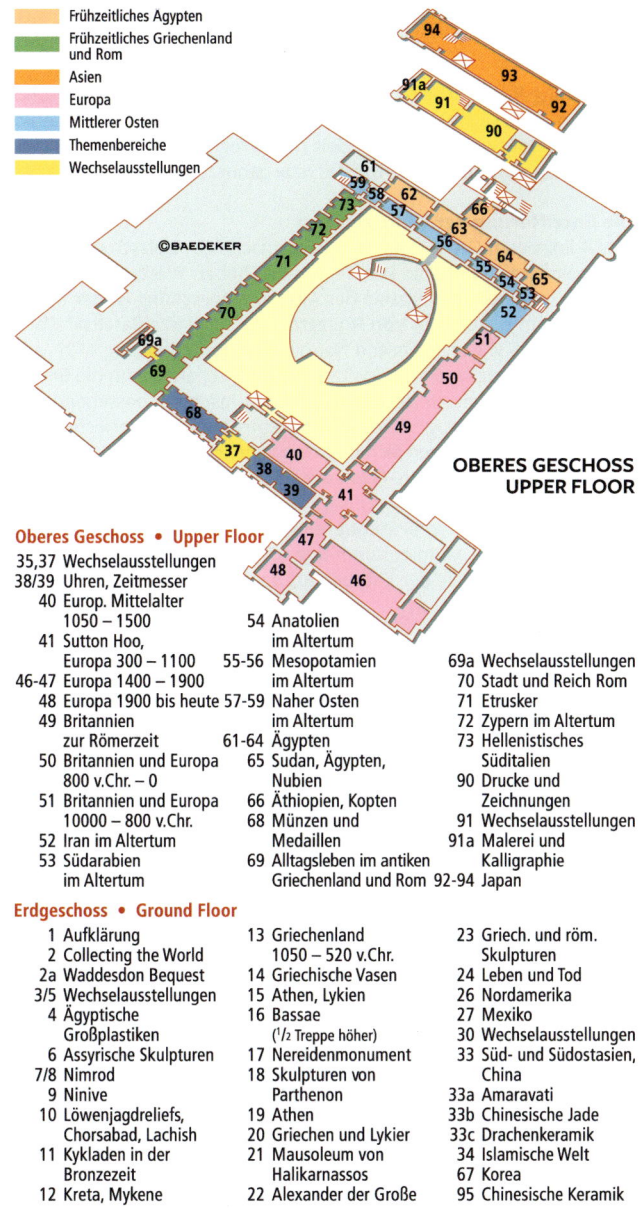

Frühzeitliches Agypten
Frühzeitliches Griechenland und Rom
Asien
Europa
Mittlerer Osten
Themenbereiche
Wechselausstellungen

©BAEDEKER

OBERES GESCHOSS
UPPER FLOOR

Im Reading Room arbeiteten u. a. Karl Marx, Mahatma Gandhi und auch ein gewisser Jakob Richter – auf diesen Namen ließ sich Lenin seinen Leseausweis ausstellen. Seit dem Wegzug der British Library macht man sich Gedanken, wie der Saal genutzt werden kann.

Die Entzifferung der Hieroglyphen

Ägypten Saal 4 links vom Great Court zeigt ägyptische Großplastiken wie die Kolossalbüste von Pharao Ramses II. aus Theben-West. Unscheinbar dagegen, aber ein Meilenstein der Altertumsforschung ist der etwas mehr als 1 m hohe **Stein von Rosetta**, eine schwarze Basalttafel aus dem Jahr 195 v. Chr. Während Napoleons Ägyptenfeldzug 1799 von Hauptmann Bouchard im Nildelta gefunden, schafften ihn die Briten 1802 nach London. An der dreisprachigen Inschrift, bestehend aus Hieroglyphen, der sog. demotischen Schrift und der griechischen Übersetzung, versuchten sich mehrere Gelehrte, doch erst 1822 gelang dem Franzosen **Jean-François Champollion** die Entzifferung. Er löste damit das Geheimnis der Hieroglyphen.

Das schaurige Ägypten präsentieren die Säle 62 und 63 im Obergeschoss: die große Mumiensammlung. Ungewöhnlich in Gestalt und Haltung ist die Mumie der Katebet aus dem 14./13. Jh. v. Chr.

Sintflut auf Assyrisch

Assyrien und Ur In den Sälen 6 bis 10 sind einzigartige Schätze aus assyrischer Zeit ausgestellt. Saal 10 zeigt **Löwenjagdreliefs** aus der Regierungszeit Assurbanipals; in den anderen Räumen sehen Sie Reliefs aus den Palästen von Nimrod und Ninive, mächtige geflügelte Stiere mit Menschenkopf vom Palast des Sargon in Chorsabad und einen schwarzen Obelisken, der von den Taten Shalmanesers III. kündet.

Im Saal 55 im Obergeschoss steht auf der sog. Fluttafel aus der Bibliothek Assurbanipals in Keilschrift das 11. Buch des berühmten **Gilgamesch-Epos**, nichts anderes als die assyrische Version der Geschichte von der Sintflut.

Dass Brettspiele auch vor fast 4000 Jahren beliebt waren, zeigt das **Royal Game of Ur** in Saal 56.

Streitobjekt

Griechenland Einige der berühmtesten, aber auch umstrittensten Objekte in der Welt der Altertumskunst begegnen in Saal 18: die **Skulpturen und Friese vom Parthenon in Athen**. Berühmt, weil sie aus der Blütezeit Athens stammen und einen Höhepunkt griechischer Bildhauerkunst darstellen; umstritten, weil sie Lord Elgin, damaliger britischer Botschafter im Osmanischen Reich, zu Beginn des 19. Jh.s aus dem Tempel herausbrechen und für seine Privatsammlung nach England schaffen ließ. Noch heute wird darüber gestritten, ob er dazu die Genehmigung hatte; die griechische Regierung fordert jedenfalls schon seit Langem die Rückführung.

Zurecht im British Museum? Ein Teil des Frieses von der Westseite des Parthenons.

Ein Weltmuseum wie das British Museum muss natürlich auch echte Weltwunder präsentieren. Mittelpunkt der Säle 21 und 22 sind daher Stücke vom **Mausoleum von Halikarnassos** und vom Artemis-Tempel in Ephesos, beide datiert auf das 4. Jh. v. Chr.

Bacchus, ein König und eine Moorleiche

Einer der Hauptanziehungspunkte in Saal 49 ist der Schatz von Mildenhall, den 1942 ein Bauer beim Pflügen fand: 34 silberne Geschirrteile aus dem 4. Jh. n. Chr., darunter **»The Great Dish«**. Auf dieser Silberschale sind Bacchus, Herkules und andere Gestalten aus der griechisch-römischen Mythologie dargestellt; die bärtige Maske in der Mitte zeigt wahrscheinlich Meeresgott Oceanus, umgeben von Nymphen.

Saal 41 führt ins Mittelalter, und auch hier gibt es einen Schatz. Bei **Sutton Hoo** in Suffolk fand man das Schiffsgrab eines angelsächsischen Königs aus dem 7. Jh., ausgestattet mit Waffen, Schmuck und Münzen. Ein ganz wunderbares Kleinod in Saal 40 sind Schachfiguren aus Walrosszahn aus dem 12. Jh., die **Lewis Chessmen** von der Hebrideninsel Lewis, die damals zu Norwegen gehörte. Der Lindow Man in Saal 50 ist die 2000 Jahre alte mumifizierte Leiche eines Mannes, der vermutlich eines rituellen Todes starb und im Moor von Cheshire versenkt wurde.

Britannien
und England

53

Aus Leidenschaft erbaut

Saal 2:
Sir Hans
Sloane

Wer verstehen will, wie und wozu die gewaltigen Bestände zusammengetragen wurden, sollte noch einen Blick in Saal 1 werfen, der unter dem Motto »Enlightenment« (Aufklärung). Dort begegnet man u. a. dem Naturwissenschaftler und leidenschaftlichen Sammler **Sir Hans Sloane** (1660 – 1753), der zu seinen Lebzeiten 71 000 verschiedenste Objekte erworben hatte. Er vermachte sie dem Staat (seine Erben erhielten 20 000 Pfund), was den Ausschlag dafür gab, dass noch in seinem Todesjahr das Museum per Parlamentsakte gegründet wurde. Durch eine Lotterie kam Geld für ein Gebäude zusammen, das man 1759 in Montagu House fand. Nachdem Unmengen weiterer Stücke hinzugekommen waren, beschloss man einen Neubau. Dieses klassizistische Gebäude, entworfen und 1823 begonnen von Robert Smirke, vollendete 1843 dessen Bruder Sydney am heutigen Platz. Was für ein Zufall: Sir Hans wohnte gerade einmal 350 m weiter die Great Russell Street hinauf in No. 3 Bloomsbury Place.

★★ BUCKINGHAM PALACE

Lage: The Mall, SW 1 | **U-Bahn:** St James's Park, Victoria, Green Park | **Besichtigung:** Ende Juli – Aug. tgl. 9.30 – 19.30, letzter Einlass 17.15; Sept. tgl. bis 18.30, letzter Einlass 16.15 Uhr | **Eintritt:** £ 26,50; Tickets unter **www.royalcollection.org.uk** o

Wenn die Königliche Standarte über Buckingham Palace weht, ist die Queen zu Hause (und an ihrem Arbeitsplatz), umsorgt von über 300 Angestellten. Draußen vor ihrer Residenz tummeln sich jeden Tag Tausende, um das militärische Spektakel der Wachablösung zu erleben, insgeheim vielleicht mit der Hoffnung, einen Blick auf die Hausherrin erhaschen zu können ...

Die Parade der Bärenfellmützen

★★
Changing
the Guard
▶ Baedeker
Wissen, S. 56

Fünf Regimenter der Royal Foot Guards bewachen den Palast. Wer rechtzeitig kommt, hat vom Sockel des Victoria Monument, des von Sir Aston Webb geplanten und von Sir Thomas Brock gestalteten Denkmals der Ururgroßmutter von Elisabeth II. aus – umringt von Allegorien auf Sieg, Ausdauer, Mut, Wahrheit, Gerechtigkeit, Wissenschaft, Kunst und Landwirtschaft – einen sehr guten Überblick auf die Parade der Wachsoldaten. Ihre scharlachroten Uniformjacken und die berühmten Bärenfellmützen sind im Übrigen keine britische

Mögen die roten Uniformjacken und die Bärenfellmützen nur abgeguckt sein –
die Parade der Wachsoldaten ist ein absolutes Highlight.

Erfindung, vielmehr schauten sich die Briten sie von Napoleons Gar-
degrenadieren ab, die sie in der Schlacht von Waterloo besiegt hat-
ten. Die Geschichte der Guards erzählt das **Guards Museum** in den
Wellington Barracks.
Um 10.45 Uhr reitet eine Abteilung der Household Cavalry von ihrem
Quartier in den Hyde Park Barracks zur Wachablösung auf Horse Gu-
ards Parade (▶ Whitehall) und um 11.37 Uhr reitet die abgelöste
Abteilung zurück; beide passieren dabei Buckingham Palace.
Changing the Guard: April – Juli tgl. 11.30, übrige Monate nur Mo.,
Mi., Fr., So. 11.30 Uhr
Guards Museum: Birdcage Walk | tgl. 10 – 16 Uhr, Mitte Dez. – Jan.
geschl. | Eintritt: 6 £ | www.theguardsmuseum.com

BAEDEKER WISSEN

CHANGING THE GUARD

Immer um 11.30 Uhr verfolgen Tausende die Wachablösung vor Buckingham Palace. Die Wachsoldaten werden im Wechsel von einem der fünf Regimenter der Household Division Foot Guards gestellt. Zur selben Zeit reitet die Household Cavalry zur Wachablösung an Horse Guards am Palast vorbei.

Erkennungsmerkmale

Grenadier Guards *Honi soit qui mal y pense*

Coldstream Guards *Nulli Secundus*

Scots Guards *Nemo Me Impune Lacess*

Feder Farbe und Trageseite

Kragenspiegel Symbol des Regiments

Knöpfe Anzahl und Reihung

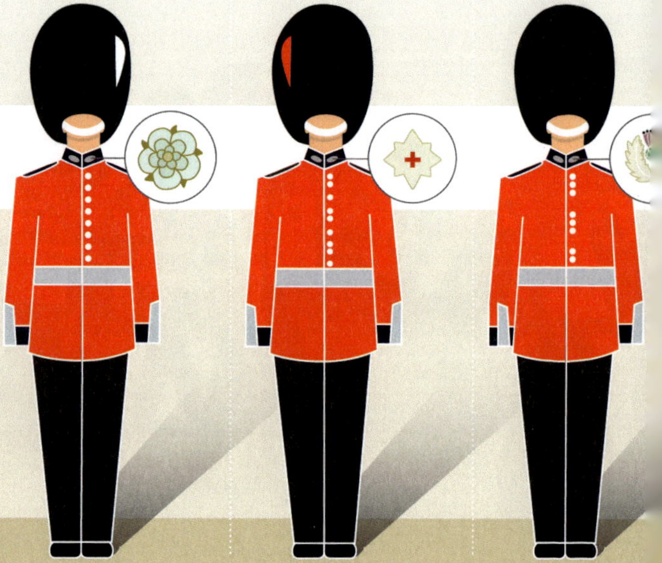

Anmarsch und Choreografie

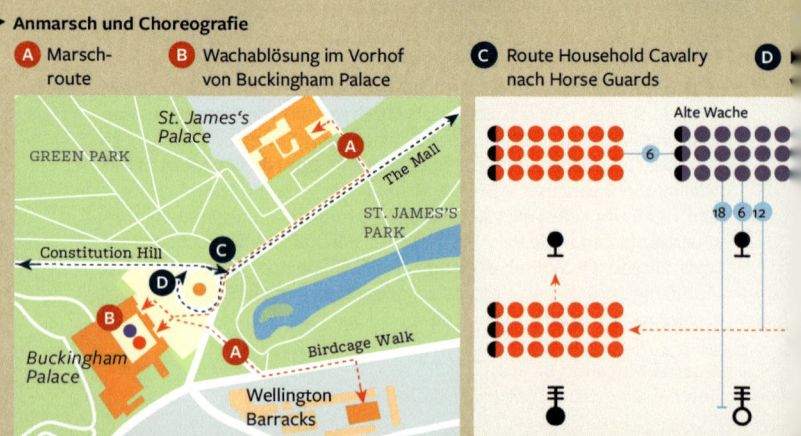

A Marschroute

B Wachablösung im Vorhof von Buckingham Palace

C Route Household Cavalry nach Horse Guards

D

Irish Guards
Quis Separabit?

Welsh Guards
Cymru am Byth

▶ **Die Bärenfellmütze**
Offiziersmützen bestehen
aus dem schwarz einge-
färbten Fell kanadischer
weiblicher Braunbären.
Mannschaftmützen
sind aus dem dünneren
Fell von Schwarzbären.
Seit einigen Jahren fordern
Tierschützer, auf synthe-
tische Felle umzusteigen.

Offiziere

Mannschaften

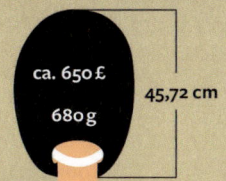

ca. 650 £

680 g

45,72 cm

▶ **Bestand**
Die Foot Guards
setzen ca. 1900 Bärenfellmützen ein. Jede wird
mindestens 50 Jahre lang
getragen; jährlich werden
ca. 100 neue angeschafft.

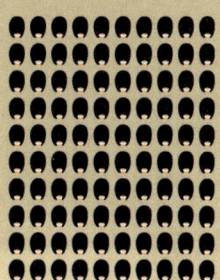

Household Cavalry
rse Guards

⚦ Offizier des Tages

⚦ abgelöster Offizier des Tages

♀ Kommandeur der Wache

◐ Kommandeur der Reihe

● Soldaten neue Wache

◑ Kommandeur der Reihe

● Soldaten alte Wache

⑥ Schritte / Abstand

Neue Wache

57

Vom ungemütlichen Ziegelbau zum standesgemäßen Palast

Residenz der Monarchen

Buckingham Palace ist erst seit dem 13. Juli 1837, als Queen Victoria vom ▶ St James's Palace hierherzog, königliche Residenz. Gemütlich hatte sie es nicht, denn die Belüftung war kläglich und die Kamine qualmten so fürchterlich, dass man sie erst gar nicht mehr anzündete. Die Queen fror, und mit ihr der Hofstaat. Hatten Hofbaumeister John Nash und Innenausstatter Charles Long zu sehr in Marmor, Goldeinfassungen und Lapislazuli geschwelgt und darüber grundlegendes Handwerk vergessen? Diese Herren setzten jedenfalls den 1825 von König Georg IV. erteilten Auftrag, aus dem bescheidenen Ziegelbau des Herzogs von Buckingham aus dem Jahr 1703 einen standesgemäßen Palast zu machen, so vehement und ohne Rücksicht auf Kosten um, dass Georgs Nachfolger Wilhelm IV. sie schließlich entließ. Edward Blore setzte die Arbeit fort und schloss sie 1837 ab. 1846 kam der zur ▶ Mall zeigende Ostflügel mit dem Balkon hinzu, auf dem sich seither die Royals dem Volk zeigen, und 1853 der Ball Room, mit 36 m Länge der damals größte Raum in London.

Im Spätsommer können die prächtigen, überwiegend auf die Zeit Georgs IV. zurückgehenden **19 State Rooms** besichtigt werden, darunter der Thronsaal, der State Dining Room und die außergewöhnlich gut bestückte **private Gemäldegalerie**. Die zwölf Privaträume der Royal Family im Nordflügel bleiben selbstverständlich verschlossen – allerdings würde man auch niemandem von königlichem Geblüt begegnen, denn um diese Zeit verbringen die Royals ihre Ferien auf Schloss Balmoral in Schottland. Vielleicht entschädigt ja eine Kaffeepause im **Garden Café** auf der Westterrasse.

Königliche Kunst, königliche Kutschen, königliche Pferde

Queen's Gallery und Royal Mews

Die Queen's Gallery zeigt in wechselnder Folge Stücke aus den reichen Kunstsammlungen der britischen Krone.

Handfester geben sich da die Royal Mews ein Stück weiter die Straße hinab. Hier stehen die königlichen Fortbewegungsmittel, wenn sie nicht gerade für einen offiziellen Anlass gebraucht werden. Dazu gehören königliche Hochzeiten, bei denen das Brautpaar in der 1910 von Georg V. erstandenen Glaskutsche befördert wird, und die jährliche Parlamentseröffnung, zu der die Queen seit 2014 in der neuen Diamond Jubilee State Coach fährt, ein Hightech-Gefährt im traditionellen Gewand, in dem sogar ein Stück des Stone of Scone eingearbeitet ist (▶ S. 244). Letztmals 1953 unterwegs war die achtspännige (!) goldene Staatskarosse von 1762: Sie wird seit 1820 nur bei Krönungen eingesetzt. Auch Pferde sind da, etwa die edlen Windsor Greys, die seit der Regierungszeit von Queen Victoria in Windsor gezüchtet werden.

Queen's Gallery: Eingang Buckingham Palace Road | tgl. 10 – 17.30, letzter Einlass 16.15 Uhr | Eintritt: £ 10,30

Royal Mews: Apr. – Okt. tgl. 10 – 17, Nov. – 21. Dez., Feb. Mo. – Sa. 10 – 16 Uhr | Eintritt: £ 9,30

CAMDEN MARKETS

Lage: nordöstlich vom Regent's Park | **U-Bahn:** Camden Town
www.camdenlock.net

Ein Hort der Alternativkultur ist Camden Town seit den 1980er-Jahren. Londoner und noch mehr Touristen finden Ausgefallenes in den Märkten, wo auch eine Statue des »local girl« Amy Winehouse zu finden ist.

Was es in den Läden in der High Street, im Camden Market in der Buck Street, im Lock Market (bei der Schleuse am Regent's Canal), im Canal Market und im Stables Market unter den Bahnbögen zu kaufen gibt, ist des Öfteren schrill, ausgefallen, exotisch und nicht schrecklich teuer: Klamotten neu und secondhand, Schuhe und Boots, CDs und Vinyl, Schmuck und Kunsthandwerk, Souvenirs und Kitsch, Asiatisches, Afrikanisches, Esoterisches, Piercing und Tattoo, alles für die Grundausstattung von Gothic-Fans und Punks oder auch für eine gelungene Monsterparty. Dazwischen sorgt eine erkleckliche Anzahl ordentlicher asiatischer, afrikanischer, arabischer und karibi-

Schrilles Shopping

Groovy, funky … und immer am Puls der Zeit sind die Camden Markets, wo Trends gesetzt werden und Sie das eine oder andere Schnäppchen ergattern können.

scher Imbissstände dafür, dass man bei Kräften bleibt – an den Wochenenden ist das Gedränge jedoch sehr groß. Der Canal Market wird zurzeit saniert und aufgehübscht, ein Anzeichen dafür, dass Camden mittlerweile als weniger cool und authentisch gilt als das East End, doch noch lohnt sich ein Besuch.

Richtig etwas fürs Auge und viel Atmosphäre gibt es vor allem im **Stables Market**. Dort haben die Händler ihre Stände in den alten viktorianischen Ställen des Hospitals für die Treidelpferde aufgebaut. Mittendrin: eine lebensgroße Statue von Amy Winehouse in charakteristischer Pose mit Bienenkorbfrisur. Die Sängerin lebte am nahe gelegenen Camden Square.

Keine Lust auf Shopping?

Am Regent's Canal

Wer gar nichts kaufen will – was allerdings eher unwahrscheinlich ist –, kann von der Brücke über den ▶ Regent's Canal oder von der Terrasse des Pubs daneben zuschauen, wie hin und wieder eine der schmalen Barken durch die handbetriebene Schleuse gelotst wird. Noch mehr Kanal-Atmosphäre verspricht ein **Spaziergang auf dem Treidelpfad** zum ▶ Regent's Park (ca. 20 Min.) und von dort vielleicht weiter nach Little Venice (noch einmal ca. 30 Min.).

Camden Markets, tgl. ab 10 Uhr bis spät abends

 CHELSEA

Lage: südwestlich der City | **U-Bahn:** Sloane Square

B–F 10–12

Vom Fischerdorf zum Hort der Politik, Wissenschaft und Kunst – auf den Spuren prominenter Persönlichkeiten zu wandeln ist in Chelsea ganz einfach, fühlen sich diese hier doch bereits seit 500 Jahren pudelwohl. Lohnenswert ist Chelsea auch wegen des edlen botanischen Gartens, der Saatchi Gallery mit hochwertiger neuer Kunst und wegen einer Begegnung mit jenen Londoner Originalen, den Chelsea Pensioners.

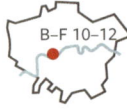

In den 1960er- und 1970er-Jahren stieg Chelsea zum Zentrum von Swinging London auf – schließlich hatte **Mary Quant** in der King's Road ihren Modeladen aufgemacht und dort den Minirock erfunden. Mick Jagger und Keith Richards zogen her, und als sie in die Jahre gekommen waren, lösten Johnny Rotten und Sid Vicious sie ab. Einen hat man nie gesehen: **James Bond**, dessen Londoner Adresse Royal Avenue, Chelsea, lautet. Sein Schöpfer Ian Fleming wohnte im Cheyne Walk, wo die »Promidichte« erstaunliche Ausmaße annimmt.

Chelsea Pensioners bei einem Päuschen auf der Bank – natürlich in ihren scharlachroten Uniformen

Chelsea erwachte aus seinem Dornröschenschlaf, nachdem sich Heinrich VIII. einen – längst wieder verschwundenen – ländlichen Palast errichtet hatte. Mit seinem Minister Thomas More, der jahrelang hier lebte, zog die große Politik ein. Ihm folgten in den Jahrhunderten darauf Wissenschaftler, Künstler und Literaten wie Joseph Banks, William Turner und Oscar Wilde.

König oder Passierschein?

King's Road verdankt ihren Namen dem Umstand, dass sie von 1719 bis 1830 nur dem König auf seinem Weg nach Hampton Court oder den Inhabern eines königlichen Passierscheins vorbehalten war. Sie beginnt am nach Sir Hans Sloane benannten Sloane Square und zieht sich quer durch den Stadtteil, gesäumt von Pubs, Cafés und Läden jeglicher Couleur, vor allem Mode der gehobenen Klasse. Das schönste Gebäude an der King's Road ist **The Pheasantry** (Nr. 152) von 1765. Etwas abseits und eigentlich nicht mehr zu Chelsea gehörend, aber den Abstecher wert, liegt Londons schönstes Jugendstilgebäude, das **Michelin House** von 1911 (Ecke Sloane Ave. / Fulham Rd.), in dem heute das Spitzenrestaurant Bibendum und eine Austernbar zu finden sind.

King's Road

Junge Kunst von (noch) unbekannten Künstlern

Nur wenige Minuten vom Sloane Square entfernt residiert die Saatchi Gallery in standesgemäßen Gebäuden an der King's Road – in den 1801

Saatchi Gallery

DER HEILENDE GARTEN

Viele Parks und Gärten verlangen keinen Eintritt. Chelsea Physic Garden kostet – und das ist gut so. Denn hinter den schützenden Mauern bleibt es deshalb ruhig. Wandeln Sie durch die erlesene, seit fast 350 Jahren nach allen Regeln englischer Gatrenbaukunst angelegte Pflanzensammlung der Apothekergilde. Wofür und wogegen all die Kräuter wohl helfen? Darüber kann man auch im ausgezeichneten Café nachdenken. (▶ S. 63)

fertiggestellten und als Militärschule genutzten Duke of York's Head-quarters. Die Galerie zeigt ausschließlich Werke zeitgenössischer und noch nicht allzu bekannter Künstler in Wechselausstellungen.

tgl. 10 – 18 Uhr | Eintritt frei | www.saatchi-gallery.co.uk

Heimat altgedienter Soldaten

Chelsea
Royal
Hospital

Nach Saatchi zweigt links Cheltenham Terrace ab, geht in Franklin's Row über und führt zum Chelsea Royal Hospital. In diesem Heim für Veteranen der britischen Armee, 1682 von Karl II. nach dem Vorbild des Hôtel des Invalides in Paris gegründet, leben derzeit etwa 300 **»Chelsea Pensioners«** – Soldaten und Unteroffiziere über 65 mit mindestens 12 Jahren Dienstzeit, seit 2009 auch Frauen. Auf dem Gelände und im Umkreis von zwei Meilen tragen sie die scharlachrote Uniform, wie sie der Herzog von Marlborough um 1700 entwarf, oder im Winter eine dunkelblaue Variante, aber immer mit Dreispitz oder Schirmmütze (»shako«) und natürlich im Ordensschmuck. Von April bis November treten einige rüstige Pensionäre sonntags ab 10.40 Uhr bei der **Governor's Parade** zur Inspektion an.

Sie können das Gelände, dessen Gebäude John Soan 1819 fertigstell-
te, im Alleingang besichtigen, wesentlich unterhaltsamer ist aber eine
von einem Pensionisten (natürlich auf Englisch) geführte Tour für
Gruppen. Auch er geht in den Speisesaal Great Hall und erklärt dort
die Königsporträts, die Nachbildungen erbeuteter Flaggen, das riesige Wandgemälde mit Karl II. zu Pferd von Antonio Verrio und nicht
zuletzt die Kriege Britanniens, die auf der Wandtäfelung aufgelistet
sind. Mitten auf dem Figure Court steht eine von Grinling Gibbons
geschaffene Bronzestatue von Karl II. im Gewand eines römischen
Imperators. Am Oak Apple Day um den 29. Mai herum wird Eichen-
laub um die Statue drapiert und die Pensionäre stecken sich Eichen-
blätter an. Sie erinnern damit an die Wiederherstellung der Monarchie am 29. Mai 1660. Das Museum im Ostflügel stellt die Geschichte
des Heims und seiner Bewohner vor. Bis zur Themse erstrecken sich
die **Royal Hospital Gardens**, die alljährlich im Mai Schauplatz der
Chelsea Flower Show sind. Einige der hier aufgestellten Kanonen
wurden den Franzosen in Waterloo abgenommen.
Gelände, Great Hall, Kapelle, Museum: Mo. – Fr. 10 – 16, Great Hall
12 – 14 Uhr geschlossen | Eintritt frei | Führungen (£ 12 pro Person,
mindestens 10 Personen) nach Voranmeldung unter www.chelsea-
pensioners.co.uk

Wofür manche der Pensionäre ihren Kopf hingehalten haben, …
… erfahren Sie im National Army Museum an der Royal Hospital
Road. Es erzählt die Geschichte der britischen Armee von 1415 bis
heute. Besonders skurriles Schaustück: das Skelett von Napoleons
Araberpferd »Marengo«, das er in der Schlacht bei Waterloo ritt.
www.nam.ac.uk

National
Army
Museum

Ältester botanischer Garten Londons
Weiter auf der Royal Hospital Road liegt links der Chelsea Physic Garden, 1673 von der Apothekergilde als Lehr- und Kräutergarten angelegt und somit ältester botanischer Garten Londons. Von hier stammen die ersten in Georgia gesäten Baumwollsamen und die ersten in
Indien gepflanzten, aus China nach England gekommenen Teesträu-
cher. Ein Denkmal ehrt den Naturwissenschaftler und passionierten
Sammler Sir Hans Sloane.
April – Okt. Di. – Fr., So. 11 – 18 Uhr | Eintritt £ 9,50 |
www.chelseaphysicgarden.co.uk

Chelsea
Physic
Garden

Walk of Fame
Kurz bevor die Royal Hospital Road auf Chelsea Embankment mün-
det, zweigt nach rechts der Cheyne Walk ab, eine sehr feine Adresse,
wie eine Auswahl ehemaliger und aktueller Anwohner zeigt: Keith
Richards (Nr. 3), George Eliot (Nr. 4), Gabriel Dante Rossetti und
Algernon Charles Swinburne (Nr. 10), James-Bond-Autor Ian Fle-

Cheyne Walk

ming (Nr. 21), Mick Jagger und Marianne Faithfull (Nr. 48), James McNeill Whistler (Nr. 101) und William Turner (Nr. 119). An Nr. 19–26 stand der 1537 erbaute und 1753 abgerissene Tudorpalast von Heinrich VIII., wo u. a. Anna von Cleve, Prinzessin Elisabeth, Jane Grey und später Sir Hans Sloane wohnten.

Ein kurzer Abstecher zur Themse sollte sein: Von der eleganten **Albert Bridge** (1873), die hinüberführt zum **Battersea Park** mit der japanischen Friedenspagode, Streichelzoo und der Pumphouse Gallery, sieht man weiter flussaufwärts die **Battersea Bridge** (1890) und links, am Südufer, ein U-förmiges Gebäude, in dem Stararchitekt Sir Norman Foster sein Büro hat. Flussabwärts ragen die gewaltigen Schornsteine der 1983 stillgelegten **Battersea Power Station** auf.

Unerfüllter letzter Wille

Chelsea Old Church

Cheyne Walk führt zur Old Church Street. Gleich rechts steht die im 12. Jh. gegründete **Chelsea Old Church**, an die **Sir Thomas More** 1528 die More Chapel anbauen ließ, um darin seine erste Frau begraben zu können. Von seinem engen Freund Hans Holbein sollen die beiden Renaissancekapitelle stammen. Hier liest man auch eine Inschrift von More, in der er bittet, neben seiner Frau beerdigt zu werden – doch nach seiner Hinrichtung wurde sein Körper im Tower begraben, sein Kopf aber auf der London Bridge ausgestellt. Eine Plakette erinnert an den hier ebenfalls begrabenen Schriftsteller Henry James. In der **Lawrence Chapel** heiratete Heinrich VIII. heimlich seine Jane Seymour. Der Naturwissenschaftler **Sir Hans Sloane** fand seine letzte Ruhe in der südöstlichen Ecke des Kirchplatzes mit dem Sitzbild von Thomas More.

★ COVENT GARDEN

Lage: Covent Garden, WC 2 | **U-Bahn:** Covent Garden, Charing Cross, Leicester Square

Klostergarten, Blumen- und Gemüsemarkt, schließlich Vergnügungsviertel: Bunt ist die Vergangenheit dieses attraktiven und sehr beliebten Stadtteils, der die Fantasie so mancher Kunstschaffender der Theater- und Filmwelt anregte. Ob Cafés, Bars oder Restaurants, Theater oder Shopping, Straßenakrobaten oder -musikanten – in Covent Garden ist immer etwas los.

Erleben und Genießen

Mit einem Missgeschick der Blumenverkäuferin Eliza Doolittle beginnt die Geschichte des Musicals »**My Fair Lady**« und der Vorlage dafür, George Bernard Shaws Bühnenstück »Pygmalion«, neben dem Markt unter dem Portikus der St Paul's Church. Alfred Hitchcocks vorletzter Film **»Frenzy«** (1972) spielt hauptsächlich rund um den Großmarkt, dem er somit kurz vor der Schließung ein Denkmal setzte – der Vater des großen Regisseurs war nämlich Obst- und Gemüsehändler in Covent Garden. Die berühmteste königliche Mätresse der englischen Geschichte, Nell Gwynne, verkaufte Apfelsinen und lernte ihren Liebhaber Karl II. als Schauspielerin am Drury Lane Theatre kennen.

Dabei ist der Name des Stadtteils alles andere als anrüchig, erinnert er doch an einen mittelalterlichen Klostergarten (»Convent Garden«), den Eduard VI. dem ersten Earl of Bedford schenkte. Der vierte Earl beauftragte 1631 Inigo Jones mit der Bebauung, der eine italienische Piazza anlegte, von der heute bis auf St Paul's Church allerdings nichts mehr vorhanden ist.

Seit 1670 war hier Londons Blumen- und Gemüsemarkt zu Hause, und im 18. Jh. war Covent Garden Londons Vergnügungsviertel

Läden, Cafés und Restaurants statt Blumen in der Central Hall

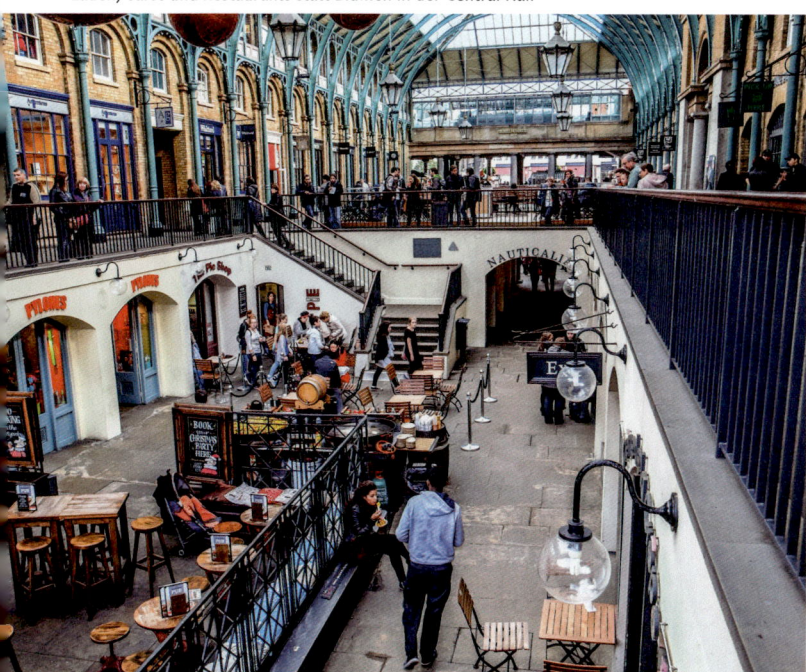

schlechthin mit Spielhallen, Kneipen und Bordellen. 1832 ließen die Stadtväter die Gegend säubern und versetzten den Markt in die **Central Hall**; 1974 wurde dieser verlegt. In der Central Hall ließen sich Cafés und Läden nieder. In der Jubilee Hall finden montags ein Antiquitätenmarkt, wochentags ein allgemeiner Markt und an den Wochenenden ein Kunsthandwerksmarkt statt. Für einen Einkaufsbummel und einen Blick auf die kleinen Straßen und Höfe des Viertels gehen Sie von der Piazza nach Norden in die James Street, dann nehmen Sie die Verlängerung Neal Street. An der Ecke mit Shorts Gardens bilden die Läden in **Neal's Yard** noch einen Hort alternativer Kultur in einer zunehmend schicken Gegend. Shorts Gardens führt westlich zu Seven Dials, wo sich sieben Straßen an einer Säule mitten auf einem runden Platz treffen.

»Die hübscheste Scheune ganz Englands«

St Paul's Church
Inigo Jones befolgte selbstverständlich den Wunsch des Earls, der gegenüber der Central Hall »eine Kirche, aber nicht besser als eine Scheune«, sehen wollte und baute ihm 1633 »die hübscheste Scheune in ganz England«. Jones hatte ursprünglich den Altarraum für die Westseite geplant, doch die Kirchenmänner waren dagegen, sodass er den als Eingang gedachten, zur Piazza zeigenden Säulenportikus schließen musste. Der Eingang ist daher am Westende, auf der vermeintlichen Rückseite.

Die Lage in Londons Theatergegend hat St Paul's Church auch zur »Schauspielerkirche« gemacht. In ihr sind nach ▶ Westminster Abbey und ▶ St Paul's Cathedral die meisten berühmten Londoner des 18. und 19. Jh.s begraben. Sehenswert sind daher – neben dem von Grinling Gibbons geschnitzten Blumengebinde am Westportal (1721) – die Grabdenkmäler, u. a. für Gibbons und den Maler Sir Peter Lely.

Der Blick durch die Gitterstäbe

Royal Opera
An der Nordwestseite des Platzes ragt das Bühnenhaus der Royal Opera auf, Nachfolgerin des 1732 gegründeten Theatre Royal Covent Garden. Das jetzige Gebäude wurde 1856 erbaut und ist bereits das dritte an dieser Stelle, nachdem die Vorgänger von 1732 und 1809 abgebrannt waren. Heute sind hier die Royal Opera und das Royal Ballet zu Hause.

Die klassizistische Hauptfassade der Oper zeigt zur Bow Street, fast genau auf die ehemalige **Bow Street Police Station**, in der im 18. Jh. Henry Fielding Londons erste Polizeitruppe, die Bow Street Runners, aufstellte. In den Zellen im **Magistrates' Court** nebenan saßen unter anderem Casanova und Oscar Wilde ein, vor Gericht standen hier Größen der Londoner Unterwelt, militante Feministinnen (»Suffragettes«) im frühen 20. Jahrhundert und 1998 der chilenische Diktator General Pinochet.

Eine Bühne für die Geliebte

An der Russell Street folgt das Theatre Royal Drury Lane. 1663 eröffnete hier das King's Servants Theatre, wo König Karls II. Geliebte, die
Schauspielerin **Nell Gwynne**, auftrat. Es brannte wie zwei Nachfol-
gebauten ab; das jetzige (1812) gehört dem Musical-Komponisten
Andrew Lloyd Webber. Noch immer soll hin und wieder ein Geist aus
der linken Wand treten und den Zuschauerraum durchschweben ...

Theatre
Royal Drury
Lane

Seit 200 Jahren von A nach B

Das London Transport Museum animiert zum Mitmachen und Erleben, reiht also nicht nur alte Fahrzeuge aneinander. Unter viktorianischen Bögen der ehemaligen Blumenmarkthalle in der Südostecke
der Piazza präsentieren die Ausstellungen Vehikel mit modernster
Museumstechnik und illustrieren die 200-jährige Geschichte des Londoner Personennahverkehrs. Zu sehen sind zahlreiche Typen der berühmten roten Doppeldeckerbusse vom Pferdebus von 1870 bis zum
Trolleybus der 1930er-Jahre, eine Pferdebahn von 1882 oder eine
Straßenbahn von 1910. Breiten Raum nimmt die »Tube« ein, darunter als Highlight eine 1866 gebaute Dampflokomotive der Metropolitan Railway, der ersten U-Bahn der Welt. Dazu kommen eine umfang-
reiche Fotosammlung und die berühmte Plakatsammlung. Besondere
Ehre wird **Harry Beck** zuteil, dem Schöpfer des in seiner Grundform
bis heute aktuellen Underground-Netzplans.

London
Transport
Museum

Sa. – Do. 10 – 18, Fr. 11 – 18 Uhr | Eintritt: £ 17 (unter 18 Jahren
freier Eintritt) | www.ltmuseum.co.uk

Gleich hebt sich der Vorhang im Royal Opera House.

★ DESIGN MUSEUM

Lage: 224-238 Kensington High Street, W8 | **U-Bahn:** High St. Kensington | tgl. 10 – 18 Uhr | **Eintritt frei** | http://designmuseum.org
---

Gleich bei der Eröffnung des neuen Hauses 2016 verkündete die Museumsleitung, dass Vielfalt und ein offenes Ohr für Besucherwünsche im Programm verankert sind. Und tatsächlich: Zu den 200 vom Publikum vorgeschlagenen Objekten auf der »Crowdsourced Wall« gehörten Gummihandschuhe, ein Gartenstuhl, eine Jeans von Levi's und eine Cola-Dose.

Zeitgenössisches Design in voller Blüte

Das neue Domizil wurde dringend benötigt, denn kaum eine andere Museumssammlung wächst so rasant. Was 1983 im Heizkeller des ▶ Victoria & Albert Museum geboren wurde und ein Vierteljahrhundert in einer ehemaligen Bananenreiferei in den Docklands selber heranreifte, präsentiert nun **Design des 20. und 21. Jh.s.** in der spektakulären Umgebung des ehemaligen Commonwealth Institute aus dem Jahr 1962. Unter dem damals wie heute Aufsehen erregenden parabolischen Betondach schuf für das Museum der Papst des Minimalismus John Pawson starke, dennoch ruhig wirkende Ausstellungsräume um ein zentrales, mit Eichenholz verkleidetes Atrium.

In Szene gesetzt sehen Londoner Alltagsgegenstände doch gar nicht mehr so alltäglich aus …

Alte und neue Designikonen

Ein wichtiger Bestandteil des Angebots sind Wechselausstellungen über aktuelle Themen des täglichen Lebens. Hinzu kommt eine dreiteilig gegliederte ständige Sammlung unter dem Titel »Designer, Maker, User«. »Designer« befasst sich mit den unterschiedlichen Disziplinen des Architekten, des Ingenieurs, des Mode- und des Grafikdesigners. Digitale Entwürfe werden ebenso gezeigt wie das Beschilderungskonzept für britische Autostraßen. Die Abteilung »Maker« verfolgt Stufen der Herstellungsprozesse, beispielsweise die Manufaktur von Thonet-Stühlen aus Bugholz und Henry Fords Methoden der Serienproduktion, auch die Herstellung von Tennisbällen und die Innovationen des 3D-Drucks. »User« setzt sich mit der Interaktion zwischen Menschen und Marken auseinander. Unter den Exponaten befinden sich der Sony Walkman, das iPhone von Apple und die X-Box von Microsoft, aber auch ältere Designikonen wie die Vespa der Firma Piaggio, Ettore Sottsass' Schreibmaschine für Olivetti sowie ein von Hans Gugelot und Dieter Rams entworfener Plattenspieler für die Braun AG.

Designer, Maker, User

★ DOCKLANDS

Lage: Östlich der Tower Bridge

Die einst zum größten Hafen der Welt gehörenden Docks östlich der City könnten viele Geschichten erzählen, von Schmugglern, Piraten, exotischen Waren, oder den harten Leben der Hafenarbeiter. 1981 stillgelegt und schließlich verfallen, haben sich die Docklands seither zu einem modernen und lebendigen Stadtteil entwickelt.

O–S 6–9

Diese Verwandlung und die bewegte Vergangenheit der Hafengebiete macht die seit 1520 bestehende Kneipe »**The Prospect of Whitby**« im Stadtteil Wapping spürbar. Als sie noch »The Pelican« hieß, verbrachte hier im Jahr 1553 der Entdecker Sir Hugh Willoughby seinen letzten Abend an Land, bevor er um das Nordkap segelte und beim Versuch, eine Nordostpassage nach China zu erschließen, mit der gesamten Besatzung erfror. Als Samuel Pepys 120 Jahre später hier verkehrte, kannte er die Kneipe als »Devil's Tavern«, weil Schmuggler und Piraten hier ihr Unwesen trieben. Daran erinnert ein Galgen im Fluss, denn unweit dieser Stelle lag Execution Dock, der Hinrichtungsplatz für Piraten. Im 19. Jh. trank hier Charles Dickens, dessen Romane das Elend und das kriminelle Milieu der Hafenviertel beschrieben, gerne

Eine Kneipe erzählt

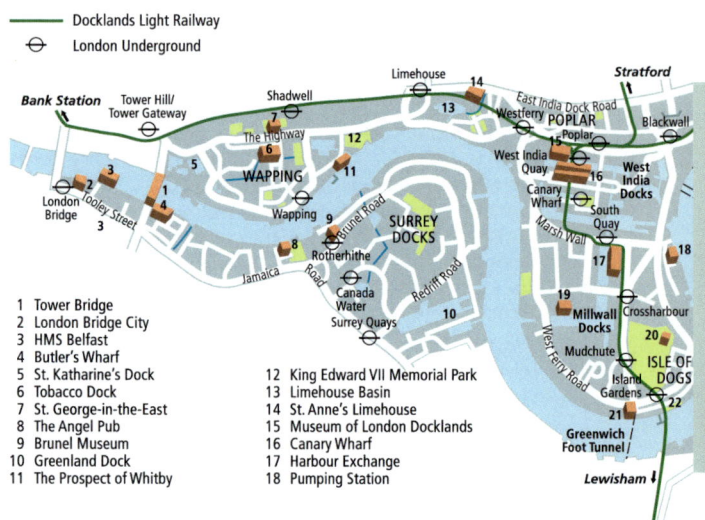

— Docklands Light Railway
⊖ London Underground

1 Tower Bridge
2 London Bridge City
3 HMS Belfast
4 Butler's Wharf
5 St. Katharine's Dock
6 Tobacco Dock
7 St. George-in-the-East
8 The Angel Pub
9 Brunel Museum
10 Greenland Dock
11 The Prospect of Whitby

12 King Edward VII Memorial Park
13 Limehouse Basin
14 St. Anne's Limehouse
15 Museum of London Docklands
16 Canary Wharf
17 Harbour Exchange
18 Pumping Station

ein Bier, und J.M.W. Turner zeichnete die Szene am Fluss. Heute ist The Prospect of Whitby ein beliebter »Gastropub«, von dessen Biergarten aus man auf den Schiffsverkehr und die Galgenattrappe blicken kann.

Der Baedeker »London« von 1901 weiß zu berichten:

Die Dock-
lands um
1900

Wapping und die benachbarten Viertel waren weit mehr als ein Verbrechernest. Hier schlug das wirtschaftliche Herz des Empire. Ein Auszug aus Baedeker's »London und Umgebungen« von 1901:

> »
> An einem Tage werden hier zeitweilig mehr als
> 3000 Menschen beschäftigt, die morgens 6 Uhr am
> Haupteingange versammelt, einen eigenthümlichen
> Anblick gewähren, Menschen aller Art und aus allen Teilen
> der Erde [...] Die Warenmassen, namentlich Kolonial-
> waren, Thee, Kaffee, Zucker, Tabak u.s.w. [...] sind besser
> als alle Zahlen und Schilderungen geeignet, dem Besucher
> eine Vorstellung von dem großartigen Handel und
> Reichtum Londons zu geben.
> «

19 The Telegraph
20 Mudchute City Park & Farm
21 Ferry House Pub
22 Island Gardens
23 Trinity Buoy Wharf
24 Emirates Experience

25 The Crystal
26 ExCel London
27 Thames Barrier Park
28 Thames Barrier
29 London City Airport
30 Royal Artillery Museum

Stilles Damals, lebendiges Heute

Mit der Verlegung der Hafenanlagen nach flussabwärts verloren die Docks ihre Bedeutung und verfielen, während die sozialen Probleme stiegen. Die Regierung Thatcher setzte von 1981 an einen Plan für ein 25 Mrd. £ teures Geschäftszentrum mit 200 000 Arbeitsplätzen und Wohnungen für 115 000 um. In den 1990ern ließ die Immobilienkrise Hunderttausende Quadratmeter Bürofläche und schicke Loftwohnungen leer stehen. Erst im 21. Jh. konnte das Projekt endlich als Erfolg bewertet werden. Neue Investoren setzten auf mehr Wohnraum und (unterirdisches) Shopping, aus der Finanzbranche kamen Mieter für die Wolkenkratzer. Nun ist Leben in den Docklands.

Seit 1981

Zugfahren ohne Zugführer

Von der Innenstadt fährt die **Docklands Light Railway** (DLR) von Tower Gateway bzw. Bank in die Docklands und weiter nach ▶ Greenwich. Die Züge fahren ohne Zugführer auf den Hochgleisen, die dem Verlauf von Bahnstrecken aus dem 19. Jh. folgen. Die U-Bahn (Jubilee Line) steuert ebenfalls die Docklands an, attraktiver ist aber die DLR. Auf der Themse fahren Boote von London Transport zum Canary Wharf Pier, Ausflugsboote weiter zur Thames Barrier.

Anfahrt

▌ Surrey Docks

Wo die »Mayflower« ablegte

Von Tower Bridge zu den Greenland Docks

Die Surrey Docks erstrecken sich am Südufer der Themse von der ▶ Tower Bridge bis zu den Greenland Docks im Flussbogen von Rotherhithe. Bereits seit dem 14. Jh. entstanden auf diesem Uferstreifen Kais für den Holz- und Getreideumschlag. Von Rotherhithe lief 1620 die »Mayflower« nach Southampton und Plymouth aus, um von dort die berühmten Pilgerväter nach Nordamerika zu bringen.

Aus Alt mach Luxus

Butler's Wharf

Die alten Lagerhäuser von Butler's Wharf und die **Anchor Brewery** östlich der ▶ Tower Bridge sind als eine der ersten Liegenschaften zu einer fashionablen Wohn- und Geschäftslage umfunktioniert worden. Hinter Butler's Wharf verläuft die Straße **Shad Thames**, die einen guten Eindruck von den alten Verhältnissen gibt. Von hier bietet sich ein Spaziergang in östlicher Richtung am Flussufer um St Saviour's Dock an luxussanierten Lagerhäusern und Hausbooten vorbei an. Am Cherry Orchard Pier machte 1839 J.M.W. Turner eine Skizze eines abgeschleppten Kriegsschiffs für sein Gemälde »Die

In Canary Wharf streben viele moderne Gebäude in die Höhe, schließlich ist ...

kämpfende Temeraire«. Etwas weiter lädt der im 15. Jh. gegründete Pub The Angel mit Flussblick ein (101 Bermondsey Wall East).

Wapping, Limehouse und Poplar

Reis, Wein, Tabak
Die Docks von Wapping, Limehouse und Poplar ziehen sich am Nordufer der Themse von der Tower Bridge zum Blackwall Tunnel hin. Seit dem 16. Jh. war hier Betrieb, der im 18. und 19. Jh. seinen Höhepunkt erreichte, als vor allem Reis, Tabak und Wein umgeschlagen wurden.

Vom Nordufer zum Blackwall Tunnel

Schöne Lagerhäuser, Cafés mit Aussicht
Schon seit dem 12. Jh. ankerten an diesem Platz Schiffe. Im Spätherbst 1827 wurde das Dock von St Katharine eröffnet. Einige schöne Lagerhäuser wie das Ivory House von 1852, ursprünglich für die Lagerung von Elfenbein gebaut, und das Wohnhaus des Dockmeisters existieren noch. Ein hölzerner Speicher aus dem 18. Jh. wurde zum Pub **Dickens Inn** umfunktioniert. Von Cafés am Wasser hat man einen Blick auf Luxusyachten und einige historische Schiffe.

St Katharine's Dock

... das Viertel neben der City of London das zweite Finanzzentrum der Stadt.

Am Thames Path entlang

Tobacco
Dock

Östlich von St Katherine's Dock lohnt sich der Thames Path. Unterwegs überquert man das Becken Hermitage Basin, von dem im Norden Spirit Quay abzweigt und zum 1811 erbauten Speicher von Tobacco Dock führt. Hier lagerten Tabak und Schafshäute und in den Kellern Wein und Rum. Nahebei hat sich Medienzar Rupert Murdoch sein Hauptquartier »News International« bauen lassen, gemeinhin »Fortress Wapping« genannt – wer es sieht, weiß, weshalb.

Bleibt man stattdessen am Thames Path, führt der Weg weiter entlang der Wapping High Street und über die Einfahrt zum mittlerweile zugeschütteten Wapping Basin. Hier stehen stattliche, 1810 für die Leitung der London Docks erbaute Häuser. Die Steintreppe Wapping Old Stairs steigt zum Fluss hinab, wo sich der 400 Jahre alte Pub Town of Ramsgate für eine Pause anbietet.

Weiter führt der Thames Path zum erhaltenen Hafenbecken Shadwell Basin, davor der Pub **The Prospect of Whitby** (s. oben). Mit seiner fast 500-jährigen Geschichte ist er wohl der älteste Pub an der Themse. Aus der Anfangszeit ist der Steinfußboden erhalten.

Gandalfs alter Pub

St Anne's
Limehouse

Weiter östlich befinden sich Limehouse Basin und die Kirche St Anne's Limehouse, ein Werk des Architekten Nicholas Hawksmoor (1730). Im Kirchhof steht eine rätselhafte Pyramide, die möglicherweise ursprünglich den Turmabschluss bilden sollte. Zwischen Narrow Street und dem Themseufer liegt ein weiterer empfehlenswerter jahrhundertealter Pub, **The Grapes**, den Charles Dickens in »Unser Gemeinsamer Freund« beschrieb. Mitbesitzer ist der Schauspieler Ian McKellen, ein herausragender Shakespeare-Darsteller, jedoch für seine Rolle als Gandalf in den Verfilmungen von »Der Herr der Ringe« besser bekannt.

| Isle of Dogs

Kein Leben wie ein Hund

Büro - und
Wohngebiet

Die Isle of Dogs hat sich am meisten verändert. Die Namen der Docks – East India und West India Docks – geben heute noch Auskunft, was hier umgeschlagen wurde, doch war die »Hundeinsel« dank ihrer Werften und Zulieferbetriebe Mitte des 19. Jh.s auch das Zentrum der Londoner Schwerindustrie. Heute ist sie ein Büro- und Wohngebiet mit architektonisch Ansprechendem wie der Wohnanlage »The Cascades« von Piers Gough, dem Bürokomplex South Quay Plaza und dem Pumpenhaus an der Stewart Street von John Outram, aber auch mit umstrittenen Hochbauten wie 1 Canada Square von Cesar Pelli, allgemein unter dem Namen **Canary Wharf Tower** bekannt.

Zeitreise ins alte Hafenviertel

Die Häuser am nördlichsten Becken der West India Docks, 1802 und 1803 erbaut, sind die letzten noch erhaltenen mehrstöckigen Lagerhäuser aus georgianischer Zeit. In Nr. 1 zeigt das Museum of London Docklands die Geschichte des Hafens. Das sehr üppig ausgestattete und liebevoll gestaltete Haus lebt vor allem von der Atmosphäre des alten Lagerhauses und von den Inszenierungen der Museumsmacher. So kann man u. a. die dunklen Gassen des Hafenviertels durchstreifen, begleitet vom Gesang aus einer Kneipe und den Rufen der Straßenhändler. Kinder können fachgerecht ein Schiff beladen und unter einem Taucherhelm eine Unterwasserreise unternehmen.

Museum of London Docklands

tgl. 10 – 18 Uhr | Eintritt frei | www.museumoflondon.org.uk

Das zweite Finanzviertel der Stadt

Am Canary Wharf wurden Tomaten und Bananen von den Kanarischen Inseln gelöscht. Das spektakulärste Projekt der Docklands ist der 244 m hohe Canary Wharf Tower der bei seiner Fertigstellung 1991 das höchste Gebäude in Großbritannien war. Der Turm mit den umliegenden Bürohäusern hat sich neben der historischen City of London zum zweiten Finanzzentrum der Stadt entwickelt.

Canary Wharf

Royal Docks

Kunst, Londons einziger Leuchtturm und eine Seilbahnfahrt

Auch die Royal Docks sind attraktiver geworden, etwa durch das Messezentrum ExCel, das von Siemens gebaute The Crystal mit einer Ausstellung über nachhaltige Stadtentwicklung und durch Trinity Buoy Wharf, das sich zum Kunstquartier gemausert hat, und wo mit dem Bow Creek Lighthouse Londons einziger Leuchtturm steht.

ExCel, The Crystal, Trinity Buoy Wharf

Seit der Olympiade 2012 kann man 50 m hoch über der Themse mit der Seilbahn Emirates Air Line vom Victoria Dock hinüber nach Greenwich zum O2 Dome (▶ S. 91) fahren.

The Crystal: Di. – So. 10 – 17 Uhr | Eintritt: £ 8 | www.thecrystal.org
Seilbahn: Mo. – Do. 7 – 21, Fr. bis 23, Sa. 8 – 23, So. 9 – 21 Uhr | einfache Fahrt £ 3,50 mit Oyster Card, sonst £ 4,50

Thames Barrier

Kontrolle ist besser …

1984 wurde in der Themse die mit 520 m Breite größte bewegliche Sturmflutbarriere der Erde in Betrieb genommen: Neun Piers halten eine aus zehn riesigen Toren bestehende Stahlsperre. Die Hydraulik braucht etwa eine halbe Stunde, um die Tore in Position zu bringen. Dann können weite Gebiete der Grafschaften Essex und Kent nicht

Die größte bewegliche Sturmflutbarriere der Erde

mehr überflutet werden. Im Visitor Centre ist eine Audio-Video-Show über die Baugeschichte und die Funktion der Barriere zu sehen; vom Greenwich Pier aus starten Bootsausflüge zu den Schleusentoren.
Thames Barrier: Woolwich, SE 18 | DLR: Pontoon Dock | Do. – So. 10.30 – 17, Nov. – Feb. bis 15.30 Uhr | Eintritt: £ 4 | www.gov.uk/the-thames-barrier

★ DULWICH

Lage: Southwark, SE 21 / SE 22 | **U-Bahn:** Brixton |
Bahn: West Dulwich ab Victoria, North Dulwich ab London Bridge

AUSSENBEZIRK

Idyllisch, ländlich, ruhig erscheint Dulwich – wer würde hier die erste öffentliche Kunstgalerie Englands vermuten in einer Schule, die für arme Leute gegründet wurde? Noch dazu mit einer königlichen Sammlung Alter Meister? Doch nicht nur allein deshalb lohnt sich die Fahrt zu dem wohlhabenden Dorf 10 km südlich der Innenstadt, wo es außerdem georgianische Villen und ein attraktives Zentrum gibt.

Eine Schule für arme Leute

Dulwich College

(Shakespeare-)Mime, Bordellbesitzer und Organisator der königlichen Bären- und Bullenhetzen, **Edward Alleyn** (1566 – 1626), gründete Dulwich College 1619 zugunsten »von sechs armen Männern und sechs armen Frauen«; schon 1605 hatte er das Herrenhaus Dulwich Manor erworben. Die Kunstsammlung von bescheidener Qualität, die er der Schule schenkte, erfuhr 200 Jahre später eine erstaunliche Aufwertung durch die Kunsthändler Noël Desenfans und Francis Bourgeois, die nicht ganz freiwillig zu ihren Schätzen kamen: Sie hatten sie zwischen 1790 und 1795 in ganz Europa für den polnischen König Stanislaus II. August Poniatowski zusammengekauft, der seinem Hof eine standesgemäße Gemäldegalerie verschaffen wollte – doch nach der dritten polnischen Teilung gab es sein Königreich nicht mehr. Nach dem Tod von Desenfans 1807 stiftete Bourgeois die Bilder dem Dulwich College, wo 1814 die **erste öffentliche Kunstgalerie** in einem von Sir John Soane entworfenen Gebäude eröffnete. Es wurde durch die Anordnung der Oberlichter Vorbild vieler Galeriebauten.

Feine Auslese Alter Meister

Dulwich Picture Gallery

Seither sieht man hier Werke von Rembrandt und Jan van Ruisdael, Porträts von britischen Malern des 17. und 18. Jh.s (u. a. William Hogarth und Thomas Gainsborough), Italiener (Raffael, Paolo Verone-

6x

UNTERSCHÄTZT

Genau hinsehen, nicht daran vorbeigehen, einfach probieren!

1.
ENGLISCHES BIER

Nicht immer gleich an lauwarmes Gebräu ohne Schaum denken! Halten Sie Ausschau nach Pubs, die bei **CAMRA** mitmachen, der »Campaign for Real Ale« – beste englische Braukunst aus kleinen Brauereien.
(▶ **S. 306/307**)

2.
RADFAHREN IN LONDON

... ist nichts, wovor man sich fürchten müsste. Über die Stadt verteilt gibt es genügend **Verleihstationen**. Oder einfach bei einer geführten Stadttour mitmachen. (▶ **S. 357**)

3.
DULWICH PICTURE GALLERY

Wer hätte das gedacht: Eine der bedeutendsten Sammlungen **Alter Meister** in Europa versteckt sich fast in diesem idyllisch-dörflichen Vorort. (▶ **S. 76**)

4.
SCIENCE MUSEUM

Wie Magnete ziehen die Nachbarn V & A und Natural History Museum die Besucher am Science Museum vorbei. Wie ungerecht! Denn wo kann man schon die älteste Konservendose der Welt bestaunen und bekommt Antwort auf die Frage: »**Wer bin ich?**« (▶ **S. 188**)

5.
SELFRIDGES

Ziemlich der einzige Grund, sich der Hektik der **Oxford Street** auszusetzen: Das Kaufhaus Selfridges, das sich vor Harrods nicht zu verstecken braucht und pfiffige Aktionen startet.
(▶ **S. 346**)

6.
SPITALFIELDS

Das nahe Bankenviertel hat schon seine Krallen ausgefahren. Aber noch bietet Spitalfields Londoner Alltag mit Erlebnisfaktor: Curry-Restaurants an der **Brick Lane**, Kunst in der Whitechapel Art Gallery, Handwerk in der Bell Foundry. (▶ **S. 44**)

se, Tiepolo und das älteste Werk der Sammlung, Piero de Cosimos »Porträt eines jungen Mannes« von 1500), Flamen (Rubens, van Dyck), Spanier (u. a. Bartolomé Murillo) und Franzosen (Watteau, Poussin und Le Brun). Im Mausoleum sind das Ehepaar Desenfans und Bourgeois begraben.

Gallery Road | Di. – So. 10 – 17 Uhr | Eintritt: £ 7, inklusive Führung durch die Sammlung Sa./So. 15 Uhr | www.dulwichpicturegallery.org.uk

Dinosaurier in Lebensgröße

Crystal Palace Park

Im Crystal Palace Park stand der »Kristallpalast«, Mittelpunkt der Great Exhibition von 1851, ein Meisterwerk aus Gusseisen und Stahl von Sir Joseph Paxton. 1854 wurde der Palast vom Hyde Park hierher in den neuen Park verlegt, um darin dann auch die ersten Sauriermodelle der Welt in Lebensgröße aufzustellen. Im Park sind die Modelle noch zu bewundern, der Palast selbst wurde durch einen Brand 1936 zerstört. An seiner Stelle steht heute das National Sports Centre. Wie der Glaspalast ausgesehen hat, zeigt ein Modell im ▶ Museum of London; kleinere Reste stellt das Crystal Palace Museum aus.

Bahn: Crystal Palace von London Bridge oder Victoria
Crystal Palace Museum: Anerley Hill | So. 11 – 15 Uhr | Eintritt frei | www.crystalpalacemuseum.org.uk

FLEET STREET

Verlauf: von Temple Bar zum Ludgate Circus
U-Bahn: Blackfriars, Temple

K/L 5/6

Über Jahrhunderte hinweg versorgte die Mehrzahl der britischen Zeitungsverlage von hier aus die Stadt mit den neuesten Schlagzeilen. Fleet Street alias »Street of Ink« wurde zum Synonym für die britische Presse. Diese Zeiten sind endgültig vorbei, heute haben Banken und Versicherungen ihren Platz eingenommen. Eine der belebtesten und abwechslungsreichsten Straßen Londons bleibt die Hauptachse der City jedoch immer noch.

»Street of Ink«

Fleet Street durchquert den westlichen Bezirk der City of London von Ludgate Circus zum Temple Bar. Sie verdankt ihren Namen dem Flüsschen Fleet, das an der östlichen Stadtmauer entlangfloss und die blutigen Abwässer des Fleischmarkts ▶ Smithfield Market in die Themse transportierte. Mitte des 18. Jh.s fiel ein betrunkener Metzger in den Fleet und erfror – das Flüsschen wurde schließlich überbaut.

Ende des 15. Jh.s zog Wynkyn de Worde mit seiner Druckerpresse von Westminster her, 1702 erschien mit dem Daily Courant die erste Tageszeitung: Fleet Street wurde zum Zentrum der britischen Zeitungswelt. Die Gebäude der Verlage, Redaktionen und Druckereien stehen zwar noch, doch sind schon seit Langem Versicherungen und Banken eingezogen. An die große Zeit als Herz der Zeitungswelt erinnern zwischen Bouverie und Whitefriars Street noch das Haus der **Daily Mail**, an der Fetter Lane das Haus des **Daily Mirror**, Ecke Shoe Lane das schwarze **Daily Express** Building im Art-déco-Stil sowie Fleet Street Nr. 135, das Haus des Daily Telegraph. Heute steht Fleet Street mehr und mehr auch für die englische Justiz, denn der Anwaltsbezirk ▶ Temple und die Royal Courts of Justice strahlen von ▶ The Strand hierher aus.

Zum Zeichen der Loyalität

Den östlichen Beginn der Fleet Street markiert das von einem Greifen bekrönte Temple Bar Memorial (1880) an der Grenze von City und Westminster. Hier stand das 1680 von Wren erbaute Tor Temple Bar, auf dem die Köpfe Enthaupteter aufgesteckt wurden (es ist nun wieder am Paternoster Square nördlich von ▶ St Paul's aufgestellt worden). Besucht der Monarch die City, bietet der Lord Mayor ihm am Temple Bar das Sword of State dar als Zeichen der Loyalität. Unmittelbar hier führt eine Einfahrt in den ▶ Temple.

Temple Bar

Vom Feuer verschont

Fleet Street Nr. 17 auf der rechten Straßenseite gegenüber von Chancery Lane ist eines der wenigen Gebäude der City, die aus der Zeit vor dem Großen Feuer von 1666 stammen. Es wurde 1610 an Stelle eines seit dem 12. Jh. dem Templerorden gehörenden Hauses als Taverne »The Prince's Arms« gebaut. Dabei entstand im ersten Stock auch der heutige Prince Henry's Room zu Ehren von Heinrich, Sohn Jakobs I. Die Tudorholzdecke zeigt in ihrer Mitte sein Wappen. Das Haus ist leider nicht zugänglich.

Prince Henry's Room

Zwei Riesen mit dem Hammer

St Dunstan-in-the-West auf der linken Straßenseite (Nr. 186a), benannt nach dem hl. Dunstan (909 – 988), Bischof von London, besitzt die erste Londoner Uhr, die die Viertelstunden schlägt – in Form von zwei Riesen, die auf die Glocke hämmern. Die Kirche ist schon für das 11. Jh. nachgewiesen und überstand ebenfalls das Große Feuer; dennoch hat man sie 1831 neu errichtet, die Uhr von 1671 aber baute man wieder ein. An der Südmauer sehen Sie die einzige zu ihren Lebzeiten entstandene Statue (1586) von Elisabeth I.

St Dunstan-in-the-West

Dickens Lieblingskneipe

Nicht übersehen sollte man den Pub Ye Olde Cheshire Cheese (Nr. 145) – das kann zugegebenermaßen leicht passieren, da der

Ye Olde Cheshire Cheese

Weg zum Eingang im Cheshire Court recht schmal ist. Der kurz nach dem Großen Feuer wiederaufgebaute Pub war Lieblingskneipe vieler literarischer Größen wie Samuel Johnson, Charles Dickens und Arthur Conan Doyle und ist ein Pint wert dank seiner tollen Atmosphäre, die die altmodische Einrichtung, die schummerige Beleuchtung und die vielen historischen Reminiszenzen erzeugen.

Vom Arbeitszimmer in den Pub

Dr. Johnson's House

Samuel Johnson hatte es nicht weit zu seinem Pub, denn er lebte von 1748 bis 1759 am Gough Square (nördlich der Fleet Street via Fetter Lane und W. Harding St.). Hier verfasste er u. a. sein berühmtes Wörterbuch.

Mai – Sept. Mo. – Sa. 11 – 17.30, Okt. – April bis 17 Uhr | Eintritt: £ 6
www.drjohnsonshouse.org

Pfarrkirche der Presse

St Bride's

Schon fast am Ende der Fleet Street ragt der 70 m hohe Turm von St Bride's Church auf. Sie ist dank der seit dem 18. Jh. um sie herum entstandenen Zeitungsredaktionen die Pfarrkirche der Presse. Ihre erste Erwähnung datiert aus dem 12. Jh.; der heutige Kirchenbau wurde 1957 nach den Originalentwürfen Wrens wiedererrichtet, nachdem der ursprüngliche von 1701 im Dezember 1940 bei einem deutschen Bombenangriff ausgebrannt war. In der Krypta sieht man noch einen römischen Fußboden.

Abstecher nach Old Bailey

Central Criminal Court

Von St Bride's sind es nur wenige Minuten zu Fuß (über Ludgate Circus hinüber und die zweite Straße links) zum Gerichtshof Old Bailey, offiziell »Central Criminal Court«, dem höchsten Strafgerichtshof Großbritanniens. Hier fanden manch aufsehenerregende Prozesse statt, und er wird auch gerne als Schauplatz in Comics, Romanen und Filmen genutzt. Seinen Namen hat das zwischen 1902 und 1907 errichtete Gebäude von der Straße, an der es liegt. Wie es sich für ein Gericht gehört, krönt eine bronzene Justitia mit Schwert und Waage die Kuppel – doch bei genauem Hinsehen wird man bemerken, dass ihre Augen nicht wie üblich verbunden sind.

Ab dem 13. Jh. stand an diesem Ort das berüchtigte **Newgate Prison**, das Hauptgefängnis von London. Zwischen 1783 und 1868 wurden davor die zum Tode Verurteilten hingerichtet, ein großes Spektakel und immer ein gutes Geschäft für den Wirt des »Magpie and Stump« gegenüber, der an solchen Tagen extra ein »Execution Breakfast« auf die Speisekarte setzte. Mit der **»Execution Bell«** schlug den Delinquenten das letzte Stündlein, ausgestellt im Südschiff der Kirche St Sepulchre gegenüber.

★★ GREENWICH

Lage: östlich der City | **River Bus:** Greenwich Pier | **DLR:** Cutty Sark, Greenwich | www.visitgreenwich.org.uk | **Day Explorer Ticket** für Cutty Sark, Observvatorium und die Museen £ 23,65 (Museen aber haben freien Eiintritt) | **www.rmg.co.ukk**

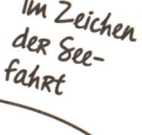

AUSSENBEZIRK

»Rule, Britannia! Britannia rule the waves« heißt es im patriotischen Lied, das alljährlich im Konzert »Last Night of the Proms« gesungen wird. Als Britannien tatsächlich über die Wellen der Weltmeere herrschte, spielte Greenwich als Geburtsort der britischen Seemacht eine Schlüsselrolle. Wer sich für einen Ausflug zum Ort am Nullmeridian entscheidet – am besten per Boot von Westminster oder dem Tower – bekommt große Geschichte, einen herrlichen Park, herausragende Architektur, ein weltführendes Museum der Seefahrt und die Gelegenheit, mit einem Bein in der westlichen, mit dem anderen in der östlichen Hemisphäre zu stehen.

Im Zeichen der Seefahrt

10 km stromabwärts der City am Südufer der Themse schrieb Greenwich große Geschichte. Hier konnte Heinrich VIII. in den

Vom Old Royal Observatory kann man nicht nur auf den Himmel, sondern auch auf Queen's House und das Royal Naval College vor der Kulisse von Canary Wharf schauen.

Gründungsjahren der Royal Navy vom Greenwich Palace aus das damals mächtigste Kriegsschiff Europas, den Viermaster »Great Harry« betrachten. Im Palast unterschrieb Heinrich das Todesurteil seiner zweiten Ehefrau Anne Boleyn, die ihm keinen Sohn schenken konnte. Die gemeinsame Tochter, die hier geborene Elisabeth I., residierte oft in Greenwich und feierte 1588 mit einer Schiffsparade die Niederlage der spanischen Armada, die England erobern wollte. Der Held dieses Ereignisses, Sir Francis Drake, brach zur Weltumsegelung vom benachbarten Deptford auf. Auch Lord Nelson fand den Weg hierhin – zum letzten Mal vor dem Staatsbegräbnis als in Branntwein konservierter Leichnam.

Weltberühmt geworden ist Greenwich auch im Bereich der Wissenschaft, genauer durch sein Observatorium, den traditionellen Fixstern der christlichen Seefahrt. Nach der Uhr von Greenwich und dem hier festgelegten Nullmeridian richtet sich bis heute die Weltschifffahrt. »Maritime Greenwich« ist in seiner Gesamtheit von der UNESCO zum Weltkulturerbe erklärt worden.

Erste Anlaufstelle für die Besucher ist das **Besucherzentrum Discover Greenwich**. Außer Tickets, Informationsmaterial und einem Souvenirshop bietet es eine Ausstellung über die Geschichte von »Maritime Greenwich«, in der u. a. Fundstücke aus den Ausgrabungen vom Palast Heinrichs VIII. gezeigt werden. Stärkung, auch vor Ort gebraute Biersorten, bietet nebenan das Lokal The Old Brewery.

 Cutty Sark

Tgl. 10 – 17 Uhr | Eintritt: £ 13,50 | Einlass nur zum Zeitfenster auf dem Ticket | Tickets unter www.rmg.co.uk

Die Schönste und Schnellste ihrer Art

Die Cutty Sark war der letzte und berühmteste der Teeklipper, die im 19. Jh. die »Teestraße« zwischen England und China befuhren (▶ Baedeker Wissen S. 84). Sie wurde 1869 im schottischen Dumbarton erbaut und galt als das schönste und mit über 17 Knoten Höchstgeschwindigkeit auch als das schnellste Schiff ihrer Zeit: 1871 brauchte sie von Shanghai nach London 107 Tage, und 1889 überholte sie das neue Dampfschiff »Britannia« auf der Fahrt nach Sydney. Erst 1954 wurde sie außer Dienst gestellt. Ihr Name bedeutet »**Kurzes Hemd**« und stammt aus Robert Burns' Gedicht »Tam O'Shanter«, in dem er beschreibt, wie die Hexe Nannie den Schweif von Tams Stute abreißt – dargestellt in der Galionsfigur. 2007 zerstörte ein schweres Feuer große Teile des Schiffs – glücklicherweise waren u. a. die

Teeklipper

Ein seltener Anblick ist wohl der eines Schiffes von unten, noch dazu eines so schönen wie des berühmten Teeklippers »Cutty Sark«.

MAJESTÄTEN DER MEERE

Teeklipper – die schnellsten Schiffe ihrer Zeit – transportierten Waren von China nach London. Und wer den ersten frischen Tee der Saison liefern konnte, machte das große Geschäft. So entstanden die legendären Teerennen: 1866 nahmen die »Fiery Cross«, »Ariel«, »Taeping« und »Serica« teil. Die »Taeping« gewann nach 102 Tagen mit einem Vorsprung von nur 20 Minuten. Die berühmte »Cutty Sark«, hier abgebildet, gewann nie ein Teerennen, galt 1885 aber als schnellstes Schiff ihrer Klasse.

▶ **Die »Cutty Sark«**

Stapellauf am	23.11.1869
Länge	85,35 m
Breite	10,97 m
Gewicht mit Ladung	2747 t
Besatzung	28 - 35
Segel	43
Masthöhe	46,3 m

Höchstgeschwindigkeit
17,15 Knoten (31,7 km/h)

Ladekapazität 1700 t
entspricht ca. 240 Elefanten

Segelfläche 3000 m²
entspricht ca. einem halben Fußballfeld

Fockmast

Vorroyalsegel

Vorbramsegel

Vorobermarssegel

Voruntermarssegel

Focksegel

Vorstagsegel

▶ **Immer größer, immer schneller**
Historische Handelsschiffsklassen

Kogge (ca. 24 m)
Typisches Handelsschiff der Hanse, vor allem zwischen 12. und 14. Jh. im Einsatz

Fleute (ca. 50 m)
Holländischer Schiffstyp, mit dem im 18. Jh. der Kolonialhandel organisiert wurde

Klipper (ca. 85 m)
Die größten und schnellsten Holz-Segelschiffe der Geschichte, vor allem 19. Jh.

Großmast

Kreuzmast

Großroyal-segel

Kreuz-royalsegel

Großbram-segel

Kreuzbram-segel

Großober-marssegel

Kreuzober-marssegel

Besan-segel

Großunter-marssegel

Kreuzunter-marssegel

Kreuzsegel

Großsegel

▶ Vollschiff
Die Teeklipper waren Vollschiffe.
Diese Segler hatten mindestens drei
Masten und waren alle rahgetakelt,
d.h., die Segel sind an Querbalken
(Rahen) aufgehängt.

▶ Um die halbe Welt
Die Route der Teeklipper

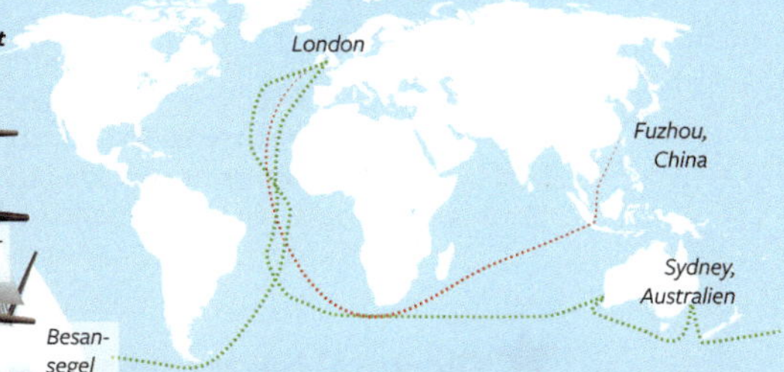

London

Fuzhou, China

Sydney, Australien

London–Fuzhou ca. 26 400 km
London–Sydney ca. 22 200 km
Sydney–London ca. 23 700 km

▶ Alles kommt mit
Klipper transportierten nicht nur
Tee, sondern auch Post, Gewürze,
Eis – und Sklaven.

Tee

Früchte

Gewürze

Eis

Wolle

Post

Opium

Sklaven

Die »Royal Clipper« (134 m)
Das zweitgrößte Segelschiff der Welt,
ein schwedisches Kreuzfahrtschiff
mit Stahlrumpf, 2000 in Dienst gestellt

Containerschiff (bis 397 m)
Kann bis zu 11 000
je 6 m lange Container
transportieren.

Masten und die Galionsfigur wegen Restaurierungsarbeiten abgebaut. Die Queen höchstselbst eröffnete 2012 den wiederhergestellten Klipper. Er steht nun auf Stützen drei Meter über dem Boden, sodass man den Rumpf in seiner Eleganz auch von unten betrachten kann – auch beim **Afternoon Tea** (Buchungen: www.rmg.co.uk). An Bord wird die Geschichte des Schiffs und des Teehandels erzählt, natürlich mit einzigartigen Erinnerungsstücken angereichert.

Old Royal Naval College

Gebäude: tgl. 10 – 17, Gelände: tgl. 8 – 23 Uhr | Painted Hall £ 12
Führungen über das Gelände tgl. 11, 12, 13, 14, 15 Uhr für Besitzer eines Tickets für die Painted Hall | www.ornc.org

Königliche Prachtbauten

Painted Hall

Stehen Sie am Ufer in Greenwich – noch besser am gegenüberliegenden Ufer, erreichbar durch den Greenwich Foot Tunnel unter der Themse, Eingang nahe der »Cutty Sark« –, präsentiert sich Ihnen eine außerordentlich schöne Perspektive: eine weitläufige, von der klassizistischen Architektur des Old Royal Naval College gerahmte Rasenfläche, dahinter zwei elegante Kuppeln und Säulenkolonnaden, als Mittelpunkt das Queen's House, darüber in der Ferne die königliche Sternwarte auf dem Hügel.

Das College, bis 1997 königliche Marineoffiziersschule und heute Domizil der Greenwich University, entstand zwischen 1664 und 1751 unter Mitwirkung der führenden englischen Baumeister der Zeit, darunter Christopher Wren, Nicholas Hawksmoor und John Vanbrugh. Von der Gründung bis 1873 diente die Anlage als Seemannsheim. Zwei Prachtbauten sind für Besucher geöffnet: Die **Painted Hall im King William Building** wurde 1707 fertiggestellt und von Sir James Thornhill mit Malereien ausgestattet, denen sie ihren Namen verdankt. Das Deckengemälde verklärt Wilhelm und Maria von Oranien als Friedensbringer, wie sie über die Tyrannei in Gestalt Ludwigs XIV. triumphieren. Die Kapelle im **Queen Mary Building** geht noch auf einen Entwurf von Wren zurück. Das Altarbild zeigt den Schiffbruch des heiligen Paulus, eine Arbeit von Benjamin West.

An der Stelle des Old Royal Naval College stand ursprünglich ein Palast, den Eduard I. bis 1307 erbauen ließ. Heinrich VIII. war mit dem Palast, wie mit Greenwich überhaupt, engstens verbunden. Er wurde in Greenwich geboren, von hier aus regierte er zwanzig Jahre lang, hier heiratete er Katharina von Aragón und Anna von Cleve. Auch seine Töchter Maria I. und Elisabeth I. kamen im Palast zur Welt, aber nach dem Ende der Tudor-Dynastie war die Glanzzeit vorbei. Unter Oliver Cromwell diente der Palast als Gefängnis und als Großbäckerei für Schiffsproviant, bis er schließlich abgerissen wurde.

Bei Flut klatscht die Themse an das große Panoramafenster ...

Dickens, ebenso Stammgast wie die Premiers Gladstone und Disraeli, lässt hier in seiner Geschichte »Our Mutual Friend« eine Hochzeitsgesellschaft zusammenkommen; im Nelson Room traf sich das britische Kabinett regelmäßig zum Auftakt der Weißfisch-Saison. Die 1837 eröffnete Trafalgar Tavern, knapp 200 m vom Old Royal Naval College entfernt und am Themseufer gelegen, ist auch heute noch ein bezaubernder Ort mit Bar und Restaurant.

Trafalgar Tavern

 **National Maritime Museum**

Tgl. 10 – 17 Uhr | Eintritt frei | www.rmg.co.uk

Das größte Schifffahrtsmuseum der Welt

Die fantastisch eindrucksvollen Schaustücke des National Maritime Museum illustrieren die Geschichte der britischen Seemacht seit Heinrich VIII.

Britanniens maritime Geschichte

Die Briten und das Meer

Im modernen Sammy Ofer Wing befinden sich der Haupteingang und der Auftakt zur Abteilung »Voyagers: Britons and the Sea«, die das Verhältnis der Briten zum Meer beleuchtet. Im alten Teil des Erdgeschosses geht es um das maritime London seit 1700 und um Londons Rolle als Hafen im Welthandel. Gezeigt werden auch die prächtige, 1732 gebaute Staatsbarke für Frederick, Prinz von Wales und eine Sammlung von farbenfrohen Galionsfiguren.

Erdgeschoss

Der Handel und die Sklaverei

In der ersten Etage wird der Handel mit Asien anhand wunderschöner Schiffsmodelle, Tagebücher von Matrosen, Porträts, Navigationsinstrumente und Erzeugnisse aus Fernost wie japanische und chinesische Schwerter vorgestellt. Eine weitere Abteilung über den Atlantikhandel und die Sklaverei wartet mit Kunstwerken, Seekarten, Modellen und Handelswaren aus der Neuen und der Alten Welt auf.

1. Etage

Seehelden und ihre Kriegsschiffe

Im zweiten Obergeschoss findet man eine sehr feine Abteilung über den Bau von Kriegsschiffen von 1650 bis 1815: Jedes Schiff der englischen Flotte musste zunächst als Modell der Admiralität vorgestellt werden; eine Vielzahl solcher Originalmodelle ist zu sehen – man kann nur staunen, mit welcher Akribie die Modellbauer arbeiteten.
In der Abteilung »Nelson, Navy, Nation« sind viele Erinnerungen an Englands größten Seehelden, Admiral Horatio Nelson, zu sehen, darunter die Uniform, die er in der für ihn tödlich endenden Schlacht von Trafalgar trug.

2. Etage

RECHTS: Zum 200. Jahrestag seines Sieges am Kap Trafalgar 2005 wurde Admiral Nelson mit einer Statue geehrt, die seitdem den Eingang der Trafalgar Tavern bewacht.
UNTEN: Lange Jahre stets alleine am Bug eines Schiffes, befinden sich diese Galionsfiguren im National Maritime Museum nun in bunter Gesellschaft.

 **Queen's House**

Tgl. 10 – 17 Uhr | Eintritt frei

Die erste freitragende Wendeltreppe Englands

Bewunderung ruft im Queen's House die Tulip Staircase, die herrliche Tulpentreppe des Architekten Inigo Jones hervor. Die Wendeltreppe verbindet die kubische Great Hall, deren Decke 2016 zum 400-jährigen Jubiläum des Hauses von dem Künstler Richard Wright mit einem Blattgoldmuster verziert wurde, mit dem benutzten Gemach des Königs und dem immerhin einige Jahre bewohnten Gemach der Königin. Von dort geht es auf einer wiederum sehr schönen Treppe hinab in die Orangerie.

Tulip Staircase

Die von Jones entworfene Königinnenresidenz, das nie erreichte Vorbild für zahlreiche weitere Häuser, ist in seinen symmetrischen Proportionen und der hervorragenden Ausführung von Marmorböden, schmiedeeisernen Balustraden, geschnitzten und bemalten Decken ein **Meisterwerk des Palladianismus**. Jones begann 1616 im Auftrag von Jakob I., der ein Haus für seine Gemahlin Anna von Dänemark schaffen wollte, mit dem Bau als Annex an den Greenwich Palace. Nach dem Tod von Anna 1619 ließ Jakob I. das Projekt jedoch fallen. 10 Jahre später beauftragte Karl I. erneut Jones, das Gebäude für seine Gemahlin Henrietta Maria fertigzustellen.

Die größte Sammlung von Marinemalerei weltweit

Das National Maritime Museum besitzt sowohl »Seestücke« von Künstlern wie Willem van de Velde und Muirhead Bone als auch Porträts berühmter Seefahrer, die von ebenso berühmten Künstlern wie Godfrey Kneller, Joshua Reynolds und Thomas Gainsborough stammen. In regelmäßigem Wechsel werden Teile dieser Sammlung im Queen's House präsentiert.

Marinemalerei

❚ Greenwich Park und ⭐⭐ Old Royal Observatory

Royal Observatory/Flamsteed House: tgl. 10 – 17 | Eintritt: £ 14,40
Peter Harrison Planetarium: Vorführungen tgl. 10. –17 Uhr | £ 9

Ein Ort der Erholung

An das Gelände des National Maritime Museum schließt Greenwich Park an, als königlicher Garten von Le Nôtre, dem Landschaftsgärtner Ludwigs XIV., für Karl II. rund um den Hügel angelegt. Dort thront **Flamsteed House**, von Christopher Wren entworfen und nach dem ersten königlichen Astronomen John Flamsteed benannt. Wunderbar ist der Blick auf Queen's House und das Royal Naval College vor dem Hintergrund des Themsebogens und der ▶ Docklands; etwas rechts sieht man The O2, wie der einstige Millennium Dome heute heißt.

Greenwich Park

Die Bestimmung des Nullmeridians

Flamsteed House In Flamsteed House war bis 1957 das von Karl II. gegründete Observatorium untergebracht, das sich heute in Cambridge befindet. Seit 1833 trägt ein Mast auf dem Türmchen des Backsteinbaus den Zeitball, eine rote Kugel, die täglich genau um 13 Uhr hinunterfällt und damit für Schiffe das Zeichen gibt, ihre Uhren zu stellen. Die Ausstellung »Zeit und Navigation« in Flamsteed House erläutert ein grundlegendes Problem der Schifffahrt: Da keine genaue Positionsbestimmung möglich war, zerschellten 1707 bei Nebel vier Kriegsschiffe der königlichen Marine an Riffen vor den Scilly-Inseln. Fast 2000 Matrosen ertranken. Zur Lösung der Frage der Längengradbestimmung lobte die Admiralität 1714 die Summe von 20 000 Pfund aus, die der Uhrmacher **John Harrison** gewann. Die Sammlung zeigt u. a. drei Harrison-Original-Chronometer, die so exakt liefen, dass man sie erstmals zur Navigation auf See verwenden

1 Flamsteed House	5 Altazimuth Pavilion
2 Flamsteed's Observatory	6 Peter Harrison
3 Meridian Building	Planetarium
4 Great Equatorial	7 South Building
Building	8 Tea House

konnte. Zur Lösung gehörte die Definition eines Nullmeridians als feste Größe. Die britische Seefahrt verlegte »ihren« **Nullmeridian** selbstverständlich ins Heimatland, und so verläuft er durch das Meridian Building und trennt den Globus in eine westliche und eine östliche Hälfte. Im Gebäude zeigt eine Ausstellung u. a. den Transit Circle, ein großes, vom königlichen Astronomen George Bidell Airy konstruiertes Instrument, mit dem er den Nullmeridian 1851 noch exakter berechnete. 1884 wurde auf einer Konferenz in Washington/DC diese Definition weltweit anerkannt.

Unter der Kuppel des **Equatorial Building** hat man 1893 ein 28-Zoll-Teleskop installiert, bis heute das größte in Großbritannien. Der Azimuth Pavillon dahinter wurde 1899 erbaut und enthält heute ein Teleskop zur Sonnenbeobachtung. Londons einziges öffentliches Planetarium, das **Peter Harrison Planetarium**, schließt unmittelbar an den Pavillon an.

Kleinodien eines Diamantenhändlers

Im 1688 erbauten Ranger's House ist die **Wernher Collection** einge- Ranger's
zogen, eine berühmte Sammlung von Schmuck, Kleinodien und Ge- House
mälden aus dem Mittelalter bis zur Renaissance, die der in Darmstadt geborene Diamantenhändler Sir Julius Wernher (1850 – 1912) zusammentrug.

Führungen: April – Sept. Mo. – Mi. So. 11 u. 14 Uhr | Eintritt: £ 9,50

Stadt Greenwich

Zum Nachmittagstee in die Orangerie

Der erste Weg im Städtchen führt meistens zum überdachten Green- Greenwich
wich Market, wo Kunsthandwerk angeboten wird. Market,
Im Jahr 1012 ermordeten die Dänen den Bischof von Canterbury, den St Alfege,
hl. Alfegius. Am Tatort errichtete man im 12. Jh. eine Kirche, deren Fan Museum
Neubau als Taufkirche Heinrichs VIII. genutzt wurde. Die heutige St Alfege ist ein Entwurf von 1718 von Nicholas Hawksmoor und besitzt noch einige der Wandverzierungen von Grinling Gibbons.
Sehr originell ist das Fan Museum (Fächermuseum), das über 3500 Exemplare vom 11. Jh. bis heute besitzt, wobei die meisten allerdings aus dem 18. und 19. Jh. stammen. Die elegante Orangerie ist der richtige Platz für den Nachmittagstee.

Fan Museum: 12 Croom's Hill | Di. – Sa. 11 – 17, So. 12 – 17 Uhr | Eintritt: £ 4 | Nachmittagstee: Buchung Tel. 020 8305 14 41 www.thefanmuseum.org.uk

The O2 (Millennium Dome)

Thames Clipper: North Greenwich Pier | U-Bahn: North Greenwich Seilbahn Emirates Air Line von den Docklands

Das zweite Leben eines Riesenzelts

Für die Jahrtausendwende sollte der Millennium Dome die Hightech- Zur Jahrtau-
Schaubühne einer selbstbewussten Nation sein. Stararchitekt Richard senwende
Rogers schuf hierfür **die größte Zeltkonstruktion der Welt:** Zwölf 100 m hohe Masten halten das 365 m durchmessende Teflon-Zeltdach in 50 m Höhe fest. Das ▶ Wembley-Stadion würde gleich zwei Mal hineinpassen. Eine ambitionierte Jahrtausendausstellung floppte, das Bauwerk begann aber ab 2007 als »The O2« ein neues und schließlich erfolgreiches Leben. Das Riesenzelt beherbergt heute eine Arena mit 23 000 Plätzen für Konzerte und andere Großereignisse.

AUF DEM WEG ZUM OFFENEN MEER

Mal raus aus der Enge der Innenstadt?
Am Flussufer nahe der O2-Arena spüren Sie Weite und
hören Möwengeschrei, erleben die Themse nicht als ein-
gezwängten Großstadtstrom, sondern als Naturgeschöpf
auf seinem Weg zum offenen Meer. Zum Nachdenken
regen Kunstwerke an: Anthony Gormleys »Quantum
Cloud« ist eine menschliche Figur in einer Wolke aus
Metallteilen, der Künstler Robert Wilson halbierte ein
Frachtschiff und nannte es »A Slice of Reality«.
Mit der Jubilee Line dauert die Fahrt von Westminster
bis North Greenwich nur 14 Minuten.

Herrlichen Ausblick versprechen zwei Höhenerlebnisse: **»Up at the
O2«** heißt die schwindelerregende Kletterpartie über das Dach, wobei entsprechende Ausrüstung für die Teilnehmer gestellt wird. Kör-
perlich und nervlich weniger anstrengend ist die Fahrt mit der Seilbahn Emirates Air Line über die Themse zu den Royal Docks (▶ S. 75).
Up at the O 2: www.theo2.co.uk
Seilbahn: Mo. – Do. 7 – 21, Fr. bis 23, Sa. 8 – 23, So. 9 – 21 Uhr; einfache Fahrt £ 3,40 mit Oyster Card, sonst £ 4,50

GUILDHALL

Lage: Gresham Street, EC 2 | **U-Bahn:** St Paul's, Bank | Mo. – Sa. 10 – 16.30 Uhr, Mai – Sept. auch So. (wenn keine Veranstaltung stattfindet) | **Auskunft:** Tel. 020 7606 30 30 | **www.cityoflondon.gov.uk**

Jahrhundertelang war die Guildhall Sitz der bürgerlichen Macht, heute dient das alte Rathaus als Rahmen für Zeremonien, Empfänge und die monatliche Sitzung des Rats der City. Die imposante Great Hall war Schauplatz bedeutender Ereignisse und strahlt noch immer den Geist der Unabhängigkeit, Freiheit und Gerechtigkeit aus. Auch eine Gemäldegalerie, Reste eines römischen Amphitheaters und skurrile Exponate aus Kriminalfällen machen die Guildhall zu einem spannenden Ziel.

Die Corporation of London (▶ Baedeker Wissen, S. 94) steuerte seit dem 12. Jh. von hier aus ihre Politik gegen den in Westminster residierenden Monarchen. Diese Zeiten sind vorbei, aber noch immer spielt das alte Rathaus der City eine wichtige Rolle im Leben der Stadt. Vom spätgotischen Bau blieben nur noch Teile der Great Hall, der Außenmauer und der Krypta mit einem schönen mittelalterlichen Kreuzgewölbe. Alles andere verwüstete 1666 das Große Feuer. Spätere Um- und Anbauten wurden im Dezember 1940 bei einem Luftangriff zerstört, nach dem Krieg wurde das Gebäude restauriert. Unter anderem der Name der offiziellen Kirche der Corporation of London St Lawrence Jewry südlich der Guildhall erinnert daran, dass hier das jüdische Viertel lag.

Das alte Rathaus der City

Das Herz der bürgerlichen Macht

Die Unabhängigkeit des Landes und seiner Hauptstadt sowie die Freiheit, Handel zu treiben, waren die Werte, die bei den Londoner Kaufleuten an oberster Stelle standen, zu erkennen an der Ausstattung der 1411 begonnenen Great Hall. In dem über 50 m langen und 27 m hohen Saal hängen im Uhrzeigersinn die **Banner der zwölf großen Livery Companies**, der Zünfte: Gewürzhändler, Fischhändler, Kürschner, Kurzwarenhändler, Eisenhändler, Tuchmacher, Weinhändler, Salzhändler, Schneider, Goldschmiede, Tuchhändler und Krämer. Ihre Wappen wiederholen sich an den Gesimsen, an den Fenstern sind die Namen der Lord Mayors verzeichnet. Pompöse Denkmäler ehren zwei Befürworter der kolonialen Expansionspolitik im 18. Jh., William Pitt d. Ä., Earl of Chatham und seinen durch Plantagen auf Jamaika reich gewordenen Unterstützer, Lord Mayor Beckford, außerdem drei Hauptprotagonisten im Kampf gegen Napoleon: Premierminister William Pitt d. J., Admiral Nelson und den Herzog von Wellington. In dieser patriotischen Gesellschaft darf eine Statue

Great Hall

THE CORPORATION OF LONDON

Die Verfassung der City of London, die sogenannte Corporation of London, stützt sich auf aus dem Mittelalter verbriefte Rechte und wird noch heute nach althergebrachten Sitten ausgeführt.

Die Corporation besitzt dieselben Rechte wie die anderen Boroughs, darüber hinaus übt sie jedoch z. B. noch die Polizeigewalt über die City aus. In der Guildhall kommt der ungefähr einem Stadtrat entsprechende Court of Common Council zusammen. Er besteht aus dem **Lord Mayor**, 24 **Aldermen** und 131 **Common Councilmen**, den alljährlich im Dezember gewählten Repräsentanten der 25 Wards (Stadtgemeinden) der City; auch die auf Lebenszeit gewählten Aldermen sowie der Lord Mayor, der ebenfalls Alderman ist, repräsentieren die Wards. Der Common Council ist im 12. Jh. aus informellen Treffen des Lord Mayors mit den Aldermen hervorgegangen, 1384 fand seine erste offizielle Wahl statt.

Der Lord Mayor ...

Der Lord Mayor wird jeweils am Michaelistag für ein Jahr gewählt. Dazu treffen sich zunächst die **Liverymen**, die Vertreter der Livery Companies. Man verliest ihnen eine Bewerberliste, worauf sie per Handzeichen zwei Kandidaten bestimmen. Unter diesen beiden wählen nun die Aldermen den Lord Mayor. Am Freitag vor dem zweiten Novembersamstag wird der Gewählte von seinem Vorgänger in der

»Silent Ceremony«, bei der kaum gesprochen wird, in sein Amt eingeführt. Am Tag darauf begibt er sich in prächtigem Umzug, der **»Lord Mayor's Show«**, in goldener Kutsche zum Obersten Richter und legt seinen Amtseid ab. Am folgenden Montag findet das Lord Mayor's Banquet zu

An den Grenzen der City wacht der Greif.

Die Stadtwache der City erwartet den neuen Lord Mayor.

Ehren des scheidenden Amtsinhabers statt, bei dem auch Mitglieder des Königshauses und die Premierministerin anwesend sind.

... und seine Helfer

Zu den traditionsreichen Ämtern der City zählt auch das des **Sheriffs**. Es ist seit dem 7. Jh. belegt. Die Liverymen wählen einen Aldermanic Sheriff – der Alderman sein muss – und einen Lay Sheriff, der nicht Alderman sein muss. Beide haben Anweisungen des High Court of Justice auszuführen und begleiten und unterstützen den Lord Mayor. Wer Lord Mayor werden will, muss zuvor Sheriff gewesen sein. Weitere wichtige Ämter sind der Town Clerk (Verwaltungsbürgermeister), der Chamberlain of London (Finanzbürgermeister), der Comptroller and Solicitor (Ordnungsbürgermeister), der Remembrancer (eine Art Zeremonienmeister) und der Secondary Sheriff and High Bailiff of Southwark.

Die Zünfte

Die **Livery Companies** gehen auf mittelalterliche Zünfte und deren Tracht, Liveries, zurück. Heute agieren sie überwiegend als wohltätige Institutionen. Von den heutzutage 97 Zünften sind die Great Twelve die ältesten: Krämer, Gewürzhändler, Kürschner, Tuchmacher, Kurzwarenhändler, Eisenhändler, Weinhändler, Salzhändler, Tuchhändler, Schneider, Goldschmiede und Fischhändler. Doch nur die Goldschmiede, die Fisch- und die Weinhändler wachen tatsächlich noch über ihre Zunft.

von Sir Winston Churchill natürlich nicht fehlen. An der Südwand sieht man das einzige noch aus dem 15. Jh. erhaltene Fenster.

Während der Gegenreformation der katholischen Maria Tudor wurde in der Great Hall zwei führenden Köpfen der protestantischen Partei der Prozess gemacht: der »Neun-Tage-Königin« Lady Jane Grey und dem Erzbischof von Canterbury Thomas Cranmer.

Oben London, unten Rom

Heritage Gallery & Guildhall Art Gallery

Die Heritage Gallery zeigt im Wechsel Exponate über die Geschichte der Stadt, auch sehenswerte alte Filmaufnahmen von London, während die Guildhall Art Gallery Stücke aus der 1670 begonnenen Kunstsammlung der City of London präsentiert. Beim Besuch der Galerie können Sie **Reste eines römischen Amphitheaters** aus dem 1. Jh. n. Chr. besichtigen, das sich bis unter die mittelalterliche Bausubstanz erstreckt.

Mo. – Sa. 10 – 17; So. 12 – 16 Uhr | Eintritt frei

Die Bombe aus der Senfdose

Guildhall Library & Police Museum

Die Bibliothek der Guildhall besteht seit 1420. Sie besitzt u. a. eine Karte von London von 1591 und eine notarielle Urkunde über einen Hausverkauf mit der Unterschrift Shakespeares.

2016 zog das City of London Police Museum mit modernster interaktiver Ausstellungstechnik auf das Gelände (Eingang durch die Guildhall Library) und spannt den Bogen von der Gründung der City-Polizei 1839 bis zum Kampf gegen Cyberkriminalität und Terrorismus heute. Von Jack the Ripper über eine von Kämpferinnen für das Frauenwahlrecht gebastelte Bombe in einer Senfdose können Sie hier viele interessante Exponate entdecken.

Mo. – Fr. 9.30 – 17, Sa. 10 – 16 Uhr | Eintritt frei

St Mary-le-Bow

Waschechter Cockney?

Kirche der Cockneys

Weiter südlich der Guildhall an der Cheapside liegt St Mary-le-Bow, eine der ältesten Steinkirchen der Stadt. Sie nimmt im Herzen der Londoner einen besonderen Platz ein: Nur wer in Hörweite ihrer heute zwölf Glocken, der Bow Bells, zur Welt gekommen ist, gilt als waschechter Cockney. Denn seit dem Mittelalter läutet die **Great Bell of Bow** jeden Morgen die Londoner aus dem Schlaf und schickt sie abends um neun wieder zu Bett: So markiert sie akustisch die Grenzen der City. Ihren Namen hat sie von den normannischen Bögen der Krypta, die Christopher Wren am 73 Meter hohen Turm mit seiner fast 3 Meter langen Wetterfahne in Form eines Drachen wiederholt.

Cheapside | www.stmarylebow.co.uk

★ HAMPSTEAD · HIGHGATE

Lage: nordwestlich der City | **U-Bahn:** Hampstead; Archway (für Highgate)

Künstler, Schriftsteller und andere Prominente fühlten sich in Hampstead schon immer wohl, vermutlich wegen der frischen Landluft – im 18. Jh. war Hampstead sogar Kurort. So entdecken Sie in keinem anderen Stadtteil Londons mehr Spuren berühmter Personen und Ereignisse. Erholungssuchende finden Möglichkeiten zu ausgedehnten Spaziergängen auf den Höhen des Hampstead Heath mit einem großartigen Blick auf die Stadt. Still, schaurig und schön wird es auf dem verwunschenen Highgate Cemetery.

AUSSENBEZIRK

Heute könnten Sie mit etwas Glück Musikgrößen wie Sting oder den Schauspielern Emma Thompson oder Benedict Cumberbatch auf der Straße begegnen. Vor 200 Jahren waren es John Keats und John Constable, später Robert Louis Stevenson und George Orwell, die sich hier niederließen. Ab 1933 fanden Emigranten aus Deutschland und Österreich Zuflucht in Hampstead, darunter Sigmund Freud und Walter Gropius, der Kunsthistoriker (Sir) Ernst Gombrich und der Fotomontagekünstler John Heartfield (Helmut Herzfeld). Auch Charles de Gaulle wohnte in den letzten Kriegsmonaten hier.

Künstlerhort zum Erholen

Schurke Goldfinger und seine Nachbarn

Bei einem Bummel durch die hügeligen Sträßchen von Hampstead Well – hier war der Kurbetrieb – gibt es viel zu entdecken: in der High Street und im Flask Walk hübsche Läden, stilvolle Wohnhäuser und Reminiszenzen an die Zeit als Kurort, in der Church Row eine der schönsten georgianischen Häuserzeilen und die Kirche St John's, wo John Constable auf dem stimmungsvollen Friedhof begraben ist; oder **gemütliche Pubs** wie Holly Bush (22 Holly Mount).

Hampstead Well

Hausmuseen sind eine Spezialität von Hampstead Well: Das 1703 gebaute **Burgh House** am New End Square befasst sich mit Hampsteads Geschichte. Hier ist übrigens das Buttery Café für Tee und Kuchen oder eine leichte Mahlzeit sehr zu empfehlen.

Fenton House von 1693, damit eines der ältesten Häuser Hampsteads, bietet am Hampstead Grove vor allem eine Kollektion alter Tasteninstrumente, die allesamt noch bespielbar sind.

Das Haus **Willow Rd. No. 2** gehörte dem Architekten Ernö Goldfinger und ist ein klassisches Beispiel für Wohnarchitektur der 1930er-Jahre. Wem der Name bekannt vorkommt: Nachbar und 007-Erfinder Ian

Eines der bekanntesten Möbelstücke der Wissenschaft und das Symbol der Psychoanalyse – Freuds Couch könnte wohl so manche Geschichte erzählen,.

Fleming konnte Goldfinger nicht ausstehen und nannte seinen – im Film von Gert Fröbe dargestellten – Oberschurken nach ihm.
Im **Keats House** lebte John Keats zwei Jahre lang und verfasste in dieser Zeit sein bekanntestes Gedicht »Ode an eine Nachtigall«.
Burgh House: Mi. – Fr., So. 12 – 17 Uhr | Eintritt frei | www.burgh house.org.uk | Buttery Café: Mi. – Fr. 11 – 17, Sa./So. 9.30 – 17 Uhr
Fenton House: März – Okt. Mi. – So. 11 – 17 Uhr | Eintritt: £ 7,70 | www.nationaltrust.org.uk
Willow Rd. No. 2: März – Okt. Mi. – So. 11 – 17 Uhr (11, 12, 13, 14 nur mit Führung, 15 – 17 freie Besichtigung) | Eintritt: £ 6,50 | www.nationaltrust.org.uk
Keats House: Mi. – So. 11 – 17 Uhr | Eintritt: £ 6,50
www.cityoflondon.gov.uk/things-to-do

Freudscher Besuch

Freud
Museum

Etwas südlich von Hampstead Well wartet noch ein ganz besonderes Museum: das Wohnhaus des 1938 vor den Nazis nach London geflohenen Begründers der Psychoanalyse, Sigmund Freud, dessen berühmte Couch natürlich im Mittelpunkt steht.
20 Maresfield Gardens | U-Bahn: Finchley Road | Mi. – So. 12 – 17 Uhr
Eintritt: £ 7 | www.freud.org.uk

Von Parliament Hill liegt Ihnen die Stadt zu Füßen

Die »Heath«, halb Wald, halb Park, ist berühmt für den herrlichen Blick auf London: Die Landschaft rund um **Parliament Hill**, Londons höchsten Punkt (145 m ü.d.M.), taucht in vielen Gemälden auf, etwa von John Constable. Lange Spaziergänge sind auf der 320 Hektar großen Heath möglich, wer nicht besonders kälteempfindlich ist, kann dort auch schwimmen: Auf der Ostseite in den aufgestauten Highgate Ponds, wo zwei getrennte Badestätten für Männer und Frauen eingerichtet wurden, sowie westlich von Parliament Hill im Mixed Bathing Pond für beide Geschlechter.

Hampstead Heath

Kunstinteressierten empfiehlt sich das 1616 an der Nordseite der Heath errichtete **Kenwood House** wegen seiner Innengestaltung von Robert Adam und wegen der hervorragenden Gemäldesammlung des Earls of Iveagh, die Werke von Vermeer, Rembrandt, Reynolds, Romney und Gainsborough enthält. Das **Brewhouse Café** serviert hier neben Kleinigkeiten auch ein herzhaftes Lunch (tgl. 9 – 18 Uhr), bei gutem Wetter draußen auf der Terrasse. Ein frisches Pint gibt es im **Spaniards Inn** (Spaniards Road), dem Stützpunkt des Straßenräubers Dick Turpin.

Kenwood House: U-Bahn: Golders Green oder Archway, dann Bus 210 | Overground-Züge nach Hampstead Heath, dann ein längerer Spaziergang quer über Hampstead Heath in nördlicher Richtung | tgl. 10 – 17, Dez. – März bis 16 Uhr | Eintritt frei | www.english-heritage.org.uk

Ein verwunschener Ort

Wer einen Sinn für die morbide Schönheit verfallener Grabmäler besitzt, fährt ins gut situierte Viertel Highgate an der Swains Lane östlich von Hampstead zu Londons bekanntestem Friedhof. Der **Westteil**, 1839 angelegt und nach seiner Schließung 1975 von den »Friends of the Highgate Cemetery« betreut, ist mit seinen überwucherten Gräbern ein geradezu verwunschener Ort – Bram Stoker ließ sich hier zu seinem »Dracula« inspirieren – und fast ein Musterkatalog für viktorianische Grabmalskunst. So ließ der deutschstämmige Besitzer der Zeitung »Observer«, Julius Beer, ein Grabmal für seine achtjährige Tochter Ada aufstellen, das dem Mausoleum von Halikarnassos in Kleinasien nachempfunden ist, während die 32 Grabstätten entlang der Egyptian Avenue ägyptische Königsgräber zum Vorbild haben.

Highgate Cemetery

Leichter zugänglich ist der 1856 eröffnete **Ostteil**, heute noch in Betrieb. Hier haben **Karl Marx** und seine Frau Jenny ihre letzte Ruhestätte gefunden (nach dem Eingang zweite Abzweigung links, das Grab liegt dann bald nach der zweiten Wegkreuzung), außerdem andere Prominente wie die Bildhauerin und Komponistentocher Anna Mahler (†1988), Romanautorin George Eliot (†1880), Pop-Künstler Patrick Caulfield (†2005) mit einem auffälligen selbst entworfenen Grabstein und Douglas Adams (†2001), Autor von »Per Anhalter durch die Galaxis«

U-Bahn: Archway, dann Bus 210, 143 oder 271 bis Waterlow Park, dann noch 5 Min. quer durch den Waterlow Park
Westteil (nur mit Führung): März – Nov. Mo. – Fr. 13.45 (nur mit Buchung online), Sa. und So. alle 30 Min. 11 – 16, Nov. – Feb. bis 15 Uhr (nur im Direktverkauf am Eingang) | Eintritt: £ 12 | www.highgate-cemetery.org
Ostteil: April – Sept. Mo. – Fr 10 – 16.30, Okt. – März bis 16, letzter Einlass 15.30 Uhr, Sa. und So. jeweils ab 11 Uhr | Eintritt: £ 4 | Führung meist Sa. 14 Uhr | s. www.highgate-cemetery.org

Herrlicher Spaziergang durch Wald und Wiesen

Von Hampstead nach Highgate spazieren

Der Ausflug nach Hampstead lässt sich wunderbar mit einer Wanderung durch die Hampstead Heath hinauf nach Highgate kombinieren. Von dem am Ende des Well Walk in Hampstead beginnenden Waldweg geht es immer geradeaus durch die Heath, dann vorbei am rechts liegenden Parliament Hill, zwischen den Highgate Ponds durch zur Mernon Lane hinauf. Danach links steil den Highgate West Hill hinauf, von dem oben rechts die Swains Lane abzweigt. Bergab liegt der Eingang zum Friedhof. Von Hampstead dauert dieser Spaziergang ca. 45 Minuten und bietet wunderbare Aussichten auf London. Wer eine Pause braucht: Oben am Highgate West Hill wartet der Pub »The Flask«.

★★ HAMPTON COURT PALACE

Lage: East Molesey, 25 km südwestl. | **Bahn:** Hampton Court ab Waterloo Station | **River Tours:** ab Westminster Pier (April – Okt.), **www.wpsa.co.uk** | Palast, Formale Gärten und Labyrinth: Ende März – Ende Okt. | tgl. 10 – 18, Ende Okt. – Ende März bis 16.30 Uhr Eintritt: £ 22 (online) | **www.hrp.org.uk**

AUSSENBEZIRK

In einem der schönsten englischen Königspaläste wird der Geist des sechsmal verheirateten Heinrich VIII. lebendig, doch das berühmte Gespenst – eins von drei Geistern, die durch die Räume spuken sollen – ist das seiner fünften Frau.

Im englischen Nationalbewusstsein ist Heinrich VIII. eine strahlende Persönlichkeit. In Hampton Court, in einer Themseschleife gelegen, lebte er mit allen seinen acht Frauen, der **Geist von Catherine How-**

ard, seiner fünften Ehefrau, soll sich dort noch immer als »Screaming Lady« herumtreiben. Als ihr Ehebruch vorgeworfen wurde, ahnte Catherine bereits, dass im Tower of London das Henkersbeil auf sie wartete und sie musste schreiend in ihre Gemächer gezerrt werden. Weitere übernatürliche Erscheinungen sind die »Grey Lady«, angeblich der Geist von Dame Sybill Penn, Amme von Elisabeth I., und »Skeletor«, der sich 2003 dreimal den Sicherheitskameras präsentierte.

Heinrich VIII. übernahm Hampton Court Palace nach dem Sturz des Lordkanzlers Kardinal Thomas Wolsey (1475 – 1530). Zwischen 1514 und 1520 ließ Wolsey den Palast bauen und führte dort ein luxuriöses Leben, das dem am Königshof in nichts nachstand. Er fiel 1528 bei Heinrich VIII. in Ungnade und verlor Ämter und Besitz, weil er beim Papst die Scheidung seines Königs von Katharina von Aragón nicht durchsetzen konnte. Dann ließ der König die Great Hall sowie die Anbauten um den Fountain Court ausführen. Elisabeth hielt sich gerne in Hampton Court auf; so erfuhr sie hier vom Sieg über die spanische Armada 1588. Karl I. wohnte ebenfalls hier – als König und auch als Gefangener Oliver Cromwells. Erst unter Wilhelm III. und Maria II. kam es wieder zu größeren Veränderungen: Während die Westseite im Tudorstil erhalten blieb, wurden der Ostflügel und der Fountain Court mit den State Apartments von Christopher Wren erneuert.

Königliche Pracht

Der Weg in den Palast führt durch das Haupttor in den ersten Hof, den Base Court, wo Geräte für die Audioführung im Infozentrum ausgeliehen werden können. Die vielseitige Besichtigung ist in verschiedene Bereiche chronologisch gegliedert, etwa die Räume von Heinrich VIII. und von Wilhelm III., die Küchen der Tudorzeit und der Garten.

Das Innere

Hinter dem Torbogen Anne Boleyn's Gateway liegt der Clock Court, der seinen Namen der großen astronomischen Uhr verdankt, die 1540 für den ▶ St James's Palace angefertigt und im 19. Jh. hierhergebracht wurde. Eine einführende Ausstellung dort verschafft eine erste Übersicht.

Der Zugang in die **Räume Heinrichs VIII.** führt gleich in die 1531 bis 1536 erbaute **Great Hall**. Shakespeares Theatertrupp trat 1603 hier vor Jakob I. auf. Dieser eindrucksvollste Raum im Palast ragt durch die wunderbare Stichbalkendecke und die Wandteppiche heraus. Von der Halle kommen Sie in die Haunted Gallery, wo Catherine Howard ihr Unwesen treibt, und in die unter Wolsey erbaute und unter Heinrich VIII. ausgeschmückte königliche Kapelle. Sie wurde von Christopher Wren umdekoriert.

In den **Wolsey Rooms**, den ältesten Räumen im Palast, lebten nach Wolsey auch Heinrich VIII. und Katharina von Aragón. Hier führt eine Ausstellung durch das Leben des jungen Heinrich: Gemälde (u. a. Porträts von Hans Holbein) in Kombination mit interaktiven Terminals

OBEN: Ein wunderschöner Schloss-
park umgibt Hampton Court Palace.

RECHTS: Ab und zu schaut
Heinrich VIII. persönlich vorbei.

LINKS: In der Nähe der Chapel Royal
soll der Geist von Heinrichs fünfter
Frau, Catherine Howard, sein
Unwesen treiben.

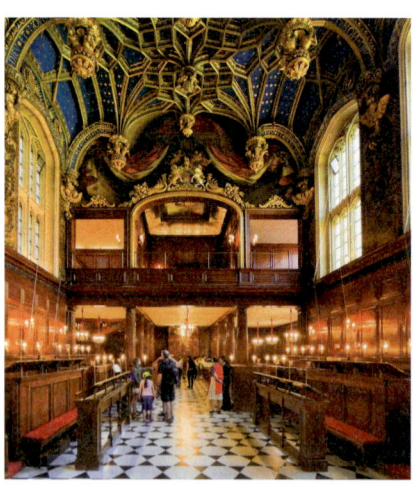

lassen die Zeit lebendig werden, in der er europäische Machtpolitik betrieb und noch nicht als Weiberheld und Trunkenbold verschrien war.

Auf der von Antonio Verrio prächtig ausgemalten King's Staircase kommt man hinauf in die von Wren geplanten **Gemächer von Wilhelm III.**, die allesamt von großen Barockkünstlern ausgestaltet wurden: Holzschnitzereien von Grinling Gibbons, Fresken von Antonio Verrio, Gemälde u. a. von Tintoretto im King's Drawing Room. Königliches Machtbewusstsein strahlt der Thronsaal aus.

Auf keinen Fall auslassen darf man die **Kitchens**. Küchen, Bier- und Weinkeller geben einen Eindruck davon, welcher Aufwand für die Versorgung des Palasts mit 600 Bewohnern betrieben werden musste.

Lustwandeln wie einst die Königinnen und Könige

Beim Rundgang durch die Gärten streifen Sie durch den Privatgarten Wilhelms III., den unter Wilhelm von Oranien angelegten Brunnengarten, den Tudor- und elisabethanischen Knotengarten sowie den von Wren konzipierten Broad Walk, wo eine echte Rarität steht: **der überdachte Tennisplatz aus der Tudorzeit**, auf dem heute noch nach alten Regeln gespielt wird. Besonders sehenswert ist der vom berühmten Landschaftsgärtner Capability Brown 1769 gepflanzte Great Vine, ein Trollinger-Weinstock mit einem Durchmesser von heute vier Metern. Die Jahresernte von ca. 300 kg Trauben wird an Besucher verkauft. Sind Kinder dabei, sollte man sich auf jeden Fall auch in den großen Heckenirrgarten **The Maze** wagen, der seit 1690 besteht. Die zur Themse hin zeigende **Lower Orangery** bewahrt eines der bedeutendsten Werke der Renaissance-Malerei überhaupt: Andrea Mantegnas (1431 – 1506) Zyklus »Triumphzug des Cäsar«, neun Gemälde mit überlebensgroßen Figuren, die Karl I. 1629 erwarb. Im Themsebogen erstreckt sich auf 2,8 km² der Home Park mit Teichen, langen Spazierwegen und Wildbestand.

Gärten und Park

★ HARRODS

Lage: 87 – 135 Brompton Rd., SW 1 | **U-Bahn:** Knightsbridge
Mo. – Sa. 10 – 21, So. 11.30 – 18 Uhr | **www.harrods.com**

Vom kleinen Lebensmittelladen zu einem der renommiertesten Kaufhäuser der Welt: Das Harrods ist eine Londoner Institution und ein Erlebnis und Ereignis zugleich.

E 8

»Omnia, Omnibus, Ubique – Alles, für alle, überall« verspricht das Firmenmotto von Harrods. Der größte Unterschied zu den Rivalen besteht also scheinbar darin, dass es bei Harrods alles gibt, und was es

Alles, für alle, überall

nicht gibt, wird selbstverständlich besorgt. Mag Fortnum & Mason (▶ S. 156, 346) eine Idee vornehmer sein – die Harrods-Angestellten tragen immerhin keinen Cut bei der Arbeit wie die Konkurrenz in Piccadilly –, so versteht sich der Konsumtempel an der Brompton Road bestens auf die Inszenierung seiner selbst: Harrods ist nicht nur Kaufhaus, sondern zur Marke geworden.

Die Egyptian Hall mit edelster Einrichtung, die riesige Parfümabteilung, die Abteilung für feine Geschenke für den Herrn, die Sportabteilung, wo es beste Ausrüstung für Cricket, Golf und Polo gibt, die Spielzeugabteilung oder die typisch britische Abteilung für Schuluniformen – staunende Gesichter überall. Der Höhepunkt aber sind die viktorianischen **Food Halls** im Erdgeschoss: In diesen üppig geschmückten Hallen fühlt man sich wie in einer Kathedrale der Delikatessen. Man sollte aber nun nicht befürchten, Harrods sei nur eine Sache für Menschen mit dicker Brieftasche. Hier kann man auch ganz normal einkaufen. Der Reiz aber ist der Luxus. Deshalb drängen Ströme von Touristen durch die Eingangstüren und werden auch eingelassen, sofern sie keine kurzen Hosen, keine zu freizügige Oberbekleidung und keine umgehängten Rucksäcke tragen, und: ja nicht fotografieren!

Bei dieser Auswahl fällt die Entscheidung mehr als schwer.
Aber mit Sicherheit ist es die richtige.

Vom kleinen Lädchen zur Institution

Dabei fing alles bescheiden an: Firmengründer Henry Edward Harrod   Geschichte
eröffnete 1824 einen Laden für Lebensmittel in Southwark. Anschließend zog er 1849 nach Kensington beim Hyde Park, weil er sich von der
dortigen Great Exhibition bessere Geschäfte versprach. Sohn Charles
Digby Harrod erweiterte das Sortiment und baute, nachdem 1883 sein
Kaufhaus abgebrannt war, den berühmten Konsumtempel mit heute
330 Abteilungen auf 90 000 m² Verkaufsfläche und 4000 Angestellten.
 Harrods gehört aber schon lange nicht mehr der Familie. 1985 kaufte
es der Ägypter Mohammed Al-Fayed. Dessen Sohn Dodi saß neben
Prinzessin Diana, als beide im Sommer 1997 in Paris tödlich verun-
glückten. Danach brachte Al-Fayed es fertig, dass Harrods das Privileg
des Hoflieferanten entzogen wurde, weil er behauptete, Prinz Philip
habe das Paar vom Geheimdienst ermorden lassen; 2010 schließlich
verkaufte er an die Königsfamilie von Katar. Die gab die im Untergeschoss aufgestellte Skulptur »Innocent Victims«, Diana und Dodi dar-
stellend, 2018 an die Al-Fayeds zurück in der Hoffnung, dass Harrods
dann doch wieder zum Hoflieferanten wird.

★★ HOUSES OF PARLIAMENT

Lage: Parliament Square, SW 1 | **U-Bahn:** Westminster | **Besucher-
eingang:** St Stephen's Entrance (Westseite) | **www.parliament.uk**

*Rauch und Flammen, grelles Licht und dunkles Wasser, als Ursa-
che ein dramatisches Ereignis – was konnte sich ein Künstler im
Zeitalter der Romantik mehr wünschen? Das Spektakel des bren-
nenden Parlaments im Jahr 1834 hielten Maler, darunter William Turner, begeistert fest. Der Wiederaufbau schuf eines der
bekanntesten Bauwerke der Welt – ein Teil davon ist Big Ben. Das
Herz der britischen Demokratie schlägt in den Houses of Parliament, deren Innenleben nicht weniger beeindruckt als der Blick
auf den berühmten Uhrturm.*

»Einen Unfall verpasse ich nie«,

... sagte Turner, der im Obergeschoss eines Speichers am gegenüberliegenden Themse-Ufer und von einem Boot aus die Zerstörung des
historischen »Palace of Westminster« zeichnete und aquarellierte.
Der alte Königspalast, der damals abbrannte, war zweifellos ein großer Verlust. Er wurde von Eduard dem Bekenner erbaut, von Wil-

Herz der
britischen
Demokratie

helm dem Eroberer und Wilhelm Rufus vergrößert, der zwischen 1097 und 1099 auch Westminster Hall erbauen ließ. Bis 1529 war er königliche Residenz, ab 1547 Sitz des Parlaments. Westminster Hall überstand den Brand, die zerstörten Teile ersetzte Sir Charles Barry (1795 – 1860) durch das heutige Parlamentsgebäude, Sitz von Oberhaus und Unterhaus. Barry erbaute den neuen Palace of Westminster – so heißt die Anlage noch offiziell – von 1839 an als Reverenz an ▶ Westminster Abbey im neugotischen Stil. Die erste offizielle Parlamentseröffnung fand 1852 statt, doch erst 1888 waren die Bauarbeiten abgeschlossen. Dann bot sich Malern wieder eine unwiderstehliche Kulisse, die beispielsweise Claude Monet bei Nebelstimmung an der Themse auf Leinwand bannte. Die im Zweiten Weltkrieg schwer getroffenen Gebäude wurden bis 1950 wiederaufgebaut. Gegenwärtig sind die immensen Kosten der dringend notwendigen Renovierung für Politiker ein heißes Thema.

Verraten und geviertelt

Gunpowder
Plot

Wer sich heute dem Parlament nähert, wird mit umfangreichen Sicherheitsmaßnahmen konfrontiert. Diese wären bereits 1605 nötig gewesen, als eine Gruppe von Katholiken das Gebäude in die Luft sprengen wollte, um König Jakob I. bei der Parlamentseröffnung am 5. November zu töten. Mit der Ausführung war **Guy Fawkes** beauftragt. Er deponierte in einem Keller unter dem Parlament 36 Fässer Pulver. Der Anschlag wurde jedoch verraten, und bei der Durchsuchung der Räume entdeckte man Fawkes. Zum Tode verurteilt, sollte er vor dem Parlament gehängt und geviertelt werden. Ersteres blieb ihm erspart: Er sprang kurz vorher einfach vom Galgenpodest und brach sich das Genick. Seither findet jedes Jahr vor der Eröffnung des Parlaments eine genaue Durchsuchung der Kellerräume in historischen Kostümen statt, und jeweils am 5. November begeht man den »Guy Fawkes Day« mit Feuerwerk. In jüngster Zeit ist Guy Fawkes zur Symbolfigur der Occupy-Bewegung geworden.

Von hier haben Sie den besten Blick auf das Parlament

Westminster
Bridge

Die Westminster Bridge wurde 1856 bis 1862 als Ersatz für eine Steinbrücke gebaut, die als zweite Brücke nach der ▶ London Bridge die Themse überspannte. Die Skulpturengruppe gegenüber von Big Ben stellt die keltische Königin Boadicea dar.

Beamter oder Boxer?

Türme

Über der Westminster Bridge steigt der Uhrturm **Big Ben** auf, noch vor der ▶ Tower Bridge das berühmteste Wahrzeichen Londons. Big Ben ist eigentlich der Name der Glocke, und dafür gibt es zwei Erklärungen: einmal nach Baubürgermeister Sir Benjamin Hall oder nach dem populären Boxer Ben Caunt. Ihr Klang ist seit Neujahr 1923 das Erkennungszeichen der BBC.

2012 hat der Turm zum 60-jährigen Thronjubiläum der Queen offiziell den Namen **Elizabeth Tower** erhalten. Das architektonische Ge-
gengewicht zu Big Ben gibt der **Victoria Tower**. Tagt das Parlament,
weht von seiner Spitze der Union Jack. Der **Juwelenturm** gegenüber
vom Victoria Tower gehört zu den wenigen erhaltenen Teilen von
Westminster Palace. Er wurde 1366 als Aufbewahrungsort für das
Privatvermögen von Eduard III. erbaut. Vom Anfang des 17. Jh.s an
war er Archiv des Oberhauses, von 1869 bis 1938 war in ihm das
Eichamt untergebracht. Heute ist hier eine Ausstellung über die Geschichte des Turms und den alten Palast zu sehen.
Jewel Tower: April – Okt. tgl. 10 – 17, Nov. – März nur Sa. und So.
10 – 16 Uhr | Eintritt: £ 5,70

NACHTS AN DER THEMSE
Gehen Sie abends kurz vor 23 Uhr oder gar kurz vor
Mitternacht auf die Westminster Bridge. Schauen Sie
hinauf zur hell leuchtenden Uhr von Big Ben. Wenn sie mit
ihrem weltberühmten Klang zu schlagen beginnt, sind Sie
in London angekommen.

HOUSES OF PARLIAMENT

Im Unterhaus fallen die wichtigen politischen Entscheidungen, während der Einfluss des Oberhauses heutzutage recht gering ist (▶ Baedeker Wissen, S. 112). Seinen glanzvollsten Tag erlebt das Parlament beim »State Opening of the Parliament«, der feierlichen Eröffnung durch die Queen jedes Jahr im November.

❶ Victoria Tower
Der Victoria Tower war zur Bauzeit 1858 mit 23 Metern Seitenlänge und 102 Metern Höhe der größte quadratische Turm der Welt.

❷ Robing Room

❸ Royal Gallery

❹ Cromwell Green Entrance
Hier ist der Eingang für die Besucher.

❺ House of Lords

❻ Peers' Lobby
Hier treffen sich zwanglos die Mitglieder des Oberhauses.

❼ Central Lobby
Hier können sich die Mitglieder der beiden Häuser austauschen.

❽ Commons' Lobby
Hier kommen die Mitglieder des Unterhauses zusammen.

❾ House of Commons

❿ St Stephen's Hall
An dieser Stelle tagte von 1547 bis 1837 das Unterhaus in der St Stephen's Chapel.

⓫ Westminster Hall
Westminster Hall ist der größte Überrest des alten Westminster Palace.

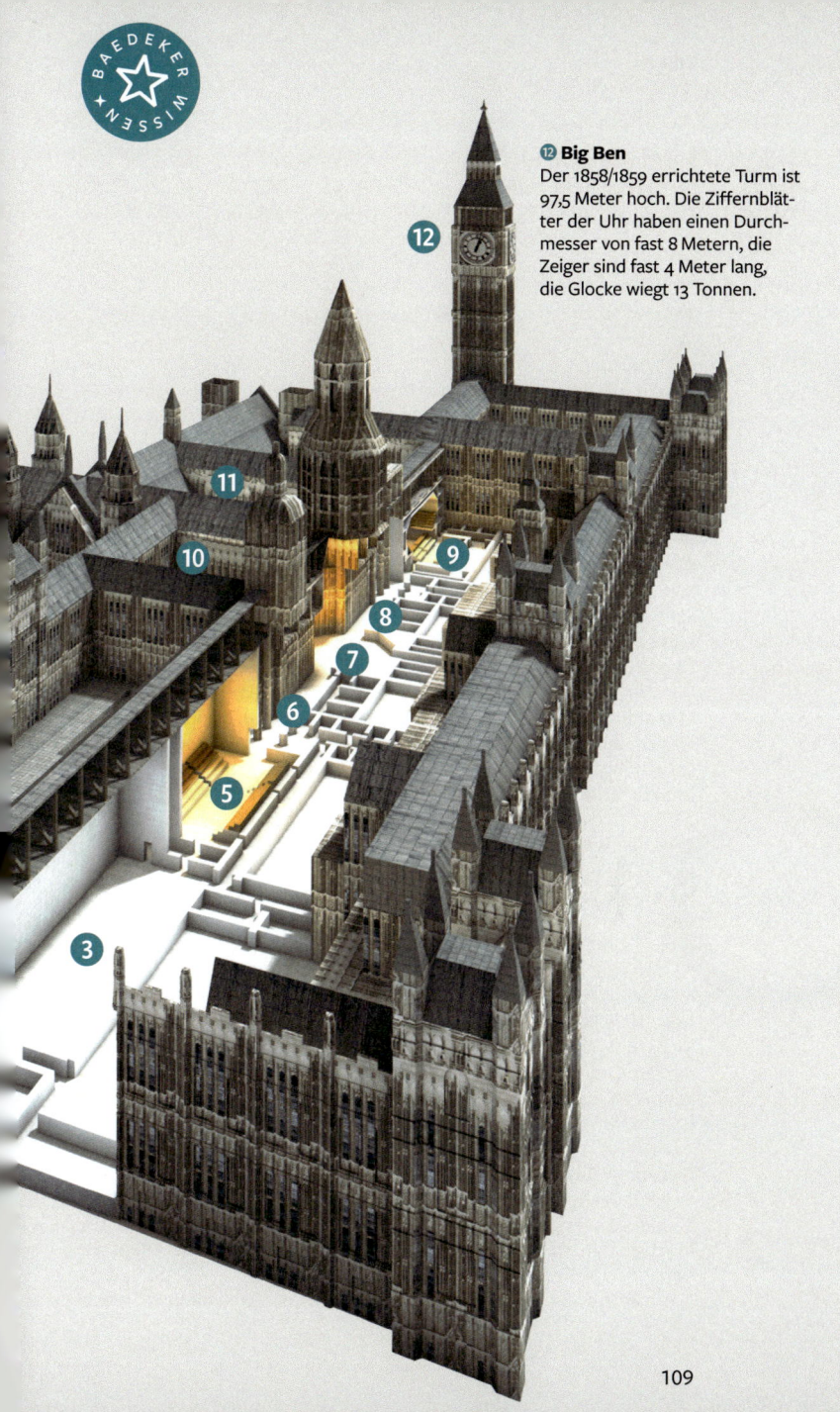

BAEDEKER WISSEN

⑫ Big Ben
Der 1858/1859 errichtete Turm ist 97,5 Meter hoch. Die Ziffernblätter der Uhr haben einen Durchmesser von fast 8 Metern, die Zeiger sind fast 4 Meter lang, die Glocke wiegt 13 Tonnen.

▎ Im Parlament

▶ Baedeker
Wissen,
S. 112)

Besuchergalerie Unterhaus: Mo. ab 14.30, Di./Mi. ab 11.30, Do./Fr. ab 9.30 Uhr; Eintritt frei | **Besuchergalerie Oberhaus**: Mo./Di. ab 14.30, Mi. ab 15, Do. ab 13.30 Uhr; Eintritt frei
Für beides reiht man sich – am besten 2 Std. vor Sitzungsbeginn – in die Schlange am Cromwell Green Entrance ein
Touren: jeden Sa. bis Ende September, wochentags außerhalb der Sitzungszeit (genaue Termine s. Website) | mit Audioguide £ 19,50, mit Führung £ 26,50, Aufpreis für Afternoon Tea £ 30 | Tickets: online oder Tel. 020 7219 4114 oder an der Kasse im Portcullis House auf Victoria Embankment (Ecke Westminster Bridge St. und Victoria Embankment)

Höhepunkte der Besichtigung ...

... sind die mehr als 900 Jahre alte Westminster Hall, der Sitzungssaal des Unterhauses (House of Commons) gleichzeitig Ausgangspunkt des Rundgangs, und die überaus prachtvolle Halle des Oberhauses (House of Lords).

Hort der englischen Rechtsprechung

Westminster
Hall

Über 700 Jahre lang fanden in der 73 m langen und 30 m hohen Westminster Hall die Krönungsbankette statt, bei denen sich der neue Monarch den Lords am King's Table präsentierte. Als Sitz von vier Gerichtshöfen war Westminster Hall der Nabel der englischen Rechtsprechung. Berühmte Prozesse fanden hier statt, so gegen **»Braveheart« William Wallace** (1305), Richard II. (1399), **Thomas More** (1535) und Karl I. (1649). Der Raum dient heute noch zeremoniellen Zwecken wie der Aufbahrung herausragender Persönlichkeiten, zuletzt 2002 die »Queen Mum«. Eine seltene Ehre für Staatsoberhäupter auf Besuch in London ist die Gelegenheit, eine Rede vor Ober- und Unterhaus zusammen in Westminster Hall zu halten. Bisher erhielt ein einziger Deutscher, Papst Benedikt XVI., und ein einziger US-Präsident, Barack Obama, diese Auszeichnung.
Im Gegensatz zum alten Westminster Palace überstand Westminster Hall, 1099 vollendet, einigermaßen den ersten Brand im Jahr 1299. Richard II. (reg. 1377 – 1400) ließ sie von Henry Yevele neu aufbauen; der Zimmermann Hugh Herland steuerte die mächtige Stichbalkendecke aus Eichenholz bei. Die 13 Statuen englischer Könige von Eduard dem Bekenner bis Richard II. wurden 1385 aufgestellt.

Der junge Teil

St Stephen's
Hall

Der Rundgang führt nun in die St Stephen's Hall und somit in den Gebäudekomplex des 19. Jahrhunderts. Maßgeblichen Einfluss auf die Innengestaltung hatte Augustus Welby Pugin, der weitaus mehr als Barry der Neugotik verpflichtet war. An der Stelle der St Stephen's Hall trat von 1547 bis 1834 das Unterhaus in der gleichnamigen Palastkapelle zusammen. Die Mosaiken zeigen u. a. deren Gründung durch König Stephan, die Statuen stellen Parlamentarier des 17. bis 19. Jh.s dar. Von hier aus erreichen Sie die Central Lobby, eine achteckige Halle zwischen Ober- und Unterhaus unetr einer 25 m hohen, gewölbten Decke.

»Mr. Speaker! – hats off – strangers!«

Der Commons' Corridor führt ins Vorzimmer des House of Commons (Unterhaus), die Commons' Lobby mit Statuen von Staatsmännern des 20. Jh.s, darunter von Winston Churchill und David Lloyd George. Am Nordende des Unterhauses sitzt der Parlamentspräsident, der Speaker. Bei Sitzungsbeginn ertönt der Ruf: »Mr. Speaker! – hats off – strangers!«. Man steht auf und lässt eine Prozession vorbei, angeführt vom Serjeant-at-Arms, der den Amtsstab (»The Mace«) über der Schulter trägt und ihn vor dem Platz des Speakers ablegt – erst dann kann die Sitzung beginnen. Ihm folgt in einem schwarzen Talar und mit Perücke der Speaker. Den Schluss bilden ein Schleppenträger, ein Geistlicher und ein Sekretär. Vor jeder Sitzung betet der Geistliche mit den Abgeordneten, »dass Gott sie erleuchten möge«. Am Ende der Sitzung verlässt die Prozession wieder den Saal.

House of Commons

Rotes Leder, goldener Baldachin

Von der Central Lobby führt der Peers' Corridor zum House of Lords. Sie haben sich 1999 quasi selbst entmachtet, als sie einem Gesetz der Regierung Blair zustimmten, das die automatische Mitgliedschaft des Erbadels abschaffte – immerhin saßen 646 Erblords im Oberhaus, nun nur noch 92, dazu auf Lebenszeit ernannte Lords sowie die höchsten Richter und die anglikanischen Bischöfe. Das Oberhaus beeindruckt durch prächtige Dekoration mit viel Gold. Auf den roten Ledersitzen nehmen die Peers Platz, unter einem mächtigen vergoldeten Baldachin die Queen auf einem Thron, der dem Krönungsthron in der Westminster Abbey nachempfunden ist.

House of Lords

Die Kronjuwelen liegen bereit

Für die Parlamentseröffnung betritt die Monarchin den Palace of Westminster durch den Royal Entrance (Königspforte) am Victoria Tower. Ein Treppenaufgang führt in die Normannische Vorhalle (Norman Porch) und zum königlichen Ankleidezimmer, wo sie die Kronjuwelen anlegt. In der Royal Gallery sind die Wappen der englischen und schottischen Monarchen angebracht, zwei Monumentalfresken von Daniel Maclise stellen den »Tod Nelsons« und »Wellington und Blücher nach der Schlacht von Waterloo« dar. Das anschließende Prince's Chamber ist der Vorraum zum Oberhaus. Die Täfelung dort zeigt Porträts von Tudor-Herrschern und deren Verwandten, die Reliefs darunter Szenen aus ihren Regierungszeiten.

Königliche Räume

PARLAMENT MIT TRADITION

Das britische Parlament gehört zu den ältesten der Welt. Seit seinen Wurzeln in angelsächsischer Zeit hat es sich im Lauf der Jahrhunderte vom königlichen Berater-stab zur demokratischen Volksvertretung entwickelt. Dieser Tradition entspringen viele Bräuche, die heute noch in den Houses of Parliament zelebriert werden.

▶ **House of Commons (Unterhaus)**
Im Unterhaus sitzen die gewählten Volks-vertreter. Zwischen den Bänken der Regierungsparteien und der Opposition ist »Zwei Schwertlängen« Platz. Nicht alle Abge-ordneten können sich setzen.

▶ **House of Lords (Ob**
Das Oberhaus besteh
die berufen werden. F
Die Kammer kann Ge
verzögern, sie jedoch
Hier findet die feierli
durch den Monarche

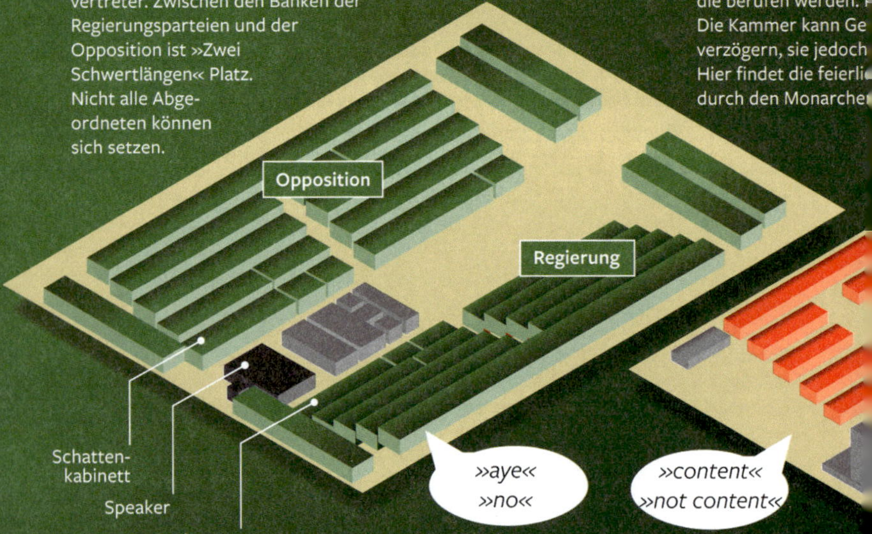

Opposition

Regierung

Schatten-kabinett

Speaker

Regierung

»aye«
»no«

»content«
»not content«

In beiden Kammern werden Zustimmung und Ablehnung unterschiedlich zum Ausdruck gebracht.

Serjeant at Arms
Er ist für Sicherheit und Ordnung im Unterhaus verantwortlich. Als einziger Bewaffneter im Haus trägt er ein Schwert. Bei der Parlaments-eröffnung bringt er das Zepter (mace) in den Saal.

Black Rod
Er hat im Oberhaus ähnliche Aufgaben wie der Serjeant at Arms im Unterhaus. Er ist immer Mitglied des Hosenbandordens und holt bei der Parla-mentseröffnung die Commons ab – die ihm traditionell die Tür vor der Nase zuschlagen.

Cat
Wil
ste
auf

Sp
Er
Un
ge
rep
geg
un

Das Wappen des
Parlaments

▶ **Von Roben und Ritualen**
Die Kammern des britischen Parlaments
blicken auf viele Jahrhunderte voller
Geschichte und Tradition zurück.

...us)
... adligen Mitgliedern,
...en gibt es nicht.
... vorschlagen und
...t verhindern.
...arlamentseröffnung
...t.

Lord Speaker
Er wird vom Oberhaus gewählt und
hat v. a. repräsentative Aufgaben.
Er ist kein Sitzungsleiter im Sinne
des Speakers im Unterhaus.

Woolsack
Der Lord Speaker sitzt während der
Debatten auf einem mit Wolle der
Commonwealth-Staaten gefüllten
Kissen. Es wurde im 14. Jh. eingeführt
und ist ein Symbol für den
damaligen Reichtum
Englands durch den
Wollhandel.

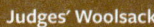

Judges' Woolsack
Auf diesem größeren Kissen sitzen
bei der Parlamentseröffnung die
»Senior Judges«, während der
Debatten kann jedes Oberhaus-
mitglied darauf Platz
nehmen.

...he Speaker's Eye
...rlamentarier sich zu Wort melden,
...f, damit der Speaker ein Auge
...ft.

...n den Mitgliedern des
...s aus ihrer Mitte
... leitet die Debatten und
...rt das Unterhaus
... dem Monarchen
...berhaus.

Dragging the Speaker
Ein frisch gewählter
Speaker wird von seinen
Parlamentskollegen mit
sanfter Gewalt auf seinen
Amtsstuhl gezogen, denn
er wehrt sich dagegen:
Repräsentant des
Parlaments beim
Monarchen zu sein,
war kein begehrter Job.

★★ HYDE PARK · KENSINGTON GARDENS

Lage: Westlich der City | **U-Bahn:** Hyde Park Corner, Marble Arch, Lancaster Gate | **www.royalparks.org.uk**

B–F 6–8

Hyde Park ist der Ort, an dem sich London entspannt – beim Sport, beim Picknick, beim Spazierengehen oder einfach nur beim Faulenzen. Einst königlicher Jagdgrund und beliebt bei Duellanten, ist er für viele mit Erinnerungen an Prinzessin Diana verbunden.

Hier entspannt sich London

Ein Spaziergang durch den Hyde Park ist zu jeder Tageszeit ein Vergnügen: Am Morgen ist es noch still, und nur wenige Spaziergänger, Jogger und Reiter sind unterwegs; mittags verspeisen die Angestellten der umliegenden Büros ihr Sandwich auf den Bänken, und ab dem Nachmittag nehmen Fußballspieler und Sonnenhungrige den Rasen in Beschlag. Nicht immer ging es im Hyde Park derart friedlich zu, denn er ist auch ein politischer Ort. Proteste für das allgemeine Wahlrecht im 19. und gegen den Irak-Krieg im 21. Jh. fanden hier statt. 1855 wollte Karl Marx Ausschreitungen gegen ein geplantes Verbot der Ladenöffnung am Sonntag als Beginn einer englischen Revolution deuten.

Unvergessen blieben manche Konzerte, etwa »Stones in the Park« 1969 mit den Rolling Stones und musikalische Kundgebungen für die Freilassung Nelson Mandelas in den 1980er-Jahren. Heute allerdings ist nach Beschwerden der Anlieger immer um 22.30 Uhr Schluss – 2012 überschritten **Paul McCartney und Bruce Springsteen** diese Sperrstunde und fanden sich plötzlich »unplugged«.

Das Gelände war ursprünglich im Besitz der Westminster Abbey. Heinrich VIII. machte es 1536 zum Jagdgrund, 1637 öffnete Karl I. den Park den Londonern. Die Wohlhabenden unter ihnen machten aus ihm den Ort, an dem man sich in der Kutsche spazieren fahren ließ, um gesehen zu werden. 1851 war der Hyde Park Schauplatz der Great Exhibition und 2012 des olympischen Triathlons sowie des 10-km-Schwimmens (im Serpentinenteich).

Eine Runde durch den Hyde Park

Haupteingang ist der 1828 von Decimus Burton geschaffene dreifache **Grand Entrance an Hyde Park Corner** (▶ S. 120), dessen Reliefs Motive aus dem Parthenon-Fries zeigen (▶ British Museum). Gleich dahinter steht die sog. Achilles-Statue, die Richard Westmacott 1822 zu Ehren des Herzogs von Wellington aus französischen Kanonenkugeln goss. Sie stellt allerdings nicht den antiken Gott dar, sondern ist die Nachbildung eines Rossebändigers vom Quirinal in Rom – trotzdem sorgte sie für einen Skandal, war sie doch die erste öffentliche Darstellung eines Nackten in Britannien.

Spaziergang

Ein lauschiges Plätzchen ist im Hyde Park schnell gefunden.

Vom Grand Entrance durchziehen drei Hauptwege den Park: Links führt The Carriage Road zum Albert Memorial (▶ S. 118), rechts geht die East Carriage Road zu Marble Arch und Speakers' Corner am 7th July Memorial für die Opfer des Terroranschlags im Jahr 2005 vorbei. Der mittlere Weg führt zum **Serpentinenteich** (The Serpentine), den Königin Caroline von Ansbach, Gemahlin Georgs II., 1730 anlegen ließ und auf dem Sie heute mit einem Solarboot herumfahren oder ein Ruderboot mieten können. 1814 feierte man den Sieg über Napoleon mit einer Seeschlacht zwischen Miniaturfregatten. Einige Jahre später meinte die Baltendeutsche Fürstin Dorothea von Lieven, die feine Gesellschaft suche den Park nicht mehr auf, es sei denn, sich zu ertränken. Nicht weit vom Ostrand des Teichs steht das Holocaust Memorial.

Südlich der Serpentine haben Kinder ihren Spaß am **Diana Memorial Fountain**. Wasser von Quellen im oberen Teil fließt mit vielen Sprudel- und Strudeleffekten in zwei Richtungen durch einen runden Kanal aus Granit aus Cornwall zum unteren Becken, wo die beiden Ströme sich wieder vereinen. An Prinzessin Diana erinnert auch im Nordteil des benachbarten Kensington Garden ein sehr schöner Spielplatz mit Piratenschiff.

Zwischen Serpentine und Carriage Road zieht sich die Reitern vorbehaltene **Rotten Row** dahin, eine Verballhornung des französischen »Route du Roi«. Wilhelm III. ließ sie samt Beleuchtung anlegen, um sicher zu seiner Residenz im Kensington-Palast zu kommen.

Peace!

Speakers' Corner Speakers' Corner bietet seit 1872 Gelegenheit für jeden, sich über jedes beliebige Thema auszulassen, ohne Repressalien befürchten zu müssen. Besonders samstags und sonntagnachmittags herrscht Hochbetrieb. Karl Marx sprach hier schon, Lenin und Yomo Kenyatta, erster Präsident Kenias, waren unter den Rednern; auch Idi Amin, der berüchtigte Diktator von Uganda, mischte sich oft unter die Zuhörer, als er noch Feldwebel in der britischen Armee war – seine Lektion in Demokratie hat er dabei aber nicht gelernt.

Das Ende am Galgen

Marble Arch Von Speakers' Corner blickt man hinüber zu Marble Arch inmitten des Verkehrs. Der mächtige Torbogen wurde 1828 von John Nash im Stil des römischen Konstantin-Bogens als Haupttor zum ▶ Buckingham Palace entworfen. Als sich jedoch herausstellte, dass die Durchfahrt zu schmal für die königliche Staatskarosse war, kam er 1851 an seinen heutigen Standort. Das war der Tyburn, vom Ende des 12. Jh.s bis 1783 der Exekutionsplatz: Hierher wurden vom Tower oder vom Newgate-Gefängnis die Delinquenten getrieben, um am Galgen, dem **Tyburn Tree**, zu enden – ein Spektakel, das Massen von Zuschauern anzog. Beliebt waren diejenigen, die mit Schneid ihrem Schicksal entgegentraten. Bei der Hinrichtung des notorischen Wegelagerers Jack

PICKNICK IM HYDE PARK

Spätestens zwischen Dutzenden Sorten italienischer Salami, französischen Käses und englischer Biskuits wird jeder schwach und greift zum Portemonnaie: Ist es nicht herrlich, mit einer in Harrods Food Hall wohlgefüllten Tüte in der Hand zum Picknick in den nahen Hyde Park zu gehen und das Museumsprogramm sausen zu lassen?

Shephard 1724 sollen 200 000 Menschen zugeschaut haben, im folgenden Jahr sah eine noch größere Menge, wie der Bandenführer Jonathan Wilde – das »Vorbild« für Peachum in John Gays »Beggar's Opera«, das wiederum als Vorlage für Brechts »Dreigroschenoper« diente – am Galgen baumelte.

 Kensington Gardens

Zu Besuch in Nimmerland

Westlich der Brücke über die Serpentine beginnt Kensington Gardens. An der Stirnseite des Long Water, der den Park durchfließt und die Serpentine bildet, liegen die Italian Gardens, ein Geschenk von Prinzgemahl Albert an Gattin Viktoria. Am Westufer des Long Water kommen Sie zum schönsten Denkmal der Kensington Gardens, zur 1912 von George Frampton geschaffenen **Statue von Peter Pan**. Um den Jungen, der nie alt werden wollte, sind alle seine Freunde aus der Tier-

Spaziergang

und Märchenwelt versammelt. Der Weg führt weiter zur Serpentine Gallery, in deren Altbau und unweit davon am Nordufer des Sees in der **Serpentine Sackler Gallery** von Zaha Hadid hochkarätige Wechselausstellungen zeitgenössischer Kunst veranstaltet werden.
Serpentine Sackler Gallery: Di. – So. 10 – 18 Uhr | Eintritt frei
www.serpentinegalleries.org

Ein überlebensgroßer Prinz

Albert
Memorial

Ganz am Südrand der Kensington Gardens enthüllte Königin Viktoria 1876 das Denkmal für ihren Gemahl Prinz Albert von Sachsen-Coburg-Gotha (1819 – 1861), von Sir George Gilbert Scott entworfen. Die überlebensgroße Gestalt des Prinzen Albert sitzt unter einem 58 m hohen Baldachin und hält den Katalog der Great Exhibition von 1851 in der Hand, die maßgeblich auf seine Initiative hin zustande gekommen war. Das Postament schmücken Marmorreliefs mit 178 Figuren von Berühmtheiten aus Kunst und Wissenschaft aller Epochen; die frei stehenden Figurengruppen an den Ecken des Sockels stellen Industrie, Ingenieurskunst, Handel und Landwirtschaft dar. An den Ecken des Aufgangs symbolisieren Figuren Europa, Asien, Afrika und Amerika.
Albert Memorial Tours: März – Dez. an jedem 1. So. im Monat
14 und 15 Uhr | Treffpunkt am Denkmal | £ 8

Eine der beliebtesten Konzerthallen Londons

Royal Albert
Hall

Das elliptische Gebäude mit einem Rotundenumfang von über 210 m wurde 1871 vollendet. Obwohl die schlechte Akustik allgemein be-

Prinz Albert blickt vom Albert Memorial hinüber zur Royal Albert Hall.

kannt war – inzwischen wurde erfolgreich Abhilfe geschaffen –, ließen der von einer mächtigen Glaskuppel bekrönte Innenraum und ihre hochkarätigen Konzerte sie zu einer der beliebtesten Konzerthallen Londons werden. Hier finden u. a. jedes Jahr die **Proms** statt (▶ Feiertage und Events, S. 334).

Kensington Palace

März – Okt. tgl. 10 – 18, Nov. – Feb. bis 16 Uhr (letzter Eintritt jeweils 1 Std. früher) | Eintritt: £ 17,50 (mit Zeitfenster, online unter unter www.hrp.org.uk)

Zuhause von Prinzessinnen …

Kensington Palace, von 1689 bis 1760 die Privatresidenz der englischen Herrscher, liegt am Westende der Kensington Gardens. Die Ausstellungen in seinen Räumen bieten eine anschauliche, sogar rührende Präsentation des Lebens dort wohnender Prinzessinnen in den vergangenen 300 Jahren. Margaret, Schwester der Queen, lebte hier 42 Jahre lang.

Ausstellungen

Der Palast ist vor allem aber weltweit bekannt als letzter Wohnort von Prinzessin Diana, nach deren Tod Zehntausende Blumen an den Palasttoren ablegten. Die Ausstellung **Diana: Designing for a Princess** (▶ S. 13) stellt jeweils ein originales Kleidungsstück der Prinzessin und die Entwürfe dazu vor. Eine Ausstellung über die **Lebensgeschichte von Königin Viktoria**, die in diesem Palast geboren und am 20. Juni 1837 im Alter von 18 Jahren hier mit der Botschaft geweckt wurde, dass sie nun Königin sei, zeigt, dass auch königliche Palastbewohner ihrem Schicksal unterliegen. Im Frühjahr 2012 zogen Prinz William mit Gattin Kate ein.

… und Königen

Nachdem Wilhelm III. das 1605 gebaute Landhaus gekauft hatte, beauftragte er Christopher Wren, es zu seiner Privatresidenz umzuwandeln. Georg I. machte eine offizielle Residenz daraus und ließ sie von William Kent ausstatten.

State Apartments, King's Gallery

Der letzte hier residierende König war **Georg II.** In diesen Räumen starben Wilhelm III., seine Gemahlin Maria II., Anna und Georg II. Vor der Südseite des Palasts steht die Statue Wilhelms III., ein Geschenk des deutschen Kaisers Wilhelm II. Der Zugang zu den State Apartments (die Räume von Wilhelm III. und Königin Maria) erfolgt wie im frühen 18. Jahrhundert über die King's Staircase, die Wandmalereien von William Kent mit lebhaften Darstellungen von Botschaftern und Höflingen schmücken. Auch die lange King's Gallery, ein mit Porträts behangener Saal zum Promenieren bei schlechtem Wetter, zeigt sich im Zustand des Jahres 1727.

Ein Nachmittagstee in der Orangerie …

Orangery ... ist der passende Abschluss zur Besichtigung. Der Bau wurde Christopher Wren zugeschrieben, doch schuf ihn wohl Nicholas Hawksmoor im Jahr 1704. Der geniale Meister der Holzschnitzerei dieser Zeit, Grinling Gibbons, stattete den eleganten Raum aus.

Hyde Park Corner

Zwei Monumente für den Sieger von Waterloo

Wellington Arch · Wellington Monument

An Hyde Park Corner an der Südostecke des Parks treffen mit Knightsbridge, Park Lane und Piccadilly drei viel befahrene Straßen zusammen. Gegenüber vom Parkeingang ragt Wellington Arch auf, ein von Decimus Burton geschaffenes Triumphportal, das den Sieg von Arthur Wellesley, Herzog von Wellington (1769 – 1852) bei Waterloo feiert. Den monumentalen Bogen krönt die größte Bronzeskulptur Europas, eine Friedensquadriga, die 1912 das bis dahin dort thronende, über 9 m hohe Reiterstandbild des Herzogs ersetzte. Ein neues, bescheideneres von Wellington auf seinem Pferd »Copenhagen« wurde gegenüber von Apsley House aufgestellt. Zu Füßen der Quadriga können Sie von der Aussichtsplattform den Blick zum Buckingham Palace und in den Hyde Park genießen.

Apr. – Sept. tgl. 10 – 18, Okt. bis 17, Nov. – März bis 16 Uhr | Eintritt: £ 4,70

Apsley House gibt einen würdigen Rahmen für die Schätze des Siegers von Waterloo ab. Einiges davon ist auch Kriegsbeute.

Iron Duke's Schatzkammer

Von seinem Denkmal hat der Sieger von Waterloo und spätere Premierminister seinen Wohnsitz im Blick. 1817 kaufte er Apsley House, benannt nach seinem Vorbesitzer, ließ es mit Bath-Sandstein verkleiden und für viel Geld im Regency-Stil ausstatten. An den Iron Duke – angeblich nicht wegen seiner militärischen Erfolge so genannt, sondern wegen der eisernen Fensterläden, die er an Apsley House anbringen ließ, nachdem ihm politische Gegner 1832 die Scheiben eingeworfen hatten – erinnern zahlreiche Stücke. So ist der China and Plate Room im Erdgeschoss angefüllt mit Silber und Porzellan, darunter das KPM-Service, das er nach der Schlacht von Waterloo vom König von Preußen bekam, und das Ägyptische Service, das Napoleon seiner Josephine zur Scheidung schenken wollte. Im Treppenhaus steht das wohl beeindruckendste Stück: die in doppelter Lebensgröße von Canova ausgeführte **Statue Napoleons**. Sie wurde vom Louvre nach London gebracht.

Apsley House, Wellington Museum

Die Räume im ersten Stock zeigen hervorragende Gemälde, von denen Wellington viele Joseph Bonaparte nach der Schlacht von Vitoria (1813) abnahm: herausragend Velázquez' »Wasserverkäufer«, »Christus in Gethsemane« von Correggio und ein Reiterbildnis des Herzogs aus der Hand von Goya in der Waterloo Gallery, wo Wellington seine Gefährten alljährlich zum Waterloo Dinner einlud.

April – Okt. Mi. – So. 11 – 17, Nov. – März nur Sa. und So. 11 – 16 Uhr | Eintritt: £ 10,50 | www.english-heritage.org.uk

★ IMPERIAL WAR MUSEUM · LAMBETH

Lage: Lambeth Road, SE 1 | **U-Bahn:** Lambeth North | tgl. 10 – 18 Uhr Eintritt frei | **www.iwm.org.uk**

So nüchtern der Name dieses Museums auch klingen mag, die Präsentationen sind es auf keinen Fall. Vielmehr zeigen sie auf eine sehr einfühlsame Art und Weise die Auswirkungen von Kriegen auf Menschen, auf Zivilisten und Soldaten.

K/L 9

Krieg aus allen Perspektiven

Das Wort »Krieg« legt das Museum weit aus, denn es geht nicht nur um die zahlreichen bewaffneten Konflikte im 20. und 21. Jh. mit britischer Beteiligung, sondern auch um Spionage, Sicherheit und den Kampf gegen Terror. Unerwartete Aspekte des Kriegs beleuchten kreative Sonderausstellungen.

Der Zweite Weltkrieg in der Great Hall: Eine Spitfire jagt eine V1.

Zum Museum, 1920 gegründet und seit 1936 im ehemaligen Bethlem Royal Hospital in Lambeth untergebracht, gehören noch der Kreuzer »HMS Belfast« (▶ Southbank) und die Churchill War Rooms (▶ Whitehall). Im Mittelteil des Museums ist die große Halle, in der Flugzeuge, Panzer und Geschütze zu sehen sind, darunter ein von einer Rakete im Gazastreifen getroffener Land Rover. Eine große Fläche ist dem Ersten Weltkrieg gewidmet. Zu den Ausstellungen über den Zweiten Weltkrieg gehören »Turning Points« mit Exponaten über bedeutende Augenblicke im Kriegsverlauf, »A Family in Wartime« mit einer Darstellung des Lebens der Zivilbevölkerung sowie eine Abteilung über den Holocaust. In »Secret War« geht es um Spionage und Sondereinsätze, in »Peace and Security« um Konflikte seit 1945, einschließlich jüngster Ereignisse in Afghanistan und Syrien.

▌ Weitere Sehenswürdigkeiten in Lambeth

Die Geheimnisse der englischen Gartenbaukunst

Lambeth Palace   Am östlichen Kopf der Lambeth Bridge liegt der Ende des 12. Jh.s erbaute Lambeth Palace, seit über 700 Jahren Londoner Residenz des Erzbischofs von Canterbury. Die erzbischöfliche Bibliothek, die Lambeth Palace Library, zeigt in Wechselausstellungen Preziosen aus ihren Beständen.

In der ehemaligen Kirche St Mary-at-Lambeth beim Palast stellt das neu gestaltete **Garden Museum** Geschichte und Geheimnisse der englischen Gartenbaukunst vor. Im Kirchhof ist u. a. Admiral **William Bligh**, Kapitän der berühmten »Bounty«, begraben.

Garden Museum: www.gardenmuseum.org.uk

★★ KEW GARDENS · SYON HOUSE

Lage: Kew Road, Kew | **U-Bahn:** Kew Gardens | **River Tours:** Kew ab Westminster | **Kew Gardens:** tgl. ab 10 Uhr | **Eintritt:** £ 16,50 | **Kew Palace:** April – Sept. tgl. 11.30 – 17.30 Uhr | **www.kew.org**

AUSSENBEZIRK

Raus aus der Großstadthektik, rein in grüne Oasen: Ob in luftiger Höhe durch die Baumwipfel spazieren oder in historischen Gewächshäusern und dem herrlichen Landschaftspark eine weltweit einzigartige Pflanzenvielfalt entdecken – es gibt viele Gründe, einen Ausflug zu den Royal Botanic Gardens in Kew zu unternehmen.

Die ehrwürdige und ausgesprochen besucherfreundliche Institution an der Themse im Südwesten Londons bietet eine Vielzahl botanischer Attraktionen als Erlebnisse für die Sinne, vom kleinen Wasserlilienteich über japanische Bambushaine bis hin zu den beiden riesigen viktorianischen Gewächshäusern des Architekten Decimus Burton und des Ingenieurs Richard Turner. Die einzigartige Pflanzenvielfalt ist letztendlich **Joseph Banks** zu verdanken, der als Botaniker mit James Cook die Welt umsegelte, nebenbei die Epoche der Expeditionen einläutete und 1773 schließlich hier Direktor wurde.

Expedition ins Pflanzenreich

Die Gärten entwickeln sich noch heute ständig weiter, immer mehr exotische Pflanzen aus allen Teilen dieser Erde finden hier ein Zuhause, neue Attraktionen kommen hinzu. Zu den Highlights gehören etwa der 18 m hohe **Treetop Walk**, bei dem man den Bäumen in die Kronen schaut, und »The Hive« (»Bienenstock«), ein wolkenähnliches Gebilde aus Tausenden von Aluminiumelementen. Im unteren Bereich betreten Besucher eine Multimedia-Ausstellung über Bienen, während die Vibrationen der Bienen von Kew in Echtzeit durch das sich ständig verändernde Licht von 1000 LED-Lampen zum Ausdruck kommen. Das bis 1848 gebaute **Palm House** gilt heute als die bedeutendste noch existierende Eisen- und Glaskonstruktion jener Zeit; hier stehen u. a. Seychellenpalmen, die die größten Samen aller Pflanzen ausbilden. Im 1859 begonnenen **Temperate House** gedeihen Pflanzen aus Afrika, Australien und Ozeanien, darunter das fast ausgestorbene St-Helena-Ebenholz (Trochetiopsis ebenus) und eine 18 m hohe Honigpalme. Das 1982 eröffnete **Princess of Wales Conservatory** versammelt exemplarische Pflanzen aus zehn verschiedenen Klimazonen. Kleiner ausgefallen ist das **Evolution House**, in dem die Entwicklung der Pflanzen im Laufe der Erdgeschichte das Thema ist. Die Marianne North Gallery widmet sich dem Lebenswerk der Pflanzenmalerin Marianne North (1830 – 1890), die auf ausgedehnten Reisen um die Welt mehr als 800 Gemälde schuf.

Die Gärten, seit 2003 Weltkulturerbe, dienen aber nicht nur der Erholung, hier wird auch ernsthafte Wissenschaft betrieben: Der Königliche Botanische Garten kultiviert in Kew und in seiner Dependance Wakehurst in der Grafschaft Sussex 19 000 Arten, darunter etliche bereits in der freien Natur ausgestorbene und zahlreiche bedrohte; zudem bewahrt er die Samen von über 30 000 Arten auf.

Mit dem Kleinbus durch den Park

Kew Explorer

Für alle, denen die Gärten doch zu weitläufig sind, gibt es den Kew Explorer. Dieser Kleinbus fährt auf einer festen Route durch das Gelände und hält an sieben interessanten Punkten, wo man beliebig oft aus- und zusteigen kann. Das Tagesticket kostet £ 5.

Farmer George's Refugium

Kew Palace, Queen Charlotte's Cottage

Im kleinen, 1631 erbauten Kew Palace lebte König Georg III., nachdem er für geisteskrank erklärt worden war, mit seiner Gemahlin Königin Charlotte, die hier auch starb; an beide erinnern viele Gegenstände im Haus. König George III. mochte das Landleben – sein Spitzname war »Farmer George« – genauso wie seine Queen Charlotte, die sich hier ein Cottage erbauen ließ. Queen Charlotte's Cottage kann als frühes Beispiel für die allgemein im 18. Jh. aufgekommene Sehnsucht nach dem Landleben gelten, die man natürlich im angemessen edlen Rahmen mit Personal genießen konnte. Hier traf sich die königliche Familie zum Tee; im abgerissenen Gehege hielt die Königin Tiger und später Kängurus.

Das letzte Lebenszeichen der Titanic

Kew Village

Im **Museum des Nationalarchivs** in Kew Village östlich von Kew Gardens sind einige Schätze versteckt, so u. a. das Original des Domesday Book, des englischen Grundbuchs aus dem 11. Jh., in dem die Besitzstrukturen und Bevölkerungszahl unter König Wilhelm II. festgehalten wurden, ein Brief von Jack the Ripper sowie das verzweifelte SOS-Telegramm der »Titanic«.

Ruskin Ave. | Di./Do. 9 – 19, Mi. Fr., Sa. 9 – 17 Uhr | Eintritt frei | www.nationalarchives.gov.uk

UNTEN: Sir William Hooker
begründete seit 1841 als
Direktor den Weltruf von Kew
Gardens. Mit dem Temperate House
können Sie das größte noch bestehende viktorianische Glashaus der
Welt bewundern ...

OBEN: ... oder Sie betrachten zur
Abwechslung mal Bäume von oben –
auf dem Treetop Walk.

Syon House · Syon Park

U-Bahn: Gunnersbury, dann Bus 237 o. 267 bis Brentlea Gate |
Syon House: Mitte März – Okt. Mi, Do., So. 11 – 17 Uhr |
Syon Park: März – Okt. tgl. 10.30 – 17 Uhr | Eintritt: £ 12 (Haus und
Garten; auch Einzeltickets) | www.syonpark.co.uk

Einzigartig klassizistisch

Syon House »The Wizard Earl« Henry Percy, der 9. Earl of Northumberland und
leidenschaftlicher Alchimist und Zeichner der ersten Mondkarte, kaufte 1594 Syon House am Nordufer der Themse westlich von Kew. Im 15.
Jh. als »Syon Abbey« gegründet, wurde es 1539 aufgelöst und zum
Adelssitz umgewandelt. Percy, der enger Freund von Walter Raleigh,
wurde zwar wegen angeblicher Beteiligung am Gunpowder Plot für 15
Jahre in den Tower geworfen – er hatte am Vorabend des missglückten
Attentats mit einem der Verschwörer gespeist –, Syon House aber
konnte er behalten. Seine Nachfahren wohnen noch immer hier und
haben das Anwesen zu einem innenarchitektonischen Kleinod ge-
macht. Dies ist vor allem Hugh Smithson zu verdanken, 1. Duke of
Northumberland, der im 18. Jh. Robert Adam in sechs Räumen ein in
London einzigartiges klassizistisches Interieur schaffen ließ.

Das Vorbild für Crystal Palace

Syon Park Im Syon Park errichtete Charles Fowler 1827 ein herrliches Gewächs-
haus. Dieses **Great Conservatory** aus Eisen, Glas und Kalkstein soll
als Inspiration für den Crystal Palace (▶ S. 285) gedient haben.

KING'S CROSS ·
★ ST PANCRAS

U-Bahn: King's Cross / St Pancras

H/J 2/3

*Die Romantik des Eisenbahnzeitalters versprühen die Bahnhöfe
King's Cross und St Pancras noch immer. Nebenan in der British
Library geht bibliophilen Seelen das Herz auf beim Anblick ausge-
suchter Raritäten.*

▌ King's Cross

Alles einsteigen nach Hogwarts!

Gleis 9¾ Vor einigen Jahren machten Jugendliche aus aller Welt im Bahnhof
Selfies, heute stehen hier eher Mittzwanziger Schlange: Für die nun

Früher Schalterhalle, heute Hotelbar – mehr Eisenbahnromantik als in
St Pancras geht kaum …

alternde Harry Potter-Generation ist der Bahnhof King's Cross eine
Pilgerstätte, fahren doch in J.K. Rowlings Kinderbüchern vom Gleis
9¾ die Züge zur Schule Hogwarts ab. Mittelpunkt der fotografieren-
den Menge ist ein halbes Gepäckwägelchen, das fest in der Mauer
steckt. Nebenan macht der Harry Potter Shop grandiose Umsätze.
Sehenswert ist auch die Bahnhofsarchitektur, sowohl die tonnenge-
wölbten Hallen aus dem Jahr 1852 als auch die halbkreisförmige westliche Vorhalle, die Architekt John McAslan 2012 mit einer als »umge-
kehrten Wasserfall« gestalteten Dachkonstruktion überspannte.

Ein neues Wohn-, Kultur- und Erholungsviertel entsteht

Nördlich davon ist die Sanierung des ehemaligen Güterbahnhofs weit
fortgeschritten. Der Masterplan umgibt historische Industriebauten
mit neuer Architektur, offenen Stadtplätzen und Parkanlagen. In das
neue Wohn-, Kultur- und Erholungsviertel führt der neu angelegte
King's Boulevard. Links am Anfang des Weges steht die erste Turnhalle
Englands, 1864 für einen deutschen Turnverein errichtet. Das renovierte **German Gymnasium** dient jetzt als Restaurant, auf der Karte
stehen Hering nach Hausfrauenart und Knödel mit Schwammerl. Etwas weiter rechts baut Google sein britisches Hauptquartier in der

Ehemaliger
Güter-
bahnhof

Gestalt eines lang gezogenen »Erdkratzers«, weil Bauen in die Höhe an dieser Stelle unerwünscht ist. Am Nordufer des Regent's Canal erreicht man am **Granary Square** das Herzstück des Viertels. Die 1852 eröffnete Granary (Getreidespeicher) entwarf Bahnhofsarchitekt Lewis Cubitt. Heute beherbergt sie eine Kunsthochschule, die Central Saint Martin's University, ein Visitor Centre und eine vielfältige Gastronomie. Die Platzmitte nimmt eine digital steuerbare, bei Dunkelheit beleuchtete Brunnenanlage mit 1000 im Boden eingelassenen Düsen (Vorsicht!) ein. Hier befindet sich auch das **House of Illustration**, eine Galerie für die Kunst der Buchillustration.

Auf der Ostseite der York Way setzt **King's Place** Akzente in der Londoner Kulturszene, vor allem in Sachen Musik, Literatur und Comedy. im neuen Kultur- und Tagungszentrum.

Im angrenzenden Kanalbecken steht das **London Canal Museum**. Sein Domizil ist ein Speicher, in dem ab dem Jahr 1862 ein italienischer Hersteller von Speiseeis aus Norwegen importierte Eisblöcke lagerte. Die Ausstellungen erläutern den Handel und das Leben auf Londons Kanälen. Wer möchte, kann von hier aus Bootsausflüge unternehmen.

House of Illustration: 2 Granary Square | Di.- So. 10 – 18 Uhr | Eintritt 7,50 £ | www.houseofillustration.org.uk

King's Place: www.kingsplace.co.uk

Canal Museum: 2 New Wharf Road | Di.- So. 10 – 16.30 Uhr | Eintritt £ 4 | www.canalmuseum.org.uk

British Library

96 Euston Road | Mo. u. Fr. 9.30 – 18, Di.- Do. bis 20, Sa. bis 17, So. 11 – 17 Uhr | Eintritt: frei | www.bl.uk

»My dearest beloved Emma, the dear friend of my bosom ...«

Treasures Gallery, King's Library

Der letzte Brief Lord Nelsons an Lady (Emma) Hamilton zeugt von einer großen Liebe. Natürlich nicht nur Romantiker, auch Bibliophile Seelen sollten unbedingt die ständige Ausstellung in der British Library ansehen. Er gehört zu den Schätzen in der John Riblat Gallery. Gezeigt werden u. a. ein **Original der Magna Charta** von 1215, die Lindisfarne Gospels aus dem frühen 8. Jh., eine Gutenberg-Bibel, ein Mercator-Atlas von 1569, die Urschriften von Händels »Messias« ebenso wie des Beatlessongs »Yesterday« aus der Hand von Paul McCartney, Aufzeichnungen von Alexander Fleming über die Entdeckung des Penicillins, eine erste Niederschrift von Isaac Newton über die Schwerkraft und **Notizen von Leonardo da Vinci in Spiegelschrift**. Am Computer können Sie in Dokumenten blättern – unbedingt ausprobieren!

Die Bestände umfassen über 150 Mio. Handschriften, Bücher, Zeitschriften, Karten, Partituren, Grafiken usw. Nachlässe des 17. und des 18. Jh.s. sowie die königlichen Sammlungen von Georg II. und Georg III.

6X
DURCHATMEN

Entspannen, wohlfühlen, runterkommen

1.
GRANDIOS

Man stelle sich einfach nur vor, wie Marx, Gandhi oder G.B. Shaw **Reading Room im British Museum** brüteten – und die feierliche Stille in diesem grandiosen Raum wird noch stiller. (▶S. 48)

2.
BRITISCH

Ruhiger und britischer als **Lincoln's Inn** sind wenige Plätze in London. Der Rasen, die Bäume, die altehrwürdigen Backsteinhäuser und hin und wieder ein Anwalt mit Perücke. (▶S. 191)

3.
SPRACHLOS

Da verschlägt es einem glatt die Sprache, so umwerfend ist die Aussicht vom Observation Deck vom **The Shard** – vorausgesetzt, man hat sie wiedergefunden, denn der Eintrittspreis macht genauso sprachlos. (▶S. 21, 206)

4.
VERSUNKEN

In der **Riblat Gallery in der British Library** ungestört in der Magna Charta blättern oder Lord Nelsons letzten Liebesbrief lesen: Der Computer macht's möglich. (▶S. 128)

5.
VERWUNSCHEN

Nein, nicht das Grab von Karl Marx im Westteil des **Highgate Cemetery** besuchen, sondern den Ostteil des Friedhofs. Dann erleben Sie eine neue Dimension von »verwunschen«. (▶S. 99)

6.
ENTSPANNT

Ein Pub muss natürlich auch sein. **Trafalgar Tavern** in Greenwich ist einer der schönsten und weil er etwas abseits liegt auch ruhig: Leise schwappt die Themse ans Panoramafenster. (▶ S. 87)

bildeten den Grundstock. Im zentralen gläsernen Bücherturm ist die King's Library von Georg III. aufgestellt. Das British Museum bewahrte die Bestände auf, bis der umstrittene Neubau (1997) das Platzproblem vorerst löste. Das größte öffentliche Bauwerk des 20. Jh.s in Großbritannien, nach Plänen von Colin St John Wilson errichtet, steht seit 2015 unter Denkmalschutz steht.

 **St Pancras**

Neogotische Kathedrale des Eisenbahnzeitalters

*St Pancras
International
Station*

Über die Architektur der British Library mag man höflich hinwegsehen, ganz bestimmt aber nicht über die der benachbarten St Pancras International Station. Für alle, die mit dem Eurostar-Zug durch den Kanaltunnel nach London reisen, lebt hier noch die alte Vorstellung, dass die Ankunft in einer bedeutenden Metropole ein wahres Erlebnis sein sollte. Die Bahnhofshalle ist eine neogotische Kathedrale des Eisenbahnzeitalters mit einer Spannbreite von 75 m – damals im Rekord – und einer lichten Höhe von 32 m. Seit der Renovierung für den internationalen Verkehr strahlt das eiserne Strebewerk wieder. St Pancras wurde 1868 als **letzter großer Bahnhof Londons** eröffnet und schon damals war im Frontbau ein Hotel eingerichtet. Diese Tradition ist nach aufwendiger Renovierung mit der Wiedereröffnung 2011 neu belebt worden. Einen Eindruck von der Pracht erhalten Sie, wenn Sie von der Bahnhofshalle in die Bar des Hotels gehen, denn diese ist die alte Schalterhalle. Auch die Säulenkapitelle sind einen Blick wert: keine Dämonen, keine Akanthusblätter – Eisenbahnmotive!

Ein Grab – das Vorbild für die rote Telefonzelle?

*St Pancras
Gardens*

Über die Midland Road und Pancras Road an der Westseite der Gleise lohnt sich ein Abstecher zu St Pancras Gardens. Einer Überlieferung zufolge ist die dem Eisheiligen Pankratius geweihte Old St Pancras Church eine römische Gründung. Bemerkenswert ist der angeschlossene Friedhof, heute ein schattiger Park. Das Kuppeldach des Grabmals für die Ehefrau von Sir John Soane (▶ S. 189), das der Architekt selbst entwarf, wird oft als Vorbild für die typische rote Telefonzelle angeführt. Ihre letzte Ruhe fanden hier der Komponist Johann Christian Bach (1735 –1782), Sohn des großen Johann Sebastian, und Mary Wollstonecraft (1759 – 1797), Autorin feministischer Schriften. Die von radiär aufgestellten Grabplatten umstandene Esche heißt »**Hardy Tree**«. Als junger Architektenlehrling stellte der spätere Romanautor Thomas Hardy die Steine hier auf. Er hatte die Aufgabe, Gräber umzubetten, weil die Bahngleise durch den östlichen Teil des Friedhofs gebaut wurden.

★ LIBERTY

Lage: Regent Street, W 1 | **U-Bahn:** Oxford Circus | Mo. – Sa. 10 – 20, So. 12 – 18 Uhr | **www.liberty.co.uk**

»Für kunstsinnige Käufer ist Liberty die erste Adresse«, meinte Oscar Wilde. Ist ▶ Harrods stolz darauf, so ziemlich alles Gewünschte anbieten zu können, nährt sich das Selbstbewusstsein des Kaufhauses Liberty gerade aus dem Gegenteil: Hier gibt es lange nicht alles, aber was hier verkauft wird, ist umso feiner.

Für Stoffe, Teppiche, Möbel und Porzellan aus dem Orient und Asien ist es sogar die erste Adresse Englands seit seiner Gründung durch Arthur Lasenby Liberty im Jahr 1875. Berühmt wurde Liberty für sei-

Edel, exotisch, stilgebend

Alleine die Innenausstattung des Liberty ist einen Besuch wert – die letzten Holzschiffe der Royal Navy lieferten das Material für die Vertäfelung.

ne im Haus entworfenen bedruckten Seidenstoffe – Klassiker bis heute, und jeder englische Landhausbesitzer, der auf sich hält, hat sein Cottage im sprichwörtlichen **Liberty Style** eingerichtet. Und mit einem Tuch, einem Schal, einer Krawatte oder etwas aus der Papierwarenabteilung als Mitbringsel aus London kann man eigentlich nichts falsch machen.

Aber allein das 1924 gebaute Haus ist schon eine Sehenswürdigkeit. Es beginnt mit der Tudorfassade am Eingang Great Marlborough Street, wo der Heilige Georg zu jeder Viertelstunde den Drachen um die Uhr jagt, und setzt sich fort in den wunderbaren Verkaufsräumen, die sich um einen großen Innenhof balkonartig emporschrauben. Die heimelige Atmosphäre – ganz Liberty Style – kommt von der **Vertäfelung**, für die nicht irgendein Holz, sondern das der beiden letzten hölzernen Schiffe der Royal Navy »HMS Impregnable« (Stapellauf 1810) und »HMS Hindustan« (1841) verwendet wurde.

LLOYD'S BUILDING

Lage: Leadenhall Street, EC 3 | **U-Bahn:** Bank, Monument, Aldgate

N 6

Alt und Neu prallen in der Leadenhall Street unmittelbar aufeinander. Nirgendwo ist der Kontrast zwischen der historischen City of London und der dramatischen Architektur des Finanzviertels deutlicher.

Alte trifft auf neue Architektur

Einerseits befindet sich hier der viktorianische Leadenhall Market, der in der ersten Harry Potter-Verfilmung eine stimmungsvolle Kulisse für das alte London lieferte. Dagegen war der Bau des direkt nebenan stehenden Hochhauses eine Art Ouvertüre zur nicht immer harmonischen Komposition der heutigen Londoner Skyline. Obschon 1986 vollendet, ist das von **Richard Rogers** entworfene Lloyd's Building nach wie vor eines der spektakulärsten Gebäude Londons – und gleichzeitig seit 2011 ein geschütztes Denkmal, sogar in der Kategorie der »besonders wertvollen« Bauwerke. Diese Ehre wird ganz selten einem noch lebenden Architekten zuteil. Die architektonische Raffinesse besteht darin, dass das Innere des Gebäudes – Aufzüge, Treppen und Rohrleitungen – nach außen gekehrt wurde. Nur beim Eingang an der Leadenhall Street ist noch ein Fassadenteil des alten Gebäudes von 1928 zu sehen. In den 11. Stock hat man den 1761 von Robert Adam 1763 entworfenen Adam Room eingebaut.

Die neuen Nachbarn mögen höher sein,
aber an Originalität übertreffen sie das Lloyd's Building nicht.

Hoffen auf den zweiten Glockenschlag

Lloyd's

Lloyd's ist keine Versicherung im üblichen Sinn, sondern eine Börse, an der Makler Versicherungen im Namen der »underwriters« abschließen, die sich mit Kapital beteiligen und mit ihrem Vermögen haften. Lloyd's nahm seine Anfänge im 1688 eröffneten Kaffeehaus von Edward Lloyd in der Tower Street, wo sich Kapitäne, Reeder und Kaufleute trafen und nebenbei Versicherungen auf ihre Schiffe und Ladungen abschlossen. Die Geschäfte werden heute im »Underwriting Room« abgewickelt, in dessen Mitte unter dem »Rostrum« aus dem alten Lloyd's Building die Glocke der 1799 gesunkenen und bei Lloyd's versicherten »HMS Lutine« hängt. Die 1859 vom Meeresgrund geborgene Glocke wird nach wie vor bei schlechten Nachrichten einmal, bei guten zwei Mal geläutet. Daneben liegt auf einem Pult das »**loss book**«, in dem noch heute jedes gesunkene Schiff, das bei Lloyd's versichert war, eingetragen wird. Das Lloyd's Building kann gelegentlich am Wochenende des offenen Denkmals besichtigt werden.r

www.lloyds.com

Moderne trifft Mittelalter

Leadenhall Market

Am Fuße des Versicherungsturms finden sich Finanzmanager in einem fast ebenso beeindruckenden architektonischen Rahmen zum Lunch oder auf ein Pint in der **Lamb Tavern** ein. Schon seit dem Mittelalter gab es hier, wo einst das Forum des römischen Londinium stand, einen Markt. Ab Mitte des 15. Jh.s wurden Geflügel, Eier, Käse und viele andere Lebensmittel verkauft. Kaum vorstellbar, dass im Leadenhall Market einmal 34 000 Gänse am Tag geschlachtet wurden. 1881 baute Sir Horace Jones die in Grün, Beige und Rot strahlenden, heute denkmalgeschützten viktorianischen Hallen; um die Wende vom 19. zum 20. Jh. wurde der Geflügelverkauf eingestellt und man verlegte sich vor allem auf Fleisch und Fisch. Einen Metzger gibt es heute nicht mehr; wer aber Geschenke, Schmuck oder Mode sucht, wird hier fündig.

Architektonischer Nachwuchs

Neubauten in der Umgebung
(▶ Das ist..., S. 18ff.)

In den letzten Jahren sind in direkter Nachbarschaft von Lloyd's noch andere spektakuläre Neubauten entstanden. Es begann 2004 mit Norman Fosters 180 m hohem Bau 30 St Mary Axe, der rasch seinen unbestritten passenden Spitznamen **»The Gherkin«**, die Gurke, weghatte. Foster konstruierte ein Tragwerk aus ineinander verschlungenen Stahlspiralen. Sechs Stockwerke sind zu einem Atrium zusammengefasst, durch das kaminartig Luft strömt, wenn sich je nach Witterung die Fenster computergesteuert öffnen. Seit wenigen Jahren müssen Gherkin und Lloyd's ihre Dominanz in der Skyline teilen: 2014 wurde das ebenfalls von Rogers entworfene, 225 m hohe Leadenhall Building direkt nördlich von Lloyd's fertiggestellt, das

Dass man schon vor über 100 Jahren spektakulär bauen konnte, beweist der
Leadenhall Market. Er muss sich vor keinem Hochhaus verstecken.

dank seiner schrägen Südfassade, die den Blick auf St Paul's frei lässt,
»The Cheesegrater« (Käsereibe) genannt wird; gegenüber von
Lloyd's neigt sich das **»The Scalpel«** mit seinen 190 m in die andere
Richtung. Eine gegenteilige Idee verfolgte der Uruguayer Rafael Viño-
ly mit 20 Fenchurch Street südlich vom Leadenhall Market: Der
160 m hohe, 2014 eröffnete Turm verjüngt sich nach unten, was ihm
den Spitznamen **»Walkie-Talkie«** bescherte. Mit dem öffentlich zu-
gänglichen Sky Garden (▶ Abb. S. 21) will man die Gemüter beruhi-
gen, die kritisieren, dass der Turm St Paul's, Tower und Tower Bridge
beinahe erschlägt.
Sky Garden: Mo. – Fr. 10 – 18, Sa. u. So. 11 – 21 Uhr | Eintritt frei
ohne Verpflichtung für die recht teure Gastronomie, Vorbuchung on-
line aber nötig | http://skygarden.london

LONDON BRIDGE

Verlauf: von der City nach Southwark
U-Bahn: Monument, London Bridge

N 7

London Bridge ist wahrscheinlich die einzige Nichtsehenswürdigkeit Londons, denn die Brücke, um die es geht, steht schon lange nicht mehr hier.

Die Brücke, die es nicht mehr gibt

Auch die berühmte Liedzeile »London Bridge is falling down ...« stimmt nicht – die Brücke zwischen der City und ▶ Southwark ist nie eingestürzt, aber öfters neu gebaut worden. Schon um ca. 50 n. Chr. hat hier eine Brücke die Themse überspannt, die nach dem Abzug der Römer verfiel. Ob die Angelsachsen sie reparierten, ist unklar; die Normannen jedenfalls bauten eine neue Brücke, die 1091 von einem Sturm zerstört und danach geflickt wurde.

Um den wachsenden Verkehr zu bewältigen, baute **Peter de Colechurch** bis 1209 die Old London Bridge, die erste steinerne Themsebrücke und bis zur Mitte des 18. Jh.s die einzige Themseüberquerung. Sie trug auf ihren 20 Pfeilern nicht nur den Brückenweg, sondern zu beiden Seiten auch Häuser mit Läden und sogar eine Kapelle, die Thomas Becket geweiht war. Am Südende unterbrach eine Zugbrücke die Straße; auf dem Südturm dieser Brücke spießte man die Köpfe von Hingerichteten auf – auch das Haupt von Sir

Wächserne Erinnerung: Amy Winehouse bei Madame Tussauds

Thomas More fand sich dort wieder. Wie man sich die mittelalterliche London Bridge vorzustellen hat, zeigt unter anderem ein sehr schönes Modell, das im ▶ Museum of London ausgestellt ist. 1831 ersetzte John Rennie etwas flussaufwärts die mittelalterliche durch eine neue, fünfbogige Konstruktion, die wiederum 1973 der jetzigen, langweiligen Brücke weichen musste. Die Rennie-Brücke ersteigerte der US-Millonär Robert P. McCulloch und ließ sie in Lake Havasu, Arizona, wieder aufbauen. Dem Gerücht, er habe die ▶ Tower Bridge im Visier gehabt und erst nach Lieferung seinen Irrtum bemerkt, hat er vehement widersprochen.

MADAME TUSSAUDS

Lage: Marylebone Road, NW 1 | **U-Bahn:** Baker Street | tgl. 9.30 bis 17.30 Uhr, an Wochenenden und in den Schulferien länger | **Eintritt:** £ 35, online günstiger | **www.madametussauds.com**

F 4

Sie sind wehrlos, halten still und sehen ihren Originalen meistens verblüffend ähnlich. Brad Pitt, Robert Pattinson, Lady Gaga oder auch die Queen stehen bereit für jegliche Selfies oder können einfach nur aus der Nähe bewundert werden.

Außerdem befinden Sie sich in bester Gesellschaft. Schon Königin Viktoria besuchte gerne die Ausstellung, und der Herzog von Wellington konnte gar nicht genug davon bekommen, sein eigenes Abbild und das seines Gegners Napoleon zu begutachten.

Illustre Gesellschaft

Schaurige Anfänge ...

Die Elsässerin Marie Grosholtz (1761 – 1850), spätere Tussaud, lernte im Paris des 18. Jh.s von dem gebürtigen Deutschen Dr. Phillippe Curtius die Wachsbildnerei. Das brachte ihr während der Französischen Revolution einige zweifelhafte Aufträge ein: Sie musste Totenmasken geköpfter Aristokraten anfertigen. 1802 entschloss sie sich zur Umsiedlung nach England. Im Gepäck hatte sie die von Curtius gegründete und ihr vererbte Wachsfigurensammlung, die Grundstock des Kabinetts wurde, das sie 1835 in London eröffnete. Es präsentiert heute »Dauergäste« wie die Queen oder Sherlock Holmes neben Kurzprominenten, die nach einer Saison auch schon wieder aussortiert werden. Mit dem **hohen Eintrittspreis** ist im Zweifel noch lange nicht alles bezahlt: Madame Tussauds bietet mannigfaltige andere Möglichkeiten, die Urlaubskasse zu erleichtern. Trotzdem: Das Wachsfigurenkabinett ist ein Publikumsmagnet, vor dem man im Sommer gut und gerne eine Stunde zu warten hat. Geld und Zeit spart die Buchung online.

Die Gründung des Kabinetts

THE MALL

Verlauf: Vom Admiralty Arch zum Buckingham Palace |
U-Bahn: Charing Cross

G/H 7/8

Londons »roter Teppich«? Tatsächlich soll der rote Straßenbelag eben jenen Anschein machen, ist The Mall doch die Repräsentationsstraße der Stadt, die vom Admiralty Arch zum ▶ Buckingham Palace führt. Zuletzt für die Parade zum 90. Geburtstag der Queen 2016 trat sie ihren glanzvollen, durch Fernsehübertragungen weltweit bekannten Dienst an.

Auch bei jährlichen Anlässen wie **»Trooping the Colour«** fahren oder reiten die Royals die Mall entlangl. Den berühmten Blick zum Palast werden in Zukunft diejenigen genießen dürfen, die sich ein teures Essen leisten, denn der dreibogige Admiralty Arch, in dem während beider Weltkriege Winston Churchill als Marineminister arbeitete, wird in ein Luxushotel verwandelt. Das Restaurant wird in der Brücke über der Straße eingerichtet. Meist werden die Hotelgäste auf brausenden vierspurigen Verkehr hinunterblicken. Bis zum frühen 20. Jh. aber war die Mall ein stiller Promenierweg, wie ihn Karl II. in Auftrag gab. Dann kam Aston Webb, legte 1911 den Boulevard in seiner jetzigen Breite an, gestaltete die Fassade des Palasts neu und baute Admiralty Arch für die Admiralität.

Avantgarde, der verschuldete Duke und ein elektrisches Kabel

Carlton House Terrace

Spaziert man vom Admiralty Arch Richtung Buckingham Palace, sieht man gleich rechts eine Reihe strahlend weißer Säulen und Giebel. Es ist der terrassenförmige Doppelbau von Carlton House Terrace. John Nash errichtete die Häuser an Stelle des 1829 abgerissenen Carlton House, Sitz des späteren Königs Georg IV.; wie groß es war, ahnt man, wenn man den Säulenportikus der ▶ National Gallery betrachtet, der Teil von Carlton House war. Heute ist hier u. a. das **Institute of Contemporary Art** (ICA) zu Hause, eine der führenden Avantgardegalerien Londons. Das ICA-Café ist ein beliebter Szenetreff. Nr. 9 war bis 1939 Sitz der deutschen Botschaft. Oberhalb der Treppe offenbart ein Blick nach links durch das Eisengeländer eine Kuriosität: einen Grabstein mit der Inschrift »Giro – Ein treuer Begleiter«. Es handelt sich um den Hund des Botschafters, leider hatte Giro in ein elektrisches Kabel gebissen.

Zwischen den Gebäudehälften blickt Frederick, Duke of York, von der 38 m hohen **Duke of York Column** über die Stadt. Der in sei-

*Zu festlichen Anlässen wird die Mall
als Repräsentationsstraße gebührend geschmückt.*

nem Todesjahr 1827 zum Oberkommandierenden der britischen Armee Ernannte und (unglücklich) mit Prinzessin Friederike Charlotte von Preußen Verheiratete war berüchtigt für seine Schuldenmacherei – deshalb soll sein Standbild auch so hoch stehen, denn nur dort war er vor seinen Gläubigern sicher. Zumindest hatte für die Baukosten jeder Soldat der britischen Armee auf einen Tag Sold zu verzichten.

ICA: Ausstellungen Di. – So. 11 – 18, Do. bis 21 Uhr
www.ica.org.uk

Residenz für die königliche Familie

Marlborough House Nach Carlton House Terrace folgt, etwas zurückversetzt, Marlborough House, Sitz des Commonwealth Secretariat. Es ist von Christopher Wren für Sarah, Herzogin von Marlborough, erbaut worden. 1850 wurde es zur Residenz für Mitglieder der königlichen Familie, unter ihnen König Georg V. (bis 1910) und Königin Maria (von 1936 bis zu ihrem Tod 1953).

THE MONUMENT

Lage: Fish Street Hill, EC 3 |
U-Bahn: Monument |
April – Sept. tgl. 9.30 – 18 Uhr, Okt. – März bis 17.30 Uhr |
Eintritt: £ 4 | **www.themonument.info**

Schlicht »The Monument« – einen näher bestimmten Namen braucht dieses Denkmal auch nicht, steht es doch für das einschneidende Ereignis in der Geschichte Londons, für das dramatische Feuer von 1666, das den Großteil der Stadt zerstörte.

Symbol des großen Feuers

Nicht weit entfernt von der Bäckerei an der Pudding Lane, in der das Große Feuer ausbrach – genau genommen 61,50 m weit weg – findet man die dorische Säule nun seit 1677. Ihre Höhe entspricht übrigens exakt jener Entfernung. Steht man vor dem Werk von Christopher Wren und Robert Hooke, muss man sich vorstellen, dass es frei am City-Brückenkopf der alten ▶ London Bridge stand. Heute wird sie, immerhin die höchste einzeln stehende Säule der Welt, von den Gebäuden ringsum regelrecht eingeklemmt. Deshalb ist die Aussicht von der Plattform, die man über eine Wendeltreppe nach 311 Stufen erreicht – seit 1842 nach insgesamt sechs Selbstmorden vergittert – auch nicht mehr ganz ungetrübt. Oben thront eine 4 m hohe Urne mit einem vergoldeten Flammenball, Symbol des Great Fire.

★ MUSEUM OF LONDON

Lage: London Wall, EC 2 | **U-Bahn:** St Paul's, Barbican, Moorgate | tgl. 10 – 18 Uhr | **Eintritt:** frei | **www.museumoflondon.org.uk**

Ein Art-déco-Aufzug aus dem Kaufhaus Selfridges, eine Zelle des alten Newgate-Gefängnisses, eine römische Küche und die goldene Staatskutsche des Lord Mayor sind nur einige der spannenden Ausstellungsstücke, die das größte Stadtmuseum der Welt zu bieten hat – schließlich erzählt es die Geschichte Londons von den Anfängen bis heute.

Die zierliche Frau wuchs in Rom auf – so zumindest das Ergebnis einer Untersuchung der chemischen Zusammensetzung ihrer Zähne – und war Anfang Zwanzig, als sie in London starb. Ihr Leichnam wurde mit Öl aus dem arabischen Raum einbalsamiert, in ein Kleid aus Seide mit Goldfäden gewickelt und in einen Bleisarg mit Muschelverzierung gelegt. Unter ihrem Kopf lagen Lorbeerblätter, an ihrer Seite kostba-

2000 Jahre London

Einmal jährlich muss das Museum of London auf die goldene Staatskutsche verzichten, denn dann fährt der neue Lord Mayor in ihr durch die City.

re Glasgefäße. Wie der im Stadtteil Spitalfields gefundenen römischen Frau widmet das Museum auch den Londonern der darauffolgenden 2000 Jahre lebendige Ausstellungen.

Neben weiteren Relikten aus römischer Zeit wie Marmorskulpturen aus dem Mithrastempel zeigen Modelle das Aussehen von Londinium. In der chronologisch gegliederten Ausstellung werden Waffen aus der angelsächsischen Zeit sowie Möbel, Kleider, Urkunden und Musikinstrumente der Tudor- und der Stuartepoche gezeigt. Eine römische Küche wurde ebenso wie eine Zelle des alten Newgate-Gefängnisses aufgebaut, ein Laden und Kontore aus der Zeit Königin Viktorias und König Eduards VII. originalgetreu errichtet, und sogar ein Art-déco-Aufzug aus dem Kaufhaus Selfridges ist zu sehen. Das »Great Fire of London« wird ausführlich dargestellt mit den Hintergründen und Folgen, wer will, kann hier in einer audiovisuellen Show auch das Tagebuch Samuel Pepys' (▶ Baedeker Wissen, S. 276) im englischen Original hören. Insbesondere das 19. Jh., als London als Hauptstadt des Empire auf dem Höhepunkt seiner Bedeutung stand, wird zum Leben erweckt, u. a. mit einer viktorianischen Ladenstraße. Prunkstück aber ist die goldene Kutsche des Lord Mayor aus dem Jahr 1757. Ein besonderes Stück aus der neueren Geschichte ist der riesige **Kupferkessel für die olympische Flamme**, die 2012 im Mittelpunkt der Eröffnungsfeier für die Sommerspiele stand.

★★ NATIONAL GALLERY

Lage: Trafalgar Square, WC 2 | **U-Bahn:** Charing Cross | tgl. 10 – 18, Fr. bis 21 | **Eingang:** Sainsbury-Flügel | Audioguides (£ 5) im Sainsbury-Flügel auf Ebenen 0 und 2 | Eintritt frei
www.nationalgallery.org.uk

H/J 6/7

»Ach, auch das hängt hier!« – beim Rundgang durch die Säle bleibt der Wiedererkennungseffekt nicht aus, schließlich zählt die National Gallery zu den bedeutendsten Gemäldesammlungen weltweit. Sie bietet einen nahezu vollständigen Querschnitt der europäischen Malerei vom Mittelalter bis ins ausgehende 19. Jahrhundert.

Weltberühmte Kunstsammlung

Jan van Eycks »Ehepaar Arnolfini«, **Leonardo Da Vincis** »Felsengrotten-Madonna«, **Seurats** »Badende bei Asnière« oder **Van Goghs** »Sonnenblumen« gehören dazu Bekannt heißt aber keinesfalls langweilig, denn die Galerie bereitet ihre Schätze vorbildlich auf – auch dank der Führungen, Audioguides und einer hervorragenden

NATIONAL GALLERY
(EBENE 2)

im Text beschriebene Säle / Gemälde

Sainsbury-Flügel
(1260 bis 1510)
51 Cimabue,
   Buoninsegna,
   Leonardo da Vinci
53 Wilton Diptych,
   Masaccio
54 Uccello
56 van Eyck, Campin
57 Leonardo da Vinci
58 Botticelli
60 Raffael, Perugino
62 Mantegna, Messina,
   Bellini
63 Memling
65 Dürer

Westflügel
(1510 bis 1600)
 2 Tizian, Giorgione
 4 Cranach d.Ä.,
   Altdorfer, Holbein
 5 Bosch
 6 Tintoretto, Veronese
 8 Michelangelo,
   Correggio,
   Bronzino
 9 Veronese
12 Lotto, Moroni
14 Pieter Brueghel d.Ä.,
   Gossaert

Nordflügel
(1600 bis 1700)
15 Lorrain, Turner
17 Jan Brueghel d.Ä.,
   Teniers
18 de Champaigne,
   Le Nain
19 Poussin
20 Lorrain
22 Koninck,
   van Ruisdael
23 Rembrandt
24 Hals
25 Vermeer
26 Jan Steen
29 Rubens
30 Velázquez, Zurbarán,
   Murillo, El Greco
32 Caravaggio

Ostflügel
(1700 bis 1900)
33 Chardin, Watteau
34 Reynolds,
   Gainsborough,
   Constable, Turner
35 Hogarth, Stubbs
38 Canaletto
39 Goya, Guardi
40 Tiepolo
41 Ingres, Monet
42 Corot
43 Manet, Monet,
   Renoir
45 Cézanne, van Gogh
46 Degas

Internetseite, mit der man sich einstimmen kann. Mit einer Pause zwischendurch im National Café auf Ebene 0, den National Dining Rooms im Sainsbury-Flügel oder dem verführerischen Geschenk- und Souvenirladen können Sie hier viele Stunden verbringen.

Die gesamte Nordseite von ▶ Trafalgar Square nimmt die Front der National Gallery ein. Sie wurde 1824 ins Leben gerufen, als die Regierung 38 Gemälde des verstorbenen Bankiers John Julius Angerstein ankaufte und zunächst in dessen Haus in 100 Pall Mall ausstellte. Ein eigenes Galeriegebäude am Trafalgar Square nach Entwürfen von William Wilkins war 1838 vollendet. Schon 1876 erfolgte eine erste Vergrößerung, bei der auch die Kuppel aufgesetzt wurde, die der Galerie den Beinamen »nationaler Gewürzständer« einbrachte. Die letzte Erweiterung von 1991 brachte den Sainsbury-Flügel, gestiftet von den Besitzern einer Supermarktkette.

Ein Tempel der Kunst wie die National Gallery sollte auch wie einer aussehen.

Bevor Sie ins Reich der Kunst eintreten, sollten Sie von der Terrasse den wunderbaren Blick auf Trafalgar Square und ▶ Whitehall genießen. Vor dem Gebäude stehen das Denkmal von Jakob II. als römischer Kaiser von Grinling Gibbons (1686) sowie eine Bronzereplik der Washington-Statue von Houdon in Richmond, Virginia.

▌ Sainsbury-Flügel (Malerei von 1260 bis 1510)

Francesca, Botticelli, Bellini …

Französische und italienische Malerei
Ein Meisterwerk spätgotischer Malerei ist das wohl in Frankreich um 1395 entstandene **Wilton Diptych** (Saal 53), ein zweitafeliges, goldgrundiges Altarbild mit dem knienden englischen König Richard I. (1367 – 1400), der von seinen Schutzheiligen Johannes dem Täufer, Eduard dem Bekenner und Edmund der Madonna empfohlen wird. Die spätgotische Malerei Italiens im 14. Jh. repräsentiert **Duccio di Buoninsegna** aus Siena mit einer »Verkündigung« und »Heilung des blinden Knaben« (Saal 51).

Die Frührenaissancemalerei im Florenz des 15. Jh.s entdeckt die Perspektive und ein neues Menschenbild auf der Grundlage des Anatomiestudiums und des antiken Schönheitsideals wieder. So malt **Piero della Francesca** nach 1442 die »Taufe Christi« vor einer eindrucksvollen, sich im Wasser des Jordans spiegelnden Landschaft (Saal 66). **Paolo Uccello** gestaltet in den 1450er-Jahren den dramatischen »Kampf Georgs mit dem Drachen« und die 1432 bezeugte »Schlacht von San Romano« als vielfiguriges, turnierartiges Getümmel mit extremen perspektivischen Verkürzungen (Saal 54). Im Vergleich zwischen **Masaccios** lebensnaher »Madonna mit Kind« (1426, Saal 53) und **Sandro Botticellis** manierierter Gestaltung der »Venus und Mars« (um 1485, Saal 58) werden die malerischen Positionen von Früh- und Hochrenaissance deutlich. **Andrea Mantegna** verlegt das »Gebet am Ölberg« (um 1460, Saal 62) in eine herbe Felsenlandschaft vor einer Stadtkulisse mit dem römischen Kolosseum. Dagegen stehen das einfühlsame »Bildnis des jungen Mannes« von **Antonello da Messina** (um 1479) und sein »Hieronymus im Gehäuse« in reizvollem Kontrast zum Staatsporträt (um 1500) des Dogen Leonardo Loredan von **Giovanni Bellini** (alle Saal 62).

Van Eyck, Memling, Dürer ...

Robert Campin eröffnet den Reigen der altniederländischen Meister mit seiner »Madonna im Gemach« (um 1430, Saal 56). **Jan van Eyck** stellt das »Ehepaar Arnolfini« 1434 bildnishaft in einem Innenraumbild von einzigartiger Intensität und Raumwirkung dar (Saal 56). **Hans Memlings** Altarbild für Sir John Donne zeigt in der Mitteltafel die thronende Muttergottes, gerahmt von den Heiligen Katharina und Barbara, die die Stifterfamilie der Madonna empfehlen, während auf den Seitentafeln Johannes d. T. und Johannes der Evangelist erscheinen (Saal 63). **Albrecht Dürer** gelang mit dem Porträt seines Vaters ein ausdrucksvolles Altersbild (Saal 65).

Altniederländische und deutsche Malerei

▌ Westflügel (Malerei von 1510 bis 1600)

Da Vinci, Michelangelo, Tintoretto ...

Unter anderem mit der »Felsengrotten-Madonna« (1483 – 1508, Saal 57), wo der Johannes- und Christusknabe im Beisein Mariens und eines Engels betend und segnend in einer felsigen Landschaft erscheinen, ist **Leonardo da Vinci** vertreten. Eher kontemplativ präsentiert **Raffael** (Saal 60) die »Thronende Muttergottes« mit den Heiligen Johannes dem Täufer und Nikolaus (1506). Großartig ist außerdem sein Bildnis »Papst Julius II.« (1512, Saal 8). Die Malerei des Manierismus in Italien ist vertreten durch **Michelangelos** »Grablegung« (Saal 8), deren Figurenkomposition und muskulöse Körper

Italienische und spanische Malerei

6x
ERSTAUNLICHES

Hätten Sie das gewusst?

1.

BITTE RECHTS FAHREN!

Savoy Street, die sehr kurze Stichstraße vor dem berühmten Hotel an The Strand, ist die einzige im Königreich, auf der man rechts fährt. (▶ **S.209**)

2.

MUSE GARBO

Gehen Sie nicht achtlos über die **Bodenmosaike im Eingang der National Gallery** hinweg. Sie verpassen sonst u. a. Greta Garbo als Muse der Tragödie, Virgina Woolf als Muse der Geschichte und Winston Churchill (mit Teufel) als Verkörperung der Wehrhaftigkeit. (▶ **S. 142**)

3.

LEICHENRAUB

Vor 200 Jahren durften nur Leichen hingerichteter Krimineller seziert werden. Ein schwunghafter Handel mit aus Gräbern gestohlenen Körpern entspann sich. Ein patentierter Sarg in der Krypta von **St Bride's** zeigt, wie man das verhindern wollte. (▶ **S. 80**)

4.

GESCHÜTZTE AUSSICHT

Ein Gesetz schützt beliebte Panoramablicke vor störenden Neubauten. Der berühmteste Blick geht im 16 km entfernten **Richmond Park** durch eine Sichtachse auf St Paul's. (▶ **S. 170**)

5.

URILIFTS

So heißen Urinale, die abends aus dem Gehwegpflaster hochgefahren werden, um (männliches) Wildpinkeln zu verhindern. Zu bestaunen u. a. hinter der **Royal Exchange** / Cornhill. (▶ **S. 173**)

6.

NAPOLEONI- SCHE BEUTE

Schon kurios genug, die überdimensionale Statue des nackten Napoleon, die der Herzog von Wellington in seinem Haus aufstellte. Noch skurriler: Im **National Army Museum** steht das Skelett von Marengo, des Kaisers treuem Pferd. (▶ **S. 63, 121**)

auf die 1500/1501 ausgegrabene Laokoongruppe verweisen. **Agnolo Bronzino** gestaltete seine kühl-erotische »Allegorie« in den 1540er-Jahren mit den nackten Figuren von Venus und Amor, der Haare raufenden Eifersucht, der maskenhaften Darstellung des Betrugs und des alten Mannes als Verkörperung der Zeit (Saal 8). **Correggio** malte 1520/1525 seine reizvolle Lehrstunde von Merkur für Amor im Beisein von Venus in der Art der Heiligen Familie und eine liebreizende Madonna Kind vor der Zimmermannswerkstatt von Joseph (beide Saal 8). Bewegungsreich und dramatisch inszeniert dagegen **Tizian** die Begegnung von »Bacchus und Ariadne« (Saal 2). **Lorenzo Lotto** präsentiert eine herausgeputzte venezianische Dame als »Lukrezia« (Saal 12). Dekorativ-festlich gestaltete **Paolo Veronese** seine großformatigen Schilderungen wie die »Die Familie des Darius vor Alexander« (Saal 9). Spektakulär ist **Tintorettos** Auffassung von der »Entstehung der Milchstraße« (Saal 6): In zuckendem Licht erscheinen torsierte Körper, als Hera den an ihrer Brust säugenden Heraklesknaben wegschleudert und sich dabei der Strahl der göttlichen Milch über den Himmel ergießt. In flackerndes Farblicht taucht **El Greco** seine religiösen Schilderungen mit den manieristisch gelängten Figuren wie der »Vertreibung der Wechsler« (Saal 30).

Cranach d. Ä., Altdorfer, Holbein d. J. ...

Ein feinsinniges »Bildnis einer jungen Frau« (Saal 4) stammt von **Lucas Cranach d. Ä.** und von **Hieronymus Bosch** eine Wiedergabe von »Christus mit der Dornenkrone« (Saal 5). **Albrecht Altdorfer** präsentiert sich mit der »Landschaft mit Brücke« (Saal 4) als Meister der sogenannten Donauschule. **Hans Holbein d. J.** aus Augsburg malte 1533 die französischen »Gesandten« am Hof von London in einem perspektivischen Bravourstück mit allerlei Gegenständen wie Globus, Sonnenuhr und Musikinstrumenten, die hintergründigen Verweischarakter haben (Saal 4). Von **Jan Brueghel d. Ä.** stammt eine bäuerlich-drastische »Anbetung der Hl. Drei Könige« (Saal 17).

Deutsche und niederländische Malerei

▌ Nordflügel (Malerei von 1600 bis 1700)

Rubens, Vermeer, Rembrandt ...

Als Beitrag zur Barockmalerei des 17. Jh.s lieferte **Peter Paul Rubens** das reizende Bildnis seiner Schwägerin »Susanne Fourment« mit dem Strohhut. Bewegte, in Licht und Schatten getauchte Menschenmassen kennzeichnen seine Darstellung von »Krieg und Frieden«: der Frieden als üppige Nackte, gefolgt von Glaube und Wohlstand; dagegen rechts der Krieg als Gepanzerter mit der Kriegsgöttin, der Zwietracht und der Pest sich zur Flucht wendend (beide Saal 29). **Anthonis van Dyck** war Englands bedeutendster höfischer Maler in der Epoche Karls I. Das Reiterporträt des Monarchen ist eine

Niederländische Malerei

seiner großartigsten Schöpfungen (Saal 31). **Frans Hals** (»Mann mit Schädel«, Saal 24) und **Jan Vermeer** (»Dame am Klavichord«, Saal 26) dagegen malten die bürgerliche Lebenswelt. Zu den wichtigen Landschaftsmalern zählen **Philips Koninck** mit einer »Landschaft mit Straße und Fluss« (Saal 22) sowie **Jacob van Ruisdael** mit einer »Landschaft mit Ruine und Kirche« (Saal 22). **Rembrandt** van Rijn besticht durch seine einfühlsamen Porträts in weich modelliertem Farblicht, z. B. sein Selbstbildnis oder das Porträt von Hendrickje Stoffels (beide Saal 23). Eine neuartige Verbindung von Historienbild und religiöser Thematik lieferte er mit seinem Frühwerk »Belsazar erblickt die Schrift an der Wand« (Saal 24).

Velázquez, Caravaggio, Poussin …

Spanische, italienische und französische Malerei

Mit dem Bildnis »Philipp IV. von Spanien« ist **Diego Velázquez** vertreten sowie mit der erotischen Darstellung der nackt sich im Spiegel betrachtenden »Venus«, während **Bartolomé Esteban Murillo** durch ein heiteres Porträt eines »Bauernjungen am Fenster« und die ausgewogene Komposition der »Wunderheilung Christi an einem Gelähmten« beeindruckt (Saal 30). Die italienische Barockmalerei erlebte einen Höhepunkt in den von starkem Helldunkel und kräftiger Körpermodellierung geprägten Werken von **Caravaggio**, z. B. im »Emmaus-Mahl« (Saal 32). In Frankreich vertrat **Claude Lorrain** (Saal 20) eine gefühlsbetonte Landschafts- und Architekturmalerei, während **Nicolas Poussin** eher klassizistische Strenge walten ließ (Saal 19). Die Brüder **Le Nain** (Saal 18) dagegen malten die Lebensumstände der Unterschichten wie die »Bauersfrau mit ihren fünf Kindern« (1642). **Philippe de Champaigne** wird mit seinem Staatsporträt »Kardinal Richelieu« seinem Ruf als höfischer Porträtmaler gerecht (Saal 18).

▌ Ostflügel (Malerei von 1700 bis 1920)

Gainsborough, Constable, Turner …

Britische Malerei

William Hogarth wagte mit seiner sechsteiligen Darstellung »Marriage A-la-Mode« einen kritischen Blick auf die Scheinmoral von Adel und Bürgertum am Beispiel der Heiratsmoden (Saal 35). **George Stubbs** hingegen malte just diese Schichten in gefälligen Darstellungen bei Landpartien und Pferdezucht (Saal 35). **Joshua Reynolds** verbindet in seiner Porträtkunst Individualität mit Repräsentationsbedürfnis, so bei »Captain Robert Orne« (Saal 36). **Thomas Gainsborough** malte seine Porträts, z. B. im »Morgenspaziergang« (Saal 34), in einer fast vorimpressionistisch anmutenden Farb-Form-Auflösung. **John Constable** steht mit seiner naturalistischen Landschaftsschilderung an der Schwelle zum 19. Jh. und beeinflusste nachhaltig die spätere französische Freilichtmalerei. Die unvollende-

John Constable wurde berühmt für seine romantischen Landschaftsgemälde.
Zu seinen bekanntesten zählt der »Heuwagen« aus dem Jahr 1821.

te »Bucht von Weymouth«, »Der Heuwagen« (alle Saal 34) sowie
»Salisbury Cathedral und Leadenhall« sind große Beispiele seiner
Malerei (alle Saal 34). **J. M. W. Turner** entwickelte sich von der romantischen Landschaftsmalerei bis an die Grenze zur Gegenstands-
losigkeit im Spätwerk. »Die kämpfende Temeraire« (1838) zeigt in
der diffusen Lichtstimmung des verlöschenden Tages die letzte Fahrt
dieses zum Abwracken bestimmten Schiffs; in »Calais Pier« verdeut-
lichen dynamische Farbwirbel die Seenot eines Schiffs. In »Regen,
Dampf und Geschwindigkeit« fährt ein Zug lindwurmartig durch eine
in Farblicht aufgelöste Landschaft (alle Saal 34).

Monet, Renoir, Cézanne ...
Berückende Interieurs und sinnliche Stillleben schuf **Jean Siméon
Chardin** (»Die junge Lehrerin«), während **Antoine Watteau** mit
»La gamme d'amour« ein Maler jener imaginären »fêtes galantes«
war, in denen sich Traum und Wirklichkeit der Rokokowelt durchdrin-
gen (alle Saal 33). In der Mitte des 19. Jh.s pflegte **Jean Auguste
Dominique Ingres** einen eher klassizistisch-ruhigen Stil, was das Porträt »Madame Moitessier« (Saal 41) verdeutlicht. **Gustave Courbet**
zählt mit seinen Landschaften zum französischen Realismus (Saal
41), wohingegen **Camille Corot** bereits der Freilichtmalerei verpflichtet war (Saal 42). Zur Gruppe der Impressionisten gehörten
Edouard Manet (»Hinrichtung Kaiser Maximilians«), **Claude Mo-**

Französische
Malerei

149

net, der 1870 zusammen mit **Camille Pissarro** London besuchte (»Die Themse unterhalb von Westminster«, Saal 43), **Pierre Auguste Renoir** (»Ruderboot«, Saal 43), **Edgar Degas** (»Tänzerinnen«, Saal 46) und zeitweilig **Paul Cézanne** (»Die Badenden«, Saal 45).

Goya, Tiepolo, Canaletto ...

Spanische und italienische Malerei

Vor allem in seinen Porträts »Herzog von Wellington« und des Rechtsgelehrten »Dr. Peral« (beide Saal 39) kommt **Goyas** eher skeptischer Blick auf und in den Menschen zum Ausdruck. Das ausklingende 18. Jh. erlebte in Venedig einen malerischen Höhepunkt mit der luftigen Rokokomalerei von **Giovanni Battista Tiepolo** (Saal 40). In ihren Veduten hielten **Canaletto** (Saal 38) und **Guardi** (Saal 39) die Plätze, Kanäle, Kirchen und Lagunenansichten mit teils fotografischer Genauigkeit fest.

 ## National Portrait Gallery

Lage: St Martin's Place, WC 2 | tgl. 10 – 18, Do. u. Fr. bis 21 Uhr
Eintritt frei | www.npg.org.uk

Der Porträtierte im Fokus

Sammlung

Eine etwas andere Kunstsammlung befindet sich hinter der National Gallery. In der National Portrait Gallery ist nicht unbedingt die Qualität des Werks entscheidend, sondern der Ruhm des Porträtierten. Die 1856 gegründete Sammlung besitzt heute über 200 000 Darstellungen – Gemälde, Zeichnungen, Skulpturen, Fotografien – von Briten, die sich in ihrer Zeit einen Namen gemacht haben. Die interessantesten zeigt die ständige Ausstellung.

Von König Heinrich VIII. bis Herzogin Kate

Rundgang

Der chronologische Rundgang beginnt auf Ebene 2 mit der Tudorzeit. Herausragend sind die Darstellung Heinrichs VIII. in Lebensgröße von Hans Holbein d. J., mehrere Porträts von Elisabeth I., Miniaturen von Walter Raleigh und Francis Drake von Hilliard sowie eine Shakespeare-Darstellung von John Taylor, das erste von der Galerie erworbene Stück. Das 17. Jh. illustrieren Porträts u. a. von Karl I. und Karl II., Oliver Cromwell und Samuel Pepys. Die anschließenden Räume widmen sich dem 18. Jh., u. a. mit Christopher Wren und Isaac Newton, beide von Godfrey Kneller. Von William Hogarth ist ein Selbstbildnis zu sehen, desgleichen von Joshua Reynolds. Aus dem ausgehenden 18. und frühen 19. Jh. werden u. a. Porträts von Lord Byron in wildromantischer albanischer Kostümierung und ein von deren Bruder Branwell gemaltes Bildnis der drei Schwestern Brontë gezeigt.
Ebene 1 beginnt mit dem viktorianischen Zeitalter natürlich mit Königin Viktoria selbst, weiterhin Henry James (von John Singer Sar-

In der National Portrait Gallery hängt auch ein Porträt von Georg Friedrich Händel, links im Vordergrund. Seine Wahlheimat war London.

gent) und eine Karikatur von Oscar Wilde. Die übrigen Räume sind Personen des 20. Jh.s und der Gegenwart vorbehalten. Die Spanne reicht von Lawrence von Arabien, James Joyce und Winston Churchill bis zu Paul McCartney, Prinzessin Diana und Herzogin Kate.

★★ NATURAL HISTORY MUSEUM

Lage: Cromwell Road, SW 7 | **U-Bahn:** South Kensington | tgl. 10 – 17.50, letzter Einlass 17.30 Uhr | Eintritt frei | **www.nhm.ac.uk**

Wer die Natur verstehen möchte, wer mit Kindern in London ist, sollte unbedingt das Natural History Museum besuchen, denn dieser Glücksfall von einem Museum vermittelt schwierige Materie einleuchtend, unterhaltend und mit vielen Möglichkeiten zum Selbstausprobieren.

Die Natur verstehen

Allein der kathedralenähnliche Museumsbau ist einen Besuch wert: Das terrakottaverkleidete Gebäude hat zwei hohe Türme und beherrscht mit seinen 230 m Länge die Cromwell Road. Gleich hinter dem Haupteingang bildet die neuromanische Architektur der riesigen Hintze Hall den Rahmen für einen 2017 neu konzipierten Auftakt. Zehn Ausstellungsbereiche entlang der Halle zeigen ausgesuchte Exponate zu den Themen **Evolution, Artenvielfalt der Erde und Naturschutz** auf unserem Planeten. Wer schon einmal das Museum besucht hat, wird an dieser Stelle sicher das 26 m lange Skelett von »Dippy« vermissen; der Diplodocus-Saurier ist bis Ende 2020 auf Tournee durch Großbritannien geschickt, seinen Platz in der Hallenmitte übernimmt das Skelett eines Blauwals.

Der 1753 verstorbene Naturwissenschaftler Sir Hans Sloane hatte seine umfangreichen Sammlungen aus 50 000 Büchern, 10 000 Tierpräparaten und 334 Bänden gepresster Pflanzen dem Staat vermacht und damit den Grundstock für das ▶ British Museum gelegt. Für eine gesonderte Präsentation des naturwissenschaftlichen Teils beauftragte man Alfred Waterhouse mit dem Bau des Museums in Kensington, das 1881 eröffnet wurde. Expeditionen in die ganze Welt erweiterten die Bestände. Ein besonders eifriger Sammler war Joseph Banks, der mit James Cook die Welt umsegelte. Auch Charles Darwin brachte von seinen Expeditionen neues Material mit.

Bereits der Eingang von Queen's Gate zum Natural History Museum weckt Entdeckerlust: Was passiert als Nächstes?

Urzeitliche Riesen

Das Museum teilt sich in eine blaue, eine grüne, eine rote und eine **Blaue Zone** orangefarbene Zone. Links der Eingangshalle beginnt die Blaue Zone mit der **Dinosaurier-Abteilung**, wo die Welt von Triceratops und Tyrannosaurus Rex lebendig wird. Videos, bewegliche Modelle und Dioramen erklären Entwicklungsgeschichte, Körperbau und Lebensweise der urzeitlichen Riesen. Höhepunkt: ein fast lebensechtes Modell des Tyrannosaurus. Die übrige BlauenZone behandelt die Biologie des Menschen – u. a. mit einem überlebensgroßen Modell eines Fötus – und die Säugetiere. Zu sehen sind hier auch fossile Arten und vom Menschen ausgerottete Säuger. Anschließend geht es zu den Fischen, Reptilien und Amphibien sowie zu den Wirbellosen.

Das große Krabbeln

Rechts der Central Hall widmet sich die Grüne Zone der Erdevolution **Grüne Zone** und den Wechselbeziehungen zwischen Tieren und ihrer Umwelt. Ein weiterer Höhepunkt ist hier die Abteilung für Spinnen und Kriechtiere, **»Creepy Crawlies«**. Die Lebens- und Essgewohnheiten von Faltern und Schmetterlingen, Ameisen und Tausendfüßlern, Spinnen und Heuschrecken werden anhand von vielen interaktiven Exponaten beleuchtet. Der begehbare Termitenhügel ist ein besonderes Highlight dieser höchst lehrreichen und amüsanten Abteilung. Zur folgenden Vogelabteilung zählen auch Präparate ausgestorbener Arten wie des Dodo. Die **Treasures Gallery** im ersten Stock zeigt echte Muse-

umsschätze wie eine Nautilusschale aus dem Besitz von Hans Sloane und ein Pinguinei, das Scott von seiner Antarktisexpedition mitbrachte. Danach geht es zu den Primaten und zu den Mineralien.

Eine Zeitreise in die Vergangenheit und Zukunft der Erde

Rote Zone Kaum weniger spektakulär geht es in der Roten Zone im Anbau zu, die sich mit Erdgeschichte und Geologie befasst. Per Rolltreppe machen Sie eine Reise durch einen Riesenglobus, in dem die Vielfalt des Planeten Erde aufleuchtet. **»Earth Today and Tomorrow«** befasst sich mit dem Umgang mit den Ressourcen der Erde; hier steht auch der 3,5 t schwere Cranbourne-Meteorit aus Australien. Auch eine Zeitreise zurück zum Urknall ist möglich. Anschaulich wird vorgeführt, wie Erdbeben entstehen und Vulkane ausbrechen, und in der Abteilung »Restless Surface« erleben Sie, wie Wind und Wetter die Oberfläche der Erde verändern. Letzter Höhepunkt: **»Earth's Treasury«** mit seltenen, teils spektakulären Mineralien.

Naturforschern auf die Finger geschaut

Orange Zone Das **Darwin Centre** ist Hauptteil der orangefarbenen Zone. Hier bringt Sie ein Lift zur Spitze eines 28 m hohen, kokonartigen Betongebildes. Entlang einer von dort absteigenden Rampe lassen 40 interaktive Installationen die Arbeit der Naturforscher lebendig werden – und tatsächlich können Sie durch Glasscheiben auch in die Labore schauen und den dort arbeitenden Forschern Fragen stellen.

PICCADILLY CIRCUS

Lage: City of Westminster, W 1 | **U-Bahn:** Piccadilly Circus

H 6

Als der glitzernde Einstieg in die Theaterwelt im West End offenbart sich Londons bekanntester Platz, Piccadilly Circus, abends und nachts. In den 1960er-Jahren eines der Synonyme für »Swinging London«, ist er für die Londoner »The Hub of the World«, der Angelpunkt der Welt.

The Hub of the World

Die großflächige Leuchtreklame, die den jungen Regisseur Alfred Hitchcock so beeindruckte, dass er sie in fünf Filmen inszenierte, prangt seit 1908 am Treffpunkt von ▶ Regent Street, Piccadilly, Haymarket und Shaftesbury Avenue . In Hitchcocks Durchbruchstreifen »Der Mieter« (1927) strömen Menschenmassen dorthin, um von der damals aufregenden elektrischen Anzeigetafel das Neueste über einen Serienmörder zu erfahren. Obwohl Piccadilly Circus laut und hektisch ist und förmlich im Verkehr erstickt, finden sich große Menschenmengen immer noch dort ein für ein gutes Urlaubsfoto oder um sich vor Shoppingtrips oder Theaterbesuchen zu treffen.

Das **Shaftesbury-Denkmal** in der Platzmitte, zum Gedenken an den Earl of Shaftesbury von Sir Alfred Gilbert in Aluminium gegossen, kennt jeder als »Eros-Brunnen« – eigentlich soll die Figur aber den Engel der Nächstenliebe darstellen. Eindeutig die »Vier Pferde des Helios« hingegen zeigt der fast monumentale Brunnen Ecke Piccadilly Circus/Haymarket; vom Dach des Gebäudes stürzen sich die »Drei Töchter des Helios«. Bühne und Zuschauerraum des **Criterion Theatre** an der Südseite, eröffnet 1874, sind unterirdisch angelegt. Und auch Lonodn hat nun eine Filiale der »Körperwelten«: im London Pavilion, 1885 an der Nordostseite als Musikhalle erbaut.

▌ Piccadilly

Exklusives Shopping

Diese von Piccadilly Circus Richtung ▶ Hyde Park abgehende Straße verdankt ihren Namen möglicherweise dem Schneider Robert Baker, der in seinem Geschäft am ▶ Strand zu Beginn des 17. Jh.s durch den Verkauf von hohen Krägen mit steifen Ecken, »pickadills« genannt,

Feine Adressen

Ob die vier Pferde des Helios vor dem Trubel an Piccadilly Circus scheuen?

zu Wohlstand kam und sich ein großes Haus auf dem zu jener Zeit brachliegenden Gelände baute. Bald machten es ihm viele Reiche nach und heute wie damals firmieren entlang Piccadilly einige der traditionsreichsten und feinsten Adressen Londons.

Zu den besten zählt das 1707 gegründete Kaufhaus **Fortnum and Mason**, berühmt für seine geradezu aristokratische Lebensmittelabteilung, deren Spezialitäten – abgesehen von sündhaft teuren Picknickkörben – Tee, Gebäck und Marmeladen sind. Auf der Uhr an der Fassade beugen sich zu jeder vollen Stunden die Firmengründer William Fortnum und Hugh Mason zueinander. Wäre ihr Gebaren noch so höflich, wenn sie wüssten, dass eine multinationale Holdinggesellschaft, die auch die Billigkette Primark besitzt, heute ihr Kaufhaus betreibt? Fast direkt gegenüber führt eine kurze Privatstraße zu einer exklusiven Adresse. **The Albany** entstand 1770 als aristokratische Residenz und wurde 30 Jahre später zu 69 Herrenwohnungen umgebaut. Zu den Bewohnern gehörten im 19. Jh. Lord Byron und Premierminister Gladstone, später der Autor Bruce Chatwin und der Fotograf Lord Snowdon, Schwager der Königin.

Michelangelos einzige Skultpur in England

Royal Academy of Arts

Im Burlington House gegenüber von Fortnum and Mason hat die 1768 gegründete Akademie ihren Sitz. Ihr erster Präsident war Sir Joshua Reynolds (1723 – 1792), dessen Denkmal im Hof steht. Die Akademie hat so berühmte Künstler wie Constable, Lawrence, Turner und Millais ausgebildet. Die alljährlich von Mai bis August veranstaltete Ausstellung zeitgenössischer britischer Künstler findet große Beachtung ebenso wie die regelmäßigen Sonderausstellungen höchster Qualität. Ausgewählte Stücke aus der Sammlung werden in den John Madejski Fine Rooms präsentiert; in der **Sackler Gallery** können Sie eine Kostbarkeit entdecken: **Michelangelos einzige Skulptur in England**, ein Tondo von Maria, Jesus und dem Knaben Johannes, vom Künstler unmittelbar nach seinem »David« für den Florentiner Patrizier Taddeo Taddei geschaffen. Zum 250. Jubiläum der Akademie werden die vom Architekten Sir David Chipperfield umgestalteten Räume ab Februar 2018 u. a. mehr Sonderausstellungen sowie Schätze vergangener Mitglieder wie Constable und Turner zeigen.

So. – Do. 10 – 18, Fr. bis 22 Uhr | kostenlose Führungen durch die Madeijski Rooms: Di. – Fr. 13 und 15 Uhr | www.royalacademy.org.uk

In Cut und Zylinder

Burlington Arcade

Kurz nach der Akademie folgt Burlington Arcade, eine exklusive Einkaufspassage im Regencystil, erbaut 1819 für Lord Cavendish. Über 70 kleine Geschäfte bieten Wichtiges für den Gentleman und seine Lady an: Maßhemden, Kaschmirpullover, handgefertigte Schuhe, Toilettenartikel und Tabakspfeifen. Mehr als andere Worte lässt die **Benutzungsordnung** den Stil der Passage erkennen:

»Diamonds are a girl's best friend« gilt auch in der Burlington Arcade.

»

... eine Piazza zum Verkauf von Kurzwaren, Kleidungsstücken und Gegenständen, die weder durch ihr Aussehen noch ihren Geruch Anstoß erregen. Es ist weder gestattet zu pfeifen, zu singen, ein Musikinstrument zu spielen, ein Paket zu tragen, noch einen Regenschirm aufzuspannen.

«

Eine eigene Wachtruppe, die vornehm in Cut und Zylinder gekleideten Beadles, sorgt dafür, dass sich auch jeder daran hält.
Burlington Arcade findet seine Fortsetzung auf der anderen Straßenseite (zu beiden Seiten von Fortnum and Mason) in den kaum weniger exklusiven **Piccadilly Arcades** und **Princes Arcades**. Sie münden in die Jermyn Street, wo der stilbewusste Gentleman eine ganze Reihe hochkarätiger Herrenausstatter vorfindet.

Zum Afternoon Tea ins Ritz

Ecke Piccadilly/Green Park ist eine der ersten Adressen der Hotelwelt: das 1906 eröffnete Ritz. Hier ließen sich Prinz Charles und seine spätere Ehefrau Camilla Parker-Bowles zum ersten Mal gemeinsam in der Öffentlichkeit blicken. In einem der Gästezimmer starb 2013 Margaret Thatcher. Das Ritz ist ein Wallfahrtsort der Teetrinker, die ihren Afternoon Tea im herrlichen Palm Court einnehmen – ein nicht billiges, aber höchst standesgemäßes und sehr britisches Vergnügen. Anzug und Krawatte sind Pflicht!

The Ritz

★ QUEEN ELIZABETH OLYMPIC PARK

Lage: östlich der Stadtmitte | **Bahn:** Stratford International ab St Pancras | **U-Bahn, DLR:** Stratford | **www.queenelizabetholympic park.co.uk** | **Arcelor Mittal Orbit und The Slide:** tgl. 10 – 18 Uhr | **Eintritt inkl. Rutsche:** £ 15 | http://arcelormittalorbit.com | Führungen im Park: **www.toursof2012sites.com**, im Stadion: **www. london-stadium.com** | **Bootsfahrten:** ab der Anlegestelle am Aquatics Centre tgl. 12 bis 17 Uhr außer im Winter | Geführte Pfade (Trails) im Park auf der Webseite herunterladen oder Plan vom Information Point am Parkeingang nahe dem Aquatic Centre holen | Aktivitäten im Lee Valley, House Mill **www.visitleevalley.org.uk**

AUSSENBEZIRK

Agent 007 alias Daniel Craig holte die in Rosa gekleidete, damals 85-jährige Queen Elizabeth mit dem Hubschrauber ab. Einige Minuten später landete eine zum Verwechseln ähnliche Person mit Fallschirm unter tosendem Beifall punktgenau in der Mitte des Olympiastadions. So wurde die Eröffnungsfeier der Olympischen Sommerspiele 2012 inszeniert, und folgerichtig erhielt der Park, der 2014 für eine breite Palette von Sport- und Erholungsaktivitäten wieder öffnete, den Namen der Monarchin.

»Eine Schlange, die einen Besenstiel schluckte«

Arcelor Mittal Orbit

Das sagen Kritiker über den Arcelor Mittal Orbit, eine 114 m hohe Aussichtsturm-Skulptur von Anish Kapoor. Für andere ist er die größte Besucherattraktion auf dem Gelände. Rote Metallstrukturen winden sich schwungvoll um einen zentralen Turm. Besucher genießen einen Blick über halb London und können entweder die 435 Stufen werden zu Fuß hinabsteigen oder **die längste Rutsche der Welt** nehmen. Für diese Abfahrt mit bis zu 25 km/h, 12 Korkenzieherdrehungen und einer 50 Meter langen Schlussgerade zeichnete der belgische Objektkünstler Carsten Höller verantwortlich, der bereits 2006 eine Riesenrutsche im Londoner Tate Modern für die Dauer einer Saison installierte.

Upcycling im großen Stil

Nutzung der alten Sportanlagen

Was passierte nach den Olympischen Spielen mit den nagelneuen Sportanlagen? In Athen (2004) verfielen die Olympiastätten, und auch Peking (2008) wusste nicht so recht etwas damit anzufangen. London war entschlossen, es anders zu machen und kann auf einige Erfolge verweisen. Das 80 000 Zuschauer fassende Olympiastadion von der Architekturfirma Populous wurde auf 25 000 Plätze zurückgebaut und ist seit 2016 unter dem Namen **London Stadium** Heimat des Fußballerstligisten West Ham United. Für den Wasserport baute Zaha Hadid das Aquatic Centre mit 17 500 Plätzen. Auch dieses Stadion wurde verkleinert und steht mit seinen drei Becken allen Schwimmern zur Verfügung. Der Velopark für Bahnrad- und BMX-Wettbewerbe findet rege Nutzung, ebenso die Copper Box Arena, der olympische Standort für Handball und Fechten und jetzt eine Mehrzweckarena für viele Sportarten. Langfristig werden 10 000 neue Wohnungen entstehen, das »Here East«-Zentrum für junge High-Tech-Firmen wurde eröffnet, der University College London und die Modeschule London College of Fashion werden einziehen. Der angrenzende Stadtteil Stratford hat hervorragende Verkehrsanbindungen (7 Minuten nach St Pancras mit der Bahn) sowie eine riesige **Shopping-Mall** erhalten.

Im Queen Elizabeth Olympic Park ist der Arcelor Mittal Orbit kaum zu übersehen. Und das ist auch gut so, denn wer möchte schon eine Fahrt auf der längsten Rutsche der Welt verpassen?

Abwechslungsreiche Wanderungen, gemütliche Bootsfahrten

Parkland-
schaften

Auf einer Fläche mit der Größe vom innerstädtischen Hyde Park und den Kensington Gardens zusammen gibt es neue Grünzonen am Wasser – im Norden naturnaher Lebensraum mit Wald- und Feuchtgebieten, im Süden eine Parklandschaft mit Blumengärten, Brunnen und Spielplätzen. Wer einen Eindruck des Geländes gewinnen will, kann eine 45-minütige Bootsfahrt buchen, einen der vier Entdeckungspfade nehmen, z. B. den **Wildlife Trail** und den Art Trail zu 26 Kunstwerken, oder an einer geführten Wanderung teilnehmen.

Kurze und längere Naturwanderungen im Tal des Lee (auch Lea) z. B. zur normannischen Abteikirche in Waltham und zu Naturschutzgebieten wie die **Walthamstow Marshes** schließen sich nördlich an den Queen Elizabeth Park an.

★ REGENT'S PARK

Lage : Marylebone, W 1 | **U-Bahn:** Baker Street, Regent's Park, Great Portland Street

D-G 1–4

Gut, dass Regent's Park nicht, wie ursprünglich geplant, zu einem Villenviertel für begüterte Herrschaften wurde, denn heute bietet er diverse Vergnügen für jeden: Sport und Kultur, wunderschöne Blumengärten und einen Zoo. Spaziergänge führen am Regent's Canal entlang, und wer mag, kann sich in die Baker Street begeben, zum Haus des Meisterdetektivs Sherlock Holmes.

*Herr-
schaftlich
entspannen*

Auf dem Boating Lake können Sie rudern, es gibt Plätze für zahllose Sportarten, im Freilufttheater genießen Sie im Sommer Theater und Konzerte, und im **Queen Mary's Garden**, einem schönen Rosen- und Steingarten, oder im viktorianischen Avenue Garden können Sie herrlich lustwandeln. Doch ursprünglich sah der Plan für den Regent's Park etwas anders aus: Als im Jahr 1811 John Nash (1752 – 1835) vom Königshaus den Auftrag erhielt, das Areal eines ehemaligen königlichen Jagdgrunds neu zu gestalten, schwebte ihm ein Landschaftspark mit zwei Ringstraßen und Terrassenhäusern vor, außerdem ein Palast für den Prinzregenten George und herrschaftliche Villen. Am Ende wurde kein Palast verwirklicht und nur acht Villen. So ist Regent's Park, seit 1835 öffentlich zugänglich, zum Freizeitrefugium geworden.

Gemäß dem Plan von Nash haben Reiche und Mächtige immer noch ihre Besitztümer im Park. Die palastartige **St John's Lodge** teilen sich ganz bescheiden die königlichen Familien von Kuwait und Bru-

SONNENUNTERGANG MIT PANORAMABLICK

Primrose Hill ist nur eine kleine Erhebung, doch bietet er einen grandiosen Blick und ist leicht zu erreichen. Von Regent's Park aus überqueren Sie den Regent's Canal und die Prince Albert Road, dann geht es bergauf zwischen Rasenflächen zum Aussichtspunkt. Das Auge schweift von den Türmen des Finanzviertels und The Shard im Osten bis zum London Eye und Westminster – bei Sonnenuntergang ein fast ergreifender Moment. Wie groß diese Stadt ist!

nei. Zum Glück wurde der ehemalige Garten des Lodge jedoch schon lange vom Haus abgetrennt und ist für alle geöffnet. Der Eingang zu diesem wunderbare Blumengarten, St John's Lodge Garden, liegt recht unauffällig im nordwestlichen Teil des Inner Circle.

Den Nordteil des Parks belegt der **Londoner Zoo**, 1826 gegründet und somit ältester wissenschaftlicher Tiergarten der Welt. Besondere Attraktionen sind u. a. das Snowdon Aviary (Vogelvolière), das Freigehege für Gorillas, der Kinderzoo und »Tiger Territory«, wo zwei Tiger ein Biotop wie im Urwald von Sumatra bewohnen. Eingänge befinden sich am Outer Circle, an der Prince Albert Road und am Broad Walk.

Zoo: tgl. ab 10 Uhr, Schließung saisonal verschieden | Eintritt: £ 25 in der Hochsaison | www.zsl.org

▌Rund um Regent's Park

Wie Regent's Park hätte aussehen können,

Häuser von
John Nash

... zeigen einige von Nash entworfene und realisierte Gebäude in nächster Nähe. Am Südostende, wo Portland Place einmündet, steht ein sehr schönes Beispiel für einen halbbogenförmig gestalteten, von Säulenfronten bestimmten sog. Crescent, den 1821 vollendeten Park Crescent. Auf dem Outer Circle wird man noch manche Häuserreihe von Nash entdecken, so York Terrace von 1821 westlich vom Crescent oder – am Ostrand – Chester Terrace von 1825 mit der längsten ununterbrochenen Säulenfassade. Daran schließt Cumberland Terrace (1828) mit seinem die Britannia darstellenden Giebelrelief an. Die Londoner Moslems haben seit 1978 ihre Hauptmoschee, London Central Mosque, am Westende des Parks.

Ich kombiniere ...

Sherlock
Holmes
Museum

221 B Baker Street – wer jemals eine Geschichte mit Sherlock Holmes gelesen hat, kennt diese Adresse gegenüber vom Südwesteingang von Regent's Park. Tatsächlich findet man hier heute das Sher-

Venedig ist es vielleicht nicht, aber einen Hauch Dolce far niente erhascht man vielelicht doch in Little Venice am Regent's Canal.

162

lock Holmes Museum, doch wird man feststellen, dass es zwischen den Hausnummern 237 und 239 liegt. Besucher sehen im ersten Stock Holmes' Wohnung, einschließlich seiner Geige und seines Tabakbeutels in Form eines türkischen Pantoffels auf dem Kaminsims (► Baedeker Wissen, S. 164).

tgl. 9.30 – 18 Uhr | Eintritt: £ 15 | www.sherlock-holmes.co.uk

 **Regent's Canal**

Kurztrip nach Venedig

Der Kanal beginnt in Paddington an **Little Venice**, einem romantischen und stillen Hafenbecken, wo das Bootscafé oder das Canal Café zu einer Pause einladen (U-Bahn: Warwick Ave.). Von dort können Sie zum Regent's Park und nach ► Camden am grünen Treidelpfad spazieren oder im Ausflugsboot fahren. Der 1820 eröffnete Regent's Canal verbindet den von Birmingham kommenden Grand Union Canal mit dem Londoner Hafen. Ursprünglich hatte John Nash ihn quer durch den Regent's Park verlegen wollen, doch fürchtete man, die unflätigen Binnenschiffer könnten die dort flanierende feine Gesellschaft stören – so macht er nun einen Bogen um ihn, was aber nicht verhindern konnte, dass 1874 ein mit Schießpulver beladenes Boot explodierte und eine Brücke am Nordrand des Parks zerstörte.

Am Kanal entlang

REGENT STREET

Verlauf: von Carlton House bis Langham Place | **U-Bahn:** Piccadilly Circus, Oxford Circus

Regent Street war zur Zeit ihrer Entstehung das ehrgeizigste stadtplanerische Projekt in London. Heute ist sie die prächtigste Einkaufsmeile der Stadt.

H 6/7

Ungewöhnlich ist Regent Street auch deshalb, weil ein Prachtboulevard in der britischen Hauptstadt eine Ausnahmeerscheinung darstellt. Geplant hat sie John Nash für den Prinzregenten und späteren König Georg IV. als Verbindung zwischen dessen Residenz Carlton House und ► Regent's Park. Regent Street sollte von Beginn an zum Flanieren und Einkaufen dienen und die feine, westlich angrenzende Wohngegend vom rauen Soho (► S. 194) auf der Ostseite trennen. Von Nashs zwischen 1811 und 1825 errichteten Bauten ist bis auf die Kirche All Souls nichts mehr geblieben, da man zwischen 1895 und

Londons Boulevard

SHERLOCK HOLMES, BERATENDER DETEKTIV

Das Leben des größten Detektivs aller Zeiten, der sich selbst als »beratenden Detektiv« bezeichnete, lässt sich nur nach seinen eigenen Aussagen und nach den Aufzeichnungen seines Gefährten und Chronisten, des Arztes Dr. John H. Watson, rekonstruieren.

Sherlock Holmes wurde am 6. Januar 1854 im ländlichen Yorkshire geboren. 1881 begegnete er am St Bartholomew's Hospital in London zum ersten Mal **Dr. John H. Watson**, den die Suche nach einer Unterkunft zu ihm geführt hatte. Sie bezogen gemeinsam eine Wohnung bei der Witwe Mrs. Hudson unter der mittlerweile legendären

Nicht auf seinen Freund Watson blickt hier Sherlock Holmes, sondern auf Arthur Conan Doyle, mit dem er ebenfalls gut bekannt war.

Adresse 221 B Baker Street. Watson schildert Holmes als hageren, durchtrainierten Menschen von ungeheuer scharfem Verstand, der alles über die merkwürdigsten Verbrechen sammelte und wusste. Zudem war er ein hervorragender Chemiker, der mit einer Monografie über »140 verschiedene Arten von Zigarrenasche« brilliert hatte, sich aber umso weniger für Literatur und Philosophie interessierte, darin geradezu ein Ignorant war. Zum Nachdenken spielte er Geige – eine echte Stradivari, aber sehr günstig erworben – und rauchte billigen Tabak. Zu Frauen hatte er eher ein »Unverhältnis«, er zog das Junggesellendasein mit Watson vor. Eine große Ausnahme allerdings gab es: Irene Adler, »die Frau«, die sich im Fall »Ein Skandal in Böhmen« als ebenbürtiger Geist erwiesen hatte.

Berühmte Fälle

Holmes löste äußerst komplizierte Fälle mit seiner ihm eigenen Methode: genaues Studium des Vorgefundenen – Suche nach möglichen Erklärungen – Ausscheiden des Unmöglichen – entsprechende Schlussfolgerungen. Auf diese Art klärte er so berühmt gewordene Verbrechensfälle auf wie den »**Hund der Baskervilles**« und, als ersten »gemeinsamen« Fall mit Watson, »**Eine Studie in Scharlachrot**«, einen bestialischen Mord in den Lauriston Gardens nahe der Brixton Road. Wie dieser trugen sich viele Fälle in London zu; einer der spektakulärsten war das Geheimnis um das »**Zeichen der Vier**«, das Holmes nach einer dra-

Holmes im Kampf mit Professor Moriarty in der Reichenbachklamm

aber stürzte Moriarty in die Tiefe; Holmes erkannte die Chance, die in seinem vermeintlichen Tod lag und ließ sogar Watson im Glauben, auch er selbst sei zu Tode gekommen.

Geheimes Leben

Nur Holmes' Bruder **Mycroft** kannte die Wahrheit. Die drei folgenden Jahre verbrachte er nach eigenen Aussagen mit Reisen u. a. in den Himalaya und Forschungen in einem Labor in Toulouse, von denen er unter dem Pseudonym »Sigerson« berichtete. Eingeweihte wollen wissen, er habe sich nach Wien zu **Sigmund Freud** begeben, um sich von seiner Morphiumsucht heilen zu lassen; andere glauben, er habe sich zeitweise in die montenegrinische Hauptstadt Cetinje zurückgezogen, wo er **Irene Adler** wiedergetroffen und einige Zeit mit ihr zusammengelebt habe. Aus dieser Verbindung sei ein Sohn hervorgegangen, der in den USA eine große Karriere als Detektiv machte. In diesem Zusammenhang wird häufig der Name **Rex Stout** genannt. Holmes aber tauchte 1894 zur größten Überraschung Watsons wieder in der Baker Street auf, um erneut erfolgreich auf Verbrecherjagd zu gehen. Im Oktober 1903 zog er sich aus London nach Sussex zurück, um dort Bienen zu züchten und über Gelée Royale zu forschen. Von dort löste er auch seinen letzten Fall, als er den deutschen Meisterspion von Bork zur Strecke brachte und damit das Empire rettete.

Holmes starb am 6. Januar 1957. Seine letzten Worte sollen »Irene« gewesen sein, was seine Anhänger allerdings bezweifeln, denn schließlich hat der Meisterdetektiv glaubhaft versichert: **»Mein Verstand hat immer über mein Herz regiert.«**

matischen Verfolgungsjagd per Dampfboot auf der Themse von Westminster Pier flussabwärts löste. 1891 konnte Holmes sein Netz um **Professor Moriarty** (übrigens sein alter Hauslehrer), den »Napoleon des Verbrechens«, zusammenziehen. In der Schweiz kam es am 4. Mai in der Reichenbachklamm bei Meiringen zur dramatischen Begegnung. Moriarty ließ Holmes noch die Zeit, einen Abschiedsbrief zu schreiben und hinterlegen. Nach kurzem Kampf

6x
GUTE LAUNE

Das hebt die Stimmung!

1.
WIEDER KIND SEIN

Schauen Sie im Spielzeuggeschäft **Hamley's** dem Treiben im Erdgeschoss zu. Wer hat wohl den größeren Spaß? Die Verkäufer, die alles denkbare Spielzeug vorführen, oder die Kinder, die mit glänzenden Augen mitmachen dürfen? (▶ **S. 167**)

2.
NICHT TRAURIG SEIN

Die ganze Welt war geschockt, als sie vom Tod von **Lady Di** erfuhr. Im Gedenkbrunnen ihr zu Ehren im Hyde Park plantschen heute Kinder, auch Erwachsene holen sich nasse Füße. Sie hätte nichts dagegen gehabt. (▶ **S. 116**)

3.
BESTE UNTERHALTUNG

Schon ein bisschen müde vom Sightseeing? Legen Sie eine Pause ein in **Covent Garden**. Bars und Cafés hat es genug, und Straßenmusiker, Akrobaten, Comedians sorgen auf der Piazza für beste Unterhaltung. (▶**S. 166**)

4.
BIERRUHE

Touristen sind natürlich immer die anderen ... Also mit einer Portion Humor die Selfies schießenden, kichernden Teenies an **Horse Guards** betrachten und die Bierruhe von Pferd und Reiter bewundernn (▶ **S. 253**)

5.
INS GRÜNE

Aber nicht in einen der großen innerstädtischen Parks, sondern in ein fast ländliches Idyll: Von **Hampstead** geht es durch Wald und Wiesen in einer guten Dreiviertelstunde nach Highgate. (▶ **S. 100**)

6.
PLATFORM 9 $\frac{3}{4}$

Bekanntermaßen fährt der Zug nach Hogwarts auf Gleis 9 $\frac{3}{4}$ vom Bahnhof **King's Cross** ab. Rasch vorher noch ein Beweis-Selfie machen mit Gepäckwagen und Eulenkäfig, die schon halb in der Wand verschwunden sind. (▶ **S. 127**)

1927 die Straße neu gestaltete. Abgerissen wurde auch der »Quadrant«, ein elegant geschwungener Säulenbau, dessen Bogen der am Piccadilly Circus beginnende Abschnitt nachvollzieht. Von hier Richtung Oxford Circus passiert man u. a. das legendäre **Café Royal** (nun Hotel), einst der Treffpunkt der Londoner Gesellschaft schlechthin – zu den Gästen zählten u. a. Oscar Wilde, Winston Churchill und Lady Di –, später das riesige Spielwarengeschäft **Hamley's** und kurz darauf das Edelkaufhaus ▶ Liberty.

Keine gewöhnliche Kirche

Jenseits von Oxford Circus sieht man den spitzen Turm von All Souls. Die Kirche, von 1822 bis 1824 erbaut, fällt durch ihre außergewöhnliche Gestalt auf, setzt sie sich doch aus einer kreisförmigen Säulenvorhalle und einem sich darauf erhebenden Turm zusammen. All Souls steht im Schatten des BBC-Gebäudes an der Straße Portland Place, die schöne neoklassizistische Bauten der Gebrüder Adam aneinanderreiht.

All Souls

# ★ RICHMOND

Lage: Südwestlich der City | **U-Bahn:** Richmond | **River Tours:** Richmond ab Westminster

AUSSENBEZIRK

Teetrinken in der ältesten Orangerie Englands, an der Themse entlang, durch Blumenparadiese oder auf der größten Grünfläche Londons spazieren, in hübsche Pubs einkehren oder einen englischen Herrensitz samt Hausgeist besuchen – Richmond ist ein englisches Potpourri und ein wunderbarer Ort, um der Hektik der Hauptstadt zu entfliehen.

Die Lage am Fluss schätzten schon englische Monarchen: Heinrich I. besaß hier im 12. Jh. ein Herrenhaus, das zum Sheen Palace ausgebaut und 1501 unter Heinrich VII. durch Richmond Palace ersetzt wurde. An den Palast erinnern nur noch wenige Reste rund um den Old Palace Yard, darunter das Torhaus mit dem Wappen des Bauherren.

Royales Idyll

Einst die Spielwiese der Palastbewohner

Heute ist Richmond Green mit Häusern aus dem 17. und 18. Jh., engen Gassen mit manch hübschen Läden und Pubs wie The Cricketers von 1666 immer noch sehr reizvoll. Besonders fallen die vier Backsteinhäuser namens Maids of Honour Row auf, die der spätere Georg II. 1724 für die Ehrendamen seiner Gemahlin erbauen ließ.

Richmond Green

ROYAL LONDON

Die britische Monarchie ist die älteste der Welt und London ist der Ort, an dem sie greifbar wird. Das ist den meisten Briten auch eine erkleckliche Summe wert.

▶ **Residenzen und Gedenkstätten**

A **Buckingham Palace**
Residenz von Queen Elizabeth II

B **Kensington Palace**
Ehemalige Residenz von Prinzessin Diana.
In Apartment 1A wohnen der Herzog und die Herzogin von Cambridge (William und Catherine)

C **Clarence House**
Residenz des Prinzen von Wales (Charles) und der Herzogin von Cornwall (Camilla)

D **St. James's Palace**
Residenz des Prinzen von Wales (Charles)
Ort der Proklamation eines neuen Monarchen

E **Tower**
Aufbewahrungsort der britischen Kronjuwelen

F **Windsor Castle**
Private Residenz von Queen Elizabeth II

G **Diana-Gedenkbrunnen**

CAMDEN

Angegliedert an den Park ist der Londoner Zoo

7

WEST-MINSTER

3 **1**

2

D

B **C**

A

G

KENSINGTON & CHELSEA

4

LAMBETH

6 Größter innerstädtischer ummauerter Park Europas

WANDSWORTH

KINGSTON UPON THAMES

8

MERTON

(N) 3 km

Buckingham Palace in Zahlen   **A**

Residenz d. britischen Monarchie seit	1837
Zimmer insgesamt	775
Schlafzimmer	188
Büros	92
Badezimmer	78
Prunkzimmer	19

Wann ist die Queen zuhause?

Anwesenheit der Queen: Royal Standard ist gehisst, vier Wachsoldaten

Abwesenheit der Queen: Union Jack ist gehisst, zwei Wachsoldaten

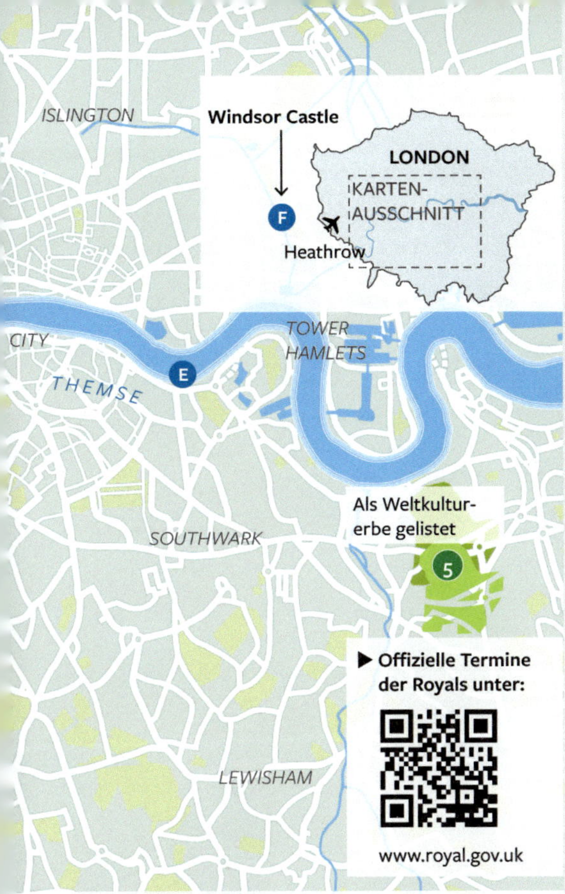

ISLINGTON

Windsor Castle

LONDON

KARTEN-AUSSCHNITT

F

Heathrow

CITY

TOWER HAMLETS

THEMSE

E

SOUTHWARK

Als Weltkulturerbe gelistet

5

▶ **Offizielle Termine der Royals unter:**

www.royal.gov.uk

LEWISHAM

▶ **Königliche Parkanlagen**

1. Hyde Park
2. Green Park
3. Kensington Garden
4. St. James´s Park
5. Greenwich Park
6. Richmond Park
7. Regents Park
8. Bushy Park

▶ **Flächenvergleich** (in ha) **Königliche Parkanlagen in London**

1633

202

Fürstentum Monaco

▶ **Royale Kosten**

Im Fiskaljahr 2015/2016 betrugen die königlichen Einnahmen £17,8 Mio. und die Ausgaben £84,8 Mio. Die Differrenz gleicht der sog. Sovereign Grant aus, ca. 15% des letzten Jahresgewinns des Crown Estate.

Ausgaben 2018/2019 in £ Mio.

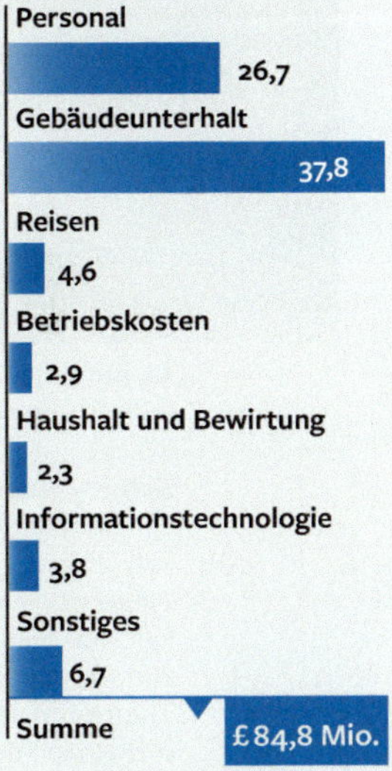

Personal
26,7

Gebäudeunterhalt
37,8

Reisen
4,6

Betriebskosten
2,9

Haushalt und Bewirtung
2,3

Informationstechnologie
3,8

Sonstiges
6,7

Summe £84,8 Mio.

jährliche Kosten für jeden britischen Staatsbürger nach Abzug der Einnahmen

ca. £ 1,0

▶ **Diana-Gedenkbrunnen** **G**

Kosten	5,4 Mio. Euro
Standort	Hyde Park
Ausmaße	ca. 50 x 80 m

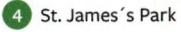

Ruhiger Wasserfluss auf der einen, rauschender auf der anderen Seite soll Dianas Leben symbolisieren.

Mit der White Lodge im Hintergrund hat dieser kapitale Hirsch die richtige Kulisse gefunden, um sich im Richmond Park in voller Pracht zu zeigen.

Schöne Aussichten

Richmond Hill

Die Richmond Bridge überspannt seit 1777 die Themse. Obwohl Cafés, Uferwege und Grünflächen sehr einladen, sollte man nach einer Pause doch wieder aufbrechen. Von der Bridge Street geht es nämlich den Hill Rise hinauf an den eleganten Terrace Gardens entlang zum Richmond Hill mit einem wunderbaren Blick über das grüne Themsetal, manchmal sogar bis ▶ Windsor. Vom King Henry's Mound öffnet sich der gesetzlich geschützte Blick auf ▶ St Paul's Cathedral.

Hier stehen einige der ältesten Eichen Englands

Richmond Park

Der 1000 ha große Richmond Park südlich des Orts (Bus Nr. 65 von der U-Bahn-Station) wurde 1637 unter Karl I. eingezäunt. Seither durchstreifen ihn Dam- und Rotwildherden. Besondere Anziehungs-punkte sind das Waldgehege und Blumenparadies »Isabella Planta-tions« sowie der »Prince Charles Spinney« genannte Teil, in dem ei-nige der ältesten Eichen auf der Insel wachsen.

In der von Georg II. erbauten White Lodge wurde König Eduard VIII. geboren. Heute ist hier die Schule des Royal Ballet untergebracht. Vom Aussichtspunkt King Henry's Moun**d** sieht man die Spitzen der 15 km entfernten City.

Fast wie gerade eben verlassen ...

Westlich vom Park an der Themse liegt Ham House, 1610 erbaut. Mitte des 17. Jh.s erbte Elizabeth Murray, Countess of Dysart, das Haus – ihr Vater war »**whipping boy**« Karls I., d.h. er musste sich statt des Prinzen verprügeln lassen, wenn dieser etwas angestellt hatte – und vergrößerte es nach ihrer Heirat mit dem Herzog von Lauderdale. Heute sind die Innenräume weitgehend so, wie die Lau-derdales sie hinterließen. So kommt man in den Genuss eines Interi-eurs, wie es typisch war für den vermögenden Adel im England der Stuarts. Das Gespenst darf in einem englischen Herrensitz natürlich nicht fehlen: Hier handelt es sich um Elizabeth Murray selbst sowie um die Wahrnehmung eines süßlichen Dufts – wohl vom Virginia-Ta-bak, den der Herzog gerne in seine Pfeife stopfte. Teetrinken in der ältesten Orangerie Englands und Schlendern durch den im formellen Stil des 17. Jh.s gehaltenen Garten runden die Besichtigung ab.

Bus Nr. 371 von der U-Bahn-Station | März – Okt. tgl. 12 – 16 Uhr | Eintritt: £ 10,80 | www.nationaltrust.org.uk/ham-house-and-garden

Ham House

★ ROYAL AIR FORCE MUSEUM

Lage: Hendon, NW 9 | **U-Bahn:** Colindale | tgl. 10 – 18, Nov. – Feb. bis 17 Uhr | **Eintritt:** frei | **www.rafmuseum.org.uk**

Für das Royal Air Force Museum muss man sich weit in den Norden Londons aufmachen. Doch für eines der größten Flug-zeugmuseen der Welt lohnt sich der Weg allemal.

Das Museum ist auf dem Gelände der einstigen Fabrik des Flugpio-niers Claude Grahame White (1879 – 1959) zu Hause. White lernte das Fliegen bei Louis Blériot, der 1909 als Erster in einem Flugzeug den Kanal überflog, und betrieb in Hendon eine Flugschule und bald eine Flugzeugfabrik. Im Museum sind über 100 Flugzeuge vom Be-

AUSSENBEZIRK

Pioniere der Lüfte

ginn der militärischen Luftfahrt bis heute ausgestellt, dazu Dokumente, Orden, Technik.

Meilensteine der Luftfahrtgeschichte

Flugzeug-
hallen

Auf fünf große Hallen verteilen sich Flugzeuge und sonstigen Ausstellungsstücke. In Whites ehemaliger Fabrikhalle sind Maschinen aus dem Ersten Weltkrieg zu sehen. Britische und amerikanische Bomber – z. B. eine Avro Lancaster oder eine B-17 Flying Fortress – stehen in der Bomber Hall; die Historic Hangars versammeln in fünf Unterabteilungen Flugzeuge der Royal Air Force vom Ersten Weltkrieg bis heute. Meilensteine der Luftfahrtgeschichte wie die Blériot XI oder die Me 262 stellt die Halle dieses Namens vor; 14 britische, deutsche und italienische Flugzeuge, die an der Luftschlacht um England im Sommer 1940 beteiligt waren, werden in der »Battle of Britain Hall« gezeigt. Experimente rund ums Fliegen zum selbst Ausprobieren bietet die Halle »Aeronauts Interactive«.

Nicht nur Flugzeuge, sondern auch die Menschen, die sie steuerten, sind Thema im Royal Airforce Museum.

ROYAL EXCHANGE · BANK OF ENGLAND · MANSION HOUSE

U-Bahn: Bank

Ein antiker Tempel im Herzen der City? Wer aus dem Labyrinth der U-Bahn-Station Bank nach oben findet, wundert sich. Doch dass ein Ort des Geldes wie die einstige Börse auch aussieht wie ein »Tempel des Geldes«, ist nicht weit hergeholt. Ihre Nachbarin zur Linken, die Bank von England, verzichtet ebenfalls nicht auf klassische Säulen.

N 6

Prädikat »königlich«

Aktien werden in der Royal Exchange schon lange nicht mehr gehandelt, viel Geld wird trotzdem noch bewegt. Denn gerne lassen es die Banker der City bei Tiffany, Hermès und anderen Luxusgeschäften in der zur **edlen Shopping Mall** umfunktionierten Börse liegen. Weniger Betuchte können trotzdem einen Blick hinein in den dreistöckigen Innenhof werfen und sich dort einen Kaffee leisten. Heute hat die London Stock Exchange ihr Hauptquartier am Paternoster Square neben ▶ St Paul's Cathedral.

Royal Exchange

Thomas Gresham, eine Art englischer Fugger, ließ die Börse 1565 auf eigene Kosten bauen und erhielt 1571 von Elisabeth I. das Prädikat »königlich«. Der heutige Bau entstand 1844 ganz im Geist des Klassizismus mit korinthischer Säulenhalle und Giebelfeld, von dem der personifizierte »Handel mit dem Freibrief der Börse« auf das Reiterstandbild des Herzogs von Wellington herunterschaut. Interessanterweise trägt der Iron Duke keine Steigbügel – vielleicht gaben die französischen Kanonen, aus denen er gegossen wurde, nicht genügend Material her. Gründer Thomas Gresham hat seinen Platz als Statue an der Rückseite der Börse gefunden; scharfe Augen erkennen in der Wetterfahne ein Heupferdchen, sein Wappentier.

»Sicher wie in der Bank von England«

So sollte es in der Bank of England tatsächlich zugehen, denn schließlich lagern in ihren Kellern die Goldreserven des Landes. Und nicht nur diese, auch 450 t des bundesdeutschen Goldschatzes – 13 % der gesamten deutschen Goldreserven – werden im altehrwürdigen Gebäude an der Threadneedle Street verwahrt, das Sir John Soane entworfen hatte. Davon geblieben ist nach dem Neubau von 1924 bis 1933 nur der korinthische Säulenvorbau.

Bank of England

Die Bank von England wurde 1694 auf Vorschlag des Schotten William Paterson gegründet, weil das Königreich Geld für den in Nordamerika ausgetragenen »King William's War« brauchte. Sie ist damit nach der schwedischen **die zweitälteste Zentralbank der Welt**. Als »Hüterin der Währung« ist sie für die Geld- und Währungspolitik des Königreichs verantwortlich – bis 1946, als sie verstaatlicht wurde, als Privatgesellschaft! Mehr über die Bank und das britische Geldwesen erzählt das **Museum of the Bank of England**, wo auch der Nachbau des Stock Office steht, des von Soane entworfenen Schalterraums.
Mo. – Fr. 10 – 17 Uhr | Eintritt frei | www.bankofengland.co.uk

Pferd, Krone, Anker oder Grashüpfer?

Lombard Street

Londons Bankenzentrum ist seit dem Mittelalter die rechts von der Börse abgehende, enge Lombard Street, die ihren Namen den Geldverleihern aus der Lombardei verdankt. An diese Zeit erinnern die Firmenschilder: Analphabeten erkannten ihre Bank am Wappen, so das Pferd von Lloyd's, die drei Kronen von Coutts, Krone und Anker der National Westminster Bank, den Anker von Williams and Glyn's, die Artischocke von Alexander, den Adler von Barclay's und den Grashüpfer von Martins, die 1563 Greshams Emblem übernahmen, der hier wohnte. 1691 zog Lloyd's Coffeehouse von der Tower Street hierher, die Keimzelle der Versicherungsgesellschaft Lloyd's of Lon-

Im Innenhof der Royal Exchange bietet das Grand Café Köstlichkeiten zu allen Tageszeiten. Das grandiose historische Ambiente gibt es gratis dazu.

don (▶ Lloyd's Building); die Fensterfront des Kaffeehauses ist im National Maritime Museum in ▶ Greenwich nachgebaut. Viele Bankgeschäfte werden heute in den Hochhäusern von Canary Wharf in den ▶ Docklands abgewickelt.

Auch wenn sie von außen nicht sehr attraktiv wirkt: **St Mary Woolnoth** (1716 – 1727) am Anfang der Lombard Street offenbart sich unter ihrer blauen Stuckdecke als barockes Juwel und wird zurecht das Meisterwerk des Wren-Schülers Nicholas Hawksmoor genannt.

Der Nabel Londons?

Und noch eine korinthische Säulenfront: Rechts der Börse steht Mansion House, der von George Dance d. Ä. zwischen 1739 und 1753 erbaute **Amtssitz des Lord Mayor of London**. Bei der einstündigen Führung sehen Sie die Empfangsräume, eine feine Sammlung niederländischer Gemälde des 17. Jh.s. (u. a. Frans Hals, Jacob van Ruisdael, Jan Steen), und dürfen den Bankettsaal Egyptian Hall bewundern. Auch elf Gefängniszellen aus der Zeit, als in Mansion House noch Gericht gehalten wurde, werden gezeigt.

Mansion House

Rechts um die Ecke von Mansion House lugt der Turm von **St Stephen Walbrook** hervor, die Pfarrkirche des Lord Mayor. Christopher Wren hat an ihr erstmals eine frei tragende Kuppel erprobt, die er dann ungleich größer an ▶ St Paul's Cathedral baute.

Das Sträßchen weiter hinab liegt rechts das Bürohaus der Firma Bloomberg. **Reste des römischen Mithras-Tempels** aus dem Jahr 90 n. Chr. sind hier seit 2017 sichtbar; Fundstücke sind im ▶ Museum of London ausgestellt. Dann kommt man zur Cannon Street. Nicht völlig klar ist, was es mit dem **London Stone** an der Wand des Hauses Nr. 111 auf sich hat – bezeichnet er den »Nabel Londons«? Sicher ist, dass sich Rebell Jack Cade hier 1450 zum »Lord of the City« ausrief.

Führung Mansion House: Di. 14 Uhr | Eintritt: £ 9,50 (nur 40 Tickets; spätestens 13.45 Uhr dort sein!)

ST JAMES'S

Lage: Zwischen Piccadilly und Pall Mall, SW 1 | **U-Bahn:** Green Park

Einblicke in die Welt der britischen Oberschicht eröffnet das gediegene Viertel um St James's Palace. Hier können Sie einen prächtigen Sitz des Hochadels besichtigen, in den umliegenden Straßen an Clubs und alteingesessenen Geschäften für gut situierte Gentlemen vorbei flanieren oder sich im Auktionshaus Christie's unter Kunstkenner mischen.

G/H 7

Heimat der berühmtesten Clubs Londons

Pall Mall – »London's Clubland«

Ein guter Ausgangspunkt für einen Spaziergang durch das Viertel ist die Kreuzung von St James's Street und Pall Mall – die Hauptachsen von »London's Clubland«, denn hier waren und sind die berühmtesten Londoner Clubs zu Hause. Vor allem Pall Mall, deren Name von dem im 17. Jh. beliebten, crocketähnlichen Spiel »Paille Maille« kommt, hat einige exklusive Adressen: Nr. 36 – 39 Army and Navy Club, Nr. 104 Reform Club und Nr. 106 Traveller's Club, beide Gebäude von Sir Charles Barry, Architekt der ▶ Houses of Parliament.

Einer der schönsten Plätze im Westend

St James's Square

St James's Square öffnet sich ungefähr auf halbem Weg zum ▶ Trafalgar Square an der Pall Mall hinter einer Häuserzeile. Die Platzmitte nimmt ein Reiterstandbild von König Wilhelm III. ein. Er starb 1702 an den Folgen eines Reitunfalls, nachdem sein Pferd über einen Maulwurfhügel stolperte. Unter dem linken hinteren Huf wurde am Denkmal der tödliche Hügel abgebildet.

Unter den Häusern ringsum ragen zwei besonders heraus: Nr. 15, **Lichfield House**, wurde von Athenian Stuart 1764 bis 1768 nach dem Vorbild des Athener Minerva-Tempels erbaut; Nr. 20, **Distillers House**, errichtete Robert Adam von 1771 bis 1774. In Nr. 31 wurde Georg III. geboren, Nr. 4 ist immer noch der Naval and Military Club, zu dessen Mitgliedern Lawrence von Arabien, Dschungelbuch-Autor Rudyard Kipling und James Bond-Autor Ian Fleming gehörten.

Pall Mall führt zum Waterloo Place. An der Ecke strahlt der **Athenaeum Club** mit einer Abbildung des Parthenon-Frieses und einer vergoldeten Figur der Göttin Athene. Am Waterloo Place liegt die Eingangsseite von Carlton House Terrace, dessen Schauseite zur ▶ Mall zeigt. Auch hier gibt es einige sehr feine Adressen: Nr. 5 Turf Club, Nr. 6 Royal Society, Nr. 16 Terrace Club.

Kehrt man zu St James's Square zurück, mündet an deren Westseite die King Street ein. Nr. 8 ist das Auktionshaus **Christie's**, das jedem Interessierten in den Tagen vor einer Auktion Einlass zur Vorschau gewährt. Weiter die King St. entlang lohnt ein Abstecher rechts zur urigen Kneipe »The Red Lion« in der Crown Passage. Bald ist wieder St James's Street erreicht und damit einige interessante Geschäfte. Der 1698 gegründete Weinhändler Berry Bros. ist im Haus Nr. 3, der Hutmacher Lock seit 1765 im Haus Nr. 4 ansässig, daneben das charmante Gässchen Pickering Place.

Christie's: Mo. – Fr. 9.30 – 16.30 Uhr | für Auktionen www.christies.com

Alte Residenz

St James's Palace

St James's Palace ist nach wie vor offizieller Amtssitz des britischen Monarchen. Sein Name erinnert an ein Lepra-Krankenhaus, das im 12. Jh. gegründet wurde und James the Lesser, Bischof von Jerusalem, gewidmet war. Dieses ließ Heinrich VIII. 1532 abreißen und den

Palast nach Plänen von Hans Holbein d. J. erbauen, in dem dann Karl II., Jakob II., Maria II., Anna und Georg IV. geboren wurden. Nach dem Brand von Whitehall Palace wurde St James's Palace 1698 Residenz. Daraus erklärt sich u. a., dass Botschafter heute immer noch »**am Hof von St James's**« akkreditiert werden, auch wenn Königin Viktoria ▶ Buckingham Palace zur Londoner Residenz der Monarchen machte. In St James's Palace, der sich um vier Höfe aufbaut, haben königliche Ämter ihren Sitz; wichtige Zeremonien, wie etwa die Ausrufung eines neuen Königs, finden ebenfalls hier statt. Außerdem ist der Palast Londoner Wohnsitz von Prinzessin Anne.

Die St James's Street läuft auf das Gate House mit den Initialen Heinrichs VIII. zu. Rechts vom Gate House, von der Stable Yard Road einsehbar, liegt der Ambassadors' Court (Botschafterhof) mit der 1532 erbauten **Chapel Royal**, deren Kassettendecke Holbein bemalt haben soll. In der Kapelle heirateten Wilhelm III. und Maria II. (1677), Anna (1683), Georg IV. (1795), Viktoria (1840) und Georg V. (1893). Elisabeth I. betete hier während des Angriffs der spanischen Armada 1588; 1997 war Prinzessin Diana vor dem Altar aufgebahrt; 2013 wurde Prinz George in der Kapelle getauft. Georg Friedrich Händel war Organist der Chapel Royal.

Die **Queen's Chapel** wurde für Henrietta Maria, Gemahlin Karls I., gebaut. Inigo Jones verwirklichte hier den ersten klassisch-palladianischen Kirchenbau in England. In dieser Kapelle heiratete Karl II. 1661 Katharina von Braganza, 100 Jahre später fand mit dem Hochzeitspaar Georg III. und Charlotte Sophie von Mecklenburg-Strelitz eine weitere königliche Trauung statt.

Chapel Royal: Sonntagsgottesdienste: Okt. bis Karfreitag 8.30 und 11.15 Uhr

Queen's Chapel: Sonntagsgottesdienste: Ostersonntag bis letzter So. im Juli 8.30 und 11.15 Uhr

Damals Queen Mum, heute Charles und Camilla

Bis zu ihrem Tod war Clarence House das Zuhause von »Queen Mum«, nun leben Charles und Camilla hier. Im August sehen Besucher den Garten und fünf Empfangsräume, die weitgehend wie zu Zeiten der »Queen Mum« möbliert sind, auch mit ihrer Sammlung britischer Kunst des 20. Jh.s. — Clarence House

1. – 31. August Mo. – Fr. 10 – 16.30, Sa./So. 10 – 17.30 Uhr | Eintritt £ 10

Einer der schönsten Stadtpaläste Englands

Der Marquis von Stafford, einer der reichsten Männer des 19. Jh.s und spätere Herzog von Sunderland, sorgte dafür, dass mit Lancaster House ein wunderschöner Stadtpalast entstand, indem er mit Benjamin Wyatt, Robert Smirke und Charles Barry die namhaftesten Architekten engagierte. — Lancaster House

Illustre Gäste erschienen zu den legendären Soireen im »Stafford House«: Giuseppe Garibaldi warb hier für die Freiheit Italiens, die amerikanische Schriftstellerin und erklärte Gegnerin der Sklaverei Harriet Beecher-Stowe machte auf ihrer Europa-Reise hier Station, auch Chopin spielte schon mal auf. Queen Victoria musste bei einem Besuch gegenüber der Herzogin von Sutherland eingestehen:

> »
> ### Ich bin von meinem Haus in Ihren Palast gekommen.
> «

1913 erwarb William Lever, der sein Geld mit Putzmitteln wie der berühmten Sunlicht-Seife gemacht hatte, das Haus und gab ihm den Namen seiner Heimat Lancaster. Heute richtet die britische Regierung hier Konferenzen und Empfänge aus, weshalb Lancaster House auch nicht besichtigt werden kann. Trotzdem kann man einen Blick in die prachtvollen Räume werfen: Schauen Sie sich den Film **»The King's Speech«** an, in dem Lancaster House als Ersatz für Buckingham Palace auftritt.

Goldene Palmen

Spencer House

Spencer House, ein schönes Beispiel für einen Londoner Stadtpalast aus dem 18. Jh., liegt am St James's Place. Es war Residenz der Familie des Earls of Spencer, aus der Prinzessin Diana stammte. Der jetzige Besitzer, die Rothschild-Familie, scheute bei der Restaurierung der Repräsentationsräume keine Kosten. Möbliert sind sie u. a. mit Stücken aus der königlichen Sammlung und dem Victoria & Albert Museum. Die Leihgeber erwirkten, dass das Publikum sonntags Zutritt hat, sonst stehen die Räumlichkeiten extrem zahlungskräftigen Mietern zur Verfügung. Glänzender Höhepunkt der Raumfolge ist der Palm Room mit Säulen aus vergoldetem Stuck in der Gestalt von Palmen.

Führungen: So. 10 – 17.45 Uhr | Eintritt: £ 12 | www.spencerhouse.co.uk

★ ST JAMES'S PARK · GREEN PARK

Lage: The Mall, SW 1 | **U-Bahn:** St James's Park, Green Park

St James's ist Londons ältester der königlichen Parks und mit zahlreichen dort beheimateten Vogelarten, dem See und der herrlichen Aussicht vor allem auch einer der schönsten – am besten zu erleben bei einem Bummel vom ▶ Buckingham Palace zur Horse Guards Parade in ▶ Whitehall.

Nicht umsonst erinnert der Park an Landschaften in Kent, Hampshire oder Sussex: Sein heutiges Gesicht als Idealbild eines aufgelockerten englischen Gartens gab ihm **John Nash** im Auftrag Georgs IV. 1829. Beliebt ist der Park für ein entspanntes Päuschen auf den Grünflächen – wer will, kann sich hierfür einen Liegestuhl mieten – oder auch als stimmungsvolle Kulisse für Konzerte im Sommer. Den See bevölkern 15 Wasservogelarten, darunter seit 1664 auch Pelikane, damals ein exotisches Geschenk des russischen Botschafters an Karl II. Täglich ab 14.30 Uhr werden sie am Häuschen auf »Duck Island« mit frischem Fisch gefüttert. Die Enteninsel hatte einmal sogar einen eigenen Gouverneur: Als der französische Schriftsteller Charles Saint-Évremond um politisches Exil in London bat, gewährte ihm Karl II. eine Rente und diesen Titel. Von der Blue Bridge hat man einen Blick auf Buckingham Palace, Horse Guards Parade und das Auswärtige Amt mit dem London Eye im Hintergrund.

Einer der schönsten Parks

Die Stars des St James's Park sind die Pelikane. Sie und die Parkbesucher dürfen hier den Blick über den See zum Buckingham Palace genießen.

Das Gelände, ursprünglich ein sumpfiges Feld, machte Heinrich VIII. 1532 zu seinem Jagdrevier. Jakob I. ließ eine Menagerie mit exotischen Tieren aufbauen, darunter auch einige Vogelvolièren an der Südseite, weshalb die Straße dort Birdcage Walk heißt. Karl II., beraten vom französischen Gartenbauarchitekten Le Nôtre, verwandelte den Park in einen streng barocken Garten mit Kanal, den Nash zum heutigen Landschaftspark mit See machte.

Zur Erinnerung an die Weltkriege

Green Park

Green Park gehörte ebenfalls zu Heinrichs VIII. Jagdgründen. Als Upper St James's Park öffnete Karl II. ihn dem Publikum, doch blieb er weitgehend ungestaltet und zeigt sich daher heute noch als baumbestandener Rasen. Nichts deutet mehr darauf hin, dass der Park bei Londons Duellanten sehr beliebt war.

An seiner äußersten Nordwestspitze, gegenüber vom Wellington Arch (▶ S. 120), ist 2012 das letzte große britische Denkmal zur Erinnerung an den Zweiten Weltkrieg eingeweiht worden: Das RAF Bomber Command Memorial ehrt die über 55 000 gefallenen Besatzungsmitglieder der britischen Bomber. An dem am Park von ▶ Buckingham Palace entlangziehenden Constitution Hill liegt das torförmige Ehrenmal für die Gefallenen beider Weltkriege aus Asien, Afrika und der Karibik bzw. auf Höhe des Palasts dasjenige für die kanadischen Gefallenen.

★★ ST PAUL'S CATHEDRAL

Lage: Ludgate Hill, EC 4 | **U-Bahn:** St Paul's, Mansion House | Mo. – Sa. 8.30 – 16.30 Uhr | **Galerien:** 9.30 – 16.15 Uhr | **Eintritt:** £ 20, online £ 20 | www.stpauls.co.uk

L/M 6

Aus der Skyline Londons ist die St Paul's Cathedral mit ihrer mächtigen Kuppel – der zweitgrößten der Welt – seit Jahrhunderten nicht mehr wegzudenken. Auch im Leben der Hauptstadt und des ganzen Landes hat die Kathedrale, die Christopher Wren nach der Zerstörung im Great Fire neu aufbaute, eine bedeutende Rolle.

National-symbol

Während des »zweiten Großen Feuers« am 29. Dezember 1940 richteten Angriffe der deutschen Luftwaffe schwere Zerstörungen in der City of London an. Eine Brandbombe brachte die Bleiabdeckung der Kuppel von St Paul's, der **Diözese London und »Pfarrkirche des**

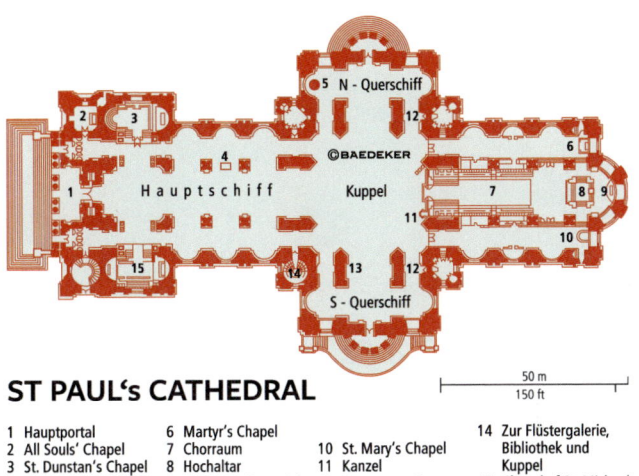

ST PAUL's CATHEDRAL

50 m
150 ft

1 Hauptportal
2 All Souls' Chapel
3 St. Dunstan's Chapel
4 Wellington Monument
5 Taufstein

6 Martyr's Chapel
7 Chorraum
8 Hochaltar
9 American Memorial
Chapel

10 St. Mary's Chapel
11 Kanzel
12 Zugang zur Krypta
13 Nelson Monument

14 Zur Flüstergalerie,
Bibliothek und
Kuppel
15 Chapel of St. Michael
and St. George

britischen Commonwealth«, teils zum Schmelzen, Flammen bedrohten die Kirche von vielen Seiten. An diesem Abend befahl Winston Churchill, die Kathedrale als Nationalsymbol unter allen Umständen zu retten, wenn nötig auf Kosten anderer Bauten. Er fürchtete um die Wirkung auf das Volk, falls die Kuppel am nächsten Tag als sichtbares Zeichen des Widerstands nicht mehr stehen sollte. Die Regierungszeit der Königin Elisabeth II. unterstrich die Bedeutung von St Paul's: Festgottesdienste für den 80. und den 90. Geburtstag der Queen, auch für ihr 50. und 60. Thronjubiläum, wurden hier abgehalten. In St Paul's heirateten 1981 Prinz Charles und Prinzessin Diana; 2002 nahm man hier Abschied von der Queen Mum. Nicht nur für die Royals war die Kathedrale eine Bühne. 1964 predigte Martin Luther King in St Paul's, bevor er in Stockholm seinen Friedensnobelpreis abholte, 2013 fand die Trauerfeier für Margaret Thatcher statt.

Christopher Wrens Meister- und Lebenswerk

Der heutige Kirchenbau ist bereits der fünfte an dieser Stelle, an der wohl schon ein römischer Dianatempel, ab 604 das erste christliche Gotteshaus stand. Die im 12./13. Jh. errichtete gotische **Old St Paul's** wurde 1561 durch Feuer schwer beschädigt, danach von Inigo Jones zum Teil wieder aufgebaut und beim Großen Feuer von 1666 endgültig zerstört. Den heutigen Kirchenbau, 1711 fertiggestellt, entwarf **Christopher Wren**. Sein Entwurf wurde erst nach langen Streitigkeiten mit den Kirchenräten genehmigt, denen Wrens Ideen

Geschichte

OBEN: Das Highlight eines jeden Besuchs der St Paul's Cathedral ist zweifelsohne der Blick in die Kuppel ...

LINKS: ... die als zweitgrößte ihrer Art weltweit die Skyline der Stadt prägt. Dabei lehnten die Kirchenoberen Christopher Wrens Entwurf zunächst ab.

zunächst zu revolutionär waren. Sie wollten einen Grundriss in Form eines länglichen lateinischen Kreuzes mit Spitzturm, er einen Zentralbau in Form eines griechischen Kreuzes mit Kuppel. Trotz Zugeständnissen an die Vorstellungen der Räte setzte sich Wren mit Rückendeckung von König Karl II. am Ende weitgehend durch. Der Bau ist zweifellos sein Meister- und Lebenswerk. Ihre Kuppel ist nach der des Petersdoms in Rom die zweitgrößte der Welt. Auch einen der weltweit größten Kirchenräume hat die Kathedrale mit ihrem Hauptschiff zu bieten.

Der Sieger von Waterloo …

Gleich links im nördlichen Turm liegt die All Souls' Chapel, seit 1925 **Hauptschiff**
Gedächtniskapelle für den 1916 gestorbenen Feldmarschall Lord Kitchener. Das mächtige **Wellington Monument**, Grabmal des 1852 gestorbenen Herzogs und Siegers der Schlacht von Waterloo, ist ein Werk von Alfred Stevens, dem 1912 die Reiterstatue hinzugefügt wurde. Zwei allegorische Kolossalgruppen stellen Tapferkeit und Feigheit, Wahrheit und Lüge dar.

… und der andere große Held

Das nördliche Querschiff birgt den Taufstein, Statuen u. a. von **Querschiffe**
Joshua Reynolds und Dr. Samuel Johnson und das Gemälde »Licht der Welt« des Präraffaeliten Holman Hunt. Im südlichen Querschiff wird Britanniens anderer großer Held der Napoleonischen Kriege mit dem **Nelson Monument** von John Flaxman geehrt. Es zeigt allegorische Darstellungen der Nordsee, der Ostsee, des Mittelmeers und des Nils und verzeichnet am Sockel mit »Copenhagen – Nile – Trafalgar« Nelsons bedeutendste Siege.

Höhepunkt: der Blick in die Kuppel

Die Kuppel wird von acht wuchtigen Doppelpfeilern mit korinthi- **Kuppel**
schen Kapitellen gestützt, denen wiederum je vier Nebenpfeiler Halt geben. Die acht Darstellungen aus dem Leben des Apostels Paulus stammen von James Thornhill, Salviati führte Ende des 19. Jh.s die Mosaiken aus.

Ein wahres Kaleidoskop an Bildkraft …

… bietet das eichene Chorgestühl, eine erstklassige Arbeit des **Chor**
17. Jh.s aus der Werkstatt von Grinling Gibbons. Der Hochaltar mit seinem domartigen Gewölbe wurde 1958 nach Skizzen Wrens geschaffen. Die schmiedeeisernen Gitter im Chor und im Chorumgang sind allesamt Werke des Hugenotten Jean Tijou. Hinter dem Hochaltar liegt die American Memorial Chapel, in der eine Ehrenrolle mit den Namen von 28 000 im Zweiten Weltkrieg in Großbritannien stationierten und gefallenen Amerikanern aufbewahrt wird. Im südlichen Chorumgang befindet sich die Grabfigur von

ST PAUL'S CATHEDRAL

Einer Katastrophe zu »verdanken« ist eine der größten Kirchenkuppeln der Welt: Nach dem Großen Feuer von 1666 musste die abgebrannte Old St Paul's ersetzt werden. Die neue Kathedrale ist das architektonische Vermächtnis von Sir Christopher Wren und zugleich sein Meister- und Lebenswerk.

❶ Türme
In beiden 47 Meter hohen Türmen hängt das Geläut: im linken 12 Glocken, im rechten die 1882 gegossene »Great Paul«, mit fast 17 Tonnen Gewicht die größte Glocke Englands.

❷ Kirchenschiff
170 Meter lang ist der gesamte Kirchenbau, im Kreuzschiff 75 Meter breit. Von dessen Mittelpunkt unbedingt einen Blick nach oben in die Kuppel werfen: überwältigend!

❸ Kuppel
Von der Basis bis zum Kreuz ist die Kuppel 111 Meter hoch. Zwei Galerien, die Stone Gallery und die Golden Gallery, eröffnen herrliche Ausblicke auf London.

❹ Krypta
In der Krypta sind viele berühmte Briten begraben bzw. werden mit einem Denkmal geehrt: Wellington, Nelson, Lawrence of Arabia und natürlich Christopher Wren.

❺ Giebelschmuck
Francis Bird schuf die Statue des Paulus auf der Giebelspitze. Ihn flankieren die Apostel Jakob und Petrus, ebenfalls von Bird.

John Donne, Dichter und Dekan von St Paul's. Diese Skulptur ist die einzige, die den Brand von Old St Paul's 1666 überstanden hat.

»Lector, si monumentum requiris, circumspice«

Krypta Die Krypta nimmt den gesamten Raum unter der Kirche ein und ist Grabstätte vieler berühmter Briten. Im Nordflügel sind u. a. die Maler Constable, Turner, Landseer und Reynolds sowie der Penicillin-Entdecker Alexander Fleming begraben; eine Büste erinnert an T. E. Lawrence, besser bekannt als Lawrence von Arabien, der in Moreton in Dorset begraben ist. Unter dem südlichen Seitenschiff findet man das schlichte **Grabmal des Architekten Christopher Wren** mit der Inschrift »Lector, si monumentum requiris, circumspice – Leser, wenn du ein Denkmal suchst, blicke um dich«.

Auch **die Sarkophage von Wellington und Nelson** stehen in der Krypta. Nelsons Marmorgrab war ursprünglich als Sarkophag für Kardinal Wolsey, Kanzler Heinrichs VIII., gedacht; der eigentliche Sarg wurde aus dem Hauptmast des 1798 in der Seeschlacht von Abukir gesprengten französischen Flaggschiffes »L'Orient« gefertigt. Wellingtons Sarkophag ist aus Granit aus Cornwall; rundum sind die Banner drapiert, die seine Leichenprozession begleiteten – das preußische Banner fehlt, denn es wurde im Ersten Weltkrieg entfernt.

▍ Galerien und Kuppel

1143 Stufen aufwärts

Triforiums- Sie liegt über dem südlichen Seitenschiff und in ihr liegen die Pläne galerie und Modelle der früheren Kirchen aus. Auf der westlichen Galerie sind verschiedenste Stücke aus der Geschichte von St Paul's ausgestellt, darunter auch die von den Kirchenräten verworfenen Pläne Wrens.

Stille Post

Whispering Von der Bibliothek am Ende der Triforiumsgalerie erreicht man die Gallery Whispering Gallery (Flüstergalerie). Ihren Namen verdankt sie ihrer akustischen Besonderheit: Selbst von der 48 m im Halbkreis entfernt gegenüberliegenden Seite versteht man noch jedes gegen die Wand geflüsterte Wort. Hier ist der Eindruck von der Größe und den Proportionen des Hauptschiffes am nachhaltigsten.

Weitere 117 Stufen zur Stone Gallery

Stone Von dort sind es noch einmal 166 Stufen bis zur Golden Gallery am Gallery, Fuß der Laterne. Auf dem Weg hinauf eröffnet ein Guckloch im Bo-Golden den einen atemberaubenden Blick hinab zur Kirchenbasis. Die die Gallery Laterne krönende Kugel kann zehn Personen aufnehmen.

Dank des gegenüberliegenden Einkaufszentrums »One New Change« bietet sich ein ganz besonderer Blick auf die Kathedrale.

Paternoster Square

Sitz der Börse

Paternoster Square an der Nordseite von St Paul's ist seit 2004 Sitz der London Stock Exchange und großer Investmentbanken. Mittendrin steigt die 23 m hohe Paternoster Square Column auf, die den Ventilationsschacht für die unter dem Pflaster liegenden Räume kaschiert. Auf den Platz gelangt man unter Temple Bar hindurch. Dieser 1672 errichtete Torbogen markierte bis 1878 das Westende der ▶ Fleet Street, wurde dann abgebrochen und in Theobald's Park in Hertfordshire wieder aufgebaut. Von dort ist der Torbogen an seinen heutigen Platz verlegt worden.

Paternoster Square Column, Temple Bar

187

★ SCIENCE MUSEUM

Lage: Exhibition Road, SW 7 | **U-Bahn:** South Kensington |
tgl. 10 – 18 Uhr | Eintritt frei | **www.sciencemuseum.org.uk**

C/D 8

Auch wer in naturwissenschaftlichen Fächern eher eine Niete war, wird hier großen Spaß haben und dabei auf interessante Entdeckungen stoßen, wie ein Teleskop von Galileo Galilei, eines der ersten Telefone von Alexander Graham Bell oder Stephensons Lokomotive »Rocket« von 1829. Auch interaktive moderne Exponate hat das Museum zu bieten, das vor allem für Kinder ein großes Erlebnis ist.

Zum Mitmachen

Denn sie können hier viele Apparate bedienen und Experimente durchführen: Die Jüngsten betätigen sich im Untergeschoss im »Garden«, bis zu Achtjährige im »Pattern Pod« im Erdgeschoss, und Kleine und Große gehen gemeinsam in der »Launchpad Gallery« im dritten Stock ans Werk.

Who am I?

Erdgeschoss und erster Stock

In einer großen Halle im Erdgeschoss werden zunächst allerlei Möglichkeiten zur Energieerzeugung vorgestellt. Vorbei an einem Foucault'schen Pendel geht es in die Weltraumhalle, wo u. a. Raketen und Steine vom Mond zu sehen sind und wo Sie in die Geschichte der Raumfahrt eintauchen können. Die Abteilung **»Making the Modern World«** präsentiert die 150 bedeutendsten Stücke des Museums, etwa die Raumkapsel Apollo 10, das DNA-Modell von Watson und Crick und den ersten Computer von Apple.

Die Abteilungen im ersten Stock befassen sich mit verschiedensten Materialien und ihrer Herstellung, z. B. Eisen und Stahl, Glas und Kunststoffe, der Gasgewinnung, mit Landwirtschaft, Meteorologie, Landvermessung und Zeitmessung. Sogar die **älteste erhaltene Konservendose** (1823) ist hier zu sehen. Eine Antwort auf die Frage »Who am I?« ist der krönende Abschluss auf der Ebene im Anbau.

Zeit und Raum

Zweiter Stock und dritter Stock

Im zweiten Stock befindet sich die erlesene Uhrensammlung des Clockmakers' Museum, zu der 600 europäische Uhren seit 1600 gehören. In dieser Etage erfahren Sie mehr über Papierherstellung und Druck (mit einer Schreibmaschine von 1875 mit der ersten, heute noch gültigen Tastenanordnung), über Mathematik und Datenverarbeitung – hier die Rechenmaschine **Engine 1**, die Charles Babbage 1832 baute – sowie über zukünftige Energiequellen und die Erdatmosphäre. Die Winton Gallery erzählt in einem spektakulären, von Zaha Hadid Architects entworfenen Ambiente die Geschichte der Mathematik seit der Renaissance und deren Auswirkungen auf den Alltag. Der Schwerpunkt im dritten Stock ist die Luftfahrt. Hier können Sie Experimente zur Physik der Luftfahrt durchführen und Originalflugzeuge bewundern, so die Vickers Vimy, mit der Alcock und Brown 1919 als Erste den Atlantik überflogen, und eine Gloster E 28/39 »Whittle«, **das erste britische Düsenflugzeug**.

Die Medizin zieht um

Eine der bedeutendsten medizinischen Sammlungen weltweit, die bisher im vierten und im fünften Stock gezeigt wurde, soll ab 2019 in einer komplett neuen Präsentation im ersten Stock zu sehen sein.

Vierter und fünfter Stock

★ SIR JOHN SOANE'S MUSEUM

Lage: Lincoln's Inn Fields 13, WC 2 | **U-Bahn:** Holborn, Chancery Lane | Di. – Sa. 10 – 17 Uhr | **Eintritt frei** | **Highlight-Führung:** Di., Do., Fr., Sa. 12, Di. und Sa. zusätzlich 11 Uhr (£ 15); Führung durch die Privaträume (kostenlos) Di. – Sa. 13.15 u. 14 Uhr für die ersten 8 Interessenten | **www.soane.org**

Wer ein Faible für kuriose Museen hat, sollte nicht am Sir John Soane's Museum vorbeigehen. Denn das Haus des Architekten ist ein Gesamtkunstwerk, in dem nach seinem Tod bis hin zur Platzierung selbst des kleinsten Nippes nichts verändert wurde.

K 5

Als Lehrer an der Royal Academy führte Sir John Soane (1753 – 1837) seine Schätze – Gemälde, Skulpturen, Architekturstücke und manche Skurrilität – am Tag vor und am Tag nach seinen Vorlesungen seinen Studenten vor. So wirkt alles ein bisschen unordentlich und überladen, gewinnt gerade dadurch aber seinen großen Reiz. Wunderbar verwunschen wirkt das Museum übrigens, wenn an jedem ersten Dienstagabend des Monats von 18 bis 21 Uhr ausschließlich Kerzen die Räume beleuchten.

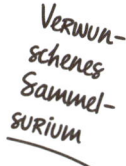

Verwunschenes Sammelsurium

Als Architekt entwarf Soane u. a. die Bank of England ▶ S. 173, die Dulwich Picture Gallery ▶ S. 76 und das heutige Museum, wozu er drei Häuser auf der Nordseite von Lincoln's Inn Fields erwarb und zur eigenen Wohnung sowie zu Praxisräumen umbaute. 1833 erwirkte Soane durch ein eigens verabschiedetes parlamentarisches Gesetz, dass sein Haus samt Einrichtung als Museum kostenlos dem Publikum geöffnet wurde.

Hinein ins Sammelsurium

Highlights

Aus der Masse der Exponate heben sich besonders das **Deckenge-mälde von Henry Howard** in Bibliothek und Speisezimmer sowie in denselben Räumen ein Reynolds-Gemälde und das **Porträt von John Soane** von Thomas Lawrence hervor. Das Gemäldezimmer hat dank seiner Faltwände Platz für zahlreiche Bilder, darunter **zwölf Ho-garth-Werke** (»The Rake's Progress« und »The Election«), mehre-re Bilder von Canaletto und Entwürfe von Soane. Im Mönchssalon finden Sie mittelalterliche Kunst und wiederum Werke von Canaletto, dazu von Calcott und Ruisdael sowie im angrenzenden Raum von Watteau. In der Grabkammer im Untergeschoss stellte Soane den 1817 im Tal der Könige gefundenen **Sarkophag von Sethos I.** auf, Vater Ramses' des Großen. Nach Umbau und Erweiterung sind nun auch sieben Privaträume im zweiten Stock sowie der Model Room mit einzigartigen Architekturmodellen offen.

SOANE'S LATES

Und es geht noch verwunschener, für manche sogar ein bisschen gruselig: Wenn Soane's Museum nur mit Kerzen beleuchtet wird. Das passiert einmal im Monat bei den »Soane's Late«-Führungen unter einem jeweils anderen Motto und kostet £ 20 bis £ 25.

Lincoln's Inn

Ruhige Enklaven inmitten der Großstadt

Lincoln's Inn ist eines der vier »**Inns of Court**«. Mit ihren um Höfe und Gärten gruppierten Gebäuden, zu denen jeweils Halle, Kapelle, Bibliothek und Kanzleiräume gehören, bilden die vier Inns ruhige Enklaven mitten in der Großstadt. Sie entstanden unter Eduard I., der die geistlichen Richter durch zivile Anwälte und Richter ersetzte. Zunächst Herberge für Rechtsgelehrte und Studenten, boten sie bald auch Arbeits- und Unterrichtsräume und Bibliotheken. Mit der Zeit entwickelten sie sich zur Standesorganisation.

Inns of Court

Barrister oder Solicitor?

»Rechtsanwalt« bezeichnet in England zwei Berufsbilder: den Barrister, der vor den höheren Gerichten plädiert, aber i. d. R. keinen direkten Kontakt zu Klienten hat, und den Solicitor, der den Klienten berät, aber wiederum nicht vor Gericht auftritt. Jeder englische und walisische Barrister muss Mitglied in einem der vier Inns sein. In den vier Rechtsanwaltsschulen Londons (außer Lincoln's Inn und ▶ Gray's Inn noch zwei im ▶ The Temple) haben sie ihre Büros.

Der englische Rechtsanwalt

Illustre Mitglieder

Im Register tauchen Berühmtheiten wie Thomas More und Oliver Cromwell, auch der Dichter John Donne und die drei Premierminister William Pitt der Jüngere, Benjamin Disraeli und William Gladstone auf. Einlass an der Chancery Lane bietet das bis 1521 errichtete Torhaus. Danach sehen Sie die 1609 im Tudorstil umgebauten Old Buildings, geradeaus die 1489 erbaute Old Hall und rechts die 1623 geweihte Kapelle im gotischen Stil, die Christopher Wren 1685 grundlegend restaurierte. An der Kapelle vorbei gelangt man zur Great Hall und der Bibliothek (beide 1843 – 1845). An sie schließen die Stone Buildings an, links davon öffnet sich der New Square von 1680.

Berühmte Anwalts-schule

Chancery Lane, WC 2 | Höfe: Mo. – Fr. 7 – 19 Uhr | Kapelle: Mo. – Fr. 9 – 17 Uhr | Gebäude: nur mit Führung | Informationen unter www.lincolnsinn.org.uk

Pausenbrot auf dem Henkersplatz

In der Parkanlage hinter Lincoln's Inn verbringen viele Anwälte ihre Mittagspause. Niemand stört sich mehr daran, dass Lincoln's Inn Fields zur Tudor- und Stuartzeit Hinrichtungsstätte war. Auch nicht gerade appetitanregend sind im **Hunterian Museum** des Royal College of Surgeons an der Südseite des Parks die ausgestellten Stücke aus der anatomisch-pathologischen Sammlung des schottischen Arztes John Hunter aus dem 18. Jahrhundert.

Lincoln's Inn Fields

Hunterian Museum: Di. – Sa. 10 – 17 Uhr | Eintritt frei

▌Gray's Inn und Staple Inn

Shakespeares Bühne

Gray's Inn

Ein weiterer Inn of Court, der sich nur einige Minuten zu Fuß von Lincoln's Inn befindet, pflegt als einzige Institution außer dem Tower of London die **uralte Tradition der »Curfew«-Glocke**: Allabendlich um 19.50 Uhr wird die Sperrstunde geläutet. Die heutigen Gebäude des um 1370 gegründeten Gray's Inn stammen aus dem 18. bis 20. Jahrhundert. Der Haupteingang befindet sich an High Holborn unter einem Torbogen aus dem 17. Jh. neben dem Pub Cittie of Yorke. Da man die Räume, darunter auch die **Great Hall**, in der 1594 Shakespeares »Komödie der Irrungen« uraufgeführt wurde, nur am »London Open House Weekend« (▶ S. 333) besichtigen kann, wird sich der Besuch sonst auf einen Spaziergang im einst als Duellplatz beliebten Garten (»The Walks«) sowie auf einen Blick in den South Square mit der Statue von Francis Bacon beschränken. Der Philosoph und Staatsmann war das berühmteste Mitglied von Gray's Inn und lebte hier von 1576 bis 1626 als dessen Schatzmeister.

Gray's Inn Road, WC 2 | U-Bahn: Chancery Lane | Garten: Mo. – Fr. 12 – 14.30 Uhr | www.graysinn.org.uk

Elisabethanisches Fachwerk

Staple Inn

Gray's Inn angegliedert als Wohnung und Schule für angehende Rechtsanwälte war Staple Inn gegenüber der Einmündung der Gray's Inn Road in High Holborn. Es geht zurück auf ein seit dem 13. Jh. belegtes Wohn-, Kontor- und Stapelhaus für Wollhändler. Das heutige Inn aus dem Jahr 1586 ist das einzige erhaltene Fachwerkhaus aus dem elisabethanischen Zeitalter in London.

SMITHFIELD MARKET

Lage: Charterhouse Street/West Smithfield, EC 1 | **U-Bahn:** Barbican, Farringdon | Mo. – Fr. 2 – ca. 12 Uhr | **www.smithfieldmarket.com**

L 5

Stehen Sie früh auf, um den Betrieb in den viktorianischen Hallen von Smithfield Market zu erleben. Seit der Eröffnung 1868 ist er der größte Fleischmarkt Londons und heute der letzte innerstädtische Großmarkt. Das Gelände hat auch sonst eine bewegte Geschichte, sehenswerte historische Stätten befinden sich in unmittelbarer Nähe.

Heute versorgen sich Metzger, Restaurants und Lebensmittelgeschäfte der City in Smithfield mit Fleisch, aber auch Geflügel, Käse und an-

Etwas versteckt hinter dem Markt: St Bartholomew-the-Great,
die älteste Pfarrkirche Londons

deren Delikatessen – und nicht nur sie, denn hier kann jedermann und
-frau einkaufen. Wer das Marktleben in vollem Gang erleben will, sollte früh aufstehen: Die beste Zeit ist morgens gegen 7 Uhr. Die Pubs
ringsum haben dann schon auf, denn die Händler und die Clubber
vom »Fabric«-Megaclub gegenüber wollen ihren Morgendurst stillen.

Volksfeste, Turniere, Hinrichtungen ...

Turbulent ging es auch vor Hunderten von Jahren hier auf dem Gelände zu: »Anarchie und Lärm, barbarisch und ohne Form«: so beschrieb der Dichter William Wordsworth das Volksfest **Bartholomew Fair**, das ab 1133 jährlich im August in Smithfield stattfand.
1390 ließ Richard II. hier ein Turnier ausrichten, zu dem sich 60 Ritter
aus ganz Europa einfanden. Viel Volk zogen auch die auf dem Gelände
vollzogenen Hinrichtungen an: 1305 bestieg der schottische Rebell
und »Braveheart« William Wallace das Schafott, 1381 wurde der An-
führer der Bauernrevolte Wat Tyler hier geköpft und Mitte des 16.
Jh.s ließ die katholische Königin Maria 200 religiöse Abweichler in
Smithfield hinrichten.

Im viktorianischen Zeitalter kehrte Ordnung ein. Bartholomew Fair
war Zeitgenossen zu wild und wurde 1855 eingestellt. Für den seit
dem 10. Jh. bestehenden Viehmarkt entwarf Sir Horace Jones, Architekt von Leadenhall Market (▶ S. 134) und ▶ Tower Bridge, die beiden heute noch betriebenen, üppig verzierten Hallen aus Stein, Guß-
eisen und Glas. Die Eröffnung 1868 beendete entsetzliche hygienische
Zustände: Mitte des 19. Jh.s brachte es der Markt auf einen Jahres-
umschlag von 220 000 Rindern und 1,5 Mio. Schafen, wobei viele Tiere vor Ort gleich geschlachtet wurden.

Die
Ursprünge

▌ Rund um Smithfield Market

Herrliches Beispiel für normannische Kirchenarchitektur

St Bartho-lomew-the-Great

St Bartholomew-the-Great liegt südlich der Markthallen versteckt hinter einem Fachwerktorhaus aus dem 16. Jh. Sie ist der Rest des 1123 von Rahere, Höfling und Hofnarr Heinrichs I., gegründeten Hospitals und Klosters. Bei der Säkularisierung 1539 wurde das Hauptschiff abgerissen und der Chor zur Gemeindekirche gemacht; im 18. Jh. diente die Marienkapelle als Druckerei, in der 1724 auch Benjamin Franklin arbeitete.

Die Hufeisenbögen im Chor dienten immer wieder als stimmungsvolle Filmkulisse, wie z.B. für »Vier Hochzeiten und ein Todesfall« von 1994 oder »Snow White und der Huntsman« von 2012.

St John's Gate

Nördlich vom Markt (via St John Street und St John Lane) kommt man zu St John's Gate, dem alten, einzig noch erhaltenen Teil der Priorei des Johanniterordens, der seinen Sitz 1148 hier in Clerkenwell baute. In dem 1504 erbauten Torhaus wohnte William Hogarth, dessen Vater hier ein Kaffeehaus führte.

Heute informiert das **Museum of the Order of St John** über die Geschichte der englischen Johanniter.

Mo. – Sa. 10 – 17, So. nur Juli – Aug. 10 – 17 Uhr | Eintritt frei | www.museumstjohn.org.uk

★ SOHO

Lage: zwischen Oxford Street, Charing Cross Road, Leicester Square, Piccadilly Circus und Regent Street | **U-Bahn:** Oxford Circus, Tottenham Court Road

H 6

Soho hatte lange den Ruf des Sündenpfuhls und der Lasterhöhle weg, dabei war es einst ein durchaus nobles Viertel. Heute geht es hier auch nicht verruchter zu als andernorts in ähnlichen Vierteln, im Gegenteil: Eine lebendige Kneipen- und Cafészene gibt den Nährboden für Medienleute, Banker und ganz normale Menschen.

Die sündigen Zeiten sind fast vorbei

Ein Spaziergang durch Soho – der Name soll vom Jagdruf »so-ho« kommen, denn das Gelände war einmal Jagdrevier – ist ein Streifzug durch verschiedene Subkulturen und Epochen der Stadtgeschichte (▶ Tour 4). Im 17. Jh. ließ sich mancher Adlige eine Villa bauen, aber Jahrzehnte später trieb es ihn weiter an fashionablere Plätze; Einwanderer vom europäischen Festland und aus Asien lösten die Adligen ab und gaben dem Viertel einen volkstümlicheren Anstrich. Seinen Ruf als das Rotlichtquartier schlechthin erwarb sich Soho erst im 19. Jh.; schon 1958 ist die Straßenprostitution verboten worden, heute ist die einschlägige Szene auf eine kleine »Schmuddelecke« um die Great Windmill Street geschrumpft. Manche klagen, Soho wird gentrifiziert und seines würzigen Charakters beraubt, aber noch bestimmen tagsüber Kreative aus der Film-, Musik- und Werbebranche das Bild, noch trifft sich Londons Schwulenszene in der Old Compton Street, noch ist Soho eine erstklassige Adresse für Delika-

Lampions signalisieren: willkommen in Chinatown.

tessenläden und Restaurants aller Preisklassen, bis hin zu Feinschmeckerzielen. Theaterbesucher kommen hier wie sonst kaum in London auf ihre Kosten, haben doch einige der berühmtesten West-End-Theater ihren Sitz in Soho (▶ Erleben und Genießen, S. 309).

Einmal bei Tag und einmal bei Nacht

Zweimal nach Soho
▶ Tour 4

Tagsüber können Sie nachschauen, was aus der in den 1960ern so berühmten **Carnaby Street**, dem Treff der Flower-Power-Generation, geworden ist – bis vor wenigen Jahren eine Fußgängerzone mit Allerweltsangebot, heute wieder eine quirlige Einkaufsstraße mit witzigen kleinen Läden. Sie können in der Wardour Street einen Blick in den Kirchhof von **St Anne's Soho** werfen und zum Soho Square schlendern, einer Oase der Ruhe mit einem nachgebauten Tudor-Gartenschuppen in der Mitte. Ecke Greek Street und Soho Square steht das 1746 erbaute **House of St Barnabas**, wo man noch einen Eindruck davon erhält, wie es sich einst im feinen Soho lebte.

An der Kreuzung mit der Old Compton Street sind Sie im eigentlichen Herz von Soho und können unter Mengen von Pubs, Cafés und Restaurants aussuchen. Die Parallelstraße Shaftesbury Avenue säumen Theater wie das Lyric von 1888, das Apollo von 1901, das Globe von 1903 und das Shaftesbury von 1911. Das schönste Haus liegt aber am Cambridge Circus: das viktorianische Palace Theatre von 1891, in dem Anna Pavlova 1910 ihr Londoner Debüt gab.

Das Herz der Londoner Kinowelt

Leicester Square

Dies war aber war nicht immer so, denn nachdem der zweite Graf von Leicester sich 1631 hier ein Haus gebaut hatte, folgten ihm noch andere hochmögende Persönlichkeiten wie Isaac Newton, Joshua Reynolds oder William Hogarth. Ihre Statuen stehen an den Ecken des kleinen Gartens mit der Shakespeare-Skulptur in der Mitte. Im 19. Jh. aber hatten sich schon einige Music Halls etabliert, heute sind es Kinos wie das **Odeon**, in dem Premieren mit viel Prominenz gefeiert werden. Deshalb ist auch Charlie Chaplin als Statue verewigt.

Eine gute Idee:

Chinatown

Lassen Sie doch den Abend in einem Restaurant in Chinatown ausklingen, das sich vor allem auf die Hauptachse **Gerrard Street**, auf die Lisle Street und einen Abschnitt der Wardour Street erstreckt. Die aber sind das Zentrum der 120 000 Köpfe zählenden chinesischen Gemeinde von Greater London und ein Mikrokosmos Chinas mit zahllosen engen Restaurants, in denen die Pekingenten im Fenster hängen, mit exotischen Lebensmittelläden, Akupunkturpraxen, Buchläden, Friseurgeschäften und sogar Telefonzellen in Pagodenform. Allerorten spricht man Kantonesisch. Chinatown entstand ab Ende der 1940er-Jahre; bis dahin lebten die meisten Londoner Chinesen um die Docks von Limehouse herum.

SOMERSET HOUSE · ★★ COURTAULD INSTITUTE GALLERY

Lage: Strand, WC 2 | **U-Bahn:** Temple | **Hof:** tgl. 7.30 – 23 Uhr |
Eintritt: Hof und Terrasse frei | **www.somersethouse.org.uk**

Beim Anblick der monumentalen Architektur ahnt man zuerst nicht, dass Somerset House ein Hotspot für junge Kunst, Design, Mode und kreative Medienarbeit ist. Kunstliebhaber finden hier die hochkarätige Sammlung der Courtauld Gallery, wo französische Impressionisten das Highlight sind. Die wird man allerdings erst wieder ab dem Frühjahr 2021 bewundern können, wenn sich die Galerie nach Umbauarbeiten in neuer Ordnung präsentiert.

J/K 6

Die Londoner schätzen den weitläufigen Hof **Fountain Court** als Standort einer Eislaufbahn im Winter und des Open-Air-Kinos im Sommer, ihre Kinder den ständigen Wechsel der plötzlich aus dem Boden schießenden Wasserspiele.

Kreativer Hotspot

Nach jahrzehntelanger Nutzung durch die Finanzbehörde und das zentrale nationale Standesamt öffnete Somerset House im Jahr 2000 seine Pforten für Besucher und für Mieter, die das Gegenteil dieser bürokratischen Tätigkeiten praktizieren: Ca. 100 Kultur- und Medienorganisationen, von Filmproduktionen über Werbeagenturen bis Kulturstiftungen, sind hier beheimatet. Die Ausstellungen widmen sich oft Modethemen und Projekten mit Beteiligung verschiedener Disziplinen und Genres, z. B. Design, Fotografie, Kunstinstallationen und digitale Medien.

Somerset House steht an der Stelle des im 16. Jh. errichteten Stadtpalasts für den Lord Protector, den Herzog von Somerset. Sir William Chambers erbaute bis 1786 die Anlage für die Royal Academy, die Royal Society und die Society of Antiquaries, auch für die Admiralität. Er schuf ein palladianisches Gebäude, dessen Haupteingang zu ► The Strand hin liegt, während die fast 200 m lange, repräsentative Fassade, die man am besten von der **Waterloo Bridge** sieht, zur Themse ausgerichtet ist.

Somerset House

Von dort erkennt man auch die für Marktstände gedachten Arkaden am Victoria Embankment; der Mittelbogen diente als Schleusentor, denn Marineoffiziere kamen per Boot direkt zu ihrem Hauptquartier. Der Name erinnert an die Adelspaläste, die einst die Straße Strand säumten und bis zur Themse hinunter reichende Grundstücke besaßen.

 **Courtauld Institute Gallery**

Wiedereröffnung nach Umbau im Frühjahr 2021 | www.courtauld.ac.uk

Eine der feinsten Gemäldesammlungen der Welt

Frührenaissance bis Expressionismus Im Ostflügel ist das weltberühmte **King's College** der Universität von London untergebracht, aber die unter Besuchern beliebteste Institution ist die Courtauld Gallery. Ihren Kern bilden der Nachlass von Samuel Courtauld (1865 – 1947), eine der bedeutendsten Sammlungen französischer Impressionisten und Nachimpressionisten außerhalb Frankreichs; hinzu kamen die Sammlung italienischer Renaissancemalerei und britischer Porträts von Lord Lee of Fareham, die Princes Gate Collection von Count Antoine Seilerne (Renaissance, Barock) und die Roger Fry Collection mit britischen und französischen Künstlern des späten 19. und beginnenden 20. Jahrhunderts.

Impressionisten Die Impressionisten sind der Höhepunkt der Galerie: »La Loge« von Renoir, Manets »Frühstück im Freien« (zweite Version nach der im Musée d'Orsay in Paris) und seine berühmte »Bar in den Folies Bergères«, dazu Gauguin, Monet und Seurat. Und natürlich **van Goghs »Selbstbildnis mit bandagiertem Ohr«**.

Schmuckstück bei Courtauld: Manets »Bar in den Folies Bergères«

Europäische Kunst spannt den Bogen von der Frührenaissance in Italien bis zur Barockmalerei und zu britischen Porträtmalern des 18. Jahrhunderts – herausragend unter anderem »Adam und Eva« von Lucas Cranach d. Ä., »Landschaft im Mondschein (»Flucht nach Ägypten«) von Jan Brueghel d. Ä., Rubens' Entwürfe für die »Kreuzabnahme« in der Kathedrale von Antwerpen sowie sein Porträt der Familie Brueghel d. Ä., ein »Ecce Homo« von Anthon van Dyck oder Goyas »Francisco de Saavedra«. Englische Porträts des 18. Jahrhunderts, vor allem Werke von Gainsborough, bilden einen zweiten Schwerpunkt. Die Malerei des 20. Jahrhunderts zeigt unter anderem Werke deutscher Expressionisten.

Europäische Kunst

Ein rosafarbener Obelisk

Ein kleiner Abstecher auf die **Waterloo Bridge** eröffnet den Blick auf die Themse und die westlich unterhalb der Brücke am Victoria Embankment stehende Cleopatra's Needle, einen ägyptischen Obelisken aus rosa Granit. Er ist ein Geschenk des ägyptischen Vizekönigs Mohammed Ali an die britische Krone. Die Hieroglyphen des um 1500 v. Chr. in Heliopolis errichteten Obelisken preisen Taten und Siege von Thutmosis III. und Ramses dem Großen. Sein Pendant steht im Central Park in New York. Die heutige Waterloo Bridge wurde 1945 gebaut; die erste von 1817 war Londons vierte über die Themse nach London Bridge, Westminster Bridge und der Blackfriars Bridge.

Cleopatra's Needle

SOUTH BANK

- -
Lage: westliches Südufer der Themse
U-Bahn: Waterloo, Westminster
- -

Wer am Südufer der Themse zwischen Westminster und Blackfriars Bridge flaniert, hat das Panorama der Stadt von Westminster bis zur City vor sich und viel kostenlose Unterhaltung unterwegs, denn Kunstevents, Street Food und Märkte beleben die Freiflächen um das Kulturzentrum South Bank Centre.

J/K 7/8

Werften und Werkstätten machten South Bank im Zweiten Weltkrieg zum bevorzugten Ziel der deutschen Luftwaffe. Ab 1951, als die Royal Festival Hall fertiggestellt worden war, entstand auf den zerstörten Flächen nach und nach das Kulturzentrum. Zum Millennium hat die Gegend mit dem Riesenrad »London Eye« einen weiteren Impuls erhalten. Der Spaziergang beginnt am besten am östlichen Ende der Westminster Bridge bei der County Hall.

Londons lebhafter Süden

Ein Haifischbecken und viel Kunstblut

County Hall

Die massige County Hall, erbaut von 1912 bis 1932, war bis 1986 Sitz des Greater London Council. Sie beherbergt außer Gastronomie und einem Marriott Hotel heute das **London Sea Life Aquarium**, zu dessen Highlights ein Haifischschaubecken, ein Unterwassertunnel mit Schildkröten und das Biotop um ein Schiffswrack gehören.

Auch der **London Dungeon** ist hierhergezogen. Das älteste derartige Etablissement in London will die grausamen Abschnitte der Geschichte Londons und Großbritanniens mit kunstblutigen Inszenierungen und schaurig Kostümierten vorstellen.

Sea Life Aquarium: tgl. 10 – 18 Uhr | Eintritt: ab £ 20,40 (online) | www.visitsealife.com
London Dungeon: Mo., Di., Mi., Fr. 10 – 17, Do. 10 – 17, Sa. und So. 10 – 18 Uhr, länger in den Schulferien | Eintritt ab £ 21 (online) | www.thedungeons.com

Größtes Riesenrad Europas

London Eye

Auf County Hall folgen die Jubilee Gardens, 1977 zum 25-jährigen Thronjubiläum angelegt. Davor ragt 135 m hoch Londons auch nicht mehr ganz neues Wahrzeichen auf, das im Jahr 2000 eröffnete Riesenrad London Eye, damals das größte Riesenrad der Welt, konstruiert von David Marks und Julia Barfield (▶ Baedeker Wissen, S. 202). Wer sich die Fahrt leistet, wird mit einem fantastischen Ausblick belohnt, der bei klarem Wetter 40 km weit reicht.

tgl. 10 – 21.30 Uhr | Tickets ab £ 27 (online) | www.londoneye.com

Konzerte, moderne Kunst, Filme und Theater:

South Bank Centre

Das kulturelle Angebot des South Bank Centre kann sich mehr als sehen lassen. Den Anfang machte der Bau der **Royal Festival Hall** 1951. Die 1967 eröffnete Queen Elizabeth Hall bietet Symphoniekonzerte, Kammermusik und Solokonzerte und im Purcell Room Kammerkonzerte. Im **British Film Institute** können Sie Filme nicht nur im Kino anschauen, sondern auch aus der immens großen Mediathek auswählen. Die diesem Gebäudekomplex quasi übergestülpte **Hayward Gallery** stellt schon von außen dar, was den Besucher innen erwartet: moderne Kunst. Die Galerie zeigt hochkarätige Wechselausstellungen.

Im **National Theatre** wird auf den drei Bühnen Lyttelton Theatre, Olivier Theatre und Dorfman Theatre gespielt. Fünf Minuten entfernt vor Waterloo Station betreibt das British Film Institute ein IMAX-Kino.

National Theatre: www.nationaltheatre.org.uk | Kartentel. 020 7452 30 00
Royal Festival Hall, Queen Elizabeth Hall, Purcell Room, Hayward Gallery: www.southbankcentre.co.uk | Kartentel. 0207 960 42 00
British Film Institute: www.bfi.org.uk

Uas den gläsernen Kapseln des größten Riesenrads Europas bietet sich ein
fantastischer Panoramablick auf Themse, Parlament und Big Ben.

Aus Alt mach Angesagt

Letzte Station vor der Blackfriars Bridge: Oxo Tower. Obwohl gesetz-
teren Alters, gibt er sich aktueller denn je, denn der in den 1930ern
gebauten Block mit Turm, einst Fabrik für Liebigs Fleischextrakt, wurde in ein zeitgeistiges Apartment- und Geschäftshaus verwandelt und
ist dank (teurer bis sehr teurer) Bar und Restaurant im 8. Stock an-
gesagter Treff.

Oxo Tower

Und weiter …

Wer noch nicht müde ist, kann den Spaziergang jenseits der Blackfriars Bridge am ▶ Southwark-Ufer der Themse fortsetzen: an der
▶ Tate Modern vorbei durch Southwark (s. nachfolgende Seite) bis
zur ▶ Tower Bridge.

Am South-
wark-Ufer
entlang

LONDON EYE

Aus städtebaulicher Sicht war es ein gewagtes Unterfangen, das Riesenrad namens London Eye an einen der prominentesten Orte der Stadt zu stellen – gegenüber vom Parlament mit dem weltberühmten Big Ben. London hat damit einen Trend eingeläutet, denn die Faszination dieser Konstruktionen ist ungebrochen: Weitere Städte haben sich seither ein solches – natürlich oft größeres – Wahrzeichen geleistet.

▶ **Kinder hatten die Idee**
Die Idee, ein Riesenrad zu bauen, stammt aus Bulgarien. Dort hatten spielender Kinder an einem großen Rad kleine Sitze befestigt und drehten sich damit .

▶ **Das Ferris Wheel**
George Washington Gale Ferris (1859 – 1896), Brückenbauer aus Pittsburgh, konstruierte an lässlich der Weltausstellung 1893 in Chicago das weltweit erste moderne Riesenrad. Im Englischen ist noch heute der Begriff »Ferris Wheel« für   ein Riesenrad gebräuchlich.

Standorte

1893 Chicago, Illinois

1895 Chicago nahe Lincoln Park

1904 St. Louis, Missouri

1906 endgültig abgebaut

80 m

▶ **Riesenräder im Vergleich**

161,53 m

56 m
Roue de Paris
2000

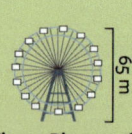
65 m
Wiener Riesenrad
1897

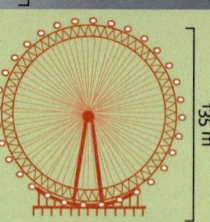
135 m
London Eye
2000

Die höchste Kirche der Welt
Ulmer Münster
(Zum Vergleich)

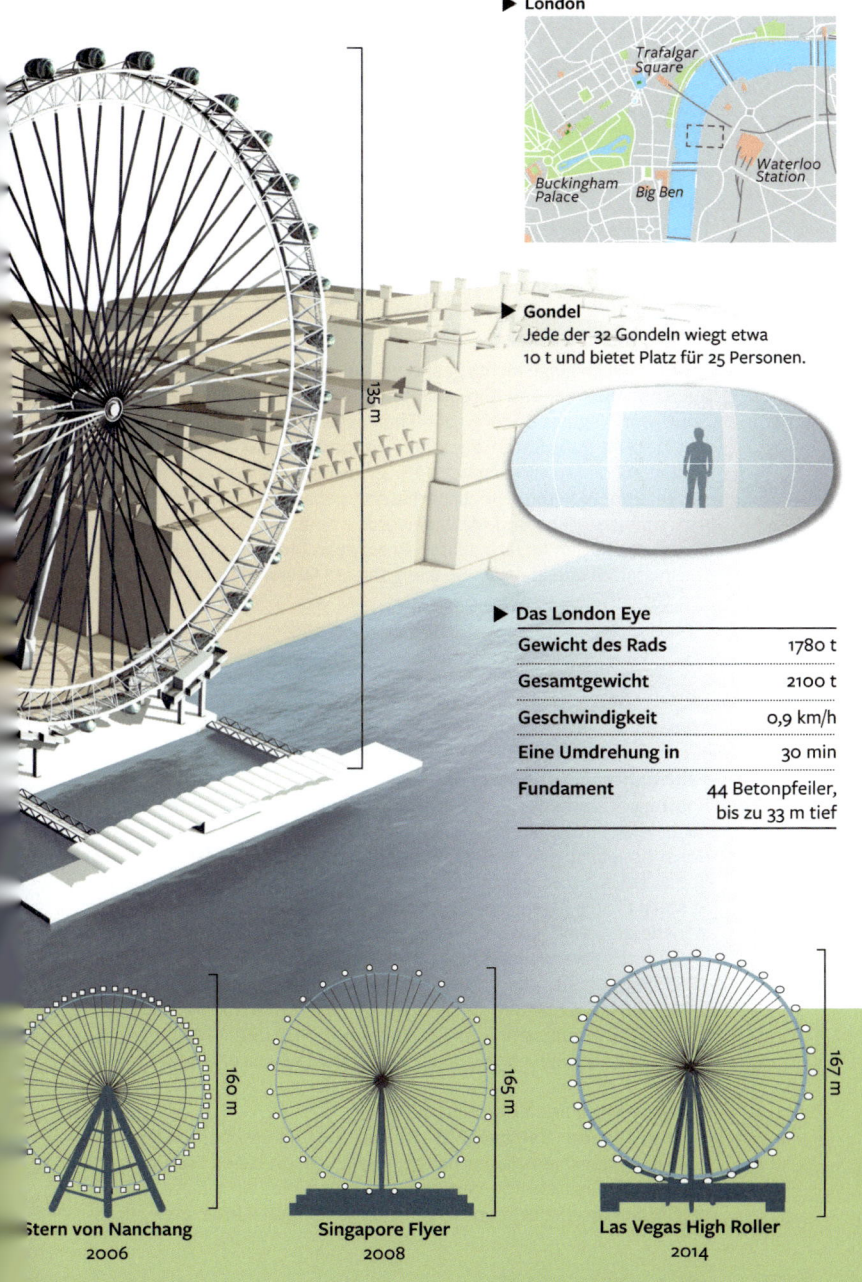

▶ **London**

Trafalgar Square

Waterloo Station

Buckingham Palace   Big Ben

▶ **Gondel**

Jede der 32 Gondeln wiegt etwa
10 t und bietet Platz für 25 Personen.

135 m

▶ **Das London Eye**

Gewicht des Rads	1780 t
Gesamtgewicht	2100 t
Geschwindigkeit	0,9 km/h
Eine Umdrehung in	30 min
Fundament	44 Betonpfeiler, bis zu 33 m tief

Stern von Nanchang
2006

160 m

Singapore Flyer
2008

165 m

Las Vegas High Roller
2014

167 m

SOUTHWARK

L-O 7

Lage: östliches Südufer der Themse | **U-Bahn:** London Bridge

In diesem Viertel gibt es viel zu entdecken, doch nicht von der königlichen oder aristokratischen Art – High Society und die hohe Finanzwelt waren hier nie zu Hause. Vielmehr vertrieben sich schon zu Zeiten der Römer die männlichen Londinier am Südende der ersten ▶ London Bridge in Spelunken und mit Prostituierten die Zeit.

Londons erste sündige Meile

Daran hat sich lange nichts geändert, nur dass außer käuflicher Liebe auch noch Bullen- und Bärenkämpfe und Theater im Angebot waren. Southwark lag am Südufer der Themse außerhalb der Gerichtsbarkeit der um gute Sitten bemühten Stadtväter, war jedoch über die Brücke schnell zu erreichen. Im 19. Jh. wurden die Bordelle niedergerissen und Werften und Lagerhäuser gebaut, die heute meist zu Apartmenthäusern und Malls geworden sind. Mit City Hall und The Shard zog in den letzten Jahren Prestigearchitektur mit glänzenden Glasfassaden ein, aber ein Spaziergang am Uferweg deckt noch Spuren der anrüchigen alten Zeit auf.

★ Southwark Cathedral

Mo. – Fr. 8 – 18, Sa. und So. 8.30 – 18 Uhr

Fährmannstochter Mary

Geschichte   Southwark Cathedral, die Mutterkirche der Diözese Southwark, ist nach ▶ Westminster Abbey der schönste gotische Sakralbau Londons. Angeblich soll eine Fährmannstochter namens Mary an dieser Stelle ein Kloster gegründet haben, das folgerichtig den Namen St Mary of the Ferry erhielt. Im Jahr 1106 ließ Gifford, Bischof von Winchester, eine große Kirche erbauen, die nun St Mary Overie (»Over the River«) hieß. Nachdem diese abgebrannt war, wurde ab 1207 neu gebaut. Aus dieser Zeit stammen der Unterbau des 55 m hohen Turms, Chor und Chorumgang sowie das Zentrum des Kreuzschiffs. Das Hauptschiff, im 13. Jh. hinzugefügt und 1469 umgestaltet, wurde bis 1896 von Sir Arthur Blomfield wiedererrichtet.

Wunderpillen aus Sonnenstrahlen

Innenraum   Im **nördlichen Seitenschiff** ist das normannische Eingangstor (12. Jh.) zum Kreuzgang erhalten. Rechts davon sehen Sie am Dachstuhl originale hölzerne Verzierungen – auf einer wird Judas Ischariot (im Schottenrock!) vom Teufel verschlungen. Unter dem sechs-

Alles, was das Schlemmerherz begehrt, finden Sie auf dem Borough Market.
Am besten frühmorgens hingehen, wenn noch nicht allzu viel los ist.

ten Fenster ist der Dichter John Gower (1330 – 1408) begraben, dargestellt in liegender Haltung mit dem Kopf auf seinen Büchern. Im nördlichen Querschiff mit normannischen Wandbögen erinnert das Lockyer Monument an den Quacksalber Lionel Lockyer († 1672), der aus Sonnenstrahlen angeblich Wunderpillen herstellte. Im nördlichen Chorumgang zeigt das Trehearne Monument den Günstling Jakobs I., John Trehearne, mit Familie. Die hölzerne Totenfigur eines Ritters aus dem späten 13. Jh. in der Ecke ist eine der ältesten dieser Art in England.

Der **Chorraum** entstand um 1273, der Hochaltar mit Säulen aus dem 13. Jh. wurde 1520 geschaffen. Im südlichen Chorumgang ist Lancelot Andrewes bestattet († 1626), Bischof von Winchester und Übersetzer des Neuen Testaments ins Englische.

Im **südlichen Seitenschiff** finden Sie das 1912 geschaffene Denkmal für William Shakespeare unter dem Shakespeare-Fenster. In Southwark Cathedral sind sein 1607 gestorbener Bruder Edmund und Lawrence Fletcher begraben, der mit ihm und Burbage zusammen das Blackfriars and Globe Theatre gepachtet hatte.

205

▌ Bei Southwark Cathedral

Schlaraffenland für Gourmets und Hobbyköche

Borough Market

Gegenüber der Kathedrale sind unter den zur London Bridge Station führenden Gleisen die 1851 erbauten Hallen von Borough Market eingeklemmt. Der seit 1276 nachgewiesene Markt ist heute eine Top-Einkaufsadresse für Gourmets und Hobbyköche. An vielen Ständen gibt es Leckeres direkt auf die Hand; ringsum findet man nette Cafés und Restaurants.

Mo. – Do. 10 – 17, Fr. bis 18, Sa. 8 – 17 Uhr | www.boroughmarket.org.uk

Bloß nicht krank werden!

Old Operating Theatre

An der St Thomas Street gegenüber vom Markt existierte seit dem 12. Jh. ein Hospital, bis es 1862 in den Londoner Westen umzog. Geblieben ist – heute im Dachstuhl der St Thomas's Church – der gynäkologische **Operations- und Hörsaal**, in dem man einen Eindruck von den brachialen Methoden aus den Zeiten vor Antisepsis und Hygiene bekommt. Auch die Sammlung medizinischer Geräte lässt keine Hoffnung aufkommen.

tgl. 10.30 – 17 Uhr | Eintritt: £ 6,50 | http://oldoperatingtheatre.com

▌ London Bridge Station

Recig trifft arm

London Bridge Quarter

London Bridge Station am Südende der ▶ London Bridge ist der älteste Bahnhof der Stadt: Am 14. Dezember 1836 fuhr hier der erste Zug ein.

Den Bahnhof überragt **The Shard**: Die mit Spitze 310 m hohe »Scherbe«, entworfen von Stararchitekt Renzo Piano, wird mit scharfkantigen Glasfassaden ihrem Namen gerecht. Investor ist die königliche Familie von Katar. 72 der 87 Stockwerke können genutzt werden: Neben Büroetagen, Aussichtsterrassen und einem Luxushotel über die Stockwerke 34 bis 52 gibt es in den Etagen 53 bis 65 zehn Riesenwohnungen für Superreiche. The Shard wird somit zum treffenden Symbol für die gegensätzlichen Gesichter der Stadt: Einerseits steht es in Southwark, einer der ärmsten Innenstadtgemeinden mit hoher Jugendarbeitslosigkeit, andererseits zeigt es den auffälligen Reichtum dieser ruhelosen Stadt. In 244 m Höhe bieten drei vollverglaste und gegen allerdings teuren Eintritt zugängliche Stockwerke namens **»The View«** einen zugegeben unübertroffenen Rundumblick auf die Stadt und ihr Umland.

The View: Apr. – Okt. tgl. 10 – 22, Nov. – März Do. – Sa. 10 – 22 sowie So. – Mi. 10 – 19 Uhr, letzter Einlass jew. 60 Minuten früher |
Eintritt: Vorbuchung £ 25 Direktverkauf am Besuchstag £ 30
www.theviewfromtheshard.com

| An der Themse

Der letzte große Kreuzer der Royal Navy

An Symons Wharf ankert »HMS Belfast«. Das 11 500 t große Schiff wurde 1938 in Dienst gestellt und war u. a. 1943 an der Versenkung der »Scharnhorst« vor dem Nordkap und im Juni 1944 an der Landung in der Normandie beteiligt. 1963 wurde es außer Dienst gestellt und gehört seither als Museumsschiff zum ▶ Imperial War Museum. März – Okt. tgl. 10 – 18, Nov. – Feb. bis 17 Uhr | Eintritt: £ 14,50 | www.iwm.org.uk

»HMS Belfast«

London zu Fuß

Die am Ufer in Höhe der Belfast aufgetürmte, etwas schiefe gläserne Ellipse ist Londons 2002 eröffnetes Rathaus von Sir Norman Foster. Im Untergeschoss kann man London von oben zu Fuß erkunden: Der Boden ist mit einer aus 200 000 Einzelbildern zusammengesetzten, 16 x 16 m großen Luftaufnahme von Greater London ausgelegt. Mo. – Fr. 8.30 – 18 Uhr

City Hall

Prachtvoller Palast mächtiger Bischöfe

Einige Schritte weiter geht der Uferweg an den Ruinen von Winchester Palace, der Londoner Residenz der mächtigen Bischöfe von Winchester, vorbei. Von der Pracht dieses im 12. Jh. erbauten Palastes gibt die hohe Mauer der großen Aula mit Fensterrose ein beeindruckendes Zeugnis.

Winchester Palace Ruins

Theater wie zu Shakespeares Zeiten – hautnah am Geschehen im Globe Theatre

Ein Knast für Prostituierte, Schuldner und Säufer

Clink Prison Museum

Die Clink Street hat ihren Namen vom Kerker des einst hier befindlichen Palasts der Bischöfe von Winchester. Mit der Geschichte dieses berüchtigten Gefängnisses und seiner Insassen – oft Prostituierte, Schuldner und Säufer – beschäftigt sich das Clink Prison Museum.
Juli – Sept. tgl. 10 – 21, Okt. – Juni Mo. – Fr. 10 –18, Sa. und So. 10 –19.30 Uhr | Eintritt: £ 7,50 | www.clink.co.uk

Die wiederauferstandene Welt Shakespeares

Shakespeare's Globe Theatre

Die Theatertruppe von William Shakespeare hat im Globe Theatre ihr »Hauptquartier« – nur eines von mehreren elisabethanischen Theatern in Southwark. Das runde, reetgedeckte Gebäude wurde 1598 erbaut, aber bereits 1644 wieder geschlossen, wie eine Gedenktafel in der Park Street zu berichten weiß. Es ist dem jahrelangen Bemühen des amerikanischen Schauspielers Sam Wanamaker zu verdanken, dass Shakespeares Welt 1997 wiederauferstanden ist, wenn auch ein Stück weiter westlich. Es wird wieder in alter Manier unter freiem Himmel gespielt, selbstverständlich auch bei Regen. Die Geschichte des elisabethanischen Theaters erzählt eine Ausstellung. Finden Matineen statt, fallen die Führungen im Theater aus oder es wird ein Ersatz angeboten.
Ausstellung tgl. 9 – 17 Uhr | Führungen tgl. 9.30 – 17 Uhr alle 30 Min.| Eintritt: £ 16 (Ausstellung und Führung) | www.shakespearesglobe.com

★ THE STRAND

Verlauf: Trafalgar Square bis Temple Bar | **U-Bahn:** Charing Cross, Aldwych, Temple

J/K 6/7

Einen historischen »Strandspaziergang« – den Namen hat die Straße tatsächlich von einem Pfad am Ufer der Themse, der jedoch schon lange verschwunden ist – begleiten so unterschiedliche Personen wie Hollywoodgrößen und der kontroverse Luftwaffenmarschall »Bomber« Harris. Unterwegs lockt unter anderem ein 300 Jahre altes Teegeschäft.

Einstige Edelmeile

An der Hauptachse zwischen Londons Westen und der City gibt es eine ganze Reihe alteingesessener Geschäfte, Pubs und Hotels, oft bereits im 19. Jh. gegründet, als der Strand die Londoner Edelmeile schlechthin war – nicht umsonst lässt Bertolt Brecht seinen Mackie Messer am Strand um die Ecke verschwinden.

Hort illustrer Gäste

Marschiert man vom Trafalgar Square los, geht bald rechts die Craven Street ab. In Nr. 36, heute Museum, lebte fast 20 Jahre lang **Benjamin Franklin**.

Start am Trafalgar Square

Nach der Bedford Street sehen Sie links das 1881 eröffnete und 1930 im Art-déco-Stil renovierte **Adelphi Theatre**. Etwas weiter kommt auf der anderen Straßenseite das legendäre **Savoy Hotel**, 1889 eröffnet – das erste Hotel mit elektrischem Licht und Bad in jedem Zimmer. Von den Zimmern auf der Rückseite haben Hotelgäste einen herrlichen Blick auf die Themse, weswegen sich Claude Monet 1901 dort einmietete, um Nebel- und Lichtstimmungen zu malen. Die schier endlose Liste der illustren Gäste reicht von Charlie Chaplin bis George Clooney, von Louis Armstrong bis Bob Dylan. Während des Kriegs dinierte Churchill gerne mit seinem Kabinett im Savoy Grill, nicht nur weil ihm das Steak schmeckte: Der Luftschutzkeller galt als angenehmster Bunker der Stadt. Gleich daneben mit opulenter Inneneinrichtung das Traditionsrestaurant **Simpson's in the Strand**, wo das wahre englische Roast Beef gepflegt wird – nirgends ist es besser (wohl aber günstiger). Als Arthur Conan Doyle seinen Detektiv Sherlock Holmes in den 1890er Jahren hier speisen ließ, war das Lokal bereits 70 Jahre alt.

Benjamin Franklin House: Führungen und eine Multimediashow können im Voraus gebucht werden: www.benjaminfranklinhouse.org

»'Oranges and lemons', say the bells of St. Clement's«

Londons Kindern ist St Clement Danes, 1681 von Christopher Wren errichtet, ein Begriff. Sie kommt in dem Lied »Oranges and Lemons« vor, in dem die Glocken täglich um 9, 12, 15 und 18 Uhr spielen. Dies geht auf einen Brauch der Marktleute an der Drury Lane zurück, die Spenden für die Kinder der Gemeinde hinterließen. Noch immer findet alljährlich im März ein Kindergottesdienst statt, bei dem jedes Kind eine Apfelsine und eine Zitrone erhält. Allerdings reklamiert auch St Clement Eastcheap in der Nähe des ▶ Monument die Urheberschaft für sich. St Clement Danes wurde am 10. Mai 1941 von deutschen Bomben fast zerstört und mit Spenden der britischen Luftwaffe 1958 wieder eröffnet. Seither ist sie die **Hauptkirche der Royal Air Force**. Das zeigt sich u. a. an den in den Boden eingelassenen über 800 Staffelabzeichen und an den Ehrenrollen mit ca. 125 000 Namen von im Zweiten Weltkrieg gefallenen alliierten Luftwaffensoldaten. Vor der Kirche stehen Denkmäler für Air Chief Marshal Lord Dowding und Air Marshal Arthur Harris, genannt »Bomber Harris«, verantwortlich für den Bombenkrieg gegen Deutschland. Auch im eigenen Land war Harris wegen seiner radikalen Vernichtungsstrategie eine umstrittene Figur. Bei der Enthüllung der Statue 1992, acht Jahre nach seinem Tod, kam es zu Protesten. Das dritte Denkmal auf dem Vorplatz zeigt das Gemeindemitglied **Samuel Johnson**, den literarischen Kopf im England des 18. Jahrhunderts.

St Clement Danes

Justiz und 300 Jahre Tee

Royal Courts of Justice

Kurz darauf erblickt man links die burgartigen Royal Courts of Justice oder Law Courts, einen viktorianischen Prachtbau von 1882. Hier werden Zivilklagen verhandelt, Strafsachen kommen in Old Bailey (▶ S. 80) zum Aufruf.

Gegenüber markieren zwei Chinesenfiguren und ein vergoldeter Löwe den Eingang zum **Teehaus Twinings**, das Thomas Twining 1706 gründete. Hier wird immer noch Tee verkauft. Im hinteren Bereich des schlauchförmigen Geschäfts befinden sich eine Teebar zum Verkosten und eine kleine Ausstellung über die Firmengeschichte. Wenig weiter endet The Strand vor dem Temple Bar Memorial an der Grenze von Westminster und City, wo sie die ▶ Fleet Street fortsetzt. Rechts geht es in den ▶ Temple.

★★ TATE

www.tate.org.uk

Eine der bedeutendsten Sammlungen moderner und zeitgenössischer Kunst weltweit fand in einem ehemaligen Kraftwerk eine großartige Kulisse für die Präsentation. Alleine für die Aussichten – für den Blick in die riesige Turbinenhalle und für das Panorama der City von der Außenterrasse – lohnt sich der Besuch der Tate Modern. Die Tate Britain hingegen hat sich herausragender britischer Kunst des 16. – 20. Jh.s verschrieben.

Zweierlei Kunst

Die Institution, die sich heute einfach »Tate« nennt, eröffnete 1897 als »Tate Gallery«. Sie ging aus einer Schenkung des Zuckerfabrikanten und Kunstsammlers Sir Henry Tate hervor. Während »Tate Modern« in der Bankside Power Station am Südufer der Themse in ▶ Southwark liegt, befindet sich das »Tate Britain« am alten Standort am Themseufer in Millbank / Pimlico. Praktisch: Das »Tate Boat« bringt Sie im 40-Minuten-Takt von einem Standort zum nächsten.

▌ Tate Britain

Millbank, SW 1; U-Bahn: Pimlico | tgl. 10 – 18 Uhr | Eintritt frei | tgl. kostenlose Führungen zu verschiedenen Zeiten und Themen

Britische Kunst von 1545 bis zur Moderne

»A Man in a Black Cap«, ein nackter Newton auf dem Felsen ...

Das Tate Britain bietet einen umfassenden Überblick über britische Kunst, darunter natürlich herausragende Werke. Das älteste mit dem

Titel »A Man in a Black Cap« stammt von 1545 von John Bettes. Aus dem 17. Jh. ist u. a. Anthonis van Dyck mit »Lady of the Spencer Family« vertreten. Der Zeichner und Kupferstecher William Blake schuf zahlreiche Illustrationen, darunter von Isaac Newton, der nackt auf einem Felsen seiner Wissenschaft nachgeht (»Newton«, 1795). Eines der berühmtesten Stücke stammt von William Hogarth: Zu »**O' the Roast Beef of Old England**« von 1748 ließ er sich von einer Ballade von Henry Fiedling anregen. Großen Raum nehmen die Landschaften ein, u. a. von Thomas Gainsborough, Joshua Reynolds und Edwin Landseer, vor allem aber John Constable (»Sketch of Hadleigh Castle«) ist breit vertreten. Aus dem 19. Jh. sind John Everett Millais und James Abbot McNeill Whistler zu erwähnen. Für die moderne britische Kunst stehen u. a. Lucian Freud, David Hockney oder Gilbert & George.

William Turner und die Suche nach seltenen Fleischsorten

In der Clore Gallery können Sie die großartigsten Werke aus dem gesamten Nachlass von William Turner (1775 bis 1851) bestaunen, wie »Peace«, in dem er die Seebestattung seines Künstlerfreundes David Wilkie verarbeitet, oder ein Selbstporträt, das er als junger Mann von 24 Jahren anfertigte.

Clore Gallery

Im museumseigenen Rex Whistler Restaurant geht es eher humorvoll zu: »The Expedition in Pursuit of Rare Meats« (»Ausflug auf der Suche nach seltenen Fleischsorten«) lautet hier der erzählerische Zyklus, den Rex Whistler 1927 an die Wände des Restaurants malte.

▎ Tate Modern

Bankside Power Station, SW 1 | U-Bahn: Blackfriars, Southwark
tgl. 10 – 18, Fr. und Sa. bis 22 Uhr | Eintritt frei

Kunst im Kraftwerk

Für die moderne Kunst baute das Schweizer Architektenteam Herzog & de Meuron das von Giles Gilbert Scott entworfene, kurz nach dem Zweiten Weltkrieg gebaute Kraftwerk Bankside Power Station um – das sollte auch Zeitgenossen, die wenig mit moderner Kunst anfangen können, Grund genug sein, zumindest einmal kurz hereinzuschauen und über die gewaltigen Ausmaße des Gebäudes zu staunen. Außerdem bietet sich vom obersten Geschoss und vom 64 m hohen Anbau **ein fantastischer Blick auf die City**.

Das Gebäude

Eine der bedeutendsten Sammlungen ihrer Art

Die Turbinenhalle ist der Ort für großformatige Sonderausstellungen, in den letzten Jahren z. B. mit Werken von Anish Kapoor, Bruce Nauman, Louise Bourgeois und Ai Weiwei. Zu den Höhepunkten der ständigen Ausstellung zählen **Claude Monets »Wasserlilien«**; den

Impressionismus bis Conceptual Art

OBEN: Wie eine Ameise fühlt
man sich in der riesigen Turbinenhalle, die den Ausstellungen der Tate Modern
schier grenzenlose Möglichkeiten bietet.
UNTEN: Nach all der Kunst
genießt man vom Café der
Tate Modern den Ausblick auf
die Themse und St Paul's.

Kubismus vertreten u. a. Georges Braque (»Mandore«, 1909/1910) und Fernand Léger, von Pablo Picasso ist u. a. seine »Weinende Frau« zu sehen. Ein Schlüsselwerk der abstrakten Kunst sind **Wassily Kandinskys »Kosaken«** von 1911. Dadaismus und Surrealismus repräsentieren Giorgio de Chirico, Max Ernst, Paul Klee, Salvador Dalí und Joan Miró; hinzu kommen Expressionismus (mit denDeutschen Karl Schmidt-Rottluff, Max Beckmann), Pop-Art (**Andy Warhol: »Marilyn Diptych«**; Roy Lichtenstein: »Whaam!«), Minimal Art und Conceptual Art. Deutsche Gegenwartskunst vertreten u. a. Joseph Beuys, Gerhard Richter, Markus Lüpertz und Georg Baselitz.

Als Folge des stetigen Wachstums der Sammlung erwies sich bald auch ein Kraftwerk als zu klein. 2016 eröffnete südlich des Hauptbaus **Switch House**, auch ein Werk von Herzog & de Meuron. Das Haus steht über den ehemaligen Öltanks, die in Ausstellungsflächen verwandelt wurden. Von der Aussichtsterrasse im 10. Stock können Sie die Sicht auf die Skyline der City am gegenüberliegenden Nordufer genießen.

Londons jüngste Themsebrücke

Von der Tate Modern gelangen Sie zur filigranen Millennium Bridge von Norman Foster und Anthony Caro, besonders schön bei nächtlicher Beleuchtung. Sie endet unterhalb von ▶ St Paul's.

Millennium Bridge

 # THE TEMPLE

··
Lage: Fleet Street, EC 4 | **U-Bahn:** Temple
··

»Seine Höfe wirken immer noch verschlafen, und seine Bäume und Gärten strahlen eine verträumte Entrücktheit aus [...] Wer hier eintritt, lässt den Lärm hinter sich«, so schildert Charles Dickens The Temple in seinem historischen Roman »The Barnaby«. Und bis heute besteht ein frappierender Kontrast zwischen der belebten Fleet Street und dem versteckten Juristenviertel, wo die runde Kirche des Templerordens noch steht und Erinnerungen an einen berühmtesten englischen Ritter sowie an William Shakespeare wach werden.

Auf der ▶ Fleet Street gegenüber der Chancery Lane öffnet sich ein kleiner Torbogen. Dahinter tut sich ein liebenswürdig-verträumtes georgianisches Häuser- und Gassengewirr auf – die Anwaltskammer und Juristenschule The Temple. Im 12. und 13. Jh. war der Temple-Bezirk englischer Sitz des 1119 in Jerusalem gegründeten

Verstecktes Kleinod

Templerordens. Nach dessen Auflösung 1312 fiel der Besitz an die Krone, später an den Johanniterorden. Dieser überließ ihn 1346 einer Gemeinschaft von Rechtsgelehrten. Seitdem ist der Temple das Quartier der Rechtsanwälte, für die es von hier nur ein Katzensprung ist zu den Royal Courts of Justice. Die Juristenschulen und das besondere englische Rechtssystem entstanden unter Eduard I. (▶ Lincoln's Inn).

Der größte Ritter seiner Zeit

Die Temple Church besteht aus der ursprünglich normannischen, der Grabeskirche in Jerusalem nachempfundenen Rundkirche von 1185 (The Round) und einem 1240 angebauten Altarraum im Early English Style. Eine große Kostbarkeit sind die **neun Grabfiguren von Tempelrittern** aus Marmor (12. bis 13. Jh.); eine davon, mit einer mit Blattrelief verzierten Platte unter dem Kopfpolster, zeigt **William Marshal, Earl of Pembroke** († 1219). Der Schwager König Johanns und Regent für dessen minderjährigen Heinrich III. wurde als größter Ritter seiner Zeit gefeiert, der einzige, dem es gelang, König Richard Löwenherz im Turnier aus dem Sattel zu heben. Er war eine regelrechte Turnierprofi und schaffte es in einer Saison, gemensam mit seinm Mitkämpfer 103 Ritter zu besiegen. Im Temple vermittelte Marshal zwischen König Johann und den Baronen im Konflikt, die zur Unterzeichnung der Magna Charta führte. Auf seinem Sterbebett wurde Marshal in den Templerorden aufgenommen.

Temple Church

I. d. R. Mo., Di, Do., Fr. 10 – 16, Mi. ab 14 Uhr | Eintritt: 5 £ | www.templechurch.com

»Was ihr wollt«

Von der Temple Church kommen Sie über den Hof Pump Court zum Fountain Court (alternativ von der Fleet Street aus direkt durch das Pförtnerhaus in den Middle Temple Lane) und zur **Middle Temple Hall**, 1572 als Speise- und Versammlungsraum erbaut. Im Laufe seiner Geschichte hatte der Middle Temple so unterschiedliche Mitglieder wie Walter Raleigh, fünf Unterzeichner der amerikanischen Unabhängigkeitserklärung und den Schriftsteller W. M. Thackeray. In der Halle haben ein großer Teil der alten Täfelung, die geschnitzte Wand, das doppelte Hammerbalkendach, das Wappenglas und die aus dem Holz von Sir Francis Drakes Schiff »Golden Hinde« geschnitzten Tische die Bomben des Zweiten Weltkriegs überstanden. Am 2. Februar 1602 wurde in der Middle Temple Hall Shakespeares »Was ihr wollt« uraufgeführt – als der früheste Beleg hierfür gilt der detaillierte Tagebucheintrag eines damaligen Studenten der Jesuitenschule.

Middle Temple

Mit Schild, Schwert und Rüstung liegen die Templer für die Ewigkeit in ihrer marmornen Gestalt in der Temple Church begraben. Unter ihnen (hier ganz vorn) der größte Ritter seiner Zeit, der Earl of Pembroke.

Weiße und rote Rosen

Inner Temple

Nach dem Brunnenhof geht es links zum Inner Temple. Zu den ehemaligen Mitgliedern zählen der Dichter Geoffrey Chaucer, Jawaharlal Nehru und Mahatma Gandhi, »Dracula«-Autor Bram Stoker und der 1945 hingerichtete deutsche Widerständler Graf Helmuth James von Moltke. In der Inner Temple Hall stehen Standbilder von Templern und Rittern des Johanniterordens. In den **Inner Temple Gardens** erinnern weiße und rote Rosen an die Rosenkriege zwischen den Dynastien York (weiß) und Lancaster (rot) im 15. Jh.; Shakespeare siedelt hier eine entscheidende Szene aus seinem Rosenkriegs-Stück »Heinrich VI.« an.
Führungen Mo. – Fr. 10.30 Uhr nach Anmeldung von mindestens 5 Personen unter visits@innertemple.org.uk, £ 12
Inner Temple Gardens: Mo. – Fr. 12.30 – 15 Uhr

★★ TOWER OF LONDON

Lage: Tower Hill, EC 3 | **U-Bahn:** Tower Hill, Tower Gateway
März – Okt. Di. – Sa. 9 – 17.30, So., Mo. 10 – 17.30; Nov. – Feb. Di. – Sa. 9 – 16.30, So. u. Mo. 10 – 16.30 Uhr (letzter Einlass jew. 30 Min. früher) | Führungen der Yeoman Warders alle 30 Min. (im Eintrittspreis inbegriffen) | **Eintritt:** £ 28,90, online: £ 26| **www.hrp.org.uk**

Eine Besichtigung zwischen Gruseln und Glitzern – im Tower wird deutlich, auf welch blutige Geschichte England zurückblickt. Heute machen die hier aufbewahrten Kronjuwelen die Festung zu einer der Top-Attraktionen Londons.

Englands Geschichte an einem Platz

In der Geschichte des Towers spiegelt sich die Geschichte Englands. Hier spielten sich Ereignisse ab, die sich ins nationale Gedächtnis gebrannt haben: **Richard III.**, den Shakespeare als grausamsten aller Bösewichte darstellte, sorgte aller Wahrscheinlichkeit nach 1483 für die Ermordung seiner beiden Neffen, des zwölfjährigen Eduards V. und seines jüngeren Bruders. Die Hinrichtungen zweier der Untreue bezichtigten **Gemahlinnen Heinrichs VIII.**, Anne Boleyn (1536) und Catherine Howard (1542), fanden hier statt, auch die Enthauptung der frommen 16-jährigen »Neun-Tage«-Königin Jane Grey (1554), die die Partei der Reformierten im vergeblichen Versuch, die katholische Maria I. auszuschließen, auf den Thron gesetzt hatte. Im Tower eingekerkert wurden hohe Staatsgefangene, darunter zwei schottische Könige und Johann der Gute von Frankreich (1356 bis 1360). Der letzte hochrangige Staatsgefangene in diesen Mauern war Rudolf Hess, der 1941 nach England flog und hoffte, dort auf eigene Faust über den Frieden zu verhandeln. Der letzte mit dem Beil enthauptete

OBEN: Henry, Prince of Wales, erhielt
1607 diese prächtige Rüstung.
LINKS: Seit Jahrhunderten bewachen
die Yeoman Warders den Tower –
offensichtlich auch gerne.

TOWER

| 50 m | |
| 150 ft | |

Graben

Graben

Graben

Tickets

Eingang

©BAEDEKER

Tower Bridge

Thames

1 Middle Tower
2 Byward Tower
3 Bell Tower
4 Traitor's Gate
5 St. Thomas's Tower
6 Bloody Tower
7 Wakefield Tower
8 White Tower
9 Chapel of St. John the Evangelist
10 Queen's House
11 Gaoler's House
12 Tower Green
13 Scaffold site
14 Beauchamp Tower
15 Royal Chapel of St. Peter ad Vincula
16 Waterloo Barracks mit Kronjuwelen
17 Devereux Tower
18 Flint Tower
19 Bowyer Tower
20 Brick Tower
21 Martin Tower
22 Fusiliers' Museum
23 Former Hospital
24 Workshop
25 Constable Tower
26 Broad Arrow Tower
27 Salt Tower
28 Lanthorn Tower
29 Cradle Tower
30 Well Tower
31 Develin Tower
32 Brass Mount
33 Legge's Mount
34 Tower Wharf
35 Queen's Stair

Gefangene war 1747 Lord Lovat. Er hatte die letzte Rebellion schottischer Anhänger der Stuarts gegen die Hannoveraner unterstützt. Das letzte Todesurteil wurde 1941 an einem deutschen Spion vollstreckt.

Die von einer Zinnenmauer und einem tiefen Graben umgebene Gebäudemasse des Towers liegt in der Südostecke der historischen City of London. Schon in der Römerzeit stand hier an der Themse wohl ein Kastell. Um seine neuen Untertanen einzuschüchtern, ließ der Normanne Wilhelm I. 1078 nach der Eroberung des Landes den White Tower bauen. Ständig vergrößert und ausgebaut wurde die Festung zwischen dem 12. und 14. Jahrhundert. Sie diente bis unter Jakob I. als Königspalast, war Gefängnis, Münzstätte, Schatzkammer, bis zum Bau des Observatoriums von ▶ Greenwich auch Sternwarte und beherbergte bis 1834 sogar eine Menagerie. Trotz gelegentlicher Belagerungen konnte der Tower nie genommen werden.

»Halt! Who comes there?« – »The keys.« ...

Ceremony of the Keys

Ob die »Beefeaters« in früheren Zeiten tatsächlich so viel Rindfleisch konsumierten wie der Name vermuten lässt, bleibt unklar. Viel wichtiger ist, dass sie als Yeoman Warders – so heißen sie eigentlich – den

Tower offiziell bewachen. Heute sind sie Berufssoldaten, darunter auch Frauen. Sie führen vor allem die Touristen durch das Gelände und tragen dabei noch die traditionelle Uniform der Tudorzeit. Überliefert ist auch das abendliche Abschließen des Haupttors: Seit 700 Jahren ist die Schlüsselzeremonie (**Ceremony of the Keys**) ein unveränderter Brauch, den der Kommandant (Chief Warder) ausführt. Wer dabei sein möchte, muss mindestens ein halbes Jahr im Voraus online ein Ticket beantragen. Einlass ist um 21.30 Uhr am Haupteingang, wo auch ein Pesonalausweis vorgelegt werden muss.
Ticketantrag über www.hrp.org.uk/TowerOfLondon/WhatsOn/theceremonyofthekeys

Ein verschobenes Fünfeck …

… mit einer Fläche von etwa fünf Fußballfeldern – so kann man sich den Grundriss des Towers vorstellen. Den vermutlich im 14. Jh. von Eduard I. angelegten Außenhof (Outer Ward) fasst eine Mauer mit sechs Türmen und zwei Bastionen ein. Den Innenhof (Inner Ward) trennt eine unter Heinrich III. im 13. Jh. erbaute Mauer mit 13 Türmen ab. Der Eingang liegt an der Südwestecke, wo ursprünglich das Lions' Gate stand, das seinen Namen vom einstigen königlichen Löwengarten bekam.

Anlage

▌ Outer Ward

Dem Tode entkommen – und Königin geworden

Eine steinerne Brücke führt über den Burggraben, flankiert vom 1307 unter Eduard I. erbauten Middle Tower und dem zur selben Zeit entstandenen Byward Tower (»Losungswort-Turm«). Gegenüber vom Byward Tower erhebt sich der Bell Tower, in dem zwei Monate lang die spätere Königin **Elisabeth I.** ihr Dasein fristen musste. Ihre Halbschwester und damalige Königin Maria Tudor sperrte sie wegen vermeintlicher Verschwörung ein.

Bell Tower

Die letzten Minuten in Freiheit …

Zwischen den Wällen sehen Sie Traitor's Gate (»Verrätertor«). Als die Themse der Hauptverbindungsweg zwischen dem Palast in Westminster und dem Tower war, wurden hier die in Westminster verurteilten Gefangenen abgeliefert.

Traitor's Gate

Ermordet während des Gebets

Über dem Verrätertor erhebt sich der St Thomas's Tower, unter Heinrich III. 1242 erbaut und zusammen mit dem Wakefield und dem Lanthorn Tower Überrest des mittelalterlichen Wohnpalasts, wie man am Nachbau von Heinrichs Schlafzimmer im St Thomas's Tower sehen kann. Im Wakefield Tower, wo bis 1968 die Kronjuwelen untergebracht waren, wurde 1471 Heinrich VI., der letzte Lancaster-König,

St Thomas's Tower · Wakefield Tower

beim Gebet ermordet. Neben dem Turm lag die große Halle, in der der **Prozess gegen Anne Boleyn** stattfand.

Ein grausamer Fund

Bloody
Tower

Gegenüber vom St Thomas's Tower steht der unter Richard II. erbaute Bloody Tower. In ihm ließ der spätere Richard III. 1483 die 10 bzw. 12 Jahre alten Söhne seines verstorbenen Bruders Eduard IV. einkerkern und angeblich ermorden. Ihre Skelette fand man fast 200 Jahre später im White Tower. Im selben Turm wurde **Walter Raleigh** insgesamt 13 Jahre lang – überwiegend komfortabel – gefangen gehalten, was er zum Schreiben von Teilen seiner »Geschichte der Welt« nutzte. 1618 hat man ihn schließlich doch enthauptet.

▌ Inner Ward

Die letzte Residenz zweier Königinnen

Queen's
House

Im Inner Ward liegt links Queen's House, ein hübscher Fachwerkbau aus der Zeit Heinrichs VIII. Hier haben Anne Boleyn und Jane Grey ihre letzten Tage verbracht; Guy Fawkes, der das Parlament in die Luft sprengen wollte, wurde hier verhört, Rudolf Hess saß hier ein. Daran grenzt das Haus des Kerkermeisters (**Yeoman Gaoler's House**), der bei zeremoniellen Anlässen noch heute in historischer Uniform mit dem Richtbeil in der Hand auftritt.

An den Wänden verewigt

Beauchamp
Tower

Der Beauchamp Tower (1199 – 1216) ist nach Thomas Beauchamp, Earl of Warwick, benannt, der wegen Hochverrats unter Richard II. hier gefangen gehalten wurde (1397 – 1399). Andere noble Insassen haben sich an den Wänden verewigt, darunter mit einem veritablen Relief John Dudley, Duke of Northumberland, der Jane Grey zur Königin machte, und sein Sohn Guildford, Gemahl von Jane, der ein »Jane« an der Wand hinterließ.

Der »privilegierte« Tod ...

Scaffold Site

Auf der Richtstätte wurde mit dem Beil enthauptet. Nur bei Anne Boleyn erlaubte Heinrich VIII. eine Ausnahme: Sie fiel durch das Schwert. Die meisten Hinrichtungen fanden allerdings auf Tower Hill vor dem Tower statt; Exekutionen im Tower waren ein Privileg, in dessen »Genuss« nur wenige wie Anne Boleyn, Catherine Howard und Jane Grey kamen. Ihre Namen nennt eine 2006 aufgestellte Skulptur von Brian Catling.

Chapel Royal
of St Peter
ad Vincula

In Wein ertränkt

In der um 1100 erbauten, im 13. Jh. umgestalteten Chapel Royal of St Peter ad Vincula (»St Peter in Ketten«) sind viele der Hingerichteten begraben, u.a. **Thomas More** (1535) und Anne Boleyn (1536). Dahinter ist der **Bowyer Tower** interessant – in ihm soll der Herzog von Clarence, Bruder Eduards IV., in einem Fass Malvasier ertränkt worden sein ...

Eine Wanderung durch die Geschichte
In der Südostecke des Hofs befindet sich der Eingang zu den »Wall Walks«: Besucher können entlang der nördlich, östlichen und südlichen Festungsmauern gehen und werden über Audiogerät und Infotafeln über Ereignisse in den entsprechenden Türmen unterrichtet. Die gesamte Nordseite des Innenhofs riegeln die **Waterloo Barracks** ab – hier sind die Kronjuwelen ausgestellt.

Wall Walks

❙ Kronjuwelen

Die Kronjuwelen sind der größte Publikumsmagnet. Man gleitet auf einem Laufband an den Kostbarkeiten vorbei, die zumeist aus der Zeit nach 1660 stammen, da die alten Insignien und Kronjuwelen nach der Hinrichtung Karls I. unter Cromwell eingeschmolzen worden sind. Die **St Edward's Crown** wurde aus purem Gold für die Krönung Karls II. neu geschaffen und ist die Krönungskrone der Monarchen. Trotzdem hat man die **Imperial State Crown** für die Krönung Vikto-

Sie funkelt und glitzert wie ihre Artgenossen: die Imperial Crown of India.

rias im Jahr 1837 angefertigt; noch heute trägt sie Königin Elisabeth II. zur Parlamentseröffnung. Sie ist mit über 2800 Diamanten und anderen Edelsteinen besetzt, darunter vorn ein großer Balasrubin, den Pedro der Grausame von Kastilien 1369 dem »Schwarzen Prinzen« zum Geschenk machte und den Heinrich V. in der Schlacht von Agincourt am Helm trug. Einer der beiden **»Sterne von Afrika«**, die aus dem größten je gefundenen Diamanten, dem **»Cullinan«**, geschnitten wurden, ist darunter eingearbeitet; an der Rückseite sieht man den »Stuart-Saphir«, den angeblich Eduard der Bekenner besessen hatte. **Die Imperial Crown of India** von 1911 trägt einen Smaragd von über 34 Karat und ist mit mehr als 6000 Diamanten besetzt. In der **Queen Elizabeth's Crown** ist der wohl berühmteste Diamant der Welt eingearbeitet, der sagenumwobene, 108 Karat schwere **»Koh-i-Noor«** (»Berg des Lichts«). Er gehörte dem Raja von Lahore, Runjit Singh, wurde 1849 von den Engländern geraubt und Königin Viktoria geschenkt. Die Krone wurde für die Gemahlin Georgs VI., die 2002 verstorbene Queen Mum, gearbeitet.

Das **Royal Sceptre** trägt den zweiten **»Stern von Afrika«**, mit 530 Karat der größte geschliffene Diamant der Welt; die Kugel des 40 kg schweren **St Edwards Sceptre** enthält angeblich ein Stück vom Kreuz Christi. Interessant sind noch das silberne Taufbecken, mit dem Kinder der königlichen Familie getauft werden, sowie das von einem goldenen Adler gehaltene Salbungsgefäß, dessen Löffel der einzige noch erhaltene Teil des alten Kronschatzes aus dem 12. Jh. ist.

▌White Tower

Die bedeutendste normannische Festung Englands

Ältester Teil
des Towers

Der White Tower hat seinen Namen vom ursprünglichen Baumaterial, einem weißen Stein aus Caen in der Normandie. **Wilhelm der Eroberer** befahl 1078 den Bau anstelle zweier von König Alfred 885 errichteter Bastionen. Gundulf, der spätere Bischof von Rochester, lieferte die Pläne dazu, und Ranulph Flambard, Bischof von Durham, vollendete das Werk um 1100 – er konnte dann auch gleich als erster Gefangener einziehen. Mit einem im Weinfass versteckten Seil gelang ihm jedoch die Flucht, nachdem die Wachen den flüssigen Inhalt des Fasses freudig geleert hatten.

Unter der Treppe zum ersten Stock fand man 1674 die Gebeine der im Bloody Tower ermordeten Prinzen. Der 28 m hohe Turm geht über vier Stockwerke, seine Mauern sind drei bis vier Meter stark. Im 17. Jh. erhielt er die Kuppeln der Ecktürme.

Die älteste Besucherattraktion der Welt?

Royal
Armouries

Im White Tower ist ein Teil der königlichen Waffensammlungen ausgestellt, die Heinrich VIII. begann: leichte und sportliche Waffen,

Der älteste Teil des Towers ist der White Tower, der u. a. die königliche Waffensammlung beherbergt.

Rennzeuge und Prachtrüstungen, europäische Waffen und Rüstungen vom Mittelalter bis zum 19. Jh. Persönliche Waffen und Rüstungen Heinrichs VIII. sowie Königsrüstungen von Karl I. und Karl II. gehören zu einer Ausstellung mit dem Namen »Line of Kings«, die als älteste Besucherattraktion der Welt angepriesen wird. Rekonstruiert wurde sie mit Originalgegenständen, darunter hölzerne Pferde und Königsbüsten, die seit Ende des 17. Jh.s Besuchern die Legitimität der englischen Monarchen vor Augen führen sollten.

1000 Jahre zurück

Die im Südostturm im zweiten Stock liegende Chapel of St John the Evangelist, um 1080 erbaut, ist mit ihren derben Rundsäulen, den Würfelkapitellen und der von normannischen Bögen getragenen Apsis eines der besterhaltenen Baudenkmäler des normannischen Stils in England.

Chapel of St John the Evangelist

All Hallows-by-the-Tower

Der Name sagt es

All-Hallows steht in Sichtweite oberhalb des Towers. Für Thomas More (und manch anderen) eine zwiespältige Perspektive, trat er doch von hier 1535 seinen letzten Gang bergab zum Schafott im Tower an. Admiral Sir William Penn d. Ä., der Vater des späteren Gründers von Pennsylvania, rettete beim Großen Feuer von 1666 die Kirche, indem er die

Londons älteste Kirche

umliegenden Häuser sprengen ließ. So konnte **Samuel Pepys** vom Kirchturm aus den Brand beobachten und in seinem Tagebuch genau verzeichnen.

In Kirchenregistern ist nachzulesen, dass in All Hallows am 23. Oktober 1644 William Penn d. J. getauft wurde und dass **John Quincy Adams** (1767 – 1848), sechster Präsident der USA, 1797 hier während seiner Londoner Zeit als US-Botschafter heiratete.

All Hallows ist Londons älteste Kirche, nachzulesen an den Resten eines teils aus römischen Steinen errichteten Bogens an der inneren Südwand: Sie tragen das Gründungsdatum A. D. 675. Aus dieser Zeit sind noch zwei angelsächsische Kreuze erhalten. Die Kirche wurde im 13. – 15. Jh. neu erbaut und nach massiver Beschädigung im Zweiten Weltkrieg 1957 wiedererrichtet. Im Kirchenmuseum in der Krypta sind das Modell des römischen Londinium, römische und sächsische Stücke sowie der hölzerne, Grinling Gibbons zugeschriebene Deckel des Taufbeckens zu sehen.

Byward Street | Mo.–Fr. 8 – 17, Sa./So. 10 – 17 Uhr | Führungen: Kurztour April–Okt. Mo.–Fr. 14 – 16 Uhr | längere Gruppenführung nach Voranmeldung unter www.ahbtt.org.uk | £ 5 pro Person

Auf den Spuren von Samuel Pepys

St Olave   Samuel Pepys wohnte in der Seething Lane gegenüber. Sie führt zur Kirche St Olave an der Hart Street, eine der wenigen City-Kirchen, die das Große Feuer unbehelligt ließ. Es ist die **Pfarr- und Begräbniskirche von Pepys**, wie ein Gedenkstein an der Südwand weiß. Zum Begräbnis seiner Frau Elizabeth ließ er 1672 von John Bushnell eine Büste anfertigen. Erstmals für das 13. Jh. belegt, heute in ihrer Gestalt um 1450 mit dem Turm von 1732, ist die Kirche dem norwegischen Nationalheiligen König Olaf II. geweiht, der vermutlich an dieser Stelle als Verbündeter des Angelsachsenkönigs Ethelred 1014 gegen die Dänen kämpfte.

★★ TOWER BRIDGE

....

Lage: Whitechapel, EC 1 | **U-Bahn:** Tower Hill

....

Eine Brücke mit Charakter und Eigenleben: Die Tower Bridge bewegt sich. Das mussten schon ein Londoner Busfahrer und US-Präsident Clinton feststellen ...

1952 sprang ein voll besetzter Doppeldeckerbus über die sich öffnenden Hälften. Die Brückenwächter hatten den Fahrer falsch informiert, und so fuhr der Bus auf die südliche Brückenklappe, die sich langsam nach oben erhob, während die Nordklappe noch am Boden blieb. Ein meterbreiter Spalt tat sich auf. Der Fahrer gab mutig Gas. So flog der Bus über die Themse und landete ohne nennenswerte Schäden auf der zwei Meter tieferen Nordklappe. 1997 versetzte die Durchfahrt eines Segelschiffs die Leibwächter von Bill Clinton in helle Aufregung, weil die hochgeklappte Brücke den US-Präsidenten vom vorderen Teil seiner Autokolonne trennte. Dreimal passierten auch Flugzeuge die Lücke zwischen der Straßenebene und dem oberen Verbindungssteg, zuletzt 1968, als der Pilot eines Düsenjägers den 50. Geburtstag der königlichen Luftwaffe ohne Flugerlaubnis feierte.

Brücke in Bewegung

Tower Bridge zum Anfassen

Die Tower Bridge wetteifert mit Big Ben darum, Londons berühmtestes Wahrzeichen zu sein. Für Besucher hat die Brücke gegenüber dem Uhrturm einen entscheidenden Vorteil: Sie dürfen eintreten und hinaufsteigen, erleben ein herrliches Beispiel viktorianischer Ingenieurs- und Baukunst von innen und genießen einen Blick auf die Themse, den es sonst nirgendwo gibt, während sie in luftiger Höhe den Fluss überqueren – wahlweise mit dem kleinen Nervenkitzel eines Gangs über den Glasboden im Steg zwischen den Türmen. Wer sich informiert und rechtzeitig vor Ort steht (▶ Baedeker Wissen, S. 226), sieht auch das Schauspiel der Brückenöffnung.

Solange keine Schiffe die Brücke passieren, heißt es freie Fahrt
für Autos und Busse.

TOWER BRIDGE

Jeder London-Besucher möchte sehen, wie die Brücke innerhalb einer Minute hochgeklappt wird. Unter **www.towerbridge.org.uk** *erfährt man die Zeiten und den Namen des durchfahrenden Schiffs. Wer das Ereignis verpasst, kann es in der Ausstellung immerhin mit einer Smartphone-App erleben.*

❶ Nordturm
Wie sein Pendant ist der Nordturm 65 m hoch und steht auf einem 71 120 t schweren Pfeiler – zur Bauzeit die schwersten der Welt. Heute ist hier der Eingang zur Brückenausstellung.

❷ Verbindungssteg
Er verläuft in 33,5 m Höhe über der Fahrbahn und 42,4 m über dem mittleren Hochwasser. 1912 flog Frank McLean mit einem Doppeldecker zwischen Steg und Brücke hindurch.

❸ Südturm

Im Südturm zeigt ein Videofilm, wie die Brücke gebaut wurde. Eine Kunstinstallation widmet sich den Bauwerken des südlichen Themse-Ufers.

❹ Stahlskelett

Jeder Turm besteht aus einem mit Mauerwerk verkleideten Stahlskelett. Insgesamt wurden für die Brücke 11 481 t Stahl und Eisen sowie 37 477 t Beton, 20 320 t Zement, 29 696 t Ziegelsteine und 30 480 t Natursteine verbaut.

❺ Brückenklappe

Jede der beiden Brückenklappen wiegt 1220 t. Sie funktionieren nach dem Prinzip einer Wippe und öffnen sich in einer Minute 86° weit. 1974 ersetzte ein elektrohydraulisches System die ursprüngliche Dampfhydraulik.

❻ Durchfahrt

Bei geöffneten Klappen können Schiffe bis 10 000 BRT die 61 m breite Durchfahrt passieren.

Dynamik in Eisen und Stein

Die bewegliche Brücke entstand aus einem logistischen Problem heraus, seine Lösung stellte die Erbauer vor ziemliche Herausforderung: Im späten 19. Jahrhundert nahm der Straßenverkehr zu, eine feste Flussüberquerung im Osten der Stadt wurde dringend nötig, doch sollten Schiffe mit hohen Masten die Kais westlich des Tower of London anlaufen können. Ein Wettbewerb brachte 50 teilweise fantasievolle Entwürfe hervor und wurde zugunsten der Pläne des Architekten **Horace Jones** und des Ingenieurs **John Wolfe Barry** entschieden. Nach achtjähriger Bauzeit fand 1894 die Eröffnung statt. Zwei je 82 m lange Kettenbrücken verbinden das Ufer mit den beiden neugotischen Türmen. Zwischen ihnen verlaufen 9 m über Hochwasserstand die beiden Teile einer Klappbrücke. Die mittelalterlich anmutenden Türme bestehen aus einer damals hochmodernen Eisenkonstruktion mit einem steinernen neugotischen Kleid. Ihren blau-weiß-roten Anstrich erhielt die Tower Bridge allerdings erst 1977, zuvor kam sie in Schlachtschiffgrau daher.

Die Brückenhälften lassen sich innerhalb einer Minute öffnen, um großen Schiffen die Durchfahrt zu ermöglichen. In früheren Zeiten hob sich die Brücke bis zu fünfzehn Mal täglich. Deshalb schuf der Architekt den hoch gelegenen Überweg für Fußgänger. Die meisten zogen es jedoch vor, unten zu warten, bis die Straße wieder freigege-

20 mal in der Woche öffnet sich die Brücke heutzutage durchschnittlich – früher sogar 15 mal am Tag.

ben wurde. Außerdem gab es Klagen über Diebe und Dirnen auf dem Verbindungssteg, der 1910 geschlossen wurde. Tower Bridge ist heute noch eine wichtige Verkehrsverbindung vom Süden in den Norden Londons, die einige Male wöchentlich durch die Brückenöffnung kurz unterbrochen wird.

Geschichte und Geschichten

Seit den 1980er-Jahren kann man im Nordturm wieder nach oben steigen. Bilder und Schautafeln erläutern die Geschichte der Brücke, ihre Bauweise und erzählen Geschichten. Dann geht es zur Südseite hinüber. Wer will, betritt den 11 m langen Glasboden und blickt auf rote Busse, die 33 m tiefer die Themse überqueren. Hier befindet sich eine Ausstellung über berühmte Brücken aus aller Welt.
(Marginalie:) Tower Bridge Exhibition

Nach dem Abstieg im schönen alten Treppenhaus oder im Aufzug des Südturms versäumen Sie es nicht, den Maschinenraum zu besichtigen. Man muss kein Technikfreund sein, um über die majestätischen historischen Kolbendampfmaschinen zu staunen. Bis 1974 pumpten sie Wasser in große Druckspeicher, um mittels hydraulischer Kraft die Brückenklappen zu heben. Seitdem sorgen elektrische Pumpen und Ölhydraulik dafür, dass die Brücke sich öffnet.

April – Sept. tgl. 10 – 17.30, Okt. – März 9.30 bis 17 Uhr (jew. letzter Einlass) | Eintritt £ 9,80 | www.towerbridge.org.uk

★★ TRAFALGAR SQUARE

Lage: Westminster, SW 1 | **U-Bahn:** Charing Cross

Belebt wie ▶ Piccadilly Circus, aber ungleich schöner, vor allem harmonischer – Trafalgar Square ist einfach Londons majestätischster Platz. Seit jeher ist er das Ziel für Aufmärsche und Demonstrationen, heute eher ein Ort für Feste. Jedes Jahr lässt Norwegen einen riesigen Weihnachtsbaum aufstellen als Dank für die Befreiung im Zweiten Weltkrieg. Junge Besucher klettern für Fotos auf die überlebensgroßen bronzenen Löwen und lassen sich von den Brunnen nass spritzen.

H/J 7

Der steinerne, fünf Meter große Admiral Horatio Nelson blickt von der Nelsonsäule in der Mitte des Trafalgar Square hinab auf den Platz, der an seinen Sieg über die französisch-spanische Flotte vor dem spanischen Kap Trafalgar 1805 erinnern soll. Doch bevor Nelson 1843 sei-

Ein majestätischer Platz

nen Platz auf der Säule einnehmen konnte, feierten noch vierzehn Steinmetze ein Dinner auf der Plattform.

John Nash hatte 1829 mit den Arbeiten an Trafalger Square begonnen, erst 1851 konnte Charles Barry sie vollenden. Von ihm stammt die Nordterrasse vor der ▶ National Gallery, von der man einen wunderbaren Blick ▶ Whitehall hinunter auf Big Ben und das Parlament hat.

»England expects that every man will do his duty«

Nelson Column

Die Säule mit dem Standbild Nelsons ehrt nicht nur den Admiral selbst, sondern auch sein Flagschiff, auf dem er in der Schlacht von Trafalger den Sieg erlangte: 51 m ragt die Säule in die Höhe und stellt dabei exakt die Länge des Schiffs vom Kiel zum Mast dar. William Railton entwarf das Denkmal 1838 und orientierte sich an einer der Säulen des Tempels des Mars Ultor in Rom. Am Sockel schildern aus französischen Kanonen gegossene Bronzereliefs Szenen aus den vier großen Siegen des Admirals: an der Nordseite die Schlacht von Abukir (1798), an der Ostseite die Schlacht von Kopenhagen (1801), an der Westseite die Schlacht von St Vincent (1797) und an der Südseite die Schlacht von Trafalgar (1805). Dieses Relief zeigt die letzten Augenblicke des Admirals und sein berühmt gewordenes Flaggensignal an die Flotte: »England expects that every man will do his duty« (»England erwartet von jedem Mann, dass er seine Pflicht tue«). Die vier kolossalen Löwen von Edwin Landseer kamen 1868 hinzu, die beiden Springbrunnen nach Entwürfen von Sir Edwin Lutyens wurden 1948 aufgestellt, um Unruhen und Demonstrationen zu erschweren.

Zwei Kuriositäten können Sie auf dem Platz entdecken: Die Laternensäule in der Südostecke war Versteck für einen Polizisten, der

Hoch über Trafalgar Square steht der Sieger über die französisch-spanische Flotte vor dem Kap Trafalgar.

durch die Sehschlitze Demonstrationen beobachten und telefonisch Verstärkung rufen konnte. Dann gibt es die Plattform in der Nordwestecke: Über 150 Jahre lang wurde debattiert, was für ein Denkmal darauf stehen sollte. Schließlich einigte man sich auf das Fourth Plinth Project: In regelmäßigem Wechsel werden seit 1999 moderne Skulpturen und Installationen aufgestellt.

Auf der Whitehall zugewandten Verkehrsinsel markiert ein Reiterstandbild Karls I. von Le Sueur aus dem Jahr 1633 **Charing Cross**, wo das letzte von zwölf Kreuzen stand, die Eduard I. am Trauerweg für seine verstorbene Frau Eleonore von Nottinghamshire nach Westminster aufstellen ließ. An der Brüstung an der Nordseite sind die ehemaligen britischen Standard-Längenmaße (**Imperial Standards of Length**) in Messing eingelassen: 1 foot, 2 feet und 1 imperial yard.

St Martin-in-the-Fields

Wohltätigkeit in Perlmutt

An der Nordostecke von Trafalgar Square steht die Kirche St Martin-in-the-Fields. Für die »Pearlies« hat St Martin ihre spezielle Bedeutung. Sie rekrutieren sich aus den Marktleuten des East End und sammeln für wohltätige Zwecke. Jeden Oktober treffen sie sich in St Martin zum **Costermongers' Harvest Festival**, zu dem sie ihre mit Perlmuttknöpfen übersäten Anzüge und Kleider tragen und einen

Kirche der
Admiralität

»Pearly King« und eine »Pearly Queen« wählen. St Martin ist die Kirche der Admiralität, weswegen bei offiziellen Anlässen die Flagge der britischen Flotte, die White Ensign, gehisst wird, und sie ist außerdem die Kirche des Königshauses, denn zur Gemeinde zählt auch ▶ Buckingham Palace. Der Architekt war ein Schüler Wrens, James Gibbs, dem 1721 ein Meisterwerk gelang. Mit korinthischem Säulenportal und schlankem, 56 m hohem Turm wurde St Martin für viele Kirchen in den nordamerikanischen Kolonien zum Vorbild. Im Innenraum können Sie die von den Italienern Bagutti und Arturi geschaffene elliptische Gitterdecke bewundern. Links vom Altar befindet sich die königliche Loge (Royal Box), ihr gegenüber die der Admiralität. In St Martin sind u. a. William Hogarth und Nell Gwynne, die Geliebte Karls II., begraben.

Die Kirche ist seit der Zeit, als der sehr um die Armen der Stadt bemühte »Dick« Sheppard Vikar hier war (1914 – 1927), eine der wichtigsten Londoner Anlaufstellen für Arme und Obdachlose.

★★ VICTORIA & ALBERT MUSEUM

Lage: Cromwell Road, SW 7 | **U-Bahn:** South Kensington | tgl. 10 – 17.45, Fr. bis 22 Uhr | **Daily Introduction Tour:** tgl. 10.30, 12.30, 13.30, 15.30 Uhr | **Eintritt:** frei | www.vam.ac.uk

D 8/9

Interessiert Sie ein lebensgroßer silberner Schwan mit vergoldetem Schnabel, ein menschenfressender mechanischer Tiger oder lieber die Schnupftabakdosen von Friedrich dem Großen? Für nahezu jede Gattung von Kunst und Kunsthandwerk – Mode von der Renaissance bis heute, Schmuck, Glas für eine feine Tafel oder für ein Kirchenfenster, Skulpturen, Goldschmiedekunst, Teppiche aus Persien, Keramik aus China … – bietet das »V & A« Erlesenes aus den Kulturen der Welt.

Kunst der ganzen Welt

Prinz Albert von Sachsen-Coburg-Gotha, Gemahl Königin Viktorias, war ein unermüdlicher Weltverbesserer. Die von ihm mitinitiierte Great Exhibition von 1851 war ein voller Erfolg, aber in einem Punkt war Albert noch unzufrieden. Hatte Großbritannien die Preise für Industrieprodukte weitgehend abgeräumt, lagen andere Länder bei der angewandten Kunst vorne. Daher kam ihm die Idee für ein Museum, das erstklassiges Kunsthandwerk sammeln und angehende Handwerker inspirieren sollte. Ein riesiges Museum von Weltrang entstand.

Auch mit einer großen Skulpturensammlung kann das V & A glänzen.

Grundstock des ersten »Museum of Manufacturers« waren viele Stücke der Great Exhibition, die ab 1852 gezeigt wurden. 1899, fast 40 Jahre nach Alberts Tod, legte seine Witwe den Grundstein für das jetzige, von Aston Webb entworfene Gebäude, das durch Erweiterungen einen recht unübersichtlichen Grundriss erhielt.

Studieren Sie sich unbedingt den Museumsplan und setzen Sie Prioritäten – sonst stehen Sie fast ratlos vor der Fülle von Abteilungen und Objekten. Ein wenig Planung jedoch macht den Besuch zu einem unbeschwerten, mehrstündigen Vergnügen, vor allem, wenn man die Besichtigung der Galerien mit anderen Genüssen verbindet: das **historische Museumscafé** ist selbst ein glänzendes Beispiel für angewandte Kunst und der Museumsshop verkauft allerlei Ausgefallenes, auch hochwertige Reproduktionen.

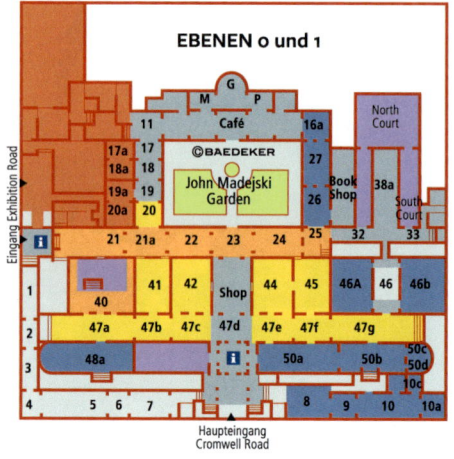

Ebenen 0 und 1

8–10	Mittelalter und Renaissance 300–1500
20	Plastik
21–25	Skulpturen
16a,26–27	Skulpturen 1300–1600
40	Mode
41	Südasien
42	Islam
44,47e–f	China
46a,b	Kopien von Großskulpturen
47a	Thailand
47b	Himalaya und Südostasien
47c	Südostasien
47g	Korea
48a	Raffael-Kartons
50a–d	Mittelalter und Renaissance 1350–1600

VICTORIA & ALBERT MUSEUM

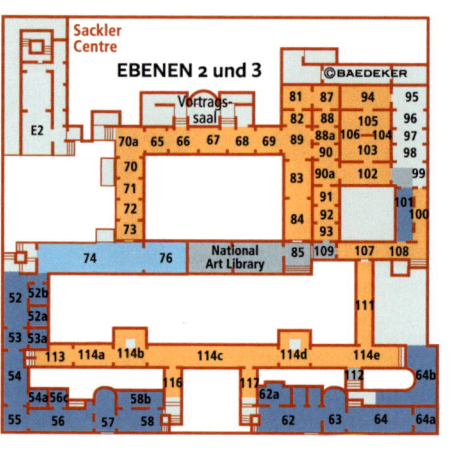

Ebenen 2 und 3

52–58	Britisches Kunsthandwerk 1500–1900
62a–64b	Mittelalter und Renaissance
65–70a	Silber
70–73	Gold, Silber, Mosaiken
74–76	Galerie des 20. Jh.s
81–82	Gemälde
83–84	Kirchensilber
87–88	Gemälde
90	Grafik
91–93	Schmuck, Edelsteine
94	Teppiche
100	Fotografie
101	Europa und Amerika 1800–1900
102	Leighton
103–106	Theater
107	Leighton
111	Skulpturen
113–114e, 116	Metall

▌ Empfohlene Rundgänge

Als mögliche Strategie …

Erste
Orientierung

… verschaffen Sie sich zuerst einen Überblick, z. B. bei einer »Introductory Tour«, und befassen sich anschließend näher mit einem Sachgebiet. Eine erste Orientierung ermöglicht die Unterteilung in die Bereiche Europa, Asien, Moderne und »Materials and Techniques«.

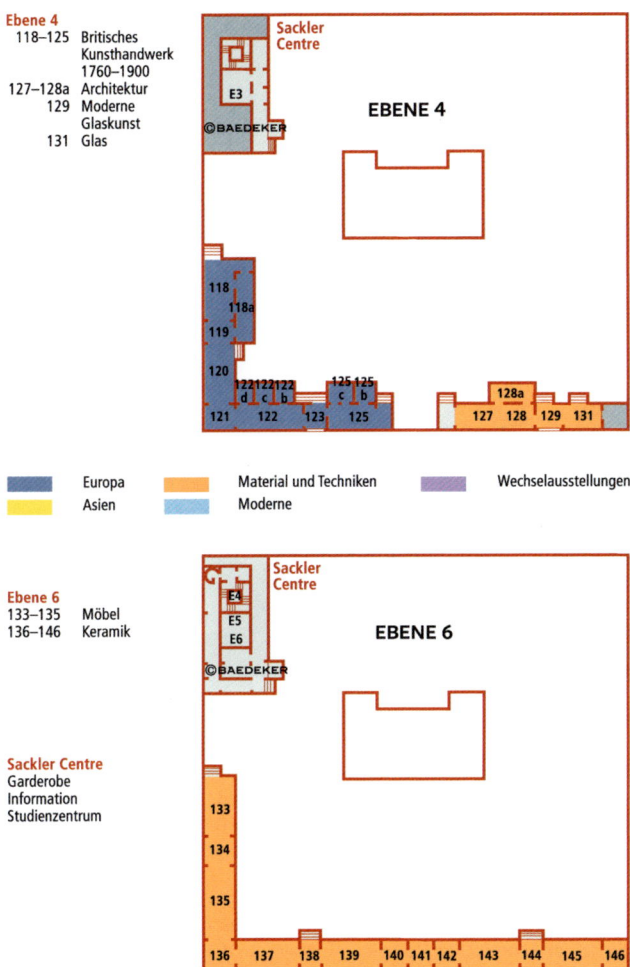

Ebene 4
118–125 Britisches Kunsthandwerk 1760–1900
127–128a Architektur
129 Moderne Glaskunst
131 Glas

Europa Material und Techniken Wechselausstellungen
Asien Moderne

Ebene 6
133–135 Möbel
136–146 Keramik

Sackler Centre
Garderobe
Information
Studienzentrum

Höhepunkte und Glanzstücke, wohin man schaut

Gleich am Anfang auf Level 0 stoßen Sie auf Höhepunkte der mittelalterlichen Kunst: im Saal 8 die elfenbeinerne Symmachi-Tafel (um 400), der in Köln gefertigte Eltenberger Reliquienschrein von 1180 und der Kerzenleuchter von Gloucester aus dem 12. Jh. Eine Etage darüber in den Sälen 50a bis 50d sind Plastik und Architekturschmuck des späten Mittelalters und der Renaissance versammelt, z. B. ein

Europa in Mittelalter und Renaissance

Warum nicht eine Pause einlegen und die Tea Time im stimmungsvollen Green Dining Room von William Morris genießen?

Lettner aus Marmor und Alabaster aus s'Hertogenbosch sowie Kirchenausstattungen und Grabmäler aus Italien. Weiter hinten auf dieser Ebene widmen sich die Säle 26, 27 und 16a religiöser Skulptur von 1300 bis 1600 und Glasmalereien, u. a. mit prächtigen Glasfenstern des 16. Jh.s aus deutschen Klöstern.

Der absolute Glanzpunkt dieser Abteilung ist in Raum 48a: die **Kartons von Raffael**, die er 1515/1516 als Vorlage für die Wandteppiche der Sixtinischen Kapelle anfertigte. In den Gipshöfen sind Meisterwerke der Bildhauerkunst wie Michelangelos David, die Portico de la Gloria aus Santiago de Compostela, die Bronzetüren von Hildesheim und die – halbierte – Trajansäule als Abgüsse versammelt.

Die allererste Gabel Englands

Britisches
Kunsthand-
werk

In den Räumen 52 – 58 (Level 2) und 118 – 125 (Level 3) wird britisches Kunsthandwerk von 1500 bis 1900 gezeigt, darunter die komplette Musikkammer von Norfolk House am St James's Square (1756) mit feinen Schreinerarbeiten und Holzschnitzereien, von Hugenotten gewebte Seidenstoffe, **Roubiliacs Händel-Statue** von 1738, der Schreibkasten von Heinrich VIII., der Hochzeitsanzug Jakobs II., aber auch die allererste englische Gabel. Größtes Stück ist das 3,6 m x 3,6 m große Bett aus dem White Hart Inn von Ware, das auch eine Rolle in Shakespeares »Was ihr wollt« spielt.

Die größte Sammlung indischer Kunst außerhalb Indiens

Auf Level 0 geht es zur Kunst Asiens, beginnend mit China in der T. T. Tsui Gallery (Raum 44) mit Exponaten vieler Kunstgattungen, etwa Keramik der Tang-Dynastie (700 – 900), Möbel der Ming-Dynastie (1368 – 1644) und einem aus dem Südlichen Palast aus Peking erbeuteten Kaiserthron aus der Qing-Dynastie (1750 – 1820). Glanzstück der islamischen Abteilung ist der **Ardabil-Teppich**, 1539 / 1540 für Safi-al Din, den Begründer der Safawiden-Dynastie, gefertigt. Die Indien-Abteilung ist die größte Sammlung indischer Kunst außerhalb des Subkontinents; hier sieht man u. a. **Tippoo's Tiger**, eine Holzskulptur von 1793, die sich der Sultan von Mysore anfertigen ließ: Sie zeigt, wie ein Tiger einen britischen Soldaten zerfleischt – ein Mechanismus imitiert das Brüllen des Tigers und die Schreie seines Opfers (Raum 41).

Asien

Schmuck und Gemälde

Auf Level 2 zeigt das V & A die weltgrößte Kollektion des englischen Malers **John Constable**. Die Nachbarräume beherbergen die hochkarätige Ionides Collection mit Gemälden von der italienischen Renaissance bis zu den englischen Prä-Raffaeliten und den französischen Impressionisten. Weitere Abteilungen auf Level 2 sind die hervorragenden Silbersammlungen, dann die Ironwork Gallery, die zeigt, was alles aus Eisen angefertigt werden kann, oder die Schmuckkollektionen (Räume 91 – 93) – hier sei nur ein goldener irischer Halsreif aus dem 7. Jh. erwähnt.

Materialien und Techniken

Das erste Museumsrestaurant der Welt

Das Museumscafé gestalteten namhafte Künstler: Von William Morris stammt der Green Dining Room mit Glasfenstern von Edward Burne-Jones und Philip Webb, von Edward Poynter der Grill Room mit niederländischen Kacheln und von James Gamble der Zentralraum mit Sprichwörtern zum Thema Essen in den Fenstern. Alle Räume zusammen bildeten das erste Museumsrestaurant der Welt.

Green Dining Room, Grill Room

▌ Brompton Oratory

Ein Stück Italien

Nachbar des V & A ist die katholische Brompton Oratory, die Kirche der Oratorianer aus der zweiten Hälfte des 19. Jh.s. Sie besitzt das drittgrößte Kirchenschiff in England nach dem von ▶ Westminster

Kirche der Oratorianer

Abbey und des Münsters von York. Sehenswert sind u. a. die Apostelfiguren aus Carrara-Marmor aus dem Dom von Siena.

Mit Bus 74 Richtung Westen bis West Brompton Station erreichen Sie **Brompton Cemetery**, den größten Friedhof Londons, ein verwildertes Gelände mit prächtigen Säulenhallen, Katakomben und aufwendigen Grabmälern.

★ WALLACE COLLECTION

Lage: Manchester Square, W 1 | **U-Bahn:** Baker Street, Bond Street | tgl. 10 – 17 Uhr | Eintritt frei | **www.wallacecollection.org**

F5

Eine willkommene Abwechslung zu den großen Londoner Museen bietet die Wallace Collection, die als möblierter Adelspalast daherkommt. Und im Innenhof gibt es ein stilvolles Café-Restaurant ...

Die Wallace Collection vermittelt einen Eindruck vom Wohnstil des englischen Adels zu seinen Glanzzeiten und zeigt, mit welch hochwertiger Kunst aristokratische Sammler ihre Häuser ausstatten konnten. Die Sammlung ist in 25 Räumen von Hertford House untergebracht, das 1776 bis 1788 für den Herzog von Manchester erbaut wurde. In vielen Räumen sind feine französische Möbelstücke des 17. und 18. Jh,s, Sèvres-Porzellan, Bronzen und Majolika zu sehen. Es war der vorwiegend in Paris lebende vierte Marquis von Hertford, der die Leidenschaft seiner Vorgänger fortführte und die Familiensammlung erstklassig ausbaute; sein Sohn Richard Wallace (1818 – 1890) vergrößerte sie weiter, und dessen Witwe schließlich vererbte sie der britischen Nation.

Aristokratische Sammelleidenschaft

Rubens, Rembrandt, Reynolds

Gemälde und Miniaturen

Herausragend sind die Miniaturen – u. a. ein Holbein-Porträt von Horenbout – in den Räumen 20 und 21 und die Gemälde, darunter Murillo mit religiösen Themen und Venedig-Ansichten von Canaletto und Guardi. Holländische und flämische Meister des 17. Jh.s sind gut vertreten: u. a. Rubens (»Heilige Familie«, »Isabella Brandt«, »Landschaft mit Regenbogen«), Rembrandt (»Barmherziger Samariter«) und **Frans Hals (»Lachender Kavalier«)**; weiterhin Velázquez (»Dame mit Fächer«), Tizian (»Perseus und Andromeda«), Reynolds, Gainsborough (»Mrs. Robinson«) und Philippe de Champaigne. Die folgenden Räume bieten überwiegend französische Maler, so Fragonard (»Die Schaukel«).

★★ WESTMINSTER ABBEY

Lage: Broad Sanctuary, SW 1 | **U-Bahn:** Westminster
tgl. 9.30 – 15.30, Mi. auch 16.30 –18 Uhr; Kassenschluss 1 Std. früher
Eintritt: £ 23 inkl. Audioguide | **www.westminster-abbey.org**

Hier setzte 1952 der Erzbischof von Canterbury die Krone auf das Haupt der jungen Queen Elizabeth, hier sang Elton John »Candle in the Wind« auf der Trauerfeier für Prinzessin Diana und rührte die Nation zu Tränen, und hier heirateten 2011 die Hoffnungsträger der Monarchie Prinz William und Herzogin Kate. Westminster Abbey ist ein Nationalheiligtum der Briten und der wichtigste Ort ihres kollektiven Gedächtnisses.

Grablege der Monarchie

In der Westminster Abbey liegen Aufstieg und Ende eines royalen Lebens nahe beieinander. Alle englischen Monarchen, beginnend mit Wilhelm dem Eroberer 1066, wurden hier gekrönt – ausgenommen Eduard V. und Eduard VIII. Die meisten von ihnen fanden bis zum Tod Georgs II. 1760 hier auch ihre letzte Ruhe. Da spielten alte

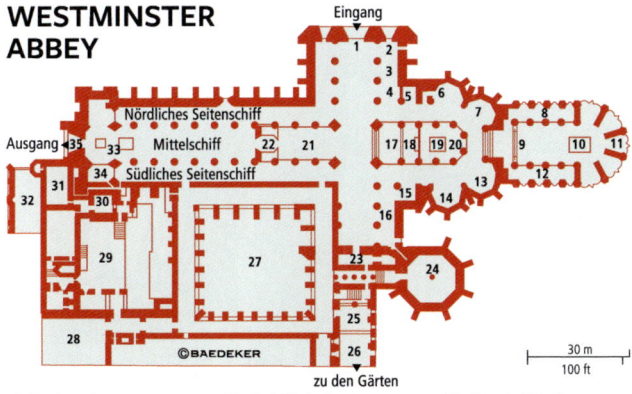

WESTMINSTER ABBEY

1 Nordportal	12 Grab Maria Stuarts	25 Chapel of the Pyx
2 Chapel of St. Andrew	13 Chapel of St. Nicholas	26 Norman Undercroft
3 Chapel of St. Michael	14 Chapel of St. Edmund	27 Kreuzgang
4 Chapel of St. John the Evangelist	15 Chapel of St. Benedict	28 Dean's Yard
5 Islip Chapel	16 Poet's Corner	29 Deanery
6 Chapel of St. John the Baptist	17 Sanctuary	30 Jericho Parlour
7 Chapel of St. Paul	18 Hochaltar	31 Jerusalem Chamber
8 Grab Elisabeths I.	19 St. Edward's Chapel	32 Buchhandlung
9 Henry VII's Chapel	20 Henry V's Chantry Chapel	33 Grabmal des Unbekannten Soldaten und Denkmal für Sir Winston Churchill
10 Grab Heinrichs VII.	21 Chor	
11 R.A.F. Chapel; The Battle of Britain Memorial Window	22 Orgelempore	34 St. George's Chapel
	23 Chapel of St. Faith	35 Westportal
	24 Kapitelhaus	

239

Rivalitäten keine Rolle – Maria Stuart und Elisabeth I., die sie ent-
haupten ließ, liegen in der Marienkapelle (Lady Chapel) nur ein
paar Meter entfernt voneinander begraben. Aber auch Persönlichkeiten von nationalem Rang – Staatsmänner, Feldherren, Literaten
und Musiker – wurden in der Kirche beerdigt oder mit einer Gedenktafel geehrt. Ihre Gräber und Denkmäler sind beeindruckende
Werke der Bildhauerkunst.

Das höchste gotische Kirchenschiff Englands

Bau-
geschichte

Die ehemalige Abteikirche heißt offiziell »The Collegiate Church of St
Peter in Westminster« und ist seit der Auflösung des hier ansässigen
Klosters und der Gründung der anglikanischen Kirche durch Heinrich VIII. direkt der englischen Krone unterstellt. Schon zu Beginn des
7. Jh.s soll an diesem Ort eine angelsächsische Kirche gestanden haben, die zur Unterscheidung von der im Osten gelegenen, Eastmins-
ter genannten Abtei St Mary-of-the-Graces Westminster genannt
wurde. Nach der Zerstörung durch die Dänen gründete Eduard der
Bekenner sie 1065 neu. An deren Stelle wiederum ließ Heinrich III.

Haupteingang ist nicht »vorne«, sondern seitlich. Am Nordportal startet auch der
Rundgang durch Westminster Abbey.

den jetzigen Bau im gotischen Stil beginnen. Teile der 1298 durch einen Brand zerstörten Abtei erbaute **Henry Yevele** 1388, 1506 fügte Abt Islip das Deckengewölbe hinzu. Mit 34 m Höhe besitzt die Abtei das höchste gotische Kirchenschiff in England. Die gotisierende Fassade mit den beiden 68 m hohen Türmen wurde 1735 bis 1740 von Nicholas Hawksmoor, einem Schüler Wrens, erstellt. 1998 setzte man in eine leere Nische über dem Westportal Skulpturen von zehn Märtyrern des 20. Jh.s, darunter Maximilian Kolbe (1. Figur links) und Dietrich Bonhoeffer (4. Figur von rechts).

Hinein durch den Seiteneingang

Westminster Abbey ist durchaus noch eine »normale« Kirche für Gottesdienste. Deshalb kanalisieren die Verantwortlichen die Touristenströme in einem Rundgang, der **am Nordportal beginnt** und durch das Westportal wieder hinausführt. .

Rundgang

Nördliches Querschiff

Minister, Gouverneure, Offiziere ...

Vom Nordportal tritt man ins nördliche Querschiff, den Statesmen's Aisle. Rechts u. a. Denkmäler für Premierminister William Pitt d. Ä. († 1778) und Warren Hastings († 1818), Generalgouverneur von Indien; links u. a. in der Michaelskapelle das dramatische Grab von Elizabeth Nightingale († 1734, von Roubiliac) und in der Johanneskapelle von Sir Francis Vere († 1608), Offizier Elisabeths I. Am Gitter des Chorumgangs befindet sich das Denkmal für Admiral Peter Warren († 1752), davor der Grabstein von William Gladstone (mehrfacher Premierminister; † 1898), daneben das Denkmal für Sir Robert Peel (Innenminister und »Vater« der Bobbies; † 1850).

Statesmen's Aisle

Royal Chapels

Eine Frage der Ehre

Nach links zu den Königskapellen hin betritt man das nördliche Ambulatorium mit der zwei Stockwerke hohen **Islip Chapel**. Im unteren Teil das Grabmal des Abts und Kirchenbaumeisters Islip († 1532), oben eine Gedächtniskapelle für das Medical Corps. In der anschließenden Chapel of St John the Baptist ist u. a. Thomas Cecil, Graf von Exeter († 1622), geheimer Rat Jakobs I., begraben. Der Platz zur Linken war für seine zweite Frau bestimmt, die dies aber ablehnte, da den Ehrenplatz zur Rechten bereits ihre Vorgängerin einnahm. Es folgt die Chapel of St Paul, in der u. a. **Sir Rowland Hill** († 1879; vorn), der »Vater der Briefmarke«, und der Dampfmaschinenpionier **James Watt** († 1819; rechts) begraben sind.

Nördliches Ambulatorium

Perpendicular in Perfektion

Chapel of Henry VII. (Lady Chapel)

Schwarze Marmorstufen führen nun in die Lady Chapel, auch Kapelle von Heinrich VII. genannt, da dieser Monarch sie als seine Grabkapelle errichten ließ. Sie entstand 1503 bis 1519 nach Plänen von Robert Ertue, dem Hofbaumeister. Ihr Hauptschiff ist mit seiner prunkvollen Ausstattung und seinem wunderschönen Fächergewölbe ein **großartiges Werk des Perpendicular Style**. Heinrich VII. († 1509) und Elisabeth von York († 1502), als goldbronzene Liegefiguren dargestellt, vereinigten durch ihre Heirat die Häuser Lancaster und York und beendeten die Rosenkriege. Die Grabstätte des Königspaars schuf der florentinische Bildhauer Torrigiani. Im selben Gewölbe ist auch Jakob I. begraben; vor dem Grab Heinrichs VII. fanden u. a. Georg II. und Eduard VI. ihre letzte Ruhe. Über dem Grabmal sieht man die Banner und zu beiden Seiten vollendet geschnitzte Gestühle der Ritter des Ordens von Bath.

Im linken Seitenschiff sind in der **Innocents' Corner** Sophie und Mary begraben, die Töchter Jakobs I., die nur drei Tage bzw. zwei Jahre alt wurden. Daneben steht ein kleiner Sarkophag mit den Gebeinen der im ▶ Tower vermutlich ermordeten Söhne Eduards IV.; vorn die Gräber von **Königin Elisabeth I.** († 1603) und **Maria Tudor** († 1558), Elisabeths katholischer Halbschwester (»Bloody Mary«). Die Achskapelle ist die Royal Air Force Chapel mit dem »Battle of Britain Memorial Window« zum Gedenken an die Luftschlacht um England 1940. Im rechten Seitenschiff sind beachtenswert: das Grab von Lady Margaret Douglas († 1577), Tochter von Königin Margarete von Schottland, umgeben von ihren sieben Kindern, die Liegefigur der 1587 enthaupteten Maria Stuart und die lebensgroße Figur von George Monk, Herzog von Albemarle († 1670), Erneuerer der Macht der Stuarts nach der Regierungszeit von Oliver Cromwell, der bis 1661 in diesem Teil der Kirche begraben war. Im Gewölbe vor dem rechten Seitenschiff sind Karl II., Wilhelm III. mit Gemahlin und Königin Anna mit Gemahl begraben.

Auf die Kapelle Heinrichs VII. folgt die **Henry V. Chantry Chapel** mit der Liegefigur Heinrichs V. – ohne Kopf, denn der wurde in der Regierungszeit Heinrichs VIII. gestohlen.

Der heiligste Ort der Kirche

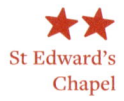

St Edward's Chapel

Im Zentrum der über die Apsis der alten Kirche gebauten St Edward's Chapel steht der seines ursprünglichen Schmucks beraubte hölzerne **Schrein für Eduard den Bekenner** († 1066), 1269 auf Befehl Heinrichs III. errichtet und lange Zeit als heiligster Ort der Kirche Pilgerziel. An der Rückwand des Altarraums sehen Sie links den alten, eichenen **Krönungsstuhl Eduards I.** 700 Jahre lang lag unter ihm der **Stone of Scone**, ein Sandstein von der Westküste Schottlands und Herrschaftssymbol der schottischen Fürsten: Es soll der in der Genesis Kap. 28, 18 erwähnte Stein sein, auf den Jakob sein Haupt gebet-

Perpendicular Style in Reinkultur in der Chapel of Henry VII

tet hatte. Eduard I. brachte ihn 1296 als Zeichen der Unterwerfung der Schotten nach London; erst 1996 hat England ihn zurückgegeben. Neben dem Stuhl sind das Staatsschwert und der Schild Eduards III. angebracht. An den Seitenwänden sind zu beachten (rechts vom Stuhl beginnend): die einfache Grabplatte Eduards I. († 1308); das prächtige Porphyrgrab mit Mosaik von Heinrich III. († 1272); Eduard III. († 1377); schließlich Richard II., 1399 ermordet.

Unter Gold und Emaille begraben

In der ersten Kapelle im südlichen Ambulatorium, der Chapel of St Nicholas, steht das Marmorgrab von Sir George Villiers, erster Herzog von Buckingham († 1606), und seiner Frau. Zu den schönsten Gräbern in der Chapel of St Edmund gehört das von William de Valence, Earl of Pembroke und Halbbruder Heinrichs III., 1296 bei Bayonne gefallen, mit der reich emaillierten, liegenden Figur des Toten und den vergoldeten Kupferplatten (rechts). Die Chapel of St Benedict enthält u. a. **das Grab von Anna von Cleve**, Heinrichs VIII. vierter Frau.

Südliches Ambulatorium

| Südliches Querschiff · Chor · Sanktuarium

Berühmte Lyrikecke

Poets'
Corner

Nach den königlichen Kapellen geht es nach links in das südliche Querschiff. Dessen Süd- und vor allem die Ostwand, dazu der Fußboden sind mit **Statuen und Gedenktafeln britischer Dichter** bestückt, was dieser Ecke den Namen »Poets' Corner« einbrachte. Geehrt werden u. a.: Sir Walter Scott († 1832), John Gay († 1732), Verfasser der »Beggars' Opera«, William Shakespeare († 1616), Geoffrey Chaucer († 1400), Lord Byron († 1824), der schottische Nationaldichter Robert Burns († 1796), Charles Dickens († 1870), Lord Tennyson († 1892), Lewis Carroll († 1898), Rudyard Kipling († 1936), Dylan Thomas († 1953) und T. S. Eliot († 1965). Auf der rechten Seite (Westseite): die Reliefgruppe um den Schauspieler David Garrick († 1779), der Schriftsteller W. M. Thackeray († 1863), Laurence Olivier († 1989) und links oben die Statue Georg Friedrich Händels von Roubiliac.

Ort der Krönung

Chor und
Sanktuarium

Der Chor zieht sich über das Querschiff hinaus bis in die Mitte des Hauptschiffs. Dem Altar zugekehrt ist das Sanktuarium, in dem die englischen Herrscher gekrönt werden. Auf der rechten Seite nimmt die Geistlichkeit in den sog. Sedilien aus Eichenholz Platz. Am Hochaltar, 1867 von Gilbert Scott geschaffen, fällt besonders das Glasmosaik von Salviati (»Das letzte Abendmahl«) auf.

Queen's Diamond Jubilee
Galleries

2018 eröffnete im Triforium eröffnete die Queen's Diamond Jubilee Galleries mit Blick hinunter auf die Königsgräber. Dort wird u. a. das Retabel des Hochaltars aus dem 13. Jh. präsentiert. Man erreicht die Galerie über den neu gebeuaten Weston Tower.
Eintritt £ 5 (Zeitfenster)

| Kreuzgang · Chapter House · Abbey Museum

Viele Gräber, ein Café

Kreuzgang

Auch im Kreuzgang finden Sie viele Gräber. In seiner jetzigen Gestalt ist der Gang ein Werk des 13. und 14. Jahrhunderts, geht aber auf das 11. Jahrhundert zurück. Wer möchte, kann hier im Café ein Päuschen einlegen.

Die älteste Tür Großbritanniens ...

Chapter
House

Vom Kreuzgang geht es in das Kapitelhaus (Chapter House). Das Gewölbe des achteckigen, 20 m durchmessenden Raums, wahrscheinlich von Heinrich von Reims zwischen 1245 und 1255 erbaut, trägt ein einziger Pfeiler (allerdings eine 1866 gefertigte originalge-

LINKS: Der Kreuzgang beherbergt auch ein Café.
UNTEN: Eines der Fenster im Chapter House zeigt
Edward VI., Sohn Heinrichs VIII., der 1547 als
Neunjähriger den Thron bestieg und bereits 1553
verstarb.

treue Nachbildung). Besonders hervorzuheben sind im Hauptraum das Pflaster, das Rippenwerk um die sechs Fenster, das kreisförmige Tympanon über dem Torweg sowie im Vestibül die um 1050 eingesetzte Tür, dadurch die angeblich älteste Großbritanniens. Im Chapter House traf sich 1257 der Parlamentsvorläufer Great Council, und von 1282 bis 1547 tagte dort das House of Commons.

Der älteste Altar der Abtei ...

Pyx Chamber

Die Pyx Chamber (Chapel of the Pyx) ist Teil der Kirche von Eduard dem Bekenner von 1070. Hier ist der älteste Altar der Abtei zu sehen. Ihr Name kommt von der hier aufbewahrten »Pyx«, einer Schatulle mit den Prüfplatten aus Gold und Silber, mit denen die Münzen des Königreichs geprüft wurden.

... das älteste Holzbildnis, der älteste Garten

Abbey Museum

In der Normannischen Krypta (Norman Undercroft), noch aus der Zeit Eduards des Bekenners, zeigt das Abteimuseum Siegel, Urkunden, den Krönungsstuhl von Maria II. sowie Sattel, Helm und Schild Heinrichs V. aus der Schlacht von Agincourt. Kurios ist eine Sammlung lebensgroßer wächserner Totenfiguren, die bei Begräbnissen bedeutender Persönlichkeiten in der Kathedrale gezeigt wurden, u. a. von Karl II., Elisabeth I. und Lord Horatio Nelson. Einen genauen Extrablick verdient die **Figur König Eduards III.** (1312 – 1377): Es ist das älteste in Europa erhaltene Holzbildnis eines Monarchen überhaupt.

Der heute von der Westminster School genutzte **College Garden** soll der älteste Garten in England sein.

Abbey Museum: Mo. – Sa. 10.30 – 16 Uhr

College Garden: nur Di. – Do., zu erreichen via Little Cloister

▮ Kirchenschiffe

»Pfeif auf die Regeln! Probiere es aus« – Baden Powell

Südliches Seitenschiff

Zurück geht es dann ins südliche Seitenschiff. Hier ist die Gedenkplatte für Baden Powell († 1914), den Begründer der Pfadfinderbewegung, in den Boden eingelassen. Rechts sieht man das Denkmal für Godfrey Kneller († 1723), ein Schüler Rembrandts und Hofmaler Charles' II. Kneller, der das Epitaph selbst entworfen hatte, ist der einzige in Westminster Abbey verewigte Maler.

In flandrischer Erde begraben

Mittelschiff

Steinplatten im Mittelschiff bedecken die Gräber u. a. des Architekten Sir Charles Barry († 1860), von Sir Gilbert Scott († 1878), des Afrikaforschers David Livingstone († 1873), des Erfinders Robert Stephenson († 1859) und des Staatsmanns Neville Chamberlain

(† 1940). Nur wenig vom Westportal entfernt liegen das Grabmal des Unbekannten Soldaten, der hier in flandrischer Erde begraben ist, und der **Gedenkstein für Sir Winston Churchill** († 1965).

Kunst, Fortschritt und Menschenrechte

Im nördlichen Seitenschiff steht über dem Portal das allegorische Denkmal für Premierminister **William Pitt d. J.** († 1806), eine Rede haltend, der rechts die Geschichte lauscht, während links die Anarchie in Ketten gelegt ist. Weitere Denkmäler auf dieser Seite: William Wilberforce († 1833), einer der entschiedensten Gegner der Sklaverei; der Dichter Ben Jonson († 1637); die Musiker Orlando Gibbons († 1625) und Henry Purcell († 1695), letzterer auch Organist der Abtei; **Charles Darwin** († 1882); ein Fenster für den Ingenieur Isambard Brunel († 1859) und am Ende des Chors links schließlich der schwarze Sarkophag von Sir **Isaac Newton** († 1726). Nicht weit davon im Boden die Grabplatte für den Physiker **Stephen Hawking** († 2018). Die Inschrift »Here lies what was mortal of Stphen Hawking« ist die englische Übersetzung des Sinnspruchs auf dem Grab von Newton.

Nördliches Seitenschiff

Der erste englische König auf Leinwand

Bevor man die Abtei verlässt, sollte man noch in die St George's Chapel schauen. Sie ist den Gefallenen des Ersten Weltkriegs geweiht. Neben einer Gedenktafel für Franklin D. Roosevelt hängt am Pfeiler ein **Porträt Richards II.** aus dem 14. Jh., das älteste erhaltene Porträtgemälde eines englischen Königs.

St George's Chapel

▌Rund um Westminster Abbey

Im Refugium geboren

Das Tudor-Torhaus schräg links gegenüber dem Westportal der Abtei steht ungefähr an der Stelle, an der sich früher der Glockenturm und das Sanktuarium der Abtei befanden. Wer auf der Flucht war, fand hier Schutz. Zu ihnen zählte auch die Mutter von Eduard V., die ihren Sohn im Sanktuarium geboren hat.

Sanctuary

Auf der Schulbank mit Wren, Churchill und Andrew L. Webber

Westminster School schließt südlich an. Sie wurde 1339 zum ersten Mal als Klosterschule erwähnt, jedoch 1560 von Elisabeth I. erneut gegründet. Zu ihren Schülern zählten Ben Jonson, Christopher Wren, Churchill, Peter Ustinov und Andrew Lloyd Webber.

Westminster School

Ja, ich will …

St Margaret's an der Nordseite von Westminster Abbey, im 11. Jahrhundert von Eduard dem Bekenner gegründet, ist bei der eng-

St Margaret's

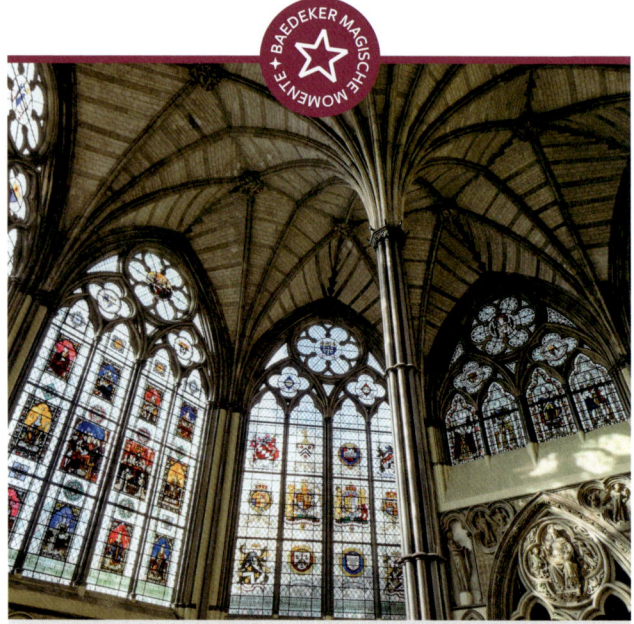

HIMMLISCHE STIMMEN

Erleben Sie Westminster Abbey im Geiste der Gründer
und Erbauer – nicht als viel besuchter Touristenmagnet
mit recht hohen Eintrittspreisen, sondern bei dem gesun-
genen Gottesdienst »Evensong«. Die erhabenen Stimmen
des Knabenchors hallen im gotischen Gewölbe
(Mo., Di., Do., Fr. meist 17 Uhr, Sa./So. 15 Uhr,
www.westminster-abbey.org/worship-music).

lischen Aristokratie als Hochzeitskirche beliebt – unter anderem
heiratete Winston Churchill hier. Hauptsehenswürdigkeit sind die
flämischen Glasmalereien des Ostfensters, ein Geschenk von Ferdi-
nand und Isabella von Spanien zur Hochzeit von Prinz Arthur, dem
älteren Bruder Heinrichs VIII., mit Katharina von Aragón. Als das
Fenster in London eintraf, war Arthur aber schon verstorben und
Katharina inzwischen mit Heinrich verheiratet. Von den Totenge-
denktafeln bedeutend ist die Tafel für Sir Walter Raleigh, Gründer
von Virginia, der hier nach seiner Hinrichtung begraben worden
sein soll.

WESTMINSTER CATHEDRAL

Lage: 42 Francis St., SW 1 | **U-Bahn:** Victoria | **Turm und Schatz-kammer:** Mo. – Fr. 9.30 – 17, Sa. und So. 9.30 – 18 Uhr | **Eintritt:** Schatzkammer £ 5, Turmbesteigung £ 6
www.westminstercathedral.org.uk

Für den herrlichen Ausblick vom Turm und eine prächtige, noch nicht vollendete Inneneinrichtung ist ein Besuch der Westminster Cathedral allemal wert. Als Sitz des Kardinal-Erzbischofs von Westminster ist sie neben der Kathedrale von Liverpool das bedeutendste katholische Gotteshaus Englands.

G 9

300 Jahre lang suchte man römisch-katholische Kirchen in England vergebens. Erst Mitte des 19. Jahrhunderts wurde die katholische Hierachie wiederhergestellt – Westminster Cathedral dient seit Anfang des 20. Jahrhunderts als ihre repräsentative Kathedrale.

Die Unvoll-endete

Die dreischiffige Basilika ist ein Entwurf von John Bentley (1839 – 1902) im neo-byzantinischem Stil. Mit 52 Metern Weite schuf er das das **breiteste Kirchenschiff Englands**. Für seinen Entwurf verlieh ihm das Royal Institute of British Architects die Goldene Ehrenmedaille, doch einen Tag vor der Verleohung verstarb er.

Beim Nordwesteingang liegt der Fahrstuhl zum 94 Meter hohen St Edward's Tower, der einen weiten Blick über London bietet.

Aus dem Petersdom

Im Kirchenvorraum symbolisieren zwei Säulen aus rotem norwegischen Granit das Blut Jesu, dem die Kathedrale geweiht ist. Bei der linken Säule steht das Bronzebild des hl. Petrus, eine Kopie des berühmten Sitzbilds im Petersdom.

Immer noch in Arbeit

Im Inneren des vergleichsweise jungen Kirchenbaus wird noch immer gearbeitet. Jahr für Jahr bedeckt die kostbare Verkleidung weitere Wandflächen im riesigen Innenraum. Hierfür kamen mehr als 100 Marmorsorten aus allen Kontinenten zum Einsatz. Die Mosaiken in den Kapellen sind bereits fertig. Beachtung verdienen die 14 Stationen des Kreuzweges, ein Werk des Bildhauers Erich Gill, ferner die St George's Chapel mit dem Grab des 1654 gestorbenen John Southwark und die Chapel of St Thomas of Canterbury im nördlichen Querschiff. Hier ist der Kardinal Herbert Vaughan begraben, der den Bau der Kathedrale veranlasste. Die Schatzkammer enthält unter anderem eine Bischofsmütze von St Thomas of Canterbury und Fragmente vom Heiligen Kreuz.

★★ WHITEHALL

Lage: Westminster, SW 1 | **U-Bahn:** Westminster, Embankment, Charing Cross

H/J 7/8

Oft gesehene Fernsehbilder: Der/die britische Premierminister/in empfängt an der schwarzen Tür mit der Nummer 10 hohen Besuch. Oder verkündet den Rücktritt. Aber bitte nicht enttäuscht sein, wenn man dann tatsächlich vor Downing Street steht. Erstens ist sie abgesperrt und zweitens eine Sackgasse. Die aber ist die berühmteste der Welt. Sie zweigt ab von Whitehall, der Straße, die dem Regierungsviertel ihren Namen gab2. Seit Jahrhunderten ist hier die Machtzentrale Großbritanniens.

Kaum vorstellbar, dass hier, wo der Verkehr fließt, sich zwischen Ministerien und Kriegerdenkmälern Regierungsbeamte und Touristen über den Weg laufen, einst einer der größten Paläste Europas stand. Denn ihren Namen verdankt die Straße tatsächlich einem Gebäude, dem **Whitehall Palace**, einer wahren Kleinstadt mit 1500 Räumen, Festhalle und Turnierplatz, wie ihn Heinrich VIII. hat bauen lassen. Der Großbrand von 1698 hat davon bis auf Banqueting House nichts übrig gelassen.

Von hier aus wird regiert

▌ Vom Parliament Square zum Trafalgar Square

Zum Gedächtnis an große Zeiten

Parliament Square

Starten Sie gegen 10 Uhr am Parliament Square unterhalb von Big Ben, damit Sie rechtzeitig zur Wachablösung an Horse Guards sind. Rund um das Rasengeviert wehen die Flaggen des Commonwealth über den Denkmälern großer Staatsmänner, von denen das für Winston Churchill sicher das beeindruckendste ist. Von hier geht es, am besten immer auf der linken Straßenseite, auf der hier noch Parliament Street heißenden Straße hinauf Richtung Trafalgar Square.

Ministerium um Ministerium

Public Offices

Die erste Querstraße, die King Charles Street, durchschneidet die 1868 bis 1873 erbauten Public Offices. Hinter dem unverfänglichen Namen verbergen sich mächtige Ministerien: im Nordteil Foreign Office (Außenministerium), Commonwealth Office und Home Office (Innenministerium), im südlichen Teil u. a. das Schatzamt.

Niemals aufgeben

Churchill War Rooms

Winston Churchill hat den Zweiten Weltkrieg sicher nicht alleine gewonnen. Aber er war es, der in den finstersten Zeiten des Kriegs, als

Frankreich besiegt und Großbritannien einziger Gegner Deutschlands war, in legendären Radioansprachen den Briten Hoffnung gab:

>>
... we shall fight in the fields and in the streets, we shall fight in the hills; we shall never surrender.
>>

Ihm widmen sich die Churchill War Rooms am Ende der King Charles Street. Von diesen 19 Bunkerräumen lenkte das Kriegskabinett die britischen Operationen. Sie sind im Originalzustand von 1945 belassen, darunter das Telefon, das Churchill für seine häufigen Gespräche mit US-Präsident Roosevelt benutzte, und das schlichte Schlafzimmer – das er allerdings nicht allzu oft aufsuchte, denn lieber schaute er mit einem Glas Whisky in der Hand und Zigarre im Mund vom Dach den deutschen Bombern zu oder schlief im Savoy.
tgl. 9.30 – 18 Uhr | Eintritt: £ 17,50 | www.iwm.org.uk

Ein leeres Grab

Auf Höhe des Foreign Office steht in der Straßenmitte das Nationaldenkmal für die Gefallenen beider Weltkriege, das Cenotaph (griech. »leeres Grab«). Entworfen von Sir Edward Lutyens, wurde es 1920 am zweiten Jahrestag des Waffenstillstands vom 11. November 1918 als Erinnerungsmal für die Toten des in Großbritannien »Great War« genannten Ersten Weltkriegs enthüllt. Nach dem Zweiten Weltkrieg änderte man die Inschrift in »The Glorious Dead«. Es trägt die Embleme von Heer, Luftwaffe, Kriegs- und Handelsmarine. Am Kriegergedenktag (**Remembrance Day**), dem zweiten Sonntag im November, versammeln sich am Cenotaph um 11 Uhr Vertreter des Commonwealth zur Gefallenenehrung.

Cenotaph

Hinter Gittern

Dann sieht man – immer noch auf der linken Straßenseite – ein massives Gittertor, bewacht von Bobbies und umlagert von Neugierigen, die ab und zu dunklen Limousinen Platz machen müssen: Hier beginnt Downing Street, **eine unscheinbare Sackgasse mit berühmtem Namen** und neun Hausnummern: Seit 1735, als Georg II. das Haus dem ersten Premierminister, Sir Robert Walpole, zur Verfügung stellte, ist **Nr. 10** dessen offizielle Residenz. In Nr. 9 residierte der »Chief Whip« (eine Art Parlamentarischer Staatssekretär), Nr. 11 ist Amtssitz des Schatzkanzlers, in Nr. 12 sitzt das Pressebüro des Premiers. Die Hausnummern 13, 17 und 19 waren nie bebaut. Nr. 14 bis 16 wurden abgerissen und die Nummern 18 und 20 warten auf Verwendung. Das Sträßchen ist in den 1680er-Jahren für den Diplomaten Sir George Downing gebaut worden. Von außen schlicht und gar nicht groß, offenbaren sie hinter den Fassaden eine erstaunliche

Downing Street

LINKS: Hinter dieser Tür residiert der Premierminister.

UNTEN: von den unterirdischen War Rooms lenkten Churchill und sein Kabinett den Krieg gegen Deutschland.

Großzügigkeit. Winston Churchill wiederum war nicht begeistert: In seinen Memoiren bezeichnete er seinen Amts- und Wohnsitz als »der damaligen Profitgier entsprechend liederlich gebaut«. Sir George Downing hätte das sicher nicht gefallen, genau so wenig wie die Gitter, die 1986 aus Furcht vor Anschlägen der IRA aufgestellt wurden.

Ein seltenes Monument

Seit 2005 ehrt in der Straßenmitte das Women at War Memorial den Einsatz der britischen Frauen im Zweiten Weltkrieg. Künstler John Mills zeigt Uniformen und Arbeitskleidung wie an einer Garderobe aufgehängt. Dann folgt Dover House, Sitz des Scottish Office.

Women
at War
Memorial

Und sie bewegen sich doch ...

Nicht zu übersehen: Der Höhepunkt von Whitehall aus touristischer Sicht ist Horse Guards. Unablässig belagern kamera- und selfiestick-bewaffnete Touristen dieses von William Kent 1753 fertiggestellte Gebäude. Objekt ihrer Aufgeregtheit sind die davor Wache haltenden Soldaten: Ein Gardist zu Fuß und zwei zu Pferd vom Corps der **Household Cavalry** stehen, unbeeindruckt vom Gewusel um sie herum, auf ihrem Posten am Platz des einstigen Wachhauses von Whitehall Palace. Die Household Cavalry besteht aus den Queen's Life Guards mit scharlachrotem Rock und weißem Federbusch am Helm und den Blues and Royals mit blauem Rock und rotem Federbusch. Die Life Guards gehen auf die Leibgarde Karls I. zurück, die Blues and Royals gründen ihre Tradition auf ein Regiment Cromwells.

★

Horse
Guards

Hinter Horse Guards öffnet sich zum ▶ St James's Park hin der Paradeplatz Horse Guards Parade. Hier findet täglich bei nahezu jedem Wetter die **Wachablösung der Household Cavalry statt**. Das Corps hat sein Quartier in den Hyde Park Barracks in Knightsbridge, und jeden Tag wird der Ritt dorthin zurück so angesetzt, dass die Kavalleristen den ▶ Buckingham Palace ungefähr in dem Moment passieren, wenn dort die Foot Guards aufziehen. Wer die große Wachablösung vormittags verpasst, kann um 16 Uhr die Inspektion der Truppe verfolgen oder auch zu jeder vollen Stunde die Ablösung der drei Soldaten am Tor. Im Juni wird auf Horse Guards Parade der offizielle Geburtstag von Königin Elisabeth II. mit dem farbenprächtigen Schauspiel **»Trooping the Colour«** gefeiert, das gewöhnliche Touristen (und Londoner) allerdings nur als Zaungäste miterleben können; die Parade vom Buckingham-Palast her über die Mall entschädigt dafür aber durchaus.

Rechts am Ende des Durchgangs liegt der Eingang zum **Household Cavalry Museum**, das die Tradition der Kavalleristen zeigt. Sie können auch einen Blick in die Stallungen werfen.

Wachablösung: Mo. – Sa. 11, So. 10 Uhr
Household Cavalry Museum: April – Okt. tgl. 10 – 18, Nov. – März bis 17 Uhr | Eintritt: £ 7 | www.householdcavalrymuseum.co.uk

Banqueting House

Frostiger Tod

An der Straßenseite gegenüber steht Banqueting House, einziger vollständig erhaltener Rest von Whitehall Palace. Es ist das dritte Gebäude an dieser Stelle, aber das erste Londons im palladianischen Stil, im Auftrag Karls I. von Inigo Jones entworfen und 1619 bis 1622 fertiggestellt. Es zeigt sich in der klaren Gestalt des Palladianismus mit Fensterreihen auf zwei Stockwerken und abwechselnden Rund- bzw. Dreiecksgiebeln in der Horizontalen, in der Vertikalen mit einem von korinthischen bzw. ionischen Halbsäulen gegliederten Risalit und Pilastern.

Banqueting House diente als Bankett- und Empfangssaal des Königshauses und der Regierung. Hier fand Geschichte statt: Im alten Gebäude heirateten 1533 Anne Boleyn und Heinrich VIII., hier starb der König auch; Prinzessin Elisabeth wurde von hier in den Tower abgeführt. **Karl I.** musste am 30. Januar 1649 durch ein Fenster das auf Whitehall errichtete Schafott besteigen (seine Büste bezeichnet diese Stelle); es war an diesem Tag so bitterkalt, dass man ihm ein zweites Hemd anzog, damit er nicht friere …

Sein Nachfolger **Oliver Cromwell** wohnte und starb (1658) in diesen Mauern, und bei der Wiedereinsetzung der Stuarts gelobte ebenfalls an diesem Ort das Parlament dem neuen Monarchen Karl II. ewige Treue. Daran erinnerte man sich 1688 nicht mehr, als Wilhelm von Oranien nach der Glorious Revolution in Banqueting House die Königswürde angetragen wurde.

Innen offenbart sich Banqueting House als ein einziger Raum von 38 m Länge, 18 m Breite und 18 m Höhe. Seine ganze Pracht schöpft der Saal aus neun allegorischen Deckengemälden von **Peter Paul Rubens**, die er im Auftrag Karls I. 1635 vollendete. Im Mittelpunkt steht die Apotheose von Jakob I., ein weiteres Motiv symbolisiert die Vereinigung von England und Schottland. Rubens erhielt dafür 3000 Pfund und wurde vom König zum Ritter geschlagen.

tgl. 10 – 17 Uhr | Eintritt: £ 6 | www.hrp.org.uk

Ministry of Defence

Auf Wein gebaut

Rechts von Banqueting House ragt an der Horse Guards Avenue das Verteidigungsministerium (Ministry of Defence) auf, davor Denkmäler für Offiziere der britischen Armee, u. a. für Sir Walter Raleigh und Feldmarschall Montgomery. Das Ministerium steht auf einem Rest von Whitehall Palace, dem Weinkeller Heinrichs VIII.; am Ende der Horse Guards Avenue, der Themse zu, steht ein weiteres Überbleibsel des Whitehall-Palasts: **Queen Mary's Terrace**. Christopher Wren entwarf diese 1691 gebaute Treppe und die Bootsanlegestelle.

Scotland Yard

Einst Sitz der Londoner Polizei

Zurück auf Whitehall zweigt bald rechts eine Straße namens Great Scotland Yard ab. Hier besaß bis zum 16. Jh. der schottische König

Dienstschluss : Eine Schwadron der Blues and Royals verlässt Horse Guards und reitet zurück in die Kaserne.

einen Palast. Legendär aber ist Scotland Yard als Synonym für die 1829 von Robert Peel gegründete London Metropolitan Police, die hier ihren ersten Sitz hatte, den sie 1890 aber verließ und der seit 1967 in New Scotland Yard in der Victoria Street unweit der ▶ Westminster Abbey liegt.

Gegenüber erkennt man die einstigen Gebäude der Admiralität (Old Admiralty). Dann ist man über Charing Cross hinweg mit ein paar Schritten auf ▶ Trafalgar Square. Und rasch noch ein Blick zurück: In der Ferne grüßt Big Ben.

WIMBLEDON

Lage: im Süden Londons | **U-Bahn:** Southfields |
Bahn: Wimbledon ab Waterloo Station

AUSSENBEZIRK

Boris Becker siegte hier in seinem »Wohnzimmer« dreimal, Steffie Graf sogar siebenmal. Wimbledon, alljährlich im Sommer Austragungsort des weltbekannten Tennisturniers, ist ein gepflegter Villenvorort etwa 10 km südlich des Londoner Zentrums, in dem man auch so ganz fernab des Tennisspektakels schöne Wald- und Wiesenspaziergänge unternehmen kann.

Mekka der Tenniswelt

Kurios ist die Entstehung des Turniers: Im veranstaltenden All England Lawn Tennis and Croquet Club spielte man ursprünglich eben nur Croquet. Als man 1877 kein Geld für eine Rasenwalze hatte, kam man auf die Idee, ein Turnier mit dem gerade in Mode gekommenen Sport namens Tennis zu veranstalten und von den Startgeldern die ersehnte Walze zu kaufen: Sie ist heute an einem Ehrenplatz aufgestellt.

Virtuelle Virtuosen

Wimbledon Lawn Tennis Museum

Im Wimbledon Lawn Tennis Museum an der Church Road (Gate 4) erfährt man alles Wissenswerte über den »weißen Sport«, kann Tennisausrüstungen bewundern, die begehrten Pokale sehen und darf sogar einen Blick auf den geheiligten Centre Court werfen. Neu seit 2016 ist eine »Virtual Reality«-Vorführung, die das Wimbledon-Geschehen hautnah erleben lässt.

tgl. 10 – 17 Uhr | Eintritt: £ 13, mit Führung £ 24 |
www.wimbledon.org

Mal ohne Ball und Schläger

Wimbledon Common

Es gibt auch ein Wimbledon jenseits des Tennis: Wimbledon Common, ein großes Wald- und Wiesengelände, lockt zum Spaziergang, etwa zur Windmühle von 1817, jetzt Museum.

Im 1687 gebauten **Southside House**, Teil der Wimbledon King's College School, wohnt seit Generationen die Familie Pennington Munthe und hält die Räume noch im Zustand vom anno dazumal. Es versteckt auch ausgesprochene Schätze: Gemälde von Anthonis van Dyck und William Hogarth, Romneys Porträt von Lady Hamilton, der Geliebten von Lord Nelson, oder die Halskette, die Marie-Antoinette von Frankreich auf dem Schafott trug.

Wimbledon Windmill: Ende März – Ende Okt. Sa. 14 – 17,
So. 11 – 17 Uhr | Eintritt: 2 £

Southside House: Führungen Ostersonntag – letzter So. im Sept. Mi.,
Sa, So. 14 und 15.30 Uhr | Eintritt: £ 9 | www.southsidehouse.com

★★ WINDSOR CASTLE

Lage: Windsor, Berkshire, 35 km westlich von London |
Bus: Green Line 702 von Victoria Station |
Bahn: ab Waterloo oder Paddington bis Windsor & Eton Central |
März – Okt. tgl. 10 – 17.15, Nov. – Feb. tgl. 10 – 16.15, Kassenschluss
$1^1/_4$ Std. früher; ganztägige Schließungen s. Website
Wachablösung: Di., Do. Sa. 11 Uhr; Eintritt: £ 23,50 |
www.royalcollection.org.uk

AUSFLUGSZIEL

*Ein Ausflug nach Windsor zur am längsten noch bewohnten Burg
der Welt zeigt die Pracht der englischen Monarchie fast noch
deutlicher als die Besichtigung des Buckingham-Palasts. Königin
Elisabeth II. verbringt die meisten Wochenenden hier. Besucher
bestaunen Staatsgemächer, die an Opulenz kaum zu überbieten
sind, und sehen königliche Gräber in der St George's Chapel,
einer der erhabensten sakralen Bauwerke des Landes.*

Dass in dieser Burg das Prestige der Monarchie ohne Zurückhaltung
betont wird, symbolisiert die prächtige Rüstung aus dem Jahr 1585 in
der St George's Hall. Den Harnisch trug der Königsritter (»King's
Champion«), der nach einer Krönung in der Westminster Abbey
hoch zu Ross in die Bankettfeier hineinplatzte und mit einem dreifa-
chen Wurf des Fehdehandschuhs jeden herausforderte, der die Au-
torität des neuen Monarchen bestreiten wollte – zuletzt 1821 bei der
Krönung von Georg IV. Auch der schiere Reichtum des Königshauses
wird in Windsor zur Schau gestellt, nicht nur durch eine umfangrei-
che Gemäldesammlung Alter Meister, sondern auch etwa in Form
von ganzen Tischen aus massivem Silber.

*Royal par
excellence*

Windsor Castle wird von britischen Regierungen gezielt als diploma-
tische Waffe eingesetzt. Besonders hohen Besuch aus anderen Staa-
ten ehrt man mit einer Einladung zum Übernachten oder einem Ban-
kett an einem Tisch für 160 Gäste in der St George's Hall samt
besagter Ritterrüstung.

Hölzerner Anfang

Windsor Castle steigt auf einem Kreidefelsen über der Themse auf.
Eine erste, hölzerne Burg wurde auf Geheiß Eduards des Bekenners
erbaut, Heinrich I. ließ um 1110 die ersten Steinbauten errichten.
1189 belagerten die englischen Barone die Burg und schlugen die
Waliser von Prinz John, dem späteren König John Lackland, der
Jahre später im nur wenig entfernten Runnymede die Magna Charta unterzeichnen musste. Eduard III., 1312 in Windsor geboren, ließ
die alte Holzburg niederreißen und weitere Befestigungen, darunter den Round Tower, anlegen.

Geschichte

In der Regierungszeit Karls II. wandelte man die Burg in ein bequemes Wohnschloss um, das indes nur selten genutzt wurde. Erst als Georg III. um 1800 einzog, ging der Ausbau weiter. Georg IV. veranlasste umfassende Restaurierungen, die bis in die Regierungszeit Königin Viktorias anhielten.

Seit 900 Jahren ist Windsor **Residenz der königlichen Familie**. Weilt die Queen hier, weht vom Round Tower ihr Banner; ihre Ruhe trüben aber sicher die pausenlos im Tiefflug über das Schloss hinwegdonnernden Flugzeuge, die in Heathrow gestartet sind. Die Gebäude erstrecken sich um die Höfe Lower Ward und Upper Ward. Den Lower Ward begrenzt nach Norden die St George's Chapel; die Staatsgemächer befinden sich an der Nordseite des Upper Ward.

❚ Höfe · St George's Chapel

Kurz vor Zapfenstreich

Der Besucherstrom wird zuerst zum Tor St George's Gate gelenkt. Dahinter können Sie sich bei einer halbstündigen geführten Tour einen Überblick über die Höfe beschaffen. Die Südseite des Lower Ward nehmen zwischen Salisbury Tower und Henry III. Tower die einstigen Wohnungen der Ritter des von Eduard III. gegründeten Ordens der Military Knights of Windsor ein. Im diesem Hof steht gegenüber dem mächtigen Henry VIII. Gate die hufeisenförmigen Gebäude der Horseshoe Cloisters, unter Heinrich IV. erbaut. An der Nordwestecke liegt der Eingang zum **Curfew Tower** (»Zapfenstreichturm«). Er wurde unter Heinrich II. 1227 erbaut und ist der älteste noch vorhandene Teil des Schlosses; dazu gehören Teile des Kerkers und ein Fluchttunnel.

Viele Domherren, ein Dichter

Canons' Residence

Richtung Themse öffnet sich ein kleinerer Hof mit den Wohnungen der Domherren (Canons' Residence) und der Kapitelbibliothek, beides Teile des Canons' Cloister aus dem Jahr 1333. In der Nordostecke erhebt sich der Winchester Tower, in dem sich 1390 Geoffrey Chaucer aufhielt.

The Most Noble Order of the Garter

St George's Chapel

Die St George's Chapel ist die Ordenskapelle der **Hosenbandritter**. Eduard IV. begann 1474 mit ihrem Bau anstelle einer Kapelle Heinrichs I., Heinrich VIII. vollendete dieses einzigartige Beispiel des späten Perpendikularstils. Das riesige Fenster über dem Hauptportal trägt 75 Glasmalereien aus dem 16. Jh., die Päpste, Könige, Prinzen, Heerführer, Bischöfe und Heilige darstellen. Nord- und Südfassade zeigen seit dem Jahr 1882 die Wappentiere und Schildhalter der Häuser York und Lancaster: Falke, Hirsch, Stier, schwarzer Drache,

Hirschkuh und Windhund für York, Löwe, Einhorn, Schwan, Antilope, Panther und roter Drache für Lancaster.

Im hellen Inneren beeindruckt das fächerförmige Deckengewölbe des Hauptschiffs. Von besonderer Pracht ist der Chor aus dem 15. Jh. mit dem aus dem Holz von Windsor-Eichen geschnitzten Gestühl. Es zeigt detailreich Begebenheiten aus dem Leben des hl. Georg, Eduards III. sowie der Hosenbandritter. Hinter und über den Stühlen sehen Sie Wappen, Schwerter und Banner von 700 Ordensrittern. In der Mitte des Chors sind **Heinrich VIII. und Karl I.** beigesetzt. Unter dem Chor im 1240 erbauten Royal Tomb House fanden Georg III., Georg IV. und Wilhelm IV. ihre letzte Ruhe. Weiterhin beachtenswert: in der Südwestecke die Beaufort Chapel mit den Gräbern des Earl of Worcester († 1526) und des Herzogs von Kent, Vater von Königin Viktoria; in der Nordwestecke die Urswick Chapel mit dem marmornen Denkmal für Charlotte, Tochter Georgs IV., schräg gegenüber das Grabmal für Georg V. und Königin Maria; im nördlichen Chorumgang u. a. die Gräber von Georg VI. (links) und Eduard IV. (rechts); im südlichen Chorumgang von Eduard VII. und Heinrich VI.

Nurr bis 16 Uhr geöffnet, So. geschlossen

Fast 5 km lang ist der »Long Walk«, der zu Windsor Castle führt – mit der königlichen Kutsche ein Katzensprung.

Prachvolle Gruft für Prinzgemahl Albert

Albert Memorial Chapel

An die St George's Chapel schließt die Albert Memorial Chapel an. Von Heinrich VII. als seine Gruftkirche erbaut, blieb sie jedoch leer, da er in ▶ Westminster Abbey begraben ist. Jakob II. nutzte sie als katholische Kapelle. Königin Viktoria ließ sie zur Gedenkstätte für ihren 1861 gestorbenen **Prinzgemahl Albert** umgestalten. Sie ist aufs Prächtigste mit Marmor, Mosaiken, Skulpturen und Glasmalereien geschmückt. Dargestellt sind biblische Szenen, Mitglieder des Königshauses und Verwandte Alberts, der in einem Sarkophag ruht. Rechts daneben steht der Porphyrsarkophag des Herzogs von Clarence († 1892), des ältesten Sohns Eduards VII., an der Westtür sehen Sie die Marmorfigur des Herzogs von Albany († 1884) in schottischer Tracht.

Schöne Aussichten

Round Tower

Zwischen Lower Ward und Upper Ward erhebt sich der Round Tower. Er wurde zur Zeit Eduards III. auf einem aufgeschütteten Hügel erbaut, auf dem auch schon Wilhelm der Eroberer den Bergfried hatte errichten lassen. 200 Treppenstufen geht es hoch zur 24 m über dem Boden liegenden Plattform des Round Tower. Diese Tour ist im regulären Eintrittspreis nicht enthalten, entlohnt aber mit einem wunderbaren Rundblick über das Schloss und das Themsetal.

▌ Staatsräume

Wenn die Majestäten nicht zu Hause sind

State Apartments

Den Upper Ward oder »Quadrangle« umgeben die State Apartments im Norden, die Visitors' Apartments im Süden und die Private Apartments, die Wohnräume der Royals, im Osten. An der Westseite des Hofs steht eine Statue von Karl II. aus dem Jahr 1679.

Die Staatsgemächer können Sie bei Abwesenheit des Hofes besichtigen (Öffnungszeiten wie Schlossgelände). Von der Terrasse gelangen Sie auch zum Schauraum mit dem Puppenhaus der Königin Mary von 1923 (Queen Mary's Doll House) von Edward Lutyens.

Durch das China Museum (Porzellansammlung) kommt man in das Große Treppenhaus (Grand Staircase), das von Chantreys Statue Georgs IV. dominiert wird. Das Grand Vestibule ist mit Rüstungen, Fahnen und Militaria wie einem Umhang Napoleons ausstaffiert. Fast eine Reliquie: die hier gezeigte Kugel, die Nelson in der Schlacht von Trafalgar tötete. Waterloo Chamber, 30 m lang, mit Schnitzereien von Grinling Gibbons und einem riesigen indischen Teppich ausgestattet, zeigt Porträts von Männern rund um die Ereignisse zwischen 1813 und 1815, so Wellington, Blücher, Metternich, Zar Alexander I., Friedrich Wilhelm III. von Preußen sowie die englischen Könige Georg III. und Georg IV.

Es folgen die zwischen 1675 und 1678 für Karl II. erbauten, später vielfach veränderten **State Rooms**, zuerst die Gemächer des Königs. Gro-

WINDSOR CASTLE

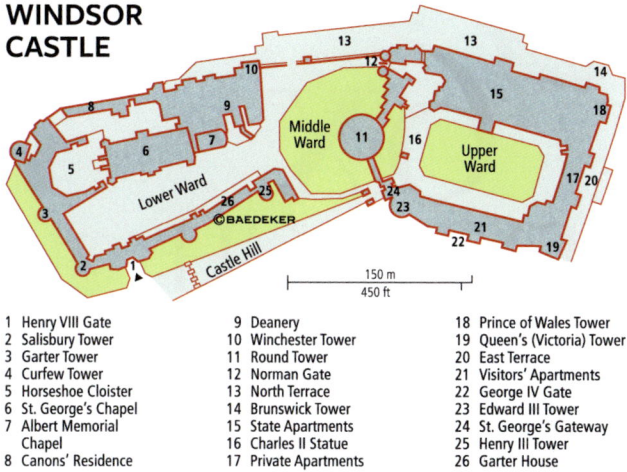

1 Henry VIII Gate	9 Deanery	18 Prince of Wales Tower
2 Salisbury Tower	10 Winchester Tower	19 Queen's (Victoria) Tower
3 Garter Tower	11 Round Tower	20 East Terrace
4 Curfew Tower	12 Norman Gate	21 Visitors' Apartments
5 Horseshoe Cloister	13 North Terrace	22 George IV Gate
6 St. George's Chapel	14 Brunswick Tower	23 Edward III Tower
7 Albert Memorial Chapel	15 State Apartments	24 St. George's Gateway
8 Canons' Residence	16 Charles II Statue	25 Henry III Tower
	17 Private Apartments	26 Garter House

ße Werke alter Meister – u. a. Cranach d. Ä., Pieter und Jan Breughel, Holbein, Rubens, Rembrandt und Canaletto genannt – füllen die Wände in so dichter Hängung, und die Räume sind mit kostbaren Möbeln so reich ausgestattet, dass eine gründliche Besichtigung mehrere Stunden in Anspruch nehmen kann. In den Gemächern der Königin ist das berühmte **Dreierporträt Karls I. von van Dyck** zu bewundern. Der Queen's Ball Room, von Karl II. als Ballsaal für Katharina von Braganza gedacht, wurde unter Georg IV. mit weiteren Gemälden von Anthonis van Dyck ausgestattet. Krönendender Abschluss der State Apartments ist die 56 m lange St George's Hall. Sie brannte 1992 aus und wurde zum alten Glanz restauriert.

Wer Ausdauer besitzt, kann sich in den Wintermonaten auch noch die **Semi-State Apartment**s anschauen. Sie entstanden ab 1820 als Privatgemächer für Georg IV. und dienen heute Elisabeth II. als Empfangsräume. Zu den Highlights gehören im Grünen Saal ein Tafelservice aus Sèvres-Porzellan für Ludwig XVI. von Frankreich und der Garter Throne Room mit einem indischen Elfenbeinstuhl. Im großen Empfangssaal in prächtigstem Rokoko fallen Wandteppiche mit der Geschichte Jasons und Medeas sowie eine große Malachitvase auf, ein Geschenk des russischen Zaren Nikolaus I.

Hier wohnen Harry und Meghan

Im Home Park steht **Frogmore House.** Im Mausoleum (nicht zu besichtigen) ist Königin Viktoria begraben. Das Haus, in dem Harry und Meghan auch nach ihrem Rückzug wohnen wollen, ist nur an wenigen Tagen im Jahr für Besucher geöffnet (s. www.royalcollection.org.uk).

Home Park

261

6x TYPISCH

Dafür fährt man nach London.

1.

PROMMING

Die **Promenade Concerts** in der Royal Albert Hall sind alles andere als elitär. Mit das beste Erlebnis: ein Stehplatz in den Rängen, Promming genannt. Tickets kann man online noch am Tag des Konzerts buchen.
(▶ **S. 328, 333**)

2.

HAPPY HOUR

Feierabend! Aber viele Londoner gehen zuerst noch mal in ihren **Lieblingspub** auf ein Pint, gerne auch lässig draußen auf dem Bürgersteig. Eine gute Gelegenheit, um ins Gespräch zu kommen.

3.

DOPPELDECKER

Nein, nicht die neuen, sondern die berühmten alten »Routemaster« mit Plattform. Auf der **Linie 15** werden sie tagsüber noch eingesetzt. (▶ **S. 355**)

4.

HARRODS

... ist eigentlich schon typisch London genug. Aber es geht dort noch typischer: Schauen Sie doch mal in die Abteilungen für Cricket- und Polo-Ausrüstungen und erst recht in die **Abteilung für Schuluniformen**. (▶ **S. 103**)

5.

AFTERNOON TEA

... muss einfach sein. In großen Hotels geht es stilecht, aber recht teuer zu. Eine Alternative: das **Café von Waterstones**, der größten Buchhandlung in England. (▶ **S. 347**)

6.

GUT BESCHIRMT

Wie oft haben Sie schon einen Billigschirm weggeworfen? Echte Qualität hat es im herrlich nostalgischen Geschäft von **James Smith & Sons**: für die Lady, für den Gentleman, für den Garten ... Oder ein schöner Spazierstock? Ein Jagdsitz? (▶ **S. 348**)

❚ Windsor · Eton

Einmal Mittelalter und zurück

Das Städtchen Windsor mit seinen Fachwerkhäusern und Gasthöfen aus dem 17. und 18. Jh., schmalen, verwinkelten Gassen und Kopfsteinpflaster zeigt sich im Kern noch heute im mittelalterlichen Kleid. Den Entwurf zur Guildhall (Rathaus) lieferte Christopher Wren.

Windsor

Das Leben in schwarzen Schuluniformen

Über die Themsebrücke hinweg ist man von Windsor schon in Eton. Ihr weltberühmtes, 1440 von Heinrich VI. gegründetes **College** gehört zu den feinsten Schulen, die ein Engländer besuchen kann. Eton-Schüler waren die Premierminister William Pitt, William Gladstone und der Herzog von Wellington, auch David Cameron und sein Widersacher Boris Johnson. Die Grundschule (Lower School) wurde bis 1639, die Oberschule (Upper School) bis 1692 erbaut. Die 1441 im Perpendicular Style errichtete Schulkapelle ist mit Szenen aus dem Marienleben ausgemalt. Das **Museum of Eton Life** erzählt die Geschichte der Eliteschmiede.

Eton

Museum: So. 14.30 – 17 Uhr | www.etoncollege.com

Eine Welt aus bunten Steinen

Das wenig außerhalb von Windsor an der B 3022 Richtung Ascot gelegene, 60 ha große Legoland bietet Fahrgeschäfte, Ritterburgen, Piratenschiffe, eine Ministadt und allerlei Technisches. Von beiden Bahnhöfen in Windsor fährt ein Shuttle-Bus.

Legoland Windsor Resort

Juli – Aug. 10 –18 Uhr, März – Juni, Sept. –Okt. unregelmäßige Öffnungszeiten | www.legoland.co.uk

H
HINTER-GRUND

Direkt, erstaunlich, fundiert

Unsere Hintergrundinformationen
beantworten (fast) alle Ihre
Fragen zu London.

DIE STADT UND IHRE MENSCHEN

Die Londoner sind und bleiben weltoffen. Sie haben gegen den Brexit gestimmt, schließlich kommen sie selbst aus allen Ecken dieser Erde. Dies bleibt aber nicht der einzige Grund, warum London die wohl spannendste Metropole Europas ist.

▌ Ein buntes Völkergemisch

London wächst

London ist eine schnell wachsende Metropole, vor allem in den östlichen Stadtteilen. Anfang 2016 erreichte die Einwohnerzahl amtlichen Schätzungen zufolge 8,6 Millionen und damit eine historische »Bestmarke«. Prognostiziert wird eine Zahl von 10 Millionen bis 2030, sogar 11 bis 13 Millionen zur Jahrhundertmitte.

300 Sprachen, 194 Nationalitäten

Die Bewohner der britischen Hauptstadt sprechen über 300 Sprachen. Bei der letzten Volkszählung 2011 bezeichneten sich nur 45 Prozent als »White British«, d. h. **keine ethnische Gruppe stellt eine Mehrheit**. Diese Vielfalt macht sich in allen Stadtteilen bemerkbar, denn überall sieht man Menschen aus Schwarzafrika und der Karibik, China und Indien, Südamerika und Nordafrika. Ungefähr eine Million Londoner mit weißer Hautfarbe sind keine Briten, sondern Osteuropäer, Franzosen, Amerikaner usw., was schnell auffällt, wenn man Gesprächen in der U-Bahn lauscht.

Das Völkergemisch ist einerseits eine Folge der kolonialen Vergangenheit. Nach dem Zweiten Weltkrieg kamen Einwanderer von den karibischen Inseln, aus Afrika, Zypern, Indien und Pakistan, auch aus Hongkong. In vielen Londoner Bezirken herrschen bestimmte Bevölkerungsgruppen vor: in Brixton die Jamaikaner, im East End die Bangladescher, in Southall die Inder. Doch ist die Herkunft der Londoner unterschiedlicher als das alte Empire und hat **tiefe historische Wurzeln**. Den Hugenotten im 17. Jh. folgten im 18. und 19. Jh. die Iren; bereits im frühen 19. Jh. ließen sich Afrikaner und Chinesen im Hafengebiet nieder, während nach 1880 Juden aus Osteuropa ins East End einzogen. In den letzten Jahrzehnten kamen Araber, reiche wie arme, seit dem EU-Beitritt osteuropäischer Länder 2004 viele Polen, Balten, Rumänen und Bulgaren.

Spannend und herausfordernd

Das macht London zu einer ungeheuer spannenden Stadt – und stellt die Verwaltung vor große Herausforderungen. Durch die hohe Geburtenrate und das Altern der alteingesessenen Bevölkerung hat die Stadt mehr junge und mehr alte Menschen als je zuvor zu versorgen.

Der Druck auf das Gesundheitswesen wächst, der Kampf um gute Kindergarten- und Schulplätze wird intensiver. Mit dem Bau neuer Wohnungen kommt man kaum hinterher. Wohnraum ist ein heiß diskutiertes Thema, denn Normalbürger auf der Suche nach erschwinglicher Unterkunft können nicht übersehen, dass unbezahlbare Wohntürme für ausländische Investoren aus dem Boden schießen.

London war schon immer ein Magnet für Superreiche. Heute profiliert sich die Königsfamilie von Katar mit Immobilien wie dem höchsten Turm der Stadt The Shard (▶ S. 206) und dem Kaufhaus Harrods. Die Reichen der Welt sehen London als sicheren Hafen für ihr Geld – so kauften chinesische Investoren Luxusobjekte, ohne sie unbedingt nutzen zu wollen. Eine Milliardärsallee in Hampstead, die Bishop's Avenue, wurde zum Skandalfall, weil die Luxusvillen dort schon lange leer stehen. Ökonomen bezweifeln zwar, dass Investitionen der Superreichen die Wohnungsnot der Allgemeinheit wirklich verstärken, zu sozialen Spannungen führen sie auf jeden Fall. Anfang 2020 zahlte man für ein 2-Zimmer-Apartment im Zentrum zwischen £ 1300 und £ 2300 Miete.

Wirtschaftliche Entwicklung verändert sichtbar das Stadtbild. Soho, eine Insel der Bohème und der bunten Mischung, sehen manche durch Gentrifizierung bedroht. Das einst marode Viertel King's Cross mausert sich zum kulturellen Anziehungspunkt. Östlich des

Die Stadt verändert sich

Normalzustand auf der Oxford Street, wo Touristen und Londoner sich bunt durcheinandermischen

Finanzzentrums Spitalfields und Shoreditch, die noch von spannenden Subkulturen der jungen Kreativszene und der Immigranten geprägt sind, werden nach und nach glänzende Neubauten hochgezogen, sodass die Szene sich weiter östlich nach Hackney und Dalston verzieht.

Vorwärts-kommen

Die Transportinfrastruktur ächzt unter der jährlich zunehmenden Belastung. Zwar wird die 150 Jahre alte U-Bahn fortlaufend modernisiert, doch sie platzt aus allen Nähten. Immerhin geht ein Großprojekt in die Schlussetappe: Ende 2020 nimmt die Elizabeth Line den Betrieb auf. Die neue, 118 km lange Bahnlinie durchquert die Innenstadt unterirdisch von Westen nach Osten und verbindet boomende Bezirke im Osten mit dem Flughafen Heathrow. Auch Heathrow erhält eine weitere Landebahn.

Mayor und Lord Mayor

Greater London und City of London

Die Stadtregierung untersteht dem direkt gewählten **Mayor of London**. Seit 2016 heißt er **Sadiq Khan** von der Labour-Partei. Er verkörpert die Chancen, die Immigranten offenstehen: Sein Vater wanderte aus Pakistan ein und wurde Busfahrer, der junge Sadiq verbrachte die ersten 24 Jahre seines Lebens in der elterlichen Sozialwohnung und studierte Jura. Von der City Hall nahe Tower Bridge regiert er mit einem 25-köpfigen Stadtrat (»Greater London Assembly«) den aus 33 Bezirken (Boroughs) bestehenden Ballungsraum Greater London. Die inneren 12 Bezirke bilden »Inner London«, die übrigen »Outer London». »City of London«, kurz »the City«, steht nur für die historische Keimzelle der Stadt, der Quadratmeile um St Paul's Cathedral und den Tower of London. Ihr Oberhaupt ist der **Lord Mayor**, der nur zeremonielle Aufgaben hat (► Baedeker Wissen, S. 94).

Das finanzielle Herz der Welt

Dienstleistungs-metropole

In und um London haben 70 % der größten britischen Unternehmen ihren Sitz, so Shell, BP und BAT. In dem Maß, wie die Bedeutung als Handels- und Dienstleistungszentrum zugenommen hat und mit bald 97 % aller Beschäftigten kaum mehr ausbaufähig ist (wozu natürlich auch Billigjobs zählen), ist die industrielle Produktion auf 11 Prozent der Gesamtleistung zurückgegangen. Der einst weltgrößte Hafen zog vor 40 Jahren nach Tilbury an der Themsemündung. Neue Betriebe, namentlich Hightech, entstanden überwiegend in der Region Southeast. Ein schwergewichtiger Wirtschaftsfaktor ist der Tourismus: Mit jährlich über 17 Mio. internationalen Besuchern ist London die Nr. 1 unter den europäischen Stadtreisezielen.

Schnell noch die Kurse checken, bevor es in die Mittagspause geht.

Die 2016 getroffene Entscheidung der Briten, aus der EU auszutreten, stellt eine multikulturelle Stadt, deren Bewohner klar gegen »Brexit« stimmten, deren Wirtschaft auf Arbeitskräfte aus der ganzen Welt und auf einen offenen Markt für Finanzdienstleistungen angewiesen ist, vor existenzielle Fragen. London gilt als das finanzielle Herz der Welt. Am Anfang steht der 27. Oktober 1986, der **Big Bang**, als die Londoner Börse eine Vielzahl strenger Regelungen aufhob und dadurch ein kaum mehr regulierter, offener Handelsplatz für Wertpapiere aller Art, vor allem noch zu erfindender, entstand. Die City stieg zum wichtigsten Finanzplatz der Erde auf. So waren zu den Glanzzeiten in der »Square Mile« 360 000 Menschen in der Finanzwelt beschäftigt, vom Spitzenverdiener als smarter Derivatehändler bis zum Pförtner im Büropalast. Nach wie vor gehört die London Stock Exchange zur Weltspitze unter den Aktienbörsen, die London Metal Exchange zu den bedeutendsten Handelsplätzen für Rohstoffe, noch ist Lloyd's der global führende Versicherungsmarkt und der Londoner Devisenhandel der umsatzstärkste der Welt.

Ungewisse Zeiten: Brexit

Die Hauptstadt und ihre Region hängt den Rest des Landes ab: Das Bruttosozialprodukt pro Person liegt in London bei 186 Prozent des europäischen Durchschnitts, aber bei nur 90 Prozent des britischen (abgesehen vom Südosten). Umso wichtiger ist es, das Londons Wirtschaft blüht. Bürgermeister Khan und Finanzbosse der City betreiben intensive Lobbyarbeit, dass die Brexit-Verhandlungen ihre Interessen berücksichtigen. Manche behaupten, die erfindungsreiche Londoner Finanzwelt habe jede Herausforderung gemeistert und wird dies weiterhin tun. Andere erlauben sich die Frage, ob eine gewisse Abkühlung der überhitzten Weltstadt gut täte.

Ausblick

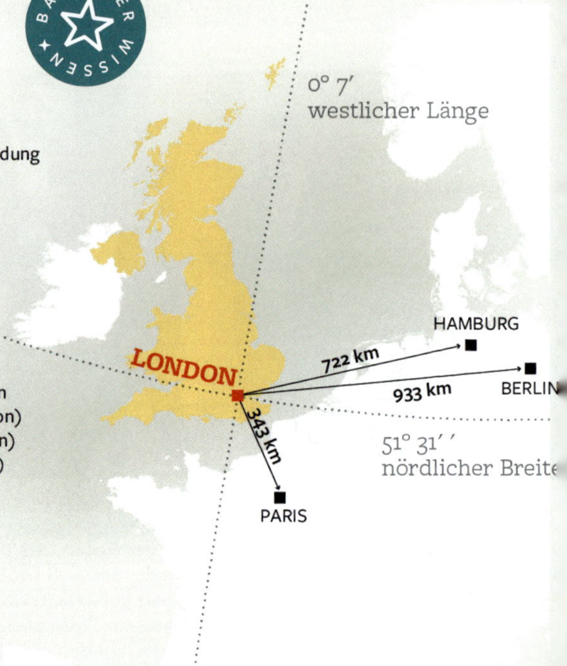

LONDON
0° 7′
westlicher Länge
722 km
HAMBURG
933 km
BERLIN
343 km
PARIS
51° 31′ ′
nördlicher Breite

Lage:
Südostengland,
nahe der Themsemündung

Fläche:
1579 km²
(Metropolitan County Greater London)
2,6 km²
(City of London)

Einwohner:
8,9 Mio. (Metropolitan County Greater London)
3,3 Mio. (Inner London)
8700 (City of London)

Im Vergleich:
Berlin 3,6 Mio.
Paris 2,2 Mio.
New York 8,4 Mio.

Zeit:
MEZ - 1 Std.

▶ Wappen ...

... der City mit dem Motto: »Herr, führe uns«

DOMINE
DIRIGE
NOS

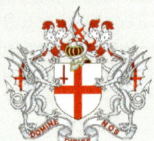

▶ Verkehr

Wichtigster Flughafen:
Heathrow, mit 80 Mio. Passagieren in 2018– Nr. 7 weltweit
Wichtigstes Verkehrsmittel:
U-Bahn (Underground) mit täglich 3 Mio. Fahrgästen

▶ Adressen

Die **Londoner Postbezirke** sind mit einem Buchstaben- und Zahlencode gekennzeichnet. Zur groben Orientierung sind die ersten drei Stellen des Adressencodes nützlich: Die Buchstaben geben die ungefähre geografische Lage an, die Zahl bestimmt den Bezirk; so steht z.B. SW 3 für den Bezirk Chelsea.

▶ Verwaltung

City of London + 32 Stadtbezirke (Boroughs)
Verwaltungschef: Oberbürgermeister

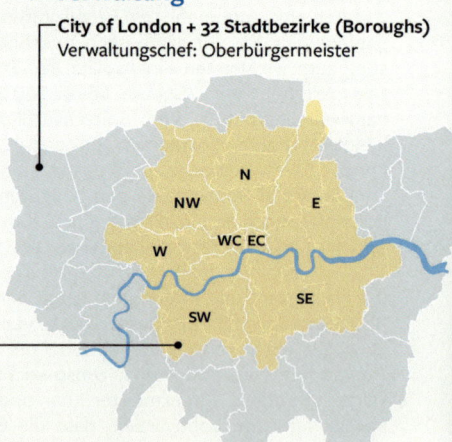

N
NW
E
W
WC EC
SE
SW

E: East
EC: East Central
N: North
NW: North West
SE: South East
SW: South West
W: West
WC: West Central

▶ Wirtschaft

Wichtigste Börse der Welt gemessen an Aktiennotierungen

Größter Versicherungs-markt der Welt

Größter Bankenplatz der Welt

Zentrum der **britischen Presse**

Nr. 1 im europäischen **Städtetourismus**

Besucher 2018

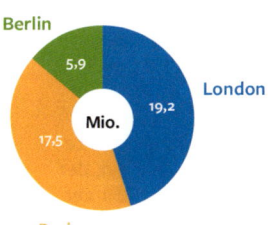

Berlin
5,9
Mio.
19,2 — London
17,5
Paris

▶ Klima

Durchschnittstemperaturen

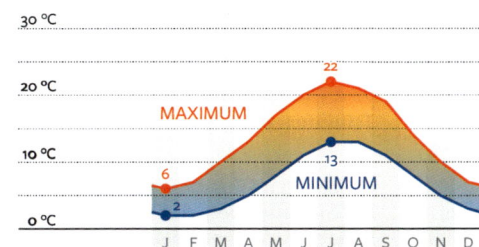

30 °C

20 °C
22
MAXIMUM

10 °C
6
13
2
MINIMUM

0 °C

J F M A M J J A S O N D

Niederschlag

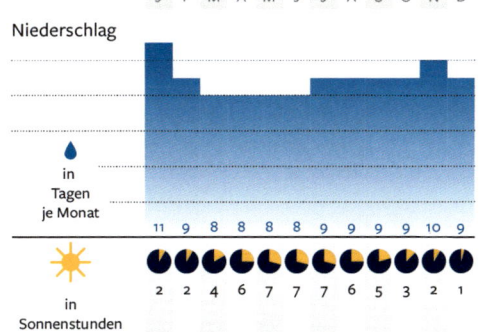

in Tagen je Monat

11 9 8 8 8 8 9 9 9 9 10 9

in Sonnenstunden je Tag

2 2 4 6 7 7 7 6 5 3 2 1

J F M A M J J A S O N D

➤ Die »Tube« in Zahlen

Die Londoner U-Bahn ist die älteste und nach denen von Moskau und Paris die drittgeschäftigste der Welt. Das sind aber nicht die einzigen interessanten Daten:

Streckennetz

Gesamtlänge des Streckennetzes:

402 km

Anteil der unter-irdischen Strecken am Gesamtnetz:

45 %

Gefahrene Strecke pro Jahr

83 600 000 km

Rolltreppen

Gesamtanzahl:

451

Station mit den meisten Rolltreppen: Waterloo

23

Längste Rolltreppe: Station Angel

60 m

27,5 m

Menschen

Passagiere pro Jahr:

1,35 Mrd.

Beschäftigte:

19 000

Höchst frequentierte Station: **Waterloo**

91 000
pro Tag

100 300 000
pro Jahr

GESCHICHTE

Von einem »befestigten Platz am Teich«– so die Deutung des keltischen Namens für London – zur Hauptstadt eines Weltreichs: Londons Geschichte ist auch die Geschichte des britischen Empire. Das ist in der Zwischenzeit zwar untergegangen, aber die Traditionen leben fort.

Das römische Londinium

Im Jahr 43 n. Chr. eroberte das Heer des römischen Kaisers Claudius das von Kelten besiedelte Britannien. Die neuen Herren erbauten den Handelsplatz »Londinium« am Nordufer der Themse. Die Kelten wehrten sich ohne Erfolg: 61 brannte die keltische Stammeskönigin **Boadicea** die römische Siedlung zwar nieder, die Römer bauten sie jedoch rasch wieder auf – zur größten britannischen Metropole und Hauptstadt. Vom Jahr 200 an umgab man die Stadt mit einer Mauer, deren Verlauf noch heute in etwa die Grenze der City markiert. Ab 410 wurden die Legionen nach Germanien verlegt, schließlich gaben die Römer 449 Britannien ganz auf. Londinium verfiel.

London im Mittelalter

Bald besetzten Jüten, Angeln und Sachsen die Insel. Letztere richteten westlich der römischen Mauern den Hafen **Lundenwic** ein, der 796 Hauptstadt des angelsächsischen Reichs Essex wurde. 851 zerstörten die Dänen den Hafen, und erst 35 Jahre später, unter Alfred dem Großen, wurde das alte Londinium neu besiedelt, das sich bis zum 10. Jh. zur größten und reichsten Stadt Englands entwickelte. Unter dem Dänen Knut I. ab 1016 löste London Winchester als Reichshauptstadt ab, sein angelsächsischer Nachfolger Eduard der Bekenner verlegte seine Residenz aus der heutigen City zum neuen Kloster St Peter in Westminster – die beiden Kerne Londons waren damit entstanden.

Nach seinem Sieg in der Schlacht bei Hastings 1066 ließ sich der Normanne **Wilhelm I. der Eroberer** in Westminster Abbey krönen und garantierte die Rechte Londons. Er errichtete den White Tower. Die folgenden Jahrhunderte prägte ein wirtschaftlicher Aufschwung, der sich zum einen im Stadtbau niederschlug – 1176 baute Peter de Colechurch die erste Steinbrücke über die Themse –, zum anderen im Selbstbewusstsein der Kaufleute, die eine bürgerliche Verwaltung installierten: Bereits 1189 wählten die Gilden Henry Fitzailwyn zum ersten Lord Mayor von London. Die Krone musste den Londonern immer wieder ihre Rechte zugestehen: Unter Heinrich I., als London definitiv Hauptstadt wurde, wahrte es seine Unabhängigkeit als nur dem König unterstehende Stadtrepublik. Höhepunkt war im Jahr 1215 der Abschluss der Magna Charta, in der König Johann das Recht der Zünfte auf die jährliche Wahl des Lord Mayor anerkannte.

STADTGESCHICHTE

DAS RÖMISCHE LONDINIUM

43	Beginn der römischen Herrschaft in Britannien
61	Aufstand der Kelten unter Boadicea
449	Ende der römischen Herrschaft

LONDON IM MITTELALTER

796	Lundenwic wird Hauptstadt des Reichs Essex.
seit 1016	Hauptstadt Englands
1066	Schlacht bei Hastings
1176	Erste Steinbrücke über die Themse
1189	Wahl des ersten Lord Mayor
1215	Magna Charta: Recht auf Wahl des Lord Mayor

VON DEN TUDORS ZU DEN STUARTS

1485	Beginn der Tudor-Herrschaft
1509–1547	Regierung Heinrichs VIII.
1565	Gründung der Börse
1605	Gunpowder Plot
1649	Enthauptung Karls I.
1665	Die Pest in London
1666	Great Fire

HAUPTSTADT EINES WELTREICHS

1829	Gründung der Metropolitan Police

DAS VIKTORIANISCHE LONDON

1837–1901	Regierungszeit von Königin Viktoria
1851	Great Exhibition
1863	Inbetriebnahme der ersten U-Bahn-Linie

VOM 20. INS 21. JAHRHUNDERT

1940–1945	Deutsche Luftangriffe
1948	XIV. Olympische Sommerspiele
1952	Krönung von Elisabeth II in Westminster Abbey
1960er	»Swinging London«
1997	Begräbnis von Prinzessin Diana
2000	Groß-London erhält wieder einen Oberbürgermeister.
2012	XXX. Olympische Sommerspiele
	60-jähriges Thronjubiläum von Königin Elisabeth II.
2016	90. Geburtstag von Königin Elisabeth; Großbritannien stimmt für den Austritt aus der EU, London dagegen
2017	Beim Brand des Grenfell Tower in Kensington sterben über 80 Menschen.
2020	Am 31. Januar tritt Großbritannien aus der EU aus.

Von den
Tudors zu
den Stuarts

Der Regierungsantritt **Heinrichs VII.** 1485 markierte den Beginn der Tudor-Herrschaft und das Ende des Mittelalters in England. Das 16. Jh. sah einen wirtschaftlichen Aufstieg Londons dank der Gründung von Handelskompanien und der Börse durch Thomas Gresham 1565. Ende des Jahrhunderts war London der bedeutendste Handelsplatz der damals bekannten Welt und hatte 200 000 Einwohner. **Heinrich VIII.** entfaltete eine rege Bautätigkeit – in erster Linie außerhalb der Stadt wie in Greenwich und Hampton Court – und holte namhafte Künstler wie Hans Holbein in die Stadt.

War der misslungene Versuch von **Guy Fawkes** und einer Gruppe katholischer Verschwörer im Jahr 1605, das Parlament in die Luft zu sprengen (»Gunpowder Plot«), noch eher ein Vorspiel zum Machtkampf zwischen dem puritanischen Parlament und den seit 1603 regierenden katholischen Stuarts, wurde London bald zum Zentrum der Auseinandersetzung. Der Bürgerkrieg gipfelte im Sieg der Partei

Ein böses Ende: Karl I. stirbt auf dem Schafott vor Banqueting House.

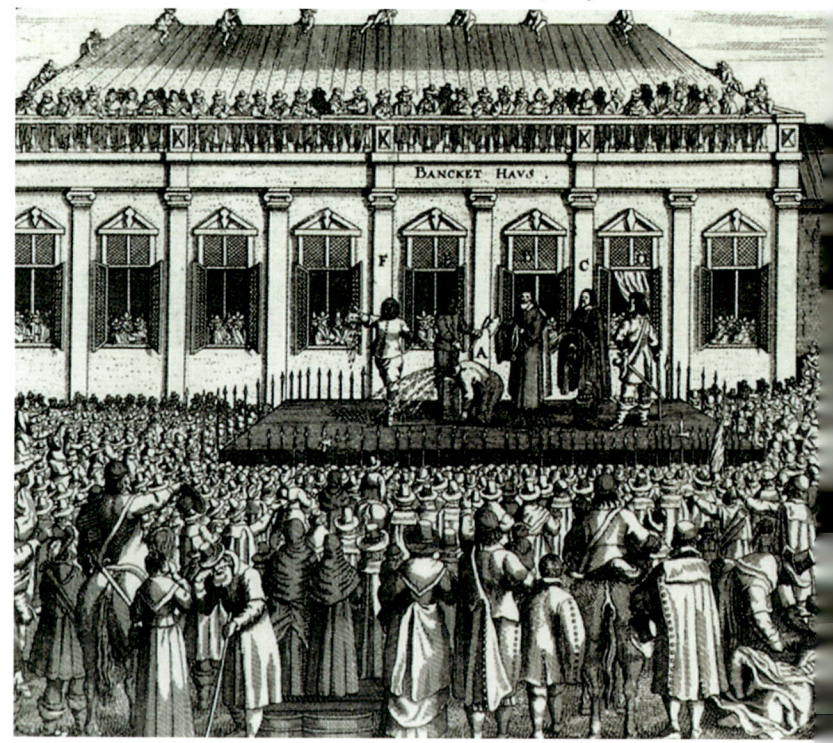

Oliver Cromwells und der Enthauptung **Karls I**. vor Banqueting House 1649. Auf elf Jahre Republik folgte 1660 die Restauration des Hauses Stuart unter Karl II. Kaum war Ruhe eingekehrt, überzog 1665 die Pest die Stadt und forderte annähernd 100 000 Todesopfer.

Ein Jahr darauf die nächste Katastrophe: Das **Great Fire** wütete vier Tage und Nächte lang, legte vier Fünftel der Stadt in Asche, zerstörte 13 200 Häuser und 84 Kirchen. 100 000 Menschen wurden obdachlos. Der Erste Sekretär der Admiralität **Samuel Pepys** berichtet darüber in seinem Tagebuch (▶ S. 276). Als Generalarchitekt für den Wiederaufbau wurde **Christopher Wren** beauftragt, der als sein größtes Vermächtnis St Paul's Cathedral hinterließ und darüber hinaus bis zu seinem Tod 1711 noch weitere 52 Kirchen erbaute. Trotz aller Katastrophen aber festigte London seine Stellung als Welthandelsstadt und hatte am Ende des 17. Jh.s 500 000 Einwohner.

Im 18. Jh. stieg Großbritannien endgültig zur ersten Seemacht auf. In London zeigte sich der Wohlstand in prächtigen Bauten, breiten gepflasterten Straßen und einem regen Theaterleben. Mit der Industriellen Revolution zogen immer mehr Menschen zu. 1801 ergab die erste offizielle Volkszählung 860 035 Einwohner, womit London **die größte Stadt der Erde** war. Mit der Einwohnerzahl stiegen auch die sozialen Probleme. Die Zwiespältigkeit dieser Zeit drückt Friedrich Engels (1820 – 1895) in seinem 1845 erschienenen Werk »Die Lage der arbeitenden Klassen in England« aus:

Hauptstadt eines Weltreichs

>>
Ich kenne nichts Imposanteres als den Anblick, den die Themse darbietet, wenn man von See nach London Bridge hinauffährt. [...] Das alles ist so großartig, so massenhaft, dass man gar nicht zur Besinnung kommt und dass man vor der Größe Englands staunt, noch ehe man englischen Boden betritt. [...] Aber die Opfer, die das alles gekostet hat, entdeckt man erst später. [...] Der größte Arbeiterbezirk liegt indes östlich vom Tower – in Whitechapel und Bethnal Green, wo die Hauptmasse der Arbeiter Londons konzentriert ist.
<<

Unter Königin Viktoria machte London einen riesigen Sprung. Bereits 1836 fuhr die erste Eisenbahn von London Bridge nach Greenwich, 1863 wurde mit der Metropolitan Line zwischen Paddington und Farringdon der U-Bahn-Betrieb aufgenommen. Es entstand ein breiter Gürtel von Vorstädten. Die Dampfkraft bescherte den Werften und Fabriken einen rasanten Zuwachs. Symbol jener Zeit ist der zur großen Ausstellung (**Great Exhibition**) von 1851 entstandene Crystal Palace. Er existiert nicht mehr, doch andere Bauten und Straßenzüge

Das viktorianische Weltreich

THE GREAT FIRE: DER AUGENZEUGE

*Die eindringlichste Schilderung des Großen Feuers stammt von **Samuel Pepys** (1633 – 1703). Der Erste Sekretär der Admiralität hat den Schrecken in seinem Tagebuch – einer der besten Quellen über das London des 17. Jh.s – beschrieben:*

2. September 1666

Jane kam zu mir und erzählte, dass heute Nacht durch das Feuer, das wir gesehen haben, über 300 Häuser zerstört worden seien und dass es jetzt in der ganzen Fish Street bei der London Bridge wüte. Machte mich sofort fertig und ging zum Tower und sah, dass zu beiden Seiten der Brücke die Häuser brannten, ein unendlich großes Feuer auf dieser und auf der anderen Seite der Brücke. Ging zum Kommandanten des Towers, der mir berichtete, dass es heute Morgen im königlichen Backhaus in Pudding Lane angefangen habe und dass die St-Magnus-Kirche und der größte Teil der Fish Street schon niedergebrannt seien. [...] Nahm dann ein Boot und fuhr unter der Brücke durch. Inzwischen breitete sich das Feuer immer mehr aus und erreichte den Steelyard. Jeder versuchte, sein Hab und Gut zu retten, es in den Fluss zu werfen oder in kleine Boote. Die Armen bleiben in ihren Häusern, bis sie das Feuer erreicht hat, dann rennen sie auf die Schiffe oder von einer Anlegebrücke zur anderen. [...] Beobachtete etwa eine Stunde lang, wie das Feuer sich nach allen Richtungen ausbreitete und niemand Anstalten zum Löschen machte – alle kümmerten sich nur um ihre Habseligkeiten und überließen das Feuer sich selbst. Der starke Wind treibt das Feuer in die City, und nach der langen Trockenheit ist jetzt alles leicht entzündlich, sogar die Steine in den Kirchenmauern. [...] Je dunkler es wurde, desto größer erschien das Feuer, in allen Winkeln, auf Hügeln, zwischen Häu-

Die brennende City vom Südufer der Themse, rechts London Bridge

Ein aussichtsloser Kampf

sern und Kirchen, so weit man sehen konnte, bis hinaus zur City leuchtete die schreckliche, böse, blutrote Flamme, nicht wie die Flamme eines gewöhnlichen Feuers. Wir blieben, bis man das Feuer als einen einzigen riesigen Bogen von dieser bis zur anderen Seite der Brücke sah, ein Bogen, der etwa eine Meile lang war. Der Anblick machte mich weinen.

4. September 1666

Heute Abend aßen Mr. und Mrs. Turner mit uns im Büro, es gab Hammelschulter, ohne Servietten, sehr traurig, aber wir waren guter Dinge. Wenn man aber in den Garten ging und den schrecklichen Feuerhimmel sah, verdüsterte sich die Stimmung wieder; es sieht aus, als stehe das ganze Firmament in Flammen. Ging nach dem Essen noch in die

Tower Street, die das Feuer jetzt ganz zerstört hat, mit außerordentlicher Wildheit. Man hat damit begonnen, in der Tower Street, unmittelbar am Tower, Häuser in die Luft zu sprengen, was zuerst die Menschen in Angst und Schrecken versetzt hat, aber das Feuer stellenweise zum Stillstand gebracht hat. [...] St Paul´s ist verbrannt und die ganze Cheapside ebenfalls [...]

7. September 1666

Um 5 Uhr aufgestanden. Gott sei Dank alles in Ordnung. Mit einem Boot zum Pauls-Kai. Von da zu Fuß weiter, sah, dass die ganze Stadt niedergebrannt ist. St Paul´s bietet einen elenden Anblick, alle Dächer zerstört, der Turm auf St Faith's gestürzt. Die St Paul´s School abgebrannt, ebenfalls Ludgate, Fleet Street, das Haus meines Vaters. [...]

Am 31. Januar 2020 konnten die Brexiteers auch in London jubeln.

zeugen von der Veränderungswelle, die über die Stadt hinwegfegte: die Houses of Parliament, Trafalgar Square, Victoria Embankment oder Regent Street. Als Viktoria 1901 starb, hatte London 4,5 Mio. Einwohner und war unangefochtene Metropole der Welt.

Im 20. Jahrhundert Die erste Hälfte des 20. Jh.s war auch für London von den Weltkriegen geprägt. Waren die Opfer, die es im Ersten Weltkrieg durch deutsche Luftangriffe – der erste Zeppelinangriff erfolgte 1915 – zu erleiden hatte, mit ca. 700 Toten und 2000 Verletzten noch relativ gering, hatte man im Zweiten Weltkrieg 1940/1941 durch deutsche Bombenangriffe (»**The Blitz**«) und 1944/1945 durch die sog. V-Waffen über 30 000 Tote zu beklagen. Kaum ein Gebäude in der City blieb unversehrt.

Dennoch richtete London 1948 die Olympischen Sommerspiele aus. Der Optimismus hielt sich lange – in den 1960er-Jahren wählte die Musik- und Modewelt »Swinging London« (▶ Baedeker Wissen S. 310) zu ihrer Kapitale. Mit dem allmählichen Ende des Empire gingen aber die politische und wirtschaftliche Bedeutung Londons zurück – wie am dramatischsten vielleicht der Niedergang des Hafens illustriert. Mit der Reform der Börse 1986, dem sog. **Big Bang**, stieg London erneut auf – zu einem der bedeutendsten Finanzplätze der Erde. Aus der Hafen- und Industriestadt war eine Dienstleistungsmetropole geworden, was seit 1982 in der Umwandlung der Docks zu einem Büroviertel und zu einer teuren Wohngegend zum Ausdruck kam.

Im Mai 2000 bekam London wieder ein Stadtparlament und erstmals einen Oberbürgermeister. Ein schwarzer Tag in der Geschichte war der 7.Juli 2005: Vier islamistische Selbstmordattentäter sprengten sich in drei U-Bahnzügen und in einem Bus in die Luft. Mit ihnen starben weitere 52 Menschen. Auch in den darauffolgenden Jahren wurde London Ziel terroristischer Anschläge. *Ins 21. Jahrhundert*

Zum Jahreswechsel 2005/2006 kam das Ende für eine Londoner Institution: Die letzten der alten **»Routemaster«-Doppeldeckerbusse** mit offener Plattform wurden außer Dienst gestellt – bis auf die touristisch interessante Linie 15 (Trafalgar Square – Tower).

2008 brachte den umstrittenen Konservativen **Boris Johnson** als Bürgermeister an die Macht. Der Schock kam im Herbst, als die Finanzkrise London mit voller Wucht heimsuchte, doch die Hauptstadt erholte sich schneller als andere Landesteile.

2012 stand nicht nur im Zeichen der **Olympischen Sommerspiele**. Für das 60. Thronjubiläum von Königin Elisabeth wurden große Feierlichkeiten abgehalten, darunter Straßenfeste und eine Schiffsparade auf der Themse. Am Südufer der Themse ist das höchste Bürogebäude in Westeuropa entstanden: The Shard (»Die Scherbe« ▶ S. 20, 206) bringt es auf 310 m Höhe und ist das auffälligste Zeichen für die Dynamik Londons.

Trotz der Unsicherheit, die der bevorstehende Brexit auslöst, entstehen neue Hochhäuser im Finanzviertel (▶ S. 20), und ein weiterer Ausbau des Flughafens Heathrow wird beschlossen.

Anders als sein Vorgänger Johnson und sein damaliger Rivale Zac Goldsmith hatte sich der 2016 gewählte neue Londoner Bürgermeister, **Sadiq Khan**, der sich selbst »britischer Muslim« nennt, für den Verbleib in der EU ausgesprochen.

Aber auch er konnte nicht verhindern, dass nach jahrelangem parlamentarischem Gezerre und dem Rücktritt von Premierministerin Theresa May ihr Nachfolger Boris Johnson den Ausstieg Großbritanniens aus der EU zum 31. Januar 2020 vollzieht:

>>
Get Brexit Done!
<<

KUNST- UND ARCHITEKTURGESCHICHTE

Wo findet man noch ein Stückchen römisches London? Was versteht man unter »Perpendicular Style«? Welche Rolle spielte Christopher Wren nach dem Großen Feuer? Wer ist für die erotische Essiggurke verantwortlich?

▌ Römische Hinterlassenschaften

Nachdem sich unter Kaiser Claudius ab 43 n. Chr. die römische Herrschaft etabliert hatte, entfaltete sich Londinium zu einem kommerziellen Mittelpunkt, begünstigt durch den Bau einer Holzbrücke nahe der heutigen London Bridge. In den 80er-Jahren n. Chr. war Londinium bereits die größte Stadt der britischen Provinz und erhielt beim heutigen Leadenhall Market eine monumentale **Basilika** mit einem direkt anschließenden, gewaltigen **Forum** sowie eine Kanalisation und viele Badeanstalten. Hafen, Warenspeicher und der Palast des Statthalters lagen an der Themse. 1954 wurde ein **Mithras-Tempel** ergraben.

Im 2. Jh. begann der Bau der **Stadtmauer**, die, 6 m hoch und bis zu 2,5 m breit, vom heutigen Tower einen Bogen zum Ludgate Hill schlug, wo der Fleet in die Themse mündete. Viele Stücke im ▶ **Museum of London** – hinter dem auch ein Stück Stadtmauer erhalten ist – belegen die Wohn- und Lebenskultur Londiniums.

▌ Das normannische London

Im 11. Jh. entfalteten die Normannen eine enorme Bautätigkeit: Rundbögen, Portale mit Archivolten, rechteckige, später Bündel- oder Rundpfeiler, Arkaden, einfache Holzdecken, die sich zu Tonnengewölben oder Kreuzgratgewölben entwickeln, sind charakteristisch für diese Architektur, die einfache geometrische Muster und Figuren- oder Bestienkapitelle als Verzierung verwendet.

Innerhalb der römischen Stadtmauer ließ sich Wilhelm der Eroberer von 1078 bis 1097 aus Kalkstein aus Caen den mächtigen **White Tower** erbauen, erstes Zeugnis normannischer Bautätigkeit. An der Südostecke ist von außen die Apsis der dreischiffigen **St John's Chapel** zu erkennen, eines der wichtigsten Werke frühnormannischer Kunst in London. Deren Seitenschiffe werden um den Chor weitergeführt, im Obergeschoss zieht sich rundum ein als Empore gebildeter Gang, ein in Südfrankreich üblicher Bautypus.

Westminster Abbey, ein Paradebeispiel für den Early English Style

Auch der Chor von **St Bartholomew-the-Great** gibt ein eindrucksvolles Bild normannischer Architektur. Die von **Peter de Colechurch** ab 1176 erbaute **London Bridge** war die erste steinerne Themsebrücke. Unmittelbar nach ihrer Fertigstellung wurden beiderseits der Fahrspur Häuser, Läden und eine Kapelle erbaut.

Hochmittelalter: Gotik

In der frühen Gotik sind noch viele normannische Elemente zu finden, doch werden die Gemäuer immer mehr durchbrochen, die Säulen schlanker, die Fenster erhalten Lanzettform. Dieser **Early English Style** ist in **Westminster Abbey** hervorragend ausgebildet. Der folgende **Decorated Style** durchbricht die Mauer noch mehr und wertet die Fenster mit lebhaften Maßwerk- und Bogenformen auf; stark durchbrochene Wimperge zieren die Portale. Die Kapitelle werden mit Ornament versehen, das Kreuzrippengewölbe weiterentwickelt. Ein hervorragendes Beispiel ist die Kapelle **St Etheldreda** vom Ende des 13. Jh.s unweit des Smithfield Market. Der **Perpendicular Style** bestimmte vom späten 14. Jh. bis Anfang des 16. Jh.s die englische Architektur. In dieser insularen Sonderform der Spätgotik wird die Detailausbildung von Wand und Gewöl-

Architektur

be reicher, die Formen starrer und planvoller, die Ornamentik stilisiert, die Gliederung dagegen wird fester und klarer. Die Bogenformen und die noch größeren Fenster sind stärker horizontal betont. Neben dem Netz- und Sterngewölbe bildet sich das Fächergewölbe, bei dem von einem Punkt aus die Rippen fächerförmig ausstrahlen, zum englischen Spezifikum aus. Die **Chapel of Henry VII.** ist mit ihrem außergewöhnlichen Fächergewölbe und den trichterförmig herabhängenden Gebilden ein herausragendes Beispiel dieses Stils (▶ Abb. S.244).

Von den wenigen erhaltenen gotischen **Profanbauten** ragt **Westminster Hall**, heute Teil der Houses of Parliament, mit ihrer Stichbalkenkonstruktion und ihren Fensterformen heraus.

Plastik
Die Entwicklung der Plastik kann man eingehend an Grabmälern studieren. Der Typus der auf der Steintumba ruhenden Figur war im 13. Jh. verbreitet, wie die Grabfiguren in der **Temple Church** belegen. Neue Maßstäbe werden wiederum in **Westminster Abbey** in Form des Grabs von Edmund Crouchback († 1296) gesetzt, dessen aufwendiger architektonischer Aufbau seinen Ursprung in den Heiligenschreinen hat. Am Grabmal von John of Eltham verweist die geschwungene Körperhaltung der Klagefigur auf das vor 1250 einsetzende Verständnis für Bewegtheit, das für die englische Bildhauerkunst bestimmend wird.

▌ London in der Renaissance

Architektur
Während der gesamten Renaissance blieb der Perpendicular Style wichtig. Der **Tudor Style** (ca. 1485 – 1558) markiert Umbruch und Übergang, so in Torhaus, Audienzsaal und Kapelle des **St James's Palace** sowie im ehemaligen Gasthof Staple Inn an der Chancery Lane. An **Hampton Court Palace** (1514 – 1540) schmückt italienisches Dekor in Form von Terrakottamedaillons mit Köpfen römischer Imperatoren ein gotisches Bauwerk, dessen Backsteinbauweise und vor allem die schlanken Schornsteine mit ihren geometrischen Verzierungen wiederum typisch für die Tudorzeit sind.

Während des **Elizabethan Style** (ca. 1558 – 1603) bildete sich eine glanzvolle höfische Kultur aus, jedoch wurde wenig gebaut. Bedeutendes Zeugnis für die kulturelle Blüte sind aber die Theaterneubauten, vor allem die Shakespeare-Bühne Globe Theatre. Gotische Formen werden in der **Jacobean-Zeit** (ca. 1603 – 1625) zurückgedrängt, klassische Säulenformen und klassisches Gebälk sowie die Symmetrie treten in den Vordergrund, die Dekoration wird wesentlich üppiger.

Die Zeit der Stuarts (ab 1625) prägte der **Palladianismus**, hauptsächlich durch **Inigo Jones** (1573 – 1652) repräsentiert, dessen Bauten richtungsweisend für die folgenden Jahrhunderte war. Sein

Stil zeichnet sich durch vornehmes, schlichtes Dekor sowie durch Solidität aus, was der erste streng palladianisch-klassizistische Bau des **Queen's House** in Greenwich (1616 – 1635) hervorragend belegt. Jones' Hauptwerk war jedoch Whitehall Palace, von dem heute nur noch **Banqueting House** (1619 – 1622) steht.

Den Anstoß für die Miniaturmalerei gab die um 1530 von Heinrich VIII. aus den Niederlanden eingeladene Familie Hornebolte. **Nicholas Hilliard** (1537/1538? – 1618) bevorzugte das auf Kopf und Schultern begrenzte Porträt. Wegweisend für die Entwicklung der Malerei war **Hans Holbein** (1497 – 1543), der zunächst vornehmlich für die Kaufleute vom Stallhof, der Hanse-Niederlassung, arbeitete und dann Hofmaler Heinrichs VIII. wurde. Seine Bildnisse zeichnen sich durch rationale Beobachtung und präzise getroffene Physiognomien aus. Die ersten Renaissanceskulpturen in London schuf der Florentiner **Pietro Torrigiano** (1472 – 1528) mit dem Grabmal für Heinrich VII. und Elisabeth von York (1512 – 1518) in Westminster Abbey. Es zeigt das Paar traditionell als isolierte Liegefiguren, reich gewandet und mit gefalteten Händen. Die individuell gestalteten Physiognomien sowie die Gestaltung der Körper, die selbst unter der Kleidung nachzuvollziehen sind, fanden in London viele Nachfolger.

Malerei und Plastik

17. Jahrhundert

Das 17. Jh. ist das große Zeitalter der englischen Architektur. Vorerst war Inigo Jones' Bauweise weiterhin tonangebend, doch in der zweiten Jahrhunderthälfte wurde Christopher Wren (1632 – 1723) – vor allem durch den Wiederaufbau nach dem Großen Feuer von 1666 – äußerst produktiv. Seine Kathedrale St Paul's und die weiteren 52 Stadtkirchen zeigen eine große Bandbreite unterschiedlichster Stiladaptationen. Vielfach knüpfte er aber an die lokale Tradition an. Zunächst erweiterte er zusammen mit Jones in Greenwich das Royal Naval Hospital mit Queen's House und dem Observatorium. Wrens Meisterwerk ist **St Paul's Cathedral** (1675 – 1711): Doppelturmfassade und Kuppel stellten ein Novum dar. Die beiden Kolonnadenreihen sind der Pariser Architektur Perraults verpflichtet, die Obergeschosse der Türme weisen auf den römischen Barock Borrominis hin. Der Innenraum verkörpert den Kompromiss zwischen der anglikanischen Forderung eines basilikalen Längsbaus mit geräumigem Chor und der Idee des Architekten vom kuppelbekrönten Zentralbau. Profanbauten Wrens wie der gewaltige, eher monoton wirkende Baukubus des Ostflügels von Hampton Court Palace (1689 – 1692) sind seltener. Zusammen mit Sir John Vanbrugh und Nicholas Hawksmoor entwickelte er gegen 1700 einen eigenartig heterogenen englischen Spätbarock.

Christopher Wren und die Architektur

▎ 18. Jahrhundert

Architektur Richard Boyle, Earl of Burlington, Hauptrepräsentant der klassisch-palladianischen Ideologie, betrachtete den Barock als aufklärungsfeindlichen katholischen Stil und sammelte Architekten um sich, die vor allem Italien als Vorbild propagierten. So verarbeitete **William Chambers** (1723–1796) französische wie römische Einflüsse in seinem klassizistischen Somerset House. **Robert Adam** (1728 bis 1792) betonte an Kenwood House die Fassade durch klassischen Portikus, legte aber größeren Wert auf die neurömische, elegant-raffinierte Innendekoration. **Inigo Jones** verwirklichte bereits an Covent Garden Plaza 1630 erstmals die Idee vereinheitlichender Häuserzeilen nach dem Pariser Vorbild der Place des Vosges. Der Wiederaufbau nach dem Großen Feuer erfolgte jedoch zunächst uneinheitlich. Erst mit der Errichtung der Ostseite von Grosvenor Square ist die Idee der genormten Fassade zum ästhetischen Prinzip erhoben worden, mit der Gestaltung mehrstöckiger Wohnbauten um einheitliche Platzanlagen als **Square, Crescent oder Circus**. Einer der Hauptvertreter dieses Stils war **John Nash** (1752–1835), dessen bedeutendste Hinterlassenschaft Regent Street und Regent's Park sind.

Malerei Bis ins frühe 18. Jh. waren in England Maler aus Festlandeuropa tonangebend: Der Deutsche **Godfrey Kneller** (1646–1723) fertigte elegante Porträts, Italiener etablierten das Historienbild. Nur **James Thornhill** (1675–1734) sticht durch seine dekorativen Arbeiten wie die Kuppel von St Paul's oder die Deckenmalerei von Hampton Court

»Beer Street« (l.), »Gin Lane« (r.): Londoner Sittengemälde von William Hogarth

Palace heraus. Die folgende Generation brachte der englischen Malerei wieder internationalen Ruhm ein: **William Hogarth** (1697 bis 1764) setzte moralische Themen in volkstümlich erzählende Bilder um. **Joshua Reynolds** (1723 – 1792) griff die Tradition van Dycks sowie die Hell-Dunkel-Kolorierung Rembrandts auf und beeinflusste maßgeblich die Entwicklung der Porträtmalerei, so gab er u. a. seine vornehmen Modelle in Posen bekannter antiker Statuen wieder. **Thomas Gainsborough** (1727 – 1788) gab mit sorgfältigen, in ihrer leichten Farbigkeit ausgewogen gestalteten Landschaften der Landschaftsmalerei neue Impulse und begründete eine englisch-arkadische Tradition.

▌ 19. Jahrhundert

Die Gotik, insbesondere die späte Form des Perpendicular Style, wurde im 19. Jh als Neugotik wiederbelebt. Prominente Bauaufgabe dieses Jahrhunderts war der Neubau der Houses of Parliament. 1836 wurde der Entwurf eines neugotischen Baus von Sir **Charles Barry** (1795 – 1860) angenommen. Doch erst von 1860 an setzte sich der neugotische Stil auch für Profanbauten gänzlich durch, wie an den Royal Courts of Justice zu sehen ist. Die Industrialisierung erforderte große Wohnhäuser, Docks, Märkte und Bahnhöfe. Die King's Cross Station (1851 – 1852) von Lewis Cubitt hatte tonnenüberwölbte Bahnsteige mit einer Spannweite von 24 m und eine verglaste Eingangsfassade. Höhepunkt der Eisen-Glaskonstruktionen war der **Kristallpalast** der Great Exhibition von 1851. Markthallen und Galerien wie Burlington Arcade, Covent Garden, Smithfield Market oder Leadenhall Market zeugen von der prosperierenden Wirtschaftsmetropole, die dann mit der von 1886 bis 1894 errichteten **Tower Bridge** ein neues Wahrzeichen und eine Landmarke des gotisch geprägten Viktorianismus erhielt. **Architektur**

In der Landschaftsmalerei kam **John Constable** (1776 – 1837) zu einer eigenen Farb- und Lichtinterpretation: Er fing nuancierte Licht- und Luftstimmungen ein und wollte mit lockeren, summarischen Pinselstrichen atmosphärische Stimmungen festhalten. **William Turner** (1775 – 1851), verarbeitete Anregungen aus dem Studium von Poussin und Lorrain. Berühmt wurde er durch lichtdurchflutete Landschaftsimpressionen, dunstige Atmosphären und schillernde Reflexe, die er ohne greifbare Kontur festhielt und so visionäre Schöpfungen mit teilweise symbolischem Charakter hervorbrachte. William Blake (1757 – 1827) gilt wegen seiner fantastisch-mystischen Kunst als Vorläufer der **Präraffeliten**. In ihrer romantisch rückwärts gewandten Haltung konzentrierten sie sich auf die Zeit vor Raffael, die ihnen durch den Ausdruck von Gefühlszuständen und Stimmungen besonders reizvoll schien. **Malerei**

▌ Vom 20. ins 21. Jahrhundert

Architektur

Bis unmittelbar nach dem Ersten Weltkrieg war die Architektur beherrscht von einem aus dem 18. Jh. übernommenen Monumentalismus. etwa der Regent Street Quadrant von Reginald Blomfield. Einen neuen Akzent nach dem Zweiten Weltkrieg setzte die **Festival Hall**: Beton, die Horizontale und der Eindruck gebauter Landschaft durch Plattformen und Brücken kennzeichnen diesen Komplex von Denys Lasdun. Schließlich kam in den 1980er-Jahren die Postmoderne: **James Stirling** schuf den Erweiterungsbau der Tate Gallery, **Richard Rogers** vollendete 1986 den spektakulären Neubau von Lloyd's. Die Docklands gerieten zur Spielwiese moderner Architektur, auf der interessante architektonische Lösungen gefunden wurden wie der Büroturm One Canada Square von Cesar Pelli oder der Wohnblock The Cascades von Piers Gough.

Zum **Millennium** veränderte London sein Antlitz noch einmal beträchtlich. Einen Superlativ schuf Sir **Richard Rogers** mit dem **Millennium Dome** in Greenwich, dessen 320 m durchmessendes, in 50 m Höhe aufgehängtes Kuppelzelt den größten Festplatz der Welt überspannt. Britanniens zweiter Stararchitekt, Sir **Norman Foster**, baute die filigrane Fußgängerbrücke Millennium Bridge und gestaltete den Great Court des British Museum um, den er ebenfalls mit einer Glaskuppel überdachte – am Reichstag in Berlin hatte er ja schon geübt. Foster bescherte London dazu die **City Hall** nahe der Tower Bridge und den 180 m hohen Turm **30 St Mary Axe**, den die Londoner »erotische Essiggurke« (»Erotic Gherkin«) getauft haben. Für die Olympiade 2012 entstand der **Olympic Park** im Stadtteil Stratford. Wichtigste Neubauten dort sind das Olympiastadion der Architektengemeinschaft Populouse, der 2014 als Aussichtsturm freigegebene Skulpturenbaum »Orbit« von Amish Kapoor und das unverkennbar von Zaha Hadid entworfene Aquatics Centre. 2012 wurde im London Bridge Quarter das von Renzo Piano geplante höchste Bürogebäude in Westeuropa eröffnet: **The Shard**. Für Diskussionen sorgen weitere vollendete und geplante Hochhäuser, vor allem im Finanzviertel (▶ S. 20, 134)

Malerei und Plastik

Drei Haupttendenzen herrschten in der modernen Kunst vor dem Zweiten Weltkrieg vor: Der Aufenthalt einiger Künstler vom Kontinent wie Hans Arp, Lázló Moholy-Nagy oder Piet Mondrian begünstigte die Tendenz zum Konstruktivismus, zu Harmonien rein geometrischer Formen und zur Ablehnung gegenständlicher Motive. Zur populärsten Avantgarderichtung entwickelte sich der Surrealismus, der in England z.B. durch das Manifest von Roland Penrose Widerhall fand. In der »Unit One« fanden sich beide Richtungen zusammen. Die dritte Strömung besann sich auf den impressionistischen Ursprung der Moderne und setzte sich thematisch mit dem Ersten Weltkrieg, aber auch mit der Sexualität auseinander, wie die Plastiken Jacob Epsteins zeigen.

Schieflage beabsichtigt: die City Hall

Nach dem Krieg lebten die figurativen Arbeiten wieder auf und wurden durch andere Medien erweitert: Richard Hamilton und Eduard Paolozzi verwerteten die Bilderwelt der Konsum- und Mediengesellschaft zu Computercollagen. Die Pop Art avancierte zur Kunstform der Sixties. **Henry Moore** vertrat in den frühen 1950er-Jahren eine gemäßigte Figuration für die Plastik. In den 1960er-Jahren wurden die Grundsätze des Konstruktivismus ins Expressive und Emotionale ausgeweitet. Eigenständige Wege gingen **Francis Bacon**, der Grausamkeit, Gewalt und Leiden auf Großformaten thematisiert, und **Lucian Freud**, der unverblümt die Fleischmassen seiner Modelle auf die Leinwand bannte. **Gilbert & George** oder Bruce McLean wählten zunächst die Performance als Ausdrucksform, bevor sie ihre Ideen dann in »dauerhafte Lösungen« umsetzten. Mittlerweile etablierte Künstler wie Rachel Whiteread und **Damien Hirst** versetzten zu Beginn der 1990er-Jahre die Kunstwelt in Aufregung. Die provokativen Werke der YBA's (Young British Artists) sind untrennbar mit dem Mäzen Charles Saatchi verbunden.

Geadelt werden die »Schock-Künstler« mit der Vergabe des renommierten **Turner Prize**. Der 1998 ausgezeichnete Chris Ofili erregte mit der Verarbeitung von Elefantendung und Pornocollagen in Bildern der hl. Jungfrau Maria Anstoß. Grayson Perry (Gewinner 2003), der »Töpfer-Transvestit«, verknüpft seine traditionellen Keramiken mit subversiven Motiven. Mark Wallinger heimste mit seiner Anti-Irakkrieg-Installation den Preis 2007 ein. 2019 war die Wahl offenbar schwer, denn mit Lawrence Abu Hamdan, Helen Cammock, Oscar Murillo und Tai Shani durften ihn sich gleich vier Künstler teilen.

INTERESSANTE MENSCHEN

▎ Gründer der Heilsarmee: William Booth

**1829 – 1912
Pfarrer und
Wohltäter**

Wohl jeder muss den Soldaten der Heilsarmee (»Salvation Army«) Respekt zollen, wenn sie in Rotlichtbezirken und Obdachlosenheimen unverdrossen das Wort Gottes verkünden. Ihr Gründer und erster General war der am 10. April 1829 in der Grafschaft Nottingham geborene William Booth. Als methodistischer Missionar kam er 1849 als Straßenprediger nach London. Mit den Jahren erreichte er eine große Popularität und hielt viel besuchte Versammlungen ab.

1865 gründete er mit seiner Frau Catherine im East End die »Christian Revival Society«, die später in »Christian Mission« umbenannt wurde und aus der 1878 schließlich die Heilsarmee hervorging. Booth organisierte sie nach dem Vorbild der britischen Armee bis hin zu den Rangbezeichnungen der Mitglieder. Angefeindet und verspottet, erreichten es General Booth und seine Soldaten dennoch, dass ihre Organisation sich zum Ende des 19. Jh.s weltweit ausbreitete und allgemeine Anerkennung fand.

▎ Genie, Pionier, Multitalent: David Bowie

**1947 –2016
Musiker**

Selbstbewusste letzte Worte eines Genies, veröffentlicht wenige Tage vor seinem Tod am 10. Januar 2016 im Album »Blackstar«:

>

Look up here, I'm in heaven /
I've got scars that can't be seen
I've got drama, can't be stolen /
Everybody knows me now.

>

Wer kannte David Bowie nicht, der sich in seiner Karriere immer wieder selbst erfand, als androgyner »**Ziggy Stardust**« überkommenes Geschlechterdenken aushebelte, musikalische Grenzen auslotete, als Produzent für Lou Reed und Iggy Pop erfolgreich war, schauspielerte (u. a. in »Christiane F. – Wir Kinder vom Bahnhof Zoo«), am Broadway auftrat und 140 Millionen Schallplatten verkaufte?

Das Leben des am 12. Januar 1947 in Brixton geborenen David Robert Jones, der sich nach dem berühmten Trappermesser »Bowie

Ein paar Pinselstriche und aus David Bowie wurde »Ziggy Stardust«.

Knife« nannte, um nicht mit Davy Jones von den in den 1960ern po-
pulären »The Monkees« verwechselt zu werden, lässt sich ohne viele
Worte am besten mit seinen großen Songs und Figuren beschreiben:
»Space Oddity«, »Ashes to Ashes« und »Major Tom«, »The Rise and
Fall of Ziggy Stardust and the Spiders from Mars« und »The Man who
sold the World«, »Station to Station«, »Heroes« (aufgenommen in
Berlin), »Let's Dance«, »This is Not America« … Ihn musste man
einfach kennen.

▎ Komik ist Tragik: Charlie Chaplin

Übergroße Schuhe, Schnurrbart, Melone und Spazierstöckchen:
Mit dem **»Tramp«** schuf Charlie Chaplin, 1889 als Sohn armer Va-
rietékünstler im Stadtteil Lambeth geboren, eine unsterbliche Figur
der Filmgeschichte, die ihm schon in den 1920er-Jahren Weltruhm
einbrachte und der er auch in seiner mit Mary Pickford, Douglas
Fairbanks und D.W. Griffith 1919 gegründeten Filmgesellschaft United Artists in Filmen wie »The Kid« oder »The Gold Rush« treu
blieb. Chaplin setzte seine Karriere auch im Tonfilm fort, so in »Modern Times« und vor allem in »The Great Dictator«, mit all seinen
Anspielungen auf Nazideutschland und komischen Elementen dennoch ein zutiefst ergreifender Appell gegen die Barbarei. Nach dem
Zweiten Weltkrieg brachte ihm sein politisches Engagement eine

1889 – 1977
Schau-
spieler und
Regisseur

289

Anklage vor dem Ausschuss für unamerikanische Umtriebe ein; eine Reise nach Großbritannien nutzte die US-Justiz, ihm die Rückkehr in die USA zu verweigern. Chaplin siedelte daraufhin in die Schweiz über. In seinen späteren Filmen zeigte er sich noch einmal von einer anderen Seite, etwa in »Monsieur Verdoux«, in dem er einen Heiratsschwindler und Frauenmörder spielte. Er starb am Weihnachtstag 1977 in Vevey am Genfer See. Obwohl er seinen ganzen Ruhm in den USA erworben hatte, ist er immer britischer Staatsbürger geblieben.

▌ Königin der Herzen: Diana Princess of Wales

1961 – 1997
Prinzessin

Für das, was sich am 6. September 1997 zwischen Kensington Palace und Westminster Abbey abspielte, reichen rationale Erklärungsversuche nicht aus. Über 1,5 Mio. Menschen säumten den letzten Weg von Diana, Princess of Wales, London ertrank in einem Meer von Blumen. Diana Spencer war schon zu Lebzeiten zum Mythos ihrer selbst, zur öffentlichsten Person der 1990er-Jahre geworden. Als sie am 29. Juli 1981 in der St Paul's Cathedral den künftigen König Großbritanniens ehelichte, war sie sich vielleicht nicht darüber im Klaren, worauf sie sich eingelassen hatte. Ihr Gemahl jedenfalls wusste wohl, worum es ging: **»Was bedeutet das schon, Liebe?«** – das Empire brauchte einen Thronfolger. Der erblickte bald das Licht der Welt und bekam gar noch einen Bruder, aber da war die Ehe schon zerbrochen. Die Bilder und Schlagzeilen sind sattsam bekannt: öffentlich demonstrierte Eiseskälte, Magersucht, Charles und Camilla Parker Bowles, Diana und der königliche Rittmeister. Im Dezember 1992 trennte sich das Paar, 1996 wurde die Ehe geschieden. Nun wurde Diana erst recht von den Paparazzi gejagt – bis zu jenem 30. August 1997, der an einem Betonpfeiler in Paris endete.

Was sie in der Familie nicht fand, gab ihr die Öffentlichkeit: Wärme und Zuneigung. Offensichtlich hatte Diana es geschafft, die Kluft zwischen ihr und dem »gemeinen Volk« zu überwinden. Sogar die königliche Familie zeigte nun Anflüge von Menschsein: Elisabeth II. ordnete gegen jedes Protokoll an, dass zum Zeichen der Trauer der Union Jack über Buckingham Palace wehen sollte, und am Vorabend der Trauerfeier sprach sie sogar im Fernsehen zu den Briten. Dianas Grab in Althorp (125 km nördlich von London) ist zur Wallfahrtsstätte geworden; im Hyde Park wurde ein Gedenkbrunnen gebaut.

▌ Vater von Oliver Twist: Charles Dickens

1812 – 1870
Schriftsteller

Das literarische Werk von Charles Dickens gibt hervorragende, einfühlsame Schilderungen des Lebens der armen Londoner – schließlich hatte er es in seiner Jugend im Hafenviertel selbst kennengelernt, als sein Vater im Gefängnis saß. Der am 7. Februar 1812 geborene Dickens arbeitete sich trotzdem vom Rechtsanwaltsgehilfen zum Parlamentsstenografen, Journalisten, schließlich zum **erfolgreichsten Schriftsteller seiner Zeit** und zum Herausgeber der Daily News hoch. Bekannt geworden war er 1837 mit den »Pickwick Papers«; in Romanen wie »Oliver Twist«, »Nicholas Nickleby« oder »David Copperfield« schuf er Figuren der Weltliteratur. Immer wieder ist London Ort der Handlung, die sich um die Nöte der Armen und die ihnen zugefügten Ungerechtigkeiten dreht. Bei allem sozialen Engagement vernachlässigte er jedoch nie den Humor; auch gelangen ihm überaus rührende Geschichten wie seine Weihnachtserzählungen. Charles Dickens starb am 9. Juni 1870.

❙ Feuerwerk und Wasser: Georg Friedrich Händel

Der in Halle an der Saale am 23. Februar 1685 geborene Georg Friedrich Händel gilt als der erste deutsche Musiker, der weltweiten Ruhm erlangte. 1711 kam er anlässlich der Aufführung seiner Oper »Rinaldo« im Haymarket Theatre zum ersten Mal nach London und nur ein Jahr später ließ er sich endgültig in der Brook Street unweit östlich vom Hyde Park nieder; seit 1727 war er britischer Staatsbürger. In königlichem Auftrag gründete er 1719 ein Opernhaus, das 1728 jedoch schließen musste, da er sich nicht gegen den Publikumsgeschmack durchsetzen konnte, der Bürgerlich-derbes wie John Gays »Beggar's Opera« den italienischen Opern vorzog. Dennoch entstanden in London Händels bekannteste Werke, allen voran sein **»Messias«** (1742) mit dem berühmten Chorsatz »Halleluja«, die »Wassermusik« (1715 – 1717), »Judas Makkabaeus« (1747) und die »Feuerwerksmusik« (**»Music for the Royal Fireworks«**) aus Anlass des Aachener Friedens von 1748.

Händel wohnte in der Brook Street im Londoner Westen; Ironie der Musikgeschichte: Gut 200 Jahre später zog Jimi Hendrix ins Nachbarhaus. Seit 1751 erblindet, verstarb Händel am 14. April 1759; sein Grab befindet sich in Westminster Abbey.

1685 – 1759
Komponist

❙ Imposant in vielerlei Hinsicht: Heinrich VIII.

Von 1509 bis 1547 regierte Heinrich VIII. aus dem Hause Tudor England. In die Geschichte eingegangen ist er als der **Gründer der anglikanischen Kirche**, seines ausschweifenden Lebens und seiner **sechs Ehefrauen** wegen. Heinrich, am 28. Juni 1491 in Greenwich geboren, wurde vom elften Lebensjahr an auf die Königswürde vorbereitet. Er war humanistisch und theologisch gebildet, von ausge-

1491 – 1547
König von England

suchter Höflichkeit, ein sehr guter Tänzer und Jäger und auch äußerlich eine imposante Gestalt.

Die ersten Jahre seiner Herrschaft schienen die Erwartungen, dank seines Kanzlers Wolsey, zu bestätigen. In Anerkennung einer von ihm (in den Hauptzügen jedoch von Thomas More) verfassten Streitschrift gegen Luther verlieh ihm Papst Leo X. sogar den Titel eines »Verteidigers des Glaubens«. Als aber die Ehe mit Katharina von Aragón nicht den erwünschten männlichen Erben brachte, wollte Heinrich sich scheiden lassen, was der Papst jedoch ablehnte. Der darüber ausgebrochene Streit endete 1533 mit der Loslösung der katholischen Kirche Englands von Rom und der Gründung der anglikanischen Kirche. Heinrich heiratete nun Anne Boleyn, die ihm die spätere Elisabeth I. gebar; 1536 jedoch ließ er sie hinrichten und heiratete Jane Seymour, die 1537 starb, dann Anna von Cleve, von der er sich rasch wieder scheiden ließ, darauf Catherine Howard, die 1542 auf dem Schafott starb, und schließlich Catherine Parr, die ihn überlebte. In seinen letzten Jahren – er starb am 28. Januar 1547 – war Heinrich VIII., nachdem er auch die Kanzler Thomas More und Thomas Cromwell hatte hinrichten lassen, ein misstrauischer Autokrat.

▋ »Master of Suspense«: Alfred Hitchcock

Der zentrale Begriff im Schaffen des am 13. August 1899 in London geborenen Alfred Hitchcock war **»suspense«**. Damit meinte er nicht eine gewöhnliche »Spannung« (»Wer war's?«), sondern eine im Zuschauer erzeugte Anspannung, die davon herrührt, dass die auf der Leinwand agierenden Helden, meist ganz normale Menschen, in völlig irrationale Situationen geraten, die den Zuschauer genauso ahnungslos lassen (z. B. in »Der unsichtbare Dritte« oder »Das Fenster zum Hof«) oder ganz im Gegenteil ihn mehr wissen lassen als die Akteure (z. B. in »Psycho«). Hitchcock, an einem Jesuitenseminar erzogen, gilt als einer der Größten seines Fachs. Er arbeitete mit den bedeutendsten Hollywood-Stars; in vielen seiner Filme tritt er selbst in winzigen Rollen auf. Er starb am 29. April 1980 in Los Angeles.

1899 – 1980
Regisseur

▋ Mörderischer Schatten: Jack the Ripper

Der berüchtigtste Mörder in der Verbrechensgeschichte Londons war »Jack the Ripper«. Bis heute ist nicht geklärt, wer sich hinter diesem Namen verbarg. Er (oder sie) ermordete zwischen August und November 1888 in Whitechapel im düsteren Londoner **East End**

Berüchtigter
Serienmörder

Heinrich VIII. in stolzer Pose (um 1540). Zur Zeit der Entstehung dieses Porträts litt der König jedoch bereits an starkem Übergewicht und diversen Krankheiten.

Wer war Jack the Ripper?

fünf Prostituierte auf bestialische Weise: Allen Opfern war die Kehle durchgeschnitten, meistens waren ihnen auch Organe entnommen und um die Leichen drapiert. In mehreren mit »Jack the Ripper« unterschriebenen Briefen verhöhnte der Mörder die Polizei und kündigte weitere Taten an, doch war der Mord an der 25-jährigen Mary Kelly am 9. November 1888 die letzte Tat. Das East End verfiel in Panik, und die Polizei unternahm ohne Erfolg die größten Anstrengungen – es wurden sogar die Augen eines Opfers fotografiert, weil man hoffte, in der Netzhaut habe sich das Gesicht des Mörders abgebildet. Über dessen Identität sind bis heute die wildesten Spekulationen aufgestellt worden; verdächtigt wurden u. a. der Enkel von Königin Viktoria und Thronfolger Duke of Clarence, der Maler Walter Sickert, ein russischer Geheimagent sowie ein Vetter der Schriftstellerin Virginia Woolf. Alles über den Ripper erfährt man – nur auf Englisch – unter www.casebook.org: die Opfer, die Verdächtigen, die Theorien, die Zeugen, die Zeitungsberichte. Selbst die Briefe des Rippers sind im Faksimile abgebildet.

Theoretiker des Kommunismus: Karl Marx

Nachdem die Revolution von 1848 in Deutschland gescheitert war, wurde der am 5. Mai 1818 in Trier geborene Karl Marx, bis dahin Herausgeber der Kölner »Neuen Rheinischen Zeitung« und überzeugter Republikaner, aus Preußen ausgewiesen. Über Brüssel zog er nach London, wo er zunächst in der Dean Street in Soho wohnte und sich dann mit seiner Frau Jenny in der Maitland Park Road 41 niederließ. Er schlug sich mit journalistischen Arbeiten durch, immer wieder unterstützt von seinem wohlhabenden Freund und Mitdenker Friedrich Engels. In London schrieb er – überwiegend im Lesesaal der British Library – sein Lebenswerk, **»Das Kapital«**, mit dem er die kommunistishe Idee in die Welt brachte. Karl Marx starb im Londoner Exil am 14. März 1883; sein viel besuchtes Grab befindet sich auf dem **Highgate Cemetery** im Norden Londons.

1818 – 1883
Journalist

Pionierin der modernen Krankenpflege: Florence Nightingale

Als junge Frau galt die am 12. Mai 1820 in Florenz geborene Florence Nightingale bereits als Gesundheitsexpertin. Nach ihrem Dienst als Lazarettleiterin im Krimkrieg widmete sie sich der Organisation der medizinischen Versorgung der britischen Armee und wurde Generalinspektorin für das Krankenschwesternwesen in den Militärhospitälern. 1860 rief sie die Nightingale School for Nurses in London ins Leben, die **erste Schwesternschule der Welt**. Bis zu ihrem Tod am 13. August 1910 lebte Florence Nightingale überwiegend in London und betrieb mit großer Energie, aber rücksichtslos gegenüber anderen, ihre Sache. Ab 1857 war sie, obwohl keine Erkrankung festzustellen war, bettlägerig; zudem erblindete sie 1901.

1820 – 1910
Krankenschwester

Hier spricht Edgar Wallace

Edgar Wallace, am 1. April 1875 in Greenwich geboren, hat wohl wie kaum ein anderer Schriftsteller das London-Bild der Deutschen geprägt: Nebel, finstere, asphaltglänzende Straßen, zwielichtige Gestalten, ein Schrei in der Dunkelheit – so begegnet dem Leser seiner Kriminalromane wie »Der grüne Bogenschütze«, »Das Verrätertor« oder »Die toten Augen von London« die Stadt. Seine Geschichten wurden in den 1960er-Jahren in Deutschland mit Protagonisten wie Joachim Fuchsberger, Klaus Kinski und dem unvermeidlichen Eddie Arent verfilmt und waren ein großer Kassenerfolg; nachhaltig geblieben ist die Vorstellung von London als einem einzigen Soho, in dem man besser auf der Hut ist.

1875 – 1932
Schriftsteller

Mutter der Punkmode: Vivienne Westwood

geb. 1941
Modeikone

Ein Schottenmuster, Stilelemente aus dem 18./ 19. Jh., viel Stoff, Rüschen, voluminöse Röcke, Korsetts – die Mode von Vivienne Westwood ist exzentrisch, polarisierend, populär. Der genaue Gegensatz also zu ihrem anfangs kleinbürgerlichen Leben als Grundschullehrerin und Hausfrau, das sich schlagartig änderte, als sie den damaligen Kunststudenten und späteren Manager der Sex Pistols, **Malcom McLaren**, kennenlernte. Als Erfinderin der Punkmode schuf die zweifache Mutter daraufhin die Outfits der Pistols, ihre Kollektionen gehörten in den 1990er-Jahren schließlich zu den Höhepunkten der London Fashion Week, die Queen nahm sie 1992 sogar in den »Order of the British Empire« auf. Eines ihrer Markenzeichen, das orangefarbene Haar, hat die Modedesignerin gegen eine schlichte Kurzhaarfrisur getauscht, was nicht heißt, dass sie nicht auch heute noch die Rebellin mimt – 2015 stand sie mit einem Panzer vor dem Haus David Camerons, um gegen das Fracking zur Edagasgewinnung zu demonstrieren. Mit ihrem 25 Jahre jüngeren Ehemann, dem Modedesigner Andreas Kronthaler aus dem Tiroler Zillertal, ist sie seit über 20 Jahren verheiratet.

Das Ergründen der menschlichen Psyche: Virginia Woolf

1882 – 1941
Schriftstellerin

In Virginia Woolfs Haus im Stadtteil Bloomsbury traf sich die »Bloomsbury Group«, ein Gesprächszirkel, dem u. a. E.M. Forster, Victoria Sackville-West und John Maynard Keynes angehörten. Woolf, geboren am 25. Januar 1882, war mit dem Verleger Leonard Woolf verheiratet, gab mit diesem die Hogarth-Press heraus und arbeitete als Literaturkritikerin bei der Times. Sie trat als Essayistin, Tagebuchschreiberin und Romanautorin (»Orlando«) hervor, was sie besonders in den 1920er-Jahren zur gefeiertsten englischen Autorin machte. Schwer depressiv, beging sie am 28. März 1941 Selbstmord.

Der Baumeister Londons: Christopher Wren

1632 – 1723
Architekt

Der am 20. Oktober 1632 geborene Christopher Wren wurde 1657 Professor für Astronomie am Gresham College in London und nahm 1661 eine Astronomieprofessur in Oxford an. Dort begann er auch Architekturstudien, und schließlich fand er 1666, als er zum Generalarchitekten des Wiederaufbaus von London nach dem Großen Feuer ernannt wurde, seine Berufung. Er baute insgesamt 53 Kirchen in der Stadt, das Greenwich Hospital und das Chelsea Royal Hospital. Sein

Lebenswerk war aber der Wiederaufbau der St Paul's Cathedral. Hier ist er nach seinem Tod am 25. Februar 1723 auch begraben worden unter der Inschrift:

>>
Lector, si monumentum requiris, circumspice –
Leser, wenn du ein Denkmal suchst, blicke um dich.
<<

▌ Der Erfinder des Reiseführers: Karl Baedeker

Als Buchhändler kam Karl Baedeker viel herum, und überall ärgerte er sich über die »Lohnbedienten«, die die Neuankömmlinge gegen Trinkgeld in den erstbesten Gasthof schleppten. Nur: Wie sollte man sonst wissen, wo man übernachten könnte und was es anzuschauen gäbe? In seiner Buchhandlung hatte er zwar Fahrpläne, Reiseberichte und gelehrte Abhandlungen über Kunstsammlungen. Aber wollte man das mit sich herumschleppen? Wie wäre es denn, wenn man all das zusammenfasste?

1801 – 1859
Verleger

Gedacht, getan: Zwar hatte er sein erstes Reisebuch, die 1832 erschienene »Rheinreise«, noch nicht einmal selbst geschrieben. Aber er entwickelte es von Auflage zu Auflage weiter. Mit der Einteilung in »Allgemein Wissenswertes«, »Praktisches« und »Beschreibung der Merk-(Sehens-)würdigkeiten« fand er die klassische Gliederung des Reiseführers, die bis heute ihre Gültigkeit hat. Bald waren immer mehr Menschen unterwegs mit seinen **»Handbüchlein für Reisende, die sich selbst leicht und schnell zurechtfinden wollen«**. Die Reisenden hatten sich befreit, und sie verdanken es bis heute Karl Baedeker. London beschreibt er erstmals im 1862 erschienenen »Baedekers London«.

>>
Für die ganze Zeit des Londoner Aufenthalts gelte
als Regel, jeder Bitte *if you please* oder *please* beizufügen.
Der Engländer hält es für einen Mangel an Höflichkeit,
wenn dies unterbleibt.
>>
Baedeker's London, 14. Auflage 1901

E

ERLEBEN &
GENIESSEN

*Überraschend, stimulierend,
bereichernd*

Mit unseren Ideen erleben und
genießen Sie London.

Auch einGenuss: Romi Topis Shoe Shine Service in Burlington Arcade ▶

AUSGEHEN

Wenn die abgedroschene Formel von »der Qual der Wahl« auf etwas zutrifft, dann auf Londons Angebot für abendliches Vergnügen. Also erst einmal bei einem Drink überlegen, ...

... denn der Abend in London beginnt oft mit einem after work pint im **Pub**. Im Sommer breitet sich das trinkende Volk draußen aus, wenn es kühler ist, drängt es sich in den wärmepilzbeheizten Raucherecken. Denn **Rauchen** ist heute in allen Pubs, Bars und Restaurants verboten; die Ausnahme bilden Zigarren-Humidor-Bars und Smoking Rooms in einer Handvoll Hotels.

Nachdem die Briten den Wein für sich entdeckt haben, zeigen auch die **Weinbars** mehr Charakter. Champagner ist nicht mehr wegzudenken – der »bubbly« gehört zum guten Ton und beginnt preislich wie die Cocktails in Hotelbars bei 10 Pfund pro Glas. Der klassische **Gin & Tonic** ist beliebt wie eh und je, auch deshalb, weil neue Ginproduzenten edle Spirituosen auf den Markt bringen. Londons Trend-Cocktail der letzten Jahre war der Negroni (Gin, roter Wermut und Campari), Bars, die etwas auf sich halten, kreieren ihre eigenen Cocktails.

Wohin? Eine grobe Orientierung: Das **West End** hat die teuren Nightclubs und Hotelbars, die City ist am Wochenende tot, das **East End** dagegen nicht so einfach zu erschließen, da sich die Szene schnell ändert; aktuelle Happening-Viertel können auf Außenstehende abgerissen und abweisend wirken. Eine gute Mitte – nicht nur geografisch – zwischen Establishment und selbstreferentiell-hippem Chic offeriert das historische Gourmetviertel **Clerkenwell**, auch die Upper Street in **Islington** (U-Bahn-Station: Angel) hat interessante Bars und Gastronomie.

Theater und Musik London ist die **Welthauptstadt des Musicals**, Theater und Oper haben Weltklasse und geben sich volksnaher als in vielen anderen Weltstädten: Es dürfen Jeans getragen werden und es gibt Möglichkeiten, an verbilligte Karten zu kommen.

Theaterkarten sollten beim Veranstalter, bei offiziellen Vorverkaufsstellen oder über »Visit London« erstanden werden. An nicht offiziellen Verkaufsstellen, oft nahe großer Sehenswürdigkeiten, und bei den ambulanten »ticket touts« vor dem Theater wird es teuer – bei letzteren gibt es keine Sicherheit vor Fälschungen. Auch als **Musikstadt** gehört London zur Weltspitze.

Humor Wer über ein hohes Niveau englischer Umgangssprache verfügt, wird **Standup-Comedy** genießen. Großen Unterhaltungswert haben die Duelle zwischen dem Comedian und den so genannten »hecklers«.

OBEN: Der Zeitgeist schlägt in der Pump Station in Shoreditch durch.

UNTEN: Traditionn lebt im »The Salisbury Pub« in der St Martin's Lane fort: einer der letzten mit original viktorianischer Einrichtung und gleichzeitig – für manche nicht ganz unwichtig – eine »football free zone«.

Clubs Den Abend in einem Club muss man vorausplanen. Bei der Breite des Angebots und der Fluktuation ist das »Time Out«-Wochenmagazin ein unerlässlicher Berater. Und ab einem gewissen Alter möchte man nicht mehr im Regen Schlange stehen: Lassen Sie sich auf die **Guest List** setzen, es gibt sogar Anbieter, die das für Sie übernehmen.

KNEIPE, BAR, SZENE ❶ ETC. S. PLAN S. 304/305

AUSGESUCHTE PUBS (GASTROPUBS ▶ S. 321)

❾ THE BLACKFRIAR

Dieses architektonische Juwel im Arts & Crafts-Stil verdankt sein Überleben einer Kampagne des Dichters Sir John Betjeman. Bunte Stuckdekoration, Kupferreliefs und dunkles Holz im wirklich sehenswerten Interieur entspringen einer fantasievollen Vorstellung des Lebens als Dominikanermönch (Black Friar). Hier passen traditionelle Ales zu deftigen Fleischgerichten.
174 Queen Victoria Street, EC 4
Tel. 020 7236 54 74
www.nicholsonspubs.co.uk
Mo. – Sa. 9. – 23, So. 12 – 22 Uhr
U-Bahn: Blackfriars

❽ THE OLD BANK OF ENGLAND

Die haushohen Decken und das noble Flair der ehemaligen Bank machen das Pint zum Erlebnis, zumal es von der guten Londoner Fuller's-Brauerei stammt. Die Küche pflegt britische Tradition, vor allem herzhafte Pies. Sonntags geschlossen.
194 Fleet Street, EC4
Tel. 020 7430 22 55
www.oldbankofengland.co.uk
Mo. – Fr. 8 – 23, Sa. 12 – 18 Uhr
U-Bahn: Temple

❶ OLD FOUNTAIN

Im Trendviertel Shoreditch hat sich dieser Pub dem Craft Beer verschrieben und schenkt 15 bis 20 Sorten aus.
3 Baldwin Street, EC 1
Tel. 020 7253 29 70
http://oldfountain.co.uk
Mo. – Sa. 11 – 23, So. 13 – 21 Uhr
U-Bahn: Old Street

❻ PRINCESS LOUISE

Als ein authentischer »Ginpalast« aus viktorianischer Zeit – deshalb: Gin Tonic bestellen! – steht diese Kneipe unter Denkmalschutz. Wer die Stuckdecken, Spiegel, Mosaikböden und Marmorpissoirs in der Herrentoilette gesehen hat, weiß warum. Das Publikum ist aber erfrischend normal und schätzt das Bier einer Brauerei aus der Grafschaft Yorkshire.
208 – 209 High Holborn, WC 1
Tel. 020 7405 88 16
http://princesslouisepub.co.uk
Tgl. 11 – 23 Uhr
U-Bahn: Holborn

❿ PROSPECT OF WHITBY

1520 gegründet, ist »Prospect of Whitby« der älteste Pub an der Themse. Er war nicht nur Schmugglerhöhle, sondern auch beliebt als Tribünenplatz für die nahe Hinrichtungsstätte, wo Piraten an einem Galgen ihr Leben aushauchten. Gäste im Biergarten blicken auf vorbeifahrende Boote. Innen stützen Pfosten aus dem Holz alter Schiffsmasten die niedrige Decke.
57 Wapping Wall, E 1
Tel. 020 7481 10 95
www.taylor-walker.co.uk
Tgl. 12 – 23, Fr./Sa. bis 24 Uhr
U-Bahn: Wapping

SEEMANNSKNEIPE, VARIETÉTHEATER, BAR

Stimmungsvoller als in Wilton's Music Hall geht es kaum. Nach einer behutsamen, den Verfall festhaltenden Restaurierung des Varietétheaters wird wieder gespielt und musiziert. Wer nicht zur Vorstellung geht, kann in der Mahagony Bar essen und trinken – längst verschwunden aber ist die Mahagoni-Einrichtung der 300 Jahre alten Hafenkneipe, heute machen nackte Bodendielen und Ziegelwände den Charme des Hauses aus.
www.wiltons.org.uk, Bar Mo. – Sa. 17 – 21 Uhr.
1 Grace's Alley, Seitenstraße von Ensign St., zu Fuß vom Tower of London über Royal Mint St.

⑫ THE SALISBURY

Dieser Pub besticht durch seine viktorianische Spiegeleinrichtung. Durch die Lage im »Theatreland« und nahe Covent Garden ist »The Salisbury« ideal für einen Drink vor oder nach einer Vorstellung. Übrigens: Hier herrscht »football free zone«.
90 St Martin's Lane, WC 2
Tel. 020 7836 58 63
www.taylor-walker.co.uk
Mo. – Do. 11 – 23, Fr. 11 – 1,
Sa. 12 – 1, So. 12 – 22.30 Uhr
U-Bahn: Leicester Square

⑮ THE STAR TAVERN

Hinter der deutschen Botschaft im noblen Belgravia versteckt sich diese gemütliche Kneipe aus dem frühen 19. Jh. mit dem Londoner Fuller's-Bier und anständiger Küche zu humanen Preisen. Im Saal im ersten Stock wurde 1963 der berühmte Überfall auf den Postzug geplant, der »Great Train Robbery«.
6 Belgrave Mews West, SW1
Tel. 020 7235 30 19
www.star-tavern-belgravia.co.uk
Mo. – Sa. 11 – 23, So. 12 – 22.30 Uhr
U-Bahn: Hyde Park Corner

LONDON

Open Air Theatre
Bedford College
Mme. Tussauds
Academy of Music
Outer Circle
Regent's Park
Euston Tower
Holy Trinity
University College
Coram Fields
Dicken's House Museum
University of Westminster
MARYLEBONE
BLOOMSBURY
University of London
Hospital
BBC
All Souls
Telecom Tower
British Museum
Soane's Museum
Wallace Collection
ST. GILES
Lincoln's Inn
Selfridges
Palladium
Freemasons Hall
Oxford
Liberty
SOHO
Royal Opera House
Covent Garden Market
Transport Museum
King's College
Roosevelt Memorial
MAYFAIR
Royal Academy
Piccadilly Circus
Leicester Square
Courtauld Gallery
Somer House
National Gallery
St Martin in-the-Fields
Cleopatra's Needle
Hyde Park
Trafalgar Square
Charing Cross Station
Queen Elizabeth Hall
Admiralty Arch
Royal Festival Hall
SOUTH
Piccadilly
ICA
Whitehall
PS Tattershall Castle
Wellington Museum
St James's Palace
Malborough House
Carlton House Terrace
Horse Guards
Banqueting House
County Hall
Wellington Arch
Lancaster House
St James's
Downing St.
London Eye
Knightsbridge
Green Park
Buckingham Palace
Queen Victoria Memorial
Big Ben
Westminster Bridge
St Thomas's Hospital
Palace
Queen's Gallery
Wellington Barracks
Westminster Abbey
Houses of Parliament
Gardens
Royal Mews
New Scotland Yard
Jewel Tower
Lambeth Palace
Emb. of Germany
BELGRAVIA
Westminster Cathedral
St John's Concert Hall
Lambeth Bridge
St. Mary
Victoria Station
PIMLICO
Tate Britain

304

FINSBURY

FARRINGDON

CLERKENWELL

City

Old Street

CLERKENWELL

Clerkenwell Road

Bunhill Row

Golden Lane

Whitecross Street

Chiswell St.

St John's Gate

Broadgate Tower

Spitalfields Market

Beech St.

Barbican Arts and Conference Centre

Broadgate Complex

Liverpool Street Station

Smithfield Market

St. Bartholomew

Long Lane

Charterhouse Street

BARBICAN

Museum of London

London Wall

Aldersgate St.

Eldon St.

London Wall

Heron Tower

HOLBORN

Holborn

Middlesex St.

Staple Inn

City Thameslink Station

Viaduct

Ludgate Hill

New Bridge St.

Fleet St.

CITY

Guildhall

Moorgate

Royal Exchange

Stock Exchange

Leadenhall Building

30 St Mary Axe (The Gherkin)

Criminal Court

Paternoster Square

St Paul's Cathedral

Bank of England

Lloyd's Building

Leadenhall Market

The Scalpel

Minories

Royal Courts

Cannon St.

Mansion House

Fenchurch St.

Walkie-Talkie

The Temple

Blackfriars Station

Victoria St.

Upper Thames St.

Cannon Street Station

Monument

Eastcheap

All Hallows

Tower

Embankment

HMS President

HMS Wellington

Blackfriars Bridge

Thames

Millennium Bridge

Southwark Bridge

London Bridge

Custom House

HMS Belfast

OXO Tower

Ground

Shakespeare's Globe Theatre

National Theatre

Upper Ground

Stamford St.

Tate Modern

SOUTHWARK

Southwark

Road

Southwark Cathedral

Tooley St.

Tower Bridge

City Hall

IMAX

Waterloo Junction

Blackfriars Road

Borough Market

St. Thomas St.

The Shard

London Bridge Station

BANK

Union St.

Street

Bridge

Union St.

Borough High Street

Guy's Hospital

Bermondsey Street

Tooley St.

Waterloo Station

The Cut

Old Vic

Waterloo Road

Southwark

Long Lane

Dover

Weston Street

Bridge

Grange Road

St George's Cathedral

Lower Marsh

Borough Road

London Road

NEWINGTON

Tabard Street

Harper Road

Abbey Street

Imperial War Museum

LAMBETH

1 The Old Fountain
2 Happiness Forgets
3 Village Underground
4 Café Oto
5 Ronnie Scott's

6 Princess Louise
7 Volupté
8 The Old Bank of England
9 The Blackfriar
10 Prospect of Whitby

11 Notting Hill Arts Club
12 The Salisbury
13 Gordon's Wine Bar
14 Skylon
15 The Star Tavern

250 m
750 ft
©BAEDEKER

VON PUBS, BITTER UND PALE

Kein Londonbesuch ohne mindestens einmal in einem Pub gewesen zu sein – nicht nur der Getränke halber, sondern vor allem wegen der zwanglosen Atmosphäre und der Einblicke in den englischen Alltag.

Wenn man dann auch noch in ein schön eingerichtetes Haus mit Tradition geraten ist, dann weiß man, warum für viele Engländer der Pub ihr **zweites Zuhause** ist. Mancherorts erinnert die Einrichtung mit Teppichboden, Kaminfeuer und dunklem Mobiliar tatsächlich an ein altmodisches Wohnzimmer. Dank der Liebe zur Tradition haben sich

urige historische Pubs in London erhalten. Viele Kneipen des 19. Jahrhunderts besitzen noch eine beeindruckendes Interieur mit Spiegeln, Fliesen, Raumtrennungen aus Mahagoni und geätztem Glas oder Stuckdecken. »Gin palace« nennt man solche Prachtstücke aus viktorianischer Zeit. Der Begriff »Pub« selber kommt vom **»Public House«** (öffentliches Haus), in dem jeder essen und trinken konnte, allerdings streng unterschieden nach dem Stand: In der Public Bar trafen sich Arbeiter und einfache Leute, in der Saloon Bar die Besserverdienenden, in die Private Bar gingen die Gentlemen.

Ein frisch gezapftes »pint of bitter« in uriger Kneipenatmosphäre gehört zu einem Londonbesuch einfach dazu. Fröhliche Bedienung, heitere Gäste, ausgelassene Stimmung – das passt.

Regeln und Sitten

Heute geht es demokratischer zu. Man geht an die Theke, holt seine Getränke und bezahlt sofort. In der Gruppe gibt jeder der Reihe nach eine Runde aus: »My round!«, heißt es dann. Seit 2005 passé sind die eingeschränkten Schankstunden. Manch traditionell gesinnter Pubgänger mag es vielleicht missen, dass zehn Minuten, bevor der Zapfhahn geschlossen wurde, eine Glocke ertönte oder das Licht kurz ausgemacht wurde und der Wirt rief: **»Last orders, please!«**. Passé sind auch verrauchte Pubs: Seit 2007 herrscht Rauchverbot! Das »Kinderverbot« hat sich dagegen gelockert: Der Nachwuchs darf i.d.R. mit, sofern er der Theke fernbleibt. Die meisten Pubs bieten einfache Küche wie Sandwiches, Ploughmans (Käse mit Brot und Salat), Curries und Pasteten. Auch das Essen bestellt und bezahlt man meist an der Theke, es wird allerdings dann an den Tisch gebracht. Wo die Trennlinie zum Restaurant die Speisekarte betreffend schon überschritten ist, firmiert man als Gastropub (▶ S. 321); in diesem Fall gibt es schon mal Tischbedienung in einem separaten Speisesaal.

Englische Bierologie

Im Pub trinkt man meist Bier, und zwar ein **Pint** (= 0,57 l), weshalb man nicht »ein Bier«, sondern z. B. »a pint of bitter« (oder »half pint«) bestellt. Und wie der Linksverkehr typisch britisch ist, hat auch das Bier seine Eigenart, denn die britischen Brauer haben die **obergärige Brauweise** beibehalten, als Mitte des 19. Jh.s andernorts auf untergärig umgestellt wurde. Britische »Ales« haben daher den spritzig-fruchtigen Geschmack obergäriger Biere wie

man ihn vom Altbier oder Kölsch her kennt. Sie werden nicht mit Kohlensäure versetzt, sondern per Hand gepumpt und haben daher wenig Schaum. Im Vergleich zu deutschem Bier enthalten viele englische Ales weniger Alkohol (oft um 3,5 %). Klassische Sorten sind das Pale Ale, das Bitter (das typischste aller Ales), das dunkle Mild und das ebenfalls dunkle Brown Ale. Ein Stout ist ein kräftiges, dunkles, malzstarkes Bier mit einem entfernt an Schokolade erinnernden Geschmack und meist sahnigem Schaum. Am weitesten verbreitet ist das Guinness, doch stellen immer mehr kleine Brauereien ihr eigenes Stout her. Die untergärigen Lager kommen dem deutschen Exportbier nahe. Seit Jahrzehnten propagiert die **Campaign for Real Ale** die oft von kleineren Brauereien hergestellten, fassvergorenen und per Handpumpe gezapften dunkleren Biersorten, die im Fass ein zweites Mal reifen und bei Zimmertemperatur zu genießen sind (www.camra.org.uk). Der Trend des 21. Jahrhunderts heißt Craft Ale. Innovative Kleinstbrauereien stellen im handwerklichen Verfahren eine erstaunliche Vielfalt interessanter Biersorten her, oft mit neuen, aus den USA importierten Hopfensorten. Empfehlenswerte, teils sehr hopfige Neuheiten gibt es von den Brauereien Shoreditch, Meantime, Redchurch, Camden Town und Brodie's.

Pub Walks

Als Tourist ist es nicht immer einfach, »seinen« Pub zu finden. Die Auswahlliste auf S. 302ff. hilft dabei. Wer nicht allein gehen will, kann auf erfahrene Pubbesucher setzen: Die auf S. 356 aufgeführten Sightseeing-Agenturen bieten oft auch »Pub Walks« an.

AUSGESUCHTE BARS

Die Londoner lieben ihre Bars, sei es für Cocktails, Champagner oder wegen des Publikums.

⑬ GORDON'S WINE BAR

Fühlen Sie sich wie ein politischer Verschwörer in schummrigen Katakomben mit Kerzen am Tisch, denn das seit 1890 familiengeführte Lokal ist nicht weit vom Parlament entfernt und deshalb traditionell ein Ort für diskrete Gespräche. In diesem historischen Haus wohnte Samuel Pepys, dichteten »Dschungelbuch«-Autor Kipling und »Father Brown«-Schöpfer G.K. Chesterton.
Villiers Street, WC 2
http://gordonswinebar.com
Keine Reservierungen,
Mo. – Sa. 11 – 23,
So. 12 – 22 Uhr
U-Bahn: Embankment

❷ HAPPINESS FORGETS

Als Auftakt oder Abschluss eines Abends im trendigen Shoreditch probieren Sie die kreativen und doch erschwinglichen Cocktails im gemütlichen Keller – bei schlechtem Wetter vielleicht einen »Perfect Storm« mit dunklem Rum, Pflaumenbrandy, Zitrone, Honig und Ingwer.
8 – 9 Hoxton Square, N 1
Reservierungen: reservations@happinessforgets.com
Tgl. 17 – 23 Uhr
U-Bahn: Old Street

⑭ SKYLON

In der Bar der Royal Festival Hall ist der 180-Grad-Blick auf die Themse und die City schlicht bezaubernd. Hier können Sie auch gut essen – aber trinken Sie erst mal Bellinis an der Bar, bis die Sonne untergeht.
Royal Festival Hall, SE 1
Tel. 020 7654 78 00
www.skylon-restaurant.co.uk
U-Bahn: Embankment, Waterloo

SZENE UND CLUBS

⑪ NOTTING HILL ARTS CLUB

Nicht ganz so groß und gar nicht so teuer ist dieser Club mit jungem Publikum. Mittwochs gibt es Rock, Indie- und Punk-Klassiker zu hören, urbaner wird es am Donnerstag mit Dubstep, Garage u. v .m. (Gäste müssen auf der Gästeliste stehen: yoyorun nings@gmail.com). Immer Ausweis mitbringen!
21 Notting Hill Gate, W 11
Tel. 020 7460 44 59
www.nottinghillartsclub.com
U-Bahn: Notting Hill Gate

❸ VILLAGE UNDERGROUND

Bunte Wandmalereien, Schiffscontainer und U-Bahnwaggons auf dem Dach sind die sichtbaren Zeichen dieser Kreativfabrik. Ein recht gemischtes Publikum, nicht nur die Hipster des Stadtteils Shoreditch, besucht die Konzerte, Clubabende, auch Ausstellungen, Theater und Happenings.
54 Holywell Lane, EC 2
Tel. 020 7422 75 05
www.villageunderground.co.uk
U-Bahn: Old Street

❼ VOLUPTÉ

Mit Cocktails und Cabaret, Hula Girls und Burlesque-Strips sowie Zaubershows ist Volupté der dekadente Star am Londoner Ausgehhimmel. Die Afternoon Tea & Show am Wochenende sollte man vorab buchen.
9 Norwich Street, EC 4
Tel. 020 3475 20 67
www.volupte-lounge.com
U-Bahn: Chancery Lane

JAZZ

❹ CAFÉ OTO

Wer sich unter Avantgarde-Musikfans mischen möchte, ist hier im leicht abgerissenen Dalston richtig, die Bar ist eine coole Location. Tagsüber bis 17 Uhr gibt es persische Küche.

18 – 22 Ashwin Street, E 8
www.cafeoto.co.uk
Overground: Dalston Junction

❺ RONNIE SCOTT'S
Als der namensgebende Saxophonist
1959 seinen Club eröffnete, holte er
zum ersten Mal Spitzenkünstler aus
Amerika nach London. 20 Jahre nach
seinem Tod ist Ronnie Scott's in Soho

immer noch Londons bester Jazzklub
mit einem hochkarätigen Programm.
47 Frith Street, W 1
Tel. 020 7439 07 47
www.ronniescotts.co.uk
U-Bahn: Leicester Square

THEATER UND MUSICAL

VORVERKAUF
Zunehmend setzen die Theater dynamische, von der Nachfrage abhängige
Preissysteme ein. Deshalb ist es sinn-
voll, für beliebte Stücke, vor allem
wenn echte Stars mitspielen, früh zu
buchen. Ansonsten lohnt es sich, die
Webseite des Theaters ca. 24 Stunden vorher und noch einmal am Tag
der Vorstellung gegen 10 Uhr zu besuchen.

TKTS
Unterm Uhrturm: regulärer Vorver-
kauf und Karten zum halben Preis für
Theater- und Musical-Vorstellungen
am selben Tag. Es werden nur zwei
Karten pro Person abgegeben!
Leicester Square, WC 2
Mo. – Sa. 9 – 19, So. 11 – 16.30 Uhr
www.tkts.co.uk

ONLINEVERKAUF
www.officiallondontheatre.co.uk
www.theatremonkey.com (verbilligte Karten)

KLASSIK UND MODERNE

NATIONAL THEATRE
Auf drei Bühnen, im Olivier, im Lyttelton und im kleinen Dorfman Theatre,
werden hervorragende Produktionen
geboten. Ab 9 Uhr (So. 12 Uhr) öffnet der Schalter für die Day Tickets –

Restkarten für jede Vorstellung;
bei beliebten Stücken früh anstellen!
Freitags werden online ab 13 Uhr
Karten für £ 20 verkauft.
Southbank, SE 1
Tel. 020 7452 30 00
www.nationaltheatre.org.uk
U-Bahn: Waterloo

SHAKESPEARE'S GLOBE
Stücke von Shakespeare & Zeitgenossen ab £ 5 im geselligen Rund des authentisch wiederaufgebauten Okto-
gons. Auch im benachbarten,
ausschließlich mit Kerzen beleuchte-
ten **Sam Wanamaker Playhouse**,
einem Theater aus dem 17. Jh. nachempfunden, wird Shakespeare gespielt.
New Globe Walk, Bankside, SE 1
Tel. 020 7401 99 19
www.shakespearesglobe.com
Vorstellungen Mai – Sept.
U-Bahn: St Paul's, dann über die
Millennium Bridge

ST MARTIN'S
Seit 1962 läuft Agatha Christies Dau-
erbrenner »Die Mausefalle« und ist
nach über 26 000 Vorstellungen eine
fast so ehrwürdige Institution wie Big
Ben und der Tower.
West Street, WC 2
Tel. 020 7836 14 43
www.the-mousetrap.co.uk
U-Bahn: Leicester Square

SWINGING LONDON

Der Beat des Vereinigten Königreichs eroberte in den 1960ern die Welt. In London war sein Zentrum, der Erfolg der Beatles die Initialzündung.

1962 eröffnete Alexis Korner am Ealing Broadway seinen Rhythm & Blues Club. **Mick Jagger, Keith Richards** und **Brian Jones** absolvierten hier ihre ersten Auftritte; **Eric Clapton,** John Mayall, Ray Davies holten sich hier die Inspiration zur Gründung solch legendärer Gruppen wie The Bluesbreakers und The Kinks. Nachdem die Decca 1962 die Beatles als »zu unkommerziell« abgelehnt hatte, griff sie 1963 bei den Rolling Stones doch zu. Flugs nahmen die Plattenkonzerne ab 1964 fast jede Gruppe unter Vertrag, wenn sie nur längere Haare und E-Gitarren hatte.

Pilgerorte

Einer der berühmtesten Beatschuppen der Welt war in Soho The Marquee, 90 Wardour St. (jetzt Leicester Square). Hier hatten die **Stones** 1962 ihren ersten bezahlten Auftritt, hier zerlegten **The Who** ihr Equipment zu »My Generation« und hier musste bis weit in die 1970er-Jahre hinein jede Band von Rang schon aus Prestige mindestens einmal im Jahr gastieren. Wem die Schlange vor dem Marquee zu lang war, konnte Ecke Brewer St. im Roundhouse etwa **Manfred Mann** und die Hoochie Coochie Men begutachten, bei denen sich ein gewisser **Rod Stewart** das Mikrofon mit Long John Baldry teilte; der Flamingo Club in Nr. 33 Wardour St. buchte regelmäßig Bands wie Rod Stewarts Steampacket mit Brian Auger und Julie Driscoll. Nicht weit war es

zum 100 Club in der Oxford St., dem Hauptquartier der Pretty Things oder zum The Scene im Ham Yard, wo die Animals mit Eric Burdon ihr London-Debüt gaben. Fast so berühmt wie The Marquee war der Crawdaddy Club, wo die Yardbirds entdeckt wurden.

Pop Aristocracy

Swinging London war 1965 das Mekka der selbst ernannten »Pop Aristocracy«. Trendsetter waren nun die Mods. Sie trugen Schlips und Anzug und hörten Small Faces und The Who statt Beatles und Rolling Stones. Die bislang nur Insidern bekannten Boutiquen von **Mary Quant** in der Carnaby Street und John Stephen in der King's Road fanden so viele Nachahmer, dass man Pete Townshends Union-Jack-Sakko bald an jeder Straßenecke kaufen konnte. Op Art, Pop Art und ausgeflippte Mode wurden zum festen Bestandteil der Popkultur, die die Magersucht der dürren **Twiggy** in unerhört knappen

Revolution: Mary Quant (rechts im Bild) erfand den Minirock.

Minikleidern aus Mary Quants »Bazaar« zum Schönheitsideal erhoben.

Waterloo Sunset

Die Hauptstadt wurde zum El Dorado für Provinztalente. So konnte man in den Klubs neue Sensationen bewundern: die Hollies aus Manchester, die Spencer Davis Group aus Birmingham, die Troggs aus Andover oder Van Morrisons Them aus Belfast. Viele Londoner Musiker reagierten darauf mit Lokalkolorit, allen voran Ray Davies, der Kopf der Kinks. Er verewigte v. a. den »Waterloo Sunset« und seinen Stadtteil Muswell Hill mit dem Bekenntnis »I'm a Muswell Hillbilly Boy«. Und obwohl die Kinks selbst berüchtigte London Swingers waren, nahmen sie sich und den Moderummel in »Dedicated Follower of Fashion« kräftig auf die Schippe. Mick Jagger schilderte in »Play with Fire« hämisch den sozialen Abstieg einer neureichen Lady, die sich ihre Lover jetzt in Stepney und nicht mehr in Knightsbridge besorgen muss. Am charmantesten demonstrierten ihren Lokalpatriotismus jedoch die Small Faces, vier waschechte Cockneys, die in »Lazy Sunday« zur Beschreibung der kleinen Freuden des Eastenders den dort üblichen Slang ausgiebig einsetzten.

Tea und Acid

Von 1967 an änderte sich die Szene allmählich. Flower Power und Rüschenhemden verdrängten Op Art und Courèges, statt Whisky-Cola und Guinness gab es »Tea und Acid«. Zu den berühmtesten Tempeln der Bewusstseinserweiterung wurden das UFO in der Tottenham Court Rd., das Speakeasy in der Margaret St. und das neue Roundhouse in Camden. **Pink Floyd**, Cream,

The Nice, Soft Machine und viele andere widmeten sich langen Instrumental-improvisationen und standen doch im Schatten eines neuen Sterns am Firmament: **Jimi Hendrix**, seit 1968 in London, war nun das Maß aller Dinge. Gegen Ende des Jahrzehnts eignete sich der nun angesagte Hard Rock immer weniger für kleine Klubs. Als aber zu teure Mieten und zu hohe Gagen das Ende vieler Klubs einläuteten, traten junge Talente wie Dr. Feelgood oder Elvis Costello in Kneipen auf. Dieser Pub Rock ebnete den Weg für Bands wie **The Clash** oder die **Sex Pistols**, die ab 1976 für eine zeitweilige Renaissance der Klubszene sorgten.

Teenies Albtraum: dünn sein müssen wie Twiggy

Was bleibt

Wer gepfefferte Preise nicht scheut, hat angesichts der enormen Dichte an Superstar-Events in London immer noch die Qual der Wahl.
Weitaus spannender sind aber auch heute noch die zahllosen Klubs und Pubs in den Außenbezirken, wo natürlich auch Stars wie **Amy Winehouse** oder **Adele** anfingen. Und geführte Stadtwanderungen, z. B. von London Walks (www.walks.com) führen zu Rock 'n' Roll London und den wirkungsstätten der Beatles.

EXPERIMENTELLES UND KNEIPENTHEATER

DONMAR THEATRE
Hochkarätige Besetzungen führen hochkarätige Stücke im umgebauten Lagerhaus in Covent Garden auf.
41 Earlham Street, WC2
Tel. *0844 871 76 24
www.donmarwarehouse.com
U-Bahn: Covent Garden

ROYAL COURT
Berühmt wurde die Heimat der English Stage Company durch Joe Osbornes bahnbrechendes »Look Back in Anger«; heute führt das Theater diese Tradition fort mit modernen herausfordernden Stücken. Sehr preiswert und begehrt sind die Montags-Tickets, die man auch online am Tag der Vorstellung ab 9 Uhr buchen kann.
Sloane Square, SW 1
Tel. 020 7565 50 00
www.royalcourttheatre.com
U-Bahn: Sloane Square

KING'S HEAD
Der Klassiker unter den pub theatres. Wenn Sie einen Platz in der vordersten Reihe des intimen Raums mit 100 Sitzen ergattern, schmettern die Sänger auf Armeslänge ihre Arien. Für vorher und nachher gibt es ein breites gastronomisches Angebot.
115 Upper Street, N 1
Tel. 020 7226 85 61
www.kingsheadtheatrepub.co.uk
U-Bahn: Angel

POPULÄRE MUSICALS
In der Welthauptstadt des Muscials laufen pro Saison 40 bis 50 Produktionen von Dauerbrennern wie »Mamma Mia« bis hin zu Flops, die schon nach einer Saison wieder abgesetzt werden (▶ Das ist London, S. 14).

PROGRAMMÜBERSICHT
www.officiallondontheatre.com/ london-musicals
www.londontheatre.co.uk
www.visitlondon.com

OPER UND TANZ

OPER

ENGLISH NATIONAL OPERA
Hochangesehen und in historischem Ambiente am Trafalgar Square wird in der Heimat des English National Ballet auch mal Leichteres à la Porgy & Bess gegeben.
London Coliseum,
St Martin's Lane, WC 2
Tel. 020 7845 93 00
www.eno.org
U-Bahn: Leicester Square

ROYAL OPERA
Das Haus gehört zu den führenden Opernhäusern der Welt. Hier treten die großen Stars und das Royal Ballet auf, entsprechend teuer sind die Karten. Freitags um 13 Uhr werden 49 preiswertere Tickets pro Vorstellung für die folgende Woche verkauft.
Royal Opera House, Covent Garden / Bow Street, WC 2
Tel. 020 7304 40 00
www.roh.org.uk
U-Bahn: Covent Garden

SADLER'S WELLS THEATRE
Dieses Traditionstheater hat sich vor allem dem Tanz verschrieben, mit Gastspielen und vielen Aufführungen des English National Ballet.
Rosebury Avenue, EC 1
Tel. 020 7863 80 00
www.sadlerswells.com
U-Bahn: Angel

KONZERTE

BARBICAN HALL
Im Kulturkomplex spielt das
London Symphony Orchestra.
Barbican Centre, EC 2
Tel. 020 7638 41 41
www.barbican.org.uk
U-Bahn: Barbican, Moorgate

ROYAL ALBERT HALL
Diese berühmte Konzertstätte sah
seit der Eröffnung 1871 ebenso
berühmte Orchester und Künstler.
Ein jährlicher Höhepunkt ist die Last
Night of the Proms.
Kensington Gore, SW 7
Tel. 020 7589 82 12
www.royalalberthall.com
U-Bahn: South Kensington

ST MARTIN-IN-THE-FIELDS
Wo einst Händel und Mozart musi-
zierten, werden klassische Werke bei
Kerzenschein aufgeführt. Mittwochs
finden Jazz-Abende in der Krypta,
Mo., Di. und Fr. kostenlose »lunch-
time concerts« statt.
Trafalgar Square, WC 2
Tel. 020 7766 11 00
www.stmartin-in-the-fields.org
U-Bahn: Charing Cross

SOUTH BANK CENTRE
Drei Säle – Purcell Room, Queen
Elizabeth Hall, Royal Festival Hall –
stehen für Musik der Spitzenklasse
zur Verfügung.
SE 1, Tel. *0844 875 00 73
www.southbankcentre.co.uk
U-Bahn: Waterloo

KINO

PROGRAMMKINOS
(REPERTORIES)

BRITISH FILM INSTITUTE
Vier Kinos im BFI Southbank zeigen
Filmklassiker, Neues, Retrospektiven
und thematische Reihen.
Belvedere Road
Tel. 020 7928 32 32
www.bfi.org.uk
U-Bahn: Waterloo

ELECTRIC CINEMA
Londons ältestes Kino mit Art-déco-
Foyer. Filme schauen im breiten Ses-
sel oder auf dem Zweisitzersofa, und
die Bedienung bringt den Cocktail an
den Platz.
191 Portobello Road, W 11
Tel. 020 7908 96 96
www.electriccinema.co.uk
U-Bahn: Notting Hill Gate

ESSEN UND TRINKEN

*Die Küchen der Welt sind hier zu Hause, die landestypischen
Gerichte erleben mehr und mehr eine Renaissance – London
ist ein Schlaraffenland für jeden Gaumen!*

Eine **Rückbesinnung auf britische Klassiker** hat stattgefunden.
Engagiert geführte neue Restaurants und Gastropubs kochen boden-
ständig, schmackhaft und selbstbewusst britisch mit modernem Ein-

schlag. Bio (»organic«), Regionalität und Saisonalität der Zutaten sind die Schlagwörter.

Londoner Supermärkte und ethnische Märkte verkaufen alles, was man braucht. Wer es schafft, bei Londonern zum Essen eingeladen zu werden, wird feststellen, dass sich viele Küchenregale unter Kochbüchern biegen. Britische Starköche sind über die Landesgrenzen hinaus bekannt geworden, etwa der cholerische Schotte Gordon Ramsay, die sinnenfreudige Londonerin Nigella Lawson und der Magier Heston Blumenthal, der seine Molekularküche ins Mandarin Oriental Hotel gebracht hat. International bekannt sind die Kochbücher von Jamie Oliver, dem »einfachen Jungen« aus der Grafschaft Essex, und der israelisch-britische Yotam Ottolenghi.

Kulinarische
Weltreise

Die Küche der ganzen Welt ist in London zu Hause. Das liegt zum einen daran, dass Immigranten aus fast allen Ländern der Erde ihre Lieblingsgerichte in der britischen Hauptstadt anbieten. Zum anderen gibt es für Londoner Restaurants eine wohlhabende internationale Klientel, die sich Spitzenküche diverser Richtungen leisten kann und neue Trends schätzt. So geht das Angebot weit über die Wahl zwischen französisch und italienisch, indisch und chinesisch hinaus. Auch die Küche von Eritrea, Georgien, Nepal und Peru ist vertreten. In manchen Vierteln drängt sich eine bestimmte ethnische Küche: afro-karibisch in Brixton, vietnamesisch auf der Kingsland Road (Shoreditch, nördlich der Old Street), arabisch an der Edgware Road – empfohlen allen, die sich gern abseits der Touristenpfade bewegen.

▌ Englische Speisen und Getränke

Frühstück

Das berühmte **English Breakfast** (▶ S. 318) ist eine äußerst gehaltvolle Grundlage für den Tag. Traditionell besteht es aus Cornflakes oder manchmal Haferbrei (Porridge), gefolgt von Bacon mit Spiegel- oder Rührei, Würstchen, einer gebratenen Tomate und gebackenen Bohnen in Tomatensoße. Manchmal gibt es gebratene Champignons, gebratene Blutwurst und Hash Browns. Toast und Marmelade runden das Ganze ab, dazu trinkt man traditionell starken schwarzen Tee mit Milch. Heutzutage trinken viele Kaffee statt Tee, Hotels bieten vegetarische Varianten an, und man kann auf das kontinentale Frühstück ausweichen.

Mittagessen

Zum Mittagessen (lunch) geht man gegen 13 Uhr. Es fällt meist bescheidener als das Abendessen aus: vielleicht Fish and Chips, aber oft Sandwiches. **John Montague**, der vierte Earl of Sandwich, war leidenschaftlicher Spieler. Als er eines Abends im Jahr 1792 wieder einmal am Spieltisch saß und partout keine Pause einlegen wollte, ihn dennoch der Hunger überkam, ließ er sich kurzerhand ein Stück

In Harrods Food Halls wird man für einen Snack zwischendurch garantiert fündig.

Fleisch zwischen zwei Weißbrotscheiben legen – das Sandwich war erfunden, eine englische Institution wie Afternoon Tea und Pub. Heutzutage sind Sandwiches längst mehr als ein einfaches belegtes Brot, denn Cafés und Sandwichbars bieten eine Unzahl Variationen aus verschiedenen Brotsorten mit feinsten Zutaten. Für schnelle und preiswerte Verpflegung, wenn man mittags unterwegs ist, sind die Cafés mit Sandwiches, Wraps, auch kleinen warmen Gerichten wie Suppe oder einen Pie im Angebot durchaus empfehlenswert.

Fisch

Natürlich hat Großbritannien mit seinen langen Küsten ausgezeichneten Fisch, ob einfachen Seefisch wie Kabeljau und Dorsch oder feineren wie die echte Seezunge und Lachs. Nicht zu vergessen: **Fish & Chips**, klassisch britisch, mit Essig gewürzt. (► S. 319)

Fleisch

Die meisten Briten stehen patriotisch fest zum **British Beef**. Wer es bestellt, bekommt meist Roastbeef, oft mit Meerrettichsoße und **Yorkshire Pudding** aus einem herzhaften Eierkuchenteig mit einer Mulde für die Bratensoße. Ausgezeichnet sind die Lammkoteletts (»lamb chops«), dazu Minzsoße oder Johannisbeergelee. Gebratenes Schweinefleisch wird gern mit Apfelsoße serviert, für »loin of pork with prunes« wird das Fleisch mit Backpflaumen gespickt. Ob Rind, Schwein oder Lamm, der Sonntagsbraten (**Sunday Roast**) hat einen festen Platz und wird in »Carveries« gekonnt zerteilt. Ein klassisches Gericht ist »Steak and Kidney Pie«, eine Art Auflauf aus Rindfleisch- und Nierenstücken, in Pubs auch als kleine Pastete serviert.

Süßspeisen | »**Pudding**« ist einerseits allgemein ein Synonym für »Dessert«, andererseits die Bezeichnung für einen reichhaltigen warmen Nachtisch. Meist aus einem schweren, fetten und süßen Teig, der stundenlang in Dampf oder im Wasserbad gegart wird, hat er verschiedene Beimengungen: bei Christmas Pudding sind es frische, getrocknete oder kandierte Früchte, Nüsse, Rosinen oder Zitronat, der Sticky Toffee Pudding hat Karamellgeschmack und -soße.

Getränke | Als **Aperitif** hat Prosecco oder ein Cocktail den traditionellen Sherry abgelöst. Nach der Mahlzeit trinkt man üblicherweise oft Portwein. Groß im Trend liegen **Cocktails**. Wer eine alkoholfreie Variante möchte, kann meist eine »virgin«-Version eines Klassikers bestellen. Die Briten sind große **Weinliebhaber** geworden, und die Restaurants nutzen das gern preislich aus. Viele der ethnischen Restaurants haben selbst keine Schanklizenz, bieten aber BYO (Bring Your Own), d. h. gegen eine kleine Gebühr entkorken sie mitgebrachte Weinflaschen.
Wer einen **Whisky** probieren möchte, beachte die Grundregel: Mit einem schottischen Single Malt, also einem unverschnittenen Whisky, kann man keinen Fehler machen. Auch die irischen Whiskeys – dreifach destilliert, deshalb sanfter – sind nicht zu verachten.

Bier | ▶ Baedeker Wissen S. 306

▌Restaurants

Essen gehen ist generell teuer in London, dafür kann man sich aber durch die Küchen der Welt probieren – letztlich zu fairen Preisen. Weil in der hektischen Metropole das Lokal der Wahl ausgebucht sein kann oder mit Wartezeiten zu rechnen ist, empfiehlt sich die Strategie, eine Gegend mit einer hohen Restaurantdichte aufzusuchen und vor Ort die Entscheidung zu treffen, etwa am Queensway in Bayswater (U-Bahn Queensway oder Bayswater), wo fast jeder Erdteil vertreten ist. Weniger touristisch und schicker, aber mit ähnlich breiter Palette ist die Upper Street in Islington (U-Bahn Angel). Auch in Soho ist das Angebot groß und breit gefächert.
Das Konzept des »**pre-/post-theatre**«, also ein frühes oder spätes Abendessen um einen Theater- oder Musicalbesuch herum organisiert, hat sich zunehmend durchgesetzt. »Time Out« stellt immer die Neueröffnungen vor. Als bleibender Trend erwiesen haben sich »**tasting menus**«. Diese Probiermenüs, oft mit den passenden Weinen, sind allerdings kein billiges Vergnügen. Bei teuren Restaurants sind vor allem am Wochenende **Reservierungen** nötig. Oft werden auf den Rechnungsbetrag 12,5% »service charge« als **Trinkgeld** aufgeschlagen – was man aber nicht bezahlen muss.

Cafés, Sandwichbars und Street Food

Unter einem Café oder »caff« versteht man in Großbritannien etwas anderes als in Deutschland. Wegen des hohen Anteils an Fettgebratenem auch **»greasy spoon«** genannt und traditionell der Arbeiterkultur zuzuordnen, servieren sie neben Kaffee und starkem »builders tea« sowie der ganzen Palette des English Breakfast auch Süßes und Mittagsmahlzeiten. In **Sandwichbars** gehen viele Büroangestellte auf ein schnelles Mittagessen.

Café

Ein Trend der letzten Jahre sind mobile Stände auf Märkten und in stark frequentierten Gegenden. Auch beim **Street Food** ist die ganze Welt vertreten – mexikanisch, karibisch, asiatisch in allen Varianten, Burger, italienisch … Wer in der Mittagszeit schnell etwas braucht, ist in der Regel von gutem Street Food nicht weit entfernt, zum Beispiel auf dem Berwick Street Market in Soho, auf der South Bank in der Nähe des National Theatre, in Southwark am Borough Market, im Trendviertel King's Cross (King's Boulevard, zwischen den Bahnhöfen King's Cross und St Pancras), in Leather Lane (nördlich der Straße Holborn bei der U-Bahn-Station Chancery Lane) und am Spitalfields Old Market – dort vor allem sonntags, wenn auch auf der nahen Brick Lane großes Markttreiben herrscht.

Street Food

Tea Time

Während sich die arbeitende Bevölkerung mit einem starken Tee in einem großen Becher über den langen Arbeitstag rettet, schlägt zumindest der gehobeneren Londoner Schicht eine der heiligsten Stunden des Tages zwischen 15 und 17.30 Uhr. Dann ist Tea Time, die man entweder als **Afternoon Tea** oder als etwas späteren **High Tea**, mit herzhaften Snacks und süßen Scones zu einer kleinen Mahlzeit ausgebaut, genießt.

Empfehlungen ▶ S. 326

Das wahre – und keineswegs billige (£ 25 bis über £ 50) – Tea-Time-Erlebnis findet in den noblen Hotels wie dem Ritz statt. Dort geht es sehr gediegen zu, und auch wenn der Londoner Charme es selten ins Steife abgleiten lässt, sind Reservierung und angemessene Garderobe (tragen Sie keine Jeans, sondern als Mann immer Krawatte und Jackett, Damen entsprechend!) angesagt.

Der Afternoon Tea ist so in Mode gekommen, dass sich viele Restaurants dem Trend angeschlossen haben. Dort und in einem **Tea Room** ist das Vergnügen günstiger. Auch die Museumscafés sind eine gute Alternative zum Ritz für das kleine Portemonnaie. Wer allerdings mit der Idee des »Five-o'-clock tea« nach London gekommen ist, wird oft feststellen, dass um diese Zeit herum bald schon geschlossen wird.

TYPISCHE GERICHTE

Keine Sorge, die englische Küche ist lange nicht so schlecht wie ihr Ruf. Vielleicht etwas gewöhnungsbedürftig und meistens gehaltvoll. Die Klassiker:

English Breakfast: starker Tee mit Milch, gebutterter Toast, gebackene Bohnen in Tomatensoße, mehlige Würstchen, Bacon, Rührei, schwarze Blutwurstscheiben, vielleicht noch Porridge (Haferbrei). Die wenigsten Londoner haben aber Zeit oder Lust, täglich diese Cholesterin-Artillerie aufzufahren. So genießen das English Breakfast vor allem Schwerarbeiter und Touristen als Grundlage für den Sightseeing-Tag. Man kann aber auch nur Teile auswählen und mittlerweile sogar vegetarisch ordern.

Curry: Indisch, bengalisch, nepalesisch oder Thai, ob mit Lamm- oder Rindfleisch oder vegetarisch: Curries sind ein fester Bestandteil der Londoner Gastronomieszene geworden. Das kann ein mildes Kokosnuss-Korma sein, ein scharfes Vindaloo oder das offizielle neue britische Nationalgericht Chicken Tikka Masala, abgekürzt CTM.

Eel, mash and pie: Aalstücke in Aspik (»jellied eel«), Kartoffelbrei (»mash«) und eine Fleischpastete (»pie«) – ein East-End-Klassiker, der im 18. Jh. als Arme-Leute-Essen erfunden wurde. Die herzhaften Pasteten werden von massig Kartoffelbrei umgeben und mit Chili-Essig oder einer »liquor« genannten grünen Petersilien-Soße genossen. Londons Eel-mash-and-pie-shops sind selten geworden: **Manze** (87 Tower Bridge Rd.) ist das älteste, das denkmalgeschützte **Pellicci's** das schönste (332 Bethnal Green Rd.), und das alteingesessene **F Cooke's** am Broadway Market hat die hippste Umgebung.

Sunday Roast: Der saftige Sonntagsbraten wird schon seit Jahrhunderten
in Londoner »Carveries« gekonnt effi-
zient zerteilt; heute erlebt zartes »roast
beef« in der Stadt der »Beefeaters«
seine Renaissance in Gastropubs, als
Sonntagsritual für die ganze Familie
oder mit Freunden. Begleitet wird das
Ganze traditionell von Kartoffelbrei,
Yorkshire Puddings aus einem herzhaften Eierkuchenteig mit Mulde für die
Bratensoße und Gemüse wie Erbsen,
Möhren oder leckere Pastinaken.

Fish & Chips: Der britische Beitrag
zur Takeaway-Szene: panierter Kabeljau, Schellfisch oder Scholle mit ten-
denziell eher weichen als knusprigen
Fritten, mit Salz und Essig besprenkelt.
Früher wurde dieser traditionelle
Arbeitersnack in Zeitungspapier einge-
wickelt. Heute reicht die Spanne vom
schnellen Snack an der fettigen Bude
zu nachhaltig gefangenem Fisch mit
handgeschnittenen, sortenreinen
Biokartoffeln im entsprechenden
Ambiente.

Afternoon Tea: Zum feinen losen Tee,
von edlem Porzellan eingenommen,
werden krustenlose Finger-Sandwiches
mit Belägen wie Gurke, Eier mit Kresse
oder Räucherlachs und edle Patisserie
auf einem dreistöckigen Präsentiertel-
ler an den Tisch gebracht. Nie fehlen
Scones – Rosinenbrötchen, bestrichen
mit Butter, Marmelade und dem Cho-
lesterin-Albtraum »Clotted Cream«
(Rahm). Viele Londoner gönnen sich
ein Glas Champagner dazu.

AUSGESUCHTE RESTAURANTS

❶ ETC. S. PLAN S. 324/325
Preiskategorien
für ein Hauptgericht
€€€€ über £ 25
€€€ 20 – £ 25
€€ 10 – £ 20
€ unter £ 10 €

ENGLISCH (GEHOBEN)

⓲ RULES €€€€
Seit 1798 ist das älteste Restaurant
der Stadt ein Hort englischer Koch-
kunst. Das bedeutet vor allem exzel-
lentes Roast Beef, Wild aus der eige-
nen Jagd und schottischer Lachs.
Ale und Guinness werden im silber-
nen Seidel serviert. In der gediegenen
Bar oben kann man einen Kate Midd-
leton-Cocktail bestellen – mit rosa
Wodka und kandierten Veilchen- und
Rosenblüten.
35 Maiden Lane, WC 2
Tel. 020 7836 53 14
www.rules.co.uk
Tgl. ab 12 Uhr,
letzte Bestellung Mo. – Sa. 23.45,
So. 22.45 Uhr
U-Bahn: Charing Cross /
Covent Garden

**⓳ SIMPSON'S-IN-THE-STRAND
€€€€**
In der seit 1828 uneinnehmbaren und
distinguierten Bastion des englischen
Roast Beef werden Gerichte unter sil-
bernen Kuppel-Trolleys an den Tisch
gebracht und dortselbst von Master
Carvers zerteilt. Um die hochherr-
schaftliche Einrichtung mit beschei-
denerem Budget zu bewundern,
buchen Sie einen Tisch für Great
British Breakfast an Wochentagen.
100 Strand, WC 2
Tel. 020 7836 91 12
www.simpsonsinthestrand.co.uk
U-Bahn: Charing Cross /
Covent Garden

❾ WRIGHT BROTHERS €€€
Feines Fischrestaurant mit den besten
Fängen aus britischen und irischen Ge-
wässern, sieben Sorten Austern
(Oyster Happy Hour tgl. 15 – 18 Uhr),
Krebsfleisch aus Dorset, Hummer aus
Schottland. Wenn die Lage in Spital-
fields nicht passt, gibt es auch die be-
währte Qualität von Wright Brothers
im Borough Market (11 Stoney St.),
Soho (13 Kingly St.) und South Ken-
sington (56 Old Brompton Rd.).
8a Lamb Street,
Old Spitalfields Market, E 1
Tel. 020 7324 77 30
www.thewrightbrothers.co.uk
Mo. – Sa. 12 –22.30, So. 12 – 21 Uhr

ENGLISCH (EINFACH) /
FISH & CHIPS

❽ POPPIES €€
Der alteingesessene »Chippie« in
Spitalfields mit 1950er-Einrichtung
und Jukebox serviert nachhaltig ge-
fangenen Fisch vom Billingsgate
Market, handgeschnittene Fritten,
Freilauf-Chicken und hausgemachte
Soßen.
6 – 8 Hanbury Street, E1
Tel. 020 7247 08 92
Tgl. 11 – 23, So. bis 22.30 Uhr
U-Bahn: Aldgate East

⓮ FRYER'S DELIGHT €
Hier gibt es klassisches Fish & Chips
in bester Qualität. Die einfache Ein-
richtung ist nicht retro, sondern echt.
19 Theobald's Road, WC 1
Tel. 020 7405 41 14
Mo. – Sa. 12 – 23 Uhr
U-Bahn: Holborn

❼ F. COOKE €
In der trendigen Umgebung des
Broadway Market bietet F. Cooke
eine seltene Gelegenheit, Alt-Londo-
ner Tradition zu probieren:

eel, mash & pie (▶ S. 318). Eine weitere Filiale befindet sich im nördlichen Shoreditch (150 Hoxton St.).
9 Broadway Market, E 8
Tel. 020 7254 64 58
Mo. – Do. 10 – 19, Fr./Sa. 10 – 20 Uhr
Bus 26, 48, 55 ab Liverpool St.

GASTROPUBS
Pubs, in denen man in typischer Pubatmosphäre richtig gut essen kann, sind in London eine besondere Mode.

❷ THE HOLLY BUSH €€€ – €€
Mit offenem Kamin, Gaslampen und versteckten »snugs« (Eckchen mit nur einem Tisch) bietet dieser Pub Stärkung nach einem Spaziergang auf Hampstead Heath: Hier kommen deftige Gerichte wie Hirschfilet, Beef Pie und Steak auf den Tisch.
22 Holly Mount, NW 3
Tel. 020 7435 28 92
www.hollybushhampstead.co.uk
Mo. – Sa. 12 – 16.30, 18 – 22,
So. 12 – 20 Uhr
U-Bahn: Hampstead

❻ THE DUKE OF CAMBRIDGE €€
Der erste und einzige zertifizierte »organic pub« in England serviert alles biologisch-nachhaltig, ob Bier oder Fisch, und bezieht von einem Hof in der grünen Grafschaft Devon sein Gemüse. Genießen Sie Lammfleisch aus Wales oder Eintopf mit Fisch aus Cornwall, dazu verführerische Nachtische wie warme Brownies – und das alles in einer gemütlichen Kneipenatmosphäre.
30 St Peter's Street, N 1
Tel. 020 7359 30 66
www.dukeorganic.co.uk
U-Bahn: Angel

❿ THE CULPEPER €€ – €
Der 130 Jahre alte Brauerei-Pub präsentiert unaufgeregt Gerichte, die nur einen Anspruch haben: unverfälschter Geschmack, ob Schweine-

bäckchen, Meerbrasse oder einfach nur den berühmten Ploughman's.
40 Commercial Street, E 1
Tel. 020 7247 53 71
www.theculpeper.com
Mo. – Do. 11 – 24, Fr./Sa. 11 – 2,
So. 11 – 23 Uhr
U-Bahn: Aldgate East

MIX/EUROPÄISCH

❶ ORRERY €€€
Das durchgestylte Restaurant im ersten Stock eines umgebauten Stallgebäudes ist eine exzellente Wahl für ein Post-Shopping-Dinner. Auf den Tisch kommt französisch und italienisch beeinflusste Küche mit saisonalen britischen Zutaten.
55 Marylebone High St., W 1
Tel. 020 7616 80 00
www.orrery-restaurant.co.uk
Mittags Mo. – Sa. 12 – 14.30,
So. 12 – 15, abends tgl. 18.30 bis 22 Uhr
U-Bahn: Baker Street

⓴ ASIA DE CUBA €€€
Das coole Restaurant, halb Bibliothek, halb Martini-Bar, bietet eine exotische Mischung, die sehr gut ankommt: asiatische Gerichte auf kubanische Art. Dank Lage und späten Öffnungszeiten ideal für West-End-Theatergänger.
Im St Martin's Lane Hotel
45 St Martin's Lane, WC 2
Tel. 020 7300 55 88
www.asiadecuba.com/london
Mittags tgl. 12 – 14.30,
Fr./Sa. Brunch bis 16,
Abendessen So. – Do. 17 – 22.30,
Fr./Sa. bis 24 Uhr
U-Bahn: Leicester Square

⓬ DUCK & WAFFLE €€€
Für Frühstück, Wochenendbrunch, Mittag- oder Abendessen, auch für ein herzhaftes Gericht mitten in der Nacht fährt man in die 40. Etage für einen himmlischen Blick und interna-

tionale Gerichte zu Preisen, die für diese Lage in Ordnung sind. Wenn alle Tische reserviert sind: Eine Etage tiefer liegt Sushi Samba mit Gerichten aus Peru, Brasilien und Japan (tgl. 11.30 – 1.30 Uhr, Tel. 020 3640 73 30, http://sushisamba.com).
110 Bishopsgate, EC 2
Tel. 020 3640 73 10
https://duckandwaffle.com
Tgl. rund um die Uhr geöffnet
U-Bahn: Liverpool St.

㉓ NOPI €€€

Starkoch Yotam Ottolenghi zaubert seine mediterran-nahöstliche Fusionküche in Soho in einem formelleren Restaurant im Erdgeschoss und an Kantinentischen mit Küchenblick im Untergeschoss. Vegetarier erfreuen sich an Zucchinipuffer mit Kardamom-Joghurt, Fischfreunde an Oktopus mit Topinambur.
21 – 22 Warwick St., W 1
Tel. 020 7494 95 84
www.ottolenghi.co.uk
Mo. – Fr. 8 – 14.45, 17.30 – 22.30, Sa. 10 – 22.30, So. 10 – 16 Uhr
U-Bahn: Piccadilly Circus

AFRIKANISCH

㉔ MOMO €€€

Ergänzend zur authentischen nordafrikanischen Küche – Tajine-Hühnchen, Briouats-Teigtaschen – gibt es

Im Duke of Cambridge, dem ersten und einzigen zertifizierten »organic Pub« Englands, kommen Gerichte aus regionalen, saisonalen Produkten auf den Tisch.

Afternoon Tea im marokkanischen Stil zwischen 12.30 und 17.30 Uhr in einem Ambiente aus 1001 Nacht. Der kleine Bruder nebenan, das unprätentiöse Mo Café, ist legendär für die Minztees und süßen Baklava-Spezialitäten.
25 Heddon Street, W 1
Tel. 020 7434 40 40
www.momoresto.com
Mittags Mo. – Fr. 12 – 14.30, Sa./So. 11 – 15, abends tgl. 18 – 23 Uhr (letzte Bestellung)
U-Bahn: Piccadilly Circus

❺ MORO €€€

Moros Kochbücher stehen in vielen Londoner Wohnungen, denn die spanisch-nordafrikanische feine Küche des Ehepaars Sam und Sam Clark wird zu Recht gefeiert. Das richtige Ziel, wenn Sie Kastanien-Chorizo-Suppe oder Lamm vom Holzkohlengrill mit Blumenkohl und Datteln probieren möchten.
34 – 36 Exmouth Market, EC 1
Tel. 020 7833 83 36
www.moro.co.uk
Tgl. 12 – 14.30, Mo. – Sa. 18 – 22.30 Uhr, Tapas ganztägig an der Bar
U-Bahn: Farringdon

ASIATISCH

㉕ HAKKASAN €€€€

Zeitgenössischer luxuriöser Klassiker, nicht nur für die kantonesischen Dim-Sum-Appetithäppchen und XXX-Cocktails. Das hohe VIP-Aufkommen schlägt sich in einem Fotoverbot nieder.
17 Bruton Street, W 1
Tel. 020 7907 18 88
www.hakkasan.com
Mo. – Fr. 12 – 17.15, 18 – 0.30, Sa./So. 12 – 24 Uhr
U-Bahn: Oxford Circus

㉗ GYMKHANA €€€

Diese Traditionsadresse in Mayfair besitzt einen Michelin-Stern und ist tatsächlich um Klassen besser als die meisten indischen Restaurants. Neben Klassikern stehen auch Fasan und Perlhuhn auf der Karte.
42 Albemarle Street, W 1
Tel. 020 3011 59 00
www.gymkhanalondon.com
Mo. – Sa. 12 – 12.30, 17.30 – 22.30
U-Bahn: Green Park

❸ BA SHAN €€

Abwechslung zu den kantonesischen Standardgerichten in Chinatown bieten die Gerichte aus der Provinz Hunan, wo Rauch und Chilli den Geschmack bestimmen. Die Fischgerichte sind besonders zu empfehlen.
24 Romilly St, W1
Tel. 020 7287 32 66
http://bashanlondon.com
Tgl. 12 – 23, Fr./Sa. bis 23.30 Uhr
U-Bahn: Leicester Square

㉘ CHUTNEY MARY €€

Traditionell gehobene indische Küche in romantischer Atmosphäre. Das »Tasting Menu« für Curry entführt in indische Regionen.
73 St James's Street, SW 1
Tel. 020 7629 66 88
www.chutneymary.com
Mittagessen Mo. – Fr. 12 – 14.15, Sa. Brunch 11.30 – 14.45; Abendessen Mo. – Sa. 18 – 22.30 Uhr
U-Bahn: Green Park

⓱ DISHOOM €€ / €

Diese Hommage an die alten Cafés von Bombay bietet asiatische Variationen des englischen Frühstücks wie Bacon & Egg im warmen Naan-Brot, mittags und abends würziges Grillfleisch oder Biryani-Reisgerichte.
12 Upper St Martin's Lane, WC 2
Tel. 020 7420 93 20
www.dishoom.com
Mo. – Do. 8 – 23, Fr. 8 – 24, Sa. 9 – 24, So. 9 – 23 Uhr
U-Bahn: Leicester Square
Filialen: 7 Boundary St., E 2 und 5 Stable St., N 1

FINSBURY

CLERKENWELL

St. John's Gate

Smithfield Market

St. Bartholomew

HOLBORN

Holborn

Lincoln's Inn Hall

Staple Inn

City Thameslink Station

CITY

Criminal Court

Royal Courts

The Temple

Embankment

Blackfriars Station

HMS President

HMS Wellington

OXO Tower

National Theatre

Waterloo Junction

IMAX

Barbican Arts and Conference Centre

BARBICAN

Museum of London

London Wall

Guildhall

St Paul's Cathedral

Bank of England

Stock Exchange

Royal Exchange

Mansion House

Lloyd's Bldg.

Leadenhall Building

Leadenhall Market

Walkie-Talkie

30 St Mary Axe (The Gherkin)

The Scalpel

Fenchurch Street St.

All Hallows

Tower

Cannon Street Station

Monument

Custom House

Shakespeare's Globe Theatre

Tate Modern

SOUTHWARK

Borough Market

Southwark Cathedral

The Shard

Guy's Hospital

London Bridge Station

City Hall

HMS Belfast

Thames

Broadgate Tower

Spitalfields Market

Liverpool Street Station

Broadgate Complex

Heron Tower

Renaissance St Pancras

250 m
750 ft
©BAEDEKER

▼⌖♙

1. Orrery
2. The Holly Bush
3. Ba Shan
4. Kerb Food
5. Moro
6. The Duke of Cambridge
7. F. Cooke
8. Poppies
9. Wright Brothers
10. The Culpeper
11. Lahore Kebab House
12. Duck and Waffle
13. River Cruises Tea
14. Fryer's Delight
15. The Heron
16. Patisserie Valerie
17. Dishoom
18. Rules
19. Simspon's-in-the-Strand
20. Asia de Cuba
21. Kulu Kulu
22. Street Food Union
23. Nopi
24. Momo
25. Hakkasan
26. Brown's Hotel
27. Gymkhana
28. Chutney Mary
29. Southbank Centre Food Market
30. The Fifth Floor at Harvey Nichols
31. The Capital

⌂

1. Renaissance St Pancras
2. YH St Pancras
3. Clink 261
4. The Zetter Hotel
5. The Sumner
6. Grazing Goat
7. YH Oxford Street
8. Hazlitt's
9. Fielding
10. Savoy
11. YH St Paul's
12. The Royal Foundation of St Katherine
13. The Main House
14. The Dorchester
15. Aster House
16. The Milestone Hotel
17. Premier Inn County Hall
18. Windermere

⓫ LAHORE KEBAB HOUSE
€€ – €

Ein besseres Preis-Leistungs-Verhältnis als im touristischen »Banglatown« auf der Brick Lane bietet dieses einfache, freundliche pakistanisch-nordindische Restaurant. Lammcurry, Tandoori-Gerichte, Dal und Naan-Brot sind alle hervorragend. Alkoholische Getränke holt man sich vom Eckladen gegenüber.
4 Umberston Street/
Ecke Commercial Rd., E 1
Tel. 020 7481 97 38
www.lahore-kebabhouse.com
Tgl. 12 – 0.30 Uhr
U-Bahn: Whitechapel

⓯ THE HERON €
Wer's scharf mag und lieber preiswert als schick, findet den Weg zu diesem Kellerrestaurant für authentische Thai-Küche, die sich nicht auf das übliche Curry-Repertoire beschränkt, sondern auch Salatvariationen mit Fisch bereithält.
1 Norfolk Crescent, W 1
Tel. 020 7724 84 63
Mo. – So. 18 – 23 Uhr
U-Bahn: Paddington/Edgware Rd.

㉑ KULU KULU €
In diesem Sushi-Paradies in Soho wandern die gerollten Köstlichkeiten am Fließband vorbei. Wenn Sie lieber warm essen möchten, wird die Auswahl an japanischen Nudelgerichten nicht enttäuschen. Filiale in Covent Garden (51 – 53 Shelton St., Tel. 020 7240 56 87).
76 Brewer Street, W 1
Tel. 020 7734 73 16
www.kulukulu.co.uk
Tgl. 12 – 14.30, 17 – 22 Uhr
U-Bahn: Piccadilly Circus

STREET FOOD

❹ KERB FOOD
Wenn man sich unter die Kreativen und Studenten des Trendviertels King's Cross mischt, dann gehört auch Street Food dazu. Das wechselnde Angebot umfasst afghanische Knödel, mexikanische Burritos, jamaikanische Jerk-Huhn, Pizza und Curry mit Fritten. .
Granary Square, N 1
www.kerbfood.com/kings-cross
Mi. – Fr. 12 – 14 Uhr
U-Bahn: King's Cross; auch in Camden Market (Mo. – Fr. 12 – 17, Sa./So. 11 – 16 Uhr) und am West India Quay in den Docklands (Mi. – Fr. 11.30 bis 14 Uhr)

㉒ STREET FOOD UNION
Zur Union zusammengeschlossen haben sich Anbieter von z. B. Burgern aus pulled pork, koreanischer oder malaysischer Küche, gesunden Salaten, Paella und Pastrami.
Rupert Street, W 1
www.streetfoodunion.com
Mi. – Sa. 11 – 15.30 Uhr
U-Bahn: Piccadilly Circus

㉙ SOUTHBANK CENTRE FOOD MARKET
Nach einem Spaziergang am Themse-Pfad oder vor dem Theater- oder Konzertbesuch auf der South Bank gibt es hier die Gelegenheit, den Hunger preiswert und schnell mit Pizza, Ciabatta, Paella, Burger und vielem mehr zu stillen.
Zwischen Royal Festival Hall und Belvedere Rd., W 1
www.southbankcentre.co.uk
Fr. 12 – 20, Sa. 11 – 20,
So. 12 – 18 Uhr
U-Bahn: Waterloo

TEA TIME

㉖ BROWN'S HOTEL
Das älteste Hotel in London – 1837 gegründet – ist eine legendäre Stätte für den Afternoon Tea.
33 / 34 Albemarle Street, W 1
Tel. 020 7518 41 55
www.brownshotel.com

Tgl. 12 – 17.30 Uhr
Pro Person Mo. – Fr. £ 55,
Sa./So. £ 65 inklusive einem
Glas Champagner
U-Bahn: Green Park

㉛ THE CAPITAL
Nach dem Einkauf bei Harrods ist
ein Tee in diesem kleineren Hotel
mit seinem charmanten Tea Room
die richtige Erholung.
22 Basil Street, SW 3
Tel. 020 7591 12 02
www.capitalhotel.co.uk
Tgl. 14 – 17.30 Uhr
Pro Person £ 29,50
U-Bahn: Knightsbridge

**㉚ THE FIFTH FLOOR
AT HARVEY NICHOLS**
Das Café im fünften Stock des Kaufhauses Harvey Nichols ist eine Institution für die Shoppingpause. Für
£ 35 gibt es alles, was zu einem
edlen Afternoon Tea gehört;
Cream Tea mit Scones und Sahne
kostet £ 15.
Knightsbridge, SW 1
Tel. 020 7235 52 50

www.harveynichols.com
Tgl. 15 – 18 Uhr
U-Bahn: Knightsbridge

⓰ PATISSERIE VALERIE
Der Klassiker (seit 1926) serviert einen Festive Afternoon Tea für zwei
Personen für £ 28 – im Vergleich zu
den Hotels ein Schnäppchen, und
die Qualität stimmt! Über 30 Filialen,
u. a. 162 Piccadilly, Duke of York
Square (Chelsea), 105 Marylebone
High St., 27 Kensington Church St.
44 Old Compton Street, W 1
www.patisserie-valerie.co.uk
U-Bahn: Leicester Square

⓭ RIVER CRUISES TEA
Auf dem Boot verzichtet man auf
stilvoll eingerichtete Tea Rooms zugunsten des Stadtpanoramas. Zu Kuchen, Sandwiches und Scones gibt
es so viel Tee, wie man möchte.
Tel. 020 7400 4 00
www.citycruises.com
Tgl. 15.15 ab Tower Pier, Rückkehr 17 Uhr
Pro Person £ 31

An Streetfood-Ständen herrscht in Camden kein Mangel.

FEIERN

Mit ihrem Sinn für Historie, ihrem Hang zur Inszenierung und ihrer kommerziellen Ader haben sich die Londoner im Laufe ihrer 2000-jährigen Geschichte als wahre Meister der Feste und Festivals erwiesen.

Wer einmal die Wandkachel-Gemälde auf dem Thames Path nahe London Bridge gesehen hat, weiß, wie die Londoner mit Widrigkeiten umgehen: Als 1608 die Themse zufror, wurde gleich eine »Frost Fair« mit Pferderennen und Puppentheater organisiert! John Evelyn beschrieb sie 1683 als einen »bacchanalischen Triumph«, als »Karneval auf dem Wasser«.

Heute ist der Londoner Kalender voll mit jahrhundertealten royalen Zeremonien, militärischen Gedenktagen, großen und kleinen Festivals zu Sport, Kultur und Musik, archaischen Ritualen der exklusiven City-Gilden, Sehen-und-Gesehenwerden-Veranstaltungen der High Society und den liebevoll gepflegten East-End-Traditionen der Cockneys. **Exzentrik wird zelebriert**: Am Weihnachtstag springen abgehärtete Schwimmer ins eiskalte Wasser des Serpentine Lake und selbstironische »Chap Olympics« bieten Disziplinen wie »Bügelbrett-Surfen« und »Butler-Beleidigen« für junge Gentlemen.

Events for everybody Trotz all der Perücken und Uniformen, subtiler Klassenbarrieren und Dresscodes haben viele Veranstaltungen ein gesundes demokratisches Element. Die **Proms** – das weltgrößte Konzertfestival klassischer Musik, of course – sind ein gutes Beispiel. Wer bereit ist, anzustehen, kann Stehkarten (»Promming«) für die besten Orchester für £ 6,00 erwerben. Die »Last Night of the Proms«, wo Musik liebende Patrioten zu den Klängen von Edward Elgars »March of Pomp & Circumstance« den Union Jack schwingen, wird auf großen Bildschirmen im Hyde Park übertragen. Bei der Summer Exhibition der noblen Royal Academy können Hinz und Kunz ihre Kunstwerke einreichen. Und der Rasentennis-Club Wimbledon publiziert »A Guide to Queuing«, eine Anleitung zum Anstehen also.

Viele **Sommer-Outdoor-Kulturveranstaltungen und bunte Straßenfestivals** sind dank großzügiger Sponsoren umsonst. Herzerwärmend britisch ist auch, wie viele Veranstaltungen Gelder für einen guten Zweck zusammenbringen, wie beim Great Gorilla Run im September, wo entsprechend kostümierte Londoner 7 km lang um die Wette laufen, um Berggorillas in Zentralafrika zu schützen.

Mehrere Ereignisse am **Trafalgar Square** feiern den multikulturellen Charakter der Stadt. Für Eid-al-Fitr, das offizielle Ende des muslimischen Fastenmonats Ramadan, treten neben traditionellen islamischen Nasheeds-Glaubensgesängen auch Hip-Hop-Sänger auf. Im

Oktober übernimmt das Lichtfest der Hindus, Diwali, die historische Bühne, im Mai Vaisakhi, das Erntedankfest der Sikhs, während im Oktober Africa on the Square Tanz, Musik und farbenfrohe Kostüme in die Innenstadt bringt. England feiert am 23. April, dem **St George's Day**, seinen Nationalheiligen: Volkstanz, Teeproben und ein Farmer's Market mit englischen Erzeugnissen sorgen für Unterhaltung am Trafalgar Square. Über die Feste verschiedener ethnischer Gruppen informiert: **www.london.gov.uk/events**.

Das Stadtmagazin »Time Out« (**www.timeout.com**) ist eine gute Informationsquelle für jegliche Art von Veranstaltungen; es wird dienstagmorgens an U-Bahn-Stationen kostenlos ausgehändigt. Auch **www.visitlondon.com** hat eine gut strukturierte Webpräsenz. Veranstaltungshinweise

▌ Sportveranstaltungen

Zuschauersport Nr. 1 ist natürlich Fußball. FC Arsenal und FC Chelsea sind auch international ganz groß; in ihrem Schatten, aber ebenfalls in der **Premier League**, spielen die Tottenham Hotspur, West Ham United und Crystal Palace; der FC Fulham, Charlton Athletic und die Queens Park Rangers treten eine Klasse darunter in der Football League an. Für ein Spiel der Premier League sollte man rechtzeitig und online Tickets reservieren – für Arsenal, Chelsea und Tottenham lange im Voraus! Fußball
www.premierleague.com, www.efl.com

Nationalsport des Commonwealth ist dennoch Cricket. Gespielt wird von April bis September im Mekka aller Cricketfans, dem Lord's Cricket Ground mit seinem Cricket Museum (▶ Regent's Park), und im Oval Cricket Ground in Kennington. Zeit muss man mitbringen. Cricket
www.ecb.co.uk

Wesentlich beliebter als auf dem europäischen Kontinent – mit Ausnahme Frankreichs – ist Rugby. Die großen Londoner Clubs sind die Harlequins, die Wasps und London Irish. Saisonhöhepunkt ist der Pilkington Cup. Gespielt wird u. a. in Twickenham. Rugby
www.englandrugby.com

Was Lord's für die Cricketfans, ist ▶ Wimbledon für die Tennisanhänger. Das Ende Juni / Anfang Juli ausgetragene Turnier ist das berühmteste der Welt. An Karten kommt man auf dreierlei Art: Sich jeden Morgen (je früher, desto besser!) in die Warteschlange einreihen und auf eine der täglich 600 frei verkauften Karten hoffen, online bei Ticketmaster (www.ticketmaster.co.uk) oder aber man schreibt Tennis

ein Jahr vorher an den **All England Lawn Tennis Club, P.O. Box 98, London, SW 19 5AE9**, und wenn man Glück hat, bekommt man die Berechtigung zum Erwerb einer Karte zugelost (!).
www.wimbledon.com

Pferderennen Ascot und Epsom sind Synonyme für exklusive Pferderennen, bei denen sich der britische Hochadel ein Stelldichein gibt. Volkstümlicher geht es in Windsor zu.
www.ascot.co.uk, http://**epsom.thejockeyclub.co.uk**

Hunderennen Hunderennen mit den rassigen Greyhounds sind die »Pferderennen des kleinen Mannes«. In London finden sie im Wimbledon Stadium an der Plough Lane statt – typisch englisch.
www.lovethedogs.co.uk/wimbledon

Darts Ein typisches Kneipenspiel ist Darts. Es wird von Profis gespielt und im Fernsehen direkt übertragen. Aber auch jeder Amateur kann sich im Pub versuchen.

FESTKALENDER

1. Januar: **New Year's Day**
Karfreitag: **Good Friday**
Ostermontag: **Easter Monday**
Erster Montag im Mai: **May Day Bank Holiday**
Letzter Montag im Mai: **Spring Bank Holiday**
Letzter Montag im August: **Summer Bank Holiday**
25. Dezember: **Christmas Day**
26. Dezember: **Boxing Day**

EVENTS IM JANUAR

LONDON PARADE
Neujahrsparade am 1. Januar mit mehr als 10 000 Teilnehmern und 500 000 Zuschauern. Die Parade startet um 12 Uhr in der Berkeley Street in Mayfair und endet am Parliament Square.
www.londonparade.co.uk

CHINESISCHES NEUJAHRSFEST
Ende Januar / Anfang Februar in Chinatown

CHARLES I. COMMEMORATION
Kranzniederlegung an der Statue Karls I. und Gottesdienst im Whitehall-Palast am letzten Sonntag im Januar

IM FEBRUAR

TOSSING THE PANCAKE
Am Fastnachtsdienstag in Westminster School (▶ S. 247)

GREAT SPITALFIELDS PANCAKE DAY RACE
Hindernisrennen mit Pfannkuchen und Pfanne in der Hand, gekleidet in wilde Kostüme. Ebenfalls am Fastnachtsdienstag.

STATIONER'S COMPANY SERVICE
Am Aschermittwoch erscheint die Papierwarenhändler-Zunft in alten Trachten zum Gottesdienst in der Krypta von St Paul's.
www.stationers.org

IM MÄRZ

ORANGES AND LEMONS SERVICE
Verteilung von Orangen und Zitronen an Kinder in St Clement Danes Church (▶ S. 209)

CHELSEA ANTIQUES FAIR
Die älteste »Boutique«-Antiquitätenschau in London findet in der Chelsea Old Town Hall statt. Zwei Termine: in der zweiten Märzhälfte und im Oktober.
www.penman-fairs.co.uk

HEAD OF THE RIVER RACE
400 Teams mit über 3000 Ruderern legen die Strecke von Mortlake nach Putney zurück. Ende März.
www.horr.co.uk

OXFORD AND CAMBRIDGE BOAT RACE
Selbe Strecke, nur zwei Teams – die berühmteste Ruderregatta der Welt. Ende März / Anfang April.
www.theboatrace.org

AN OSTERN

ROYAL MAUNDY CEREMONY
Der Monarch verteilt an Gründonnerstag in Westminster Abbey speziell geprägtes »Maundy Money« in weißen Lederbeuteln an Bedürftige, eine jahrhundertealte Tradition.

IM APRIL

LONDON MARATHON
Einer der größten Marathons der Erde. Anfang April, evtl. auch Mai
www.virginlondonmarathon.com

QUEEN'S BIRTHDAY
Salutschießen zum Geburtstag der Queen am 21. April

ANGLO-WELSH CUP
Endspiel um den Liga-Pokal im Rugby. Ende April

IM MAI

FA CUP FINAL
Endspiel um den Fußball-Pokal
www.thefa.com

ROYAL WINDSOR HORSE SHOW
Farbenprächtige Pferdeschau mit königlicher Beteiligung in der zweiten Maiwoche
www.rwhs.co.uk

CHELSEA FLOWER SHOW
Leistungsschau der Royal Horticultural Society. Ende Mai.
www.rhs.org.uk

IM JUNI

CORONATION DAY
Salutschießen zum Krönungstag der Queen am 2. Juni

BEATING THE RETREAT
Farbenprächtiger Zapfenstreich der Household Cavalry auf Horse Guards Parade an zwei Abenden
www.trooping-the-colour.co.uk

EPSOM DERBY
Pferderennen und gesellschaftliches Ereignis. Anfang Juni.
www.epsomderby.co.uk

ROYAL ACADEMY SUMMER EXHIBITION
Hochkarätige Kunstausstellungen in der Royal Academy, bis August
www.royalacademy.org.uk

OPEN SQUARES WEEKEND
Ein seltenes Vergnügen: Ca. 200 Privatgärten, auch lauschige in der Mitte nobler Plätze wie Belgrave Square, sonst den reichen Anwohnern vorbehalten, öffnen ihre Pforten.
http://opensquares.org

TROOPING THE COLOUR
Offizielle Geburtstagsparade für die Queen Mitte Juni auf Horse Guards

Trooping the Colour: Die Parade ist vorbei, die Royals fahren zurück zum Buckingham-Palast

Parade. Die Royals fahren mit der Kutsche vom Buckingham Palace über die Mall durch ein Spalier zehntausender jubelnder Menschen. www.trooping-the-colour.co.uk

ROYAL ASCOT RACE MEETING
Pferderennen, noch einen Hauch exklusiver als Epsom. Mitte Juni. www.ascot.co.uk

ELECTION OF SHERIFFS
Öffentliche Wahl der Sheriffs der City of London am 24. Juni in der Guildhall

THE GARTER CEREMONY
Die Ritter des Hosenbandordens treffen sich in der St George's Hall Windsor und gehen dann in einer Prozession durch das Schlossgelände mit der Queen an der Spitze zum Gottesdienst in die St George's Chapel. www.trooping-the-colour.co.uk

CITY OF LONDON FESTIVAL
Musik, Theater, Tanz, Führungen, Vorträge in der City, z. T. an Orten, zu denen es sonst selten Zugang gibt. www.colf.org

PRIDE IN LONDON
Parade und Events der Schwulen, Lesben und anderer sexueller Orientierungen. Ab Ende Juni, die abschließende Parade meist im Juli. http://prideinlondon.org

IM JULI

ALL ENGLAND LAWN TENNIS CHAMPIONSHIPS
Das berühmteste Tennisturnier der Welt; in der ersten Julihälfte www.wimbledon.org

TEST CRICKET MATCHES
Länderspiele in Lord's Cricket Ground und in The Oval; jährlich unterschied-

liche Termine zwischen Mai und August
www.lords.org, www.kiaoval.com

HAMPTON COURT PALACE FLOWER SHOW

Größte jährlich stattfindende Blumenausstellung der Welt. Etwas weniger exklusiv als die Gartenschau der Royal Horticultural Society in Chelsea im April, aber keinesfalls weniger spektakulär.
www.rhs.org.uk

ROAD SWEEPING BY THE VINTNERS' COMPANY

Umzug der Weinhändlerzunft von Vintners' Hall zu St James-Garlickhythe-Church am zweiten Donnerstag im Juli. Voraus geht der »Wine Porter« und fegt mit einem Reisigbesen den Weg.

DOGGETT'S COAT AND BADGE RACE

Ältestes Bootsrennen der Welt, zwischen London Bridge und Chelsea Bridge. Es soll 1715 von dem irischen Komödianten Thomas Doggett initiiert worden sein, als er nach durchzechter Nacht niemanden fand, der ihn nach Hause brachte. Schließlich ruderte ihn ein junger Mann flussaufwärts und gegen die Gezeitenströmung. Ende Juli.

SWAN UPPING

Traditionsgemäß »gehören« die Schwäne auf der Themse dem Königshaus, der Färberzunft und der Weinhändlerzunft. In einer Schiffsprozession ziehen in der zweiten Julihälfte die drei Parteien den Fluss hinab, zählen die Schwäne und markieren die Jungtiere.
www.royalswan.co.uk

HENRY WOOD PROMENADE CONCERTS

Klassik in der Royal Albert Hall von Ende Juli bis Mitte September
www.bbc.co.uk/proms

IM AUGUST

GREAT BRITISH BEER FESTIVAL

Am ersten Augustwochenende finden sich die Fans der »Echten Ales« im Olympia zusammen.
http://gbbf.org.uk

NOTTING HILL CARNIVAL

Calypso-Soundsysteme und hypnotische Steelbands, ausladende Kostüme in schillernden Farben, die Aromen von Jerk Chicken und gebratenen Kochbananen – das ist der Karneval der aus Westindien stammenden Londoner am Bank-Holiday-Wochenende. Nach Rio de Janeiro übrigens der größte der Welt.
www.thenottinghillcarnival.com

CAMDEN FRINGE

Alternatives Kulturfest mit Musik, Tanz, Literatur, Schauspiel, Experimentellem
www.camdenfringe.com

IM SEPTEMBER

TOTALLY THAMES

Einen Monat lang ehrt London seinen Fluss mit Events und Wettbewerben auf dem Strom, Kultur am Ufer, Vorträgen und geführten Spaziergängen.
http://totallythames.org

LONDON OPEN HOUSE ANNUAL WEEKEND

Ca. 500 bis 600 historische oder architektonisch bedeutsame Gebäude öffnen Mitte September Pforten für Besucher.
www.londonopenhouse.org

GREAT RIVER RACE

Ruderregatta an der Themse von Ham House in die Docklands mit allen möglichen Vehikeln und witzigen Verkleidungen
www.greatriverrace.co.uk

THEATER IM FREIEN

Lassen Sie sich vom Ruf des englischen Wetters nicht beeindrucken. Eine Vorstellung unter freiem Himmel in den wunderschönen Londoner Parks ist unvergesslich, beispielsweise eine Oper mit überdachten Zuschauerrängen im Holland Park im Juni und Juli (www.opera holland park.com) oder Theater zwischen Mai und September im Regent's Park (Bild oben, http://regentsparktheater.com, ohne Regenschutz) .

LAST NIGHT OF THE PROMS

Abschluss der Henry Wood Promenade Concerts in der Royal Albert Hall
www.bbc.co.uk/proms

COSTERMONGER'S HARVEST FESTIVAL

Feier der »Pearly Kings and Queens« am letzten Sonntag an der Guildhall um 13 Uhr, Gottesdienst um 15 Uhr in St Martin-in-the-Fields ▶S. 231

LONDON DESIGN FESTIVAL

Eine Bühne für die grenzenlose Kreativität der Stadt, verschiedene Orte. Letzte Septemberwoche.
www.londondesignfestival.com

IM OKTOBER

BFI LONDON FILM FESTIVAL

Das größte britische Filmfest dauert zwei Wochen.
www.bfi.org.uk/lff

TRAFALGAR DAY

Marineparade am 21. Oktober am Nelson-Denkmal zum Gedenken an die Schlacht von Trafalgar

QUIT RENT CEREMONY

Diese Zeremonie Ende Oktober in den Royal Law Courts am Strand betrifft die Pachtzahlung für zwei Grundstücke – die »Moors« in Shropshire und eine Schmiede in St Clement Danes. Für die Moors zahlt die Corporation of London einen Knüpferhaken und ein Handbeil, für die Forge bietet sie sechs Hufeisen und 61 Nägel an den Geldeintreiber der Königin.

IM NOVEMBER

STATE OPENING OF THE PARLIAMENT

Die Queen fährt in der »Irischen Staatskarosse« vom Buckingham Palace zum Parlament, um im Oberhaus die Sitzungsperiode zu eröffnen. Im Hyde Park und am Tower wird Salut geschossen. Anfang November
www.parliament.co.uk

LONDON TO BRIGHTON VETERAN CAR RUN

Oldtimer-Rennen Anfang November mit Start an Hyde Park Corner
www.veterancarrun.com

GUY FAWKES DAY

Mit Feuerwerk wird der »Gun Powder Plot« vom 5. November 1605

gefeiert, als Guy Fawkes und seine Komplizen das Parlament in die Luft sprengen wollten.

LONDON JAZZ FESTIVAL

10 Tage mit hochkarätigen Künstlern. Mitte des Monats.
http://efglondonjazzfestival.org.uk

LORD MAYOR'S SHOW

Der neue Lord Mayor fährt am zweiten Novembersamstag in seiner Staatskarosse von der Guildhall zu den Royal Law Courts, um vom Lord Chief Justice vereidigt zu werden.
https://lordmayorsshow.london

REMEMBRANCE DAY

Zum Gedenken an die Gefallenen der Weltkriege trägt man um den zweiten Sonntag des Monats herum rote Papiermohnblumen (»poppies«).

IM DEZEMBER

NEW YEAR'S EVE

Silvesterfeier am Trafalgar Square und Feuerwerk am London Eye (Tickets: www.london.gov.uk/events)

MUSEEN

Kaum eine andere Stadt auf diesem Globus kann solch eine Zahl weltberühmter Museen bieten wie London, in denen zusätzlich noch Wissenschaftsgeschichte geschrieben wurde. Nimmt man die vielen mittleren und kleineren dazu, öffnet sich nicht nur für passionierte Museumsgänger ein weites Feld.

In vielen Museen, insbesondere auch in den großen und berühmten, wird kein Eintritt verlangt. Gern gesehen ist ein »freiwilliger Beitrag«. Andere Attraktionen wie etwa der Tower sind sehr teuer. Man sollte sich daher die Anschaffung des **London Pass** überlegen, der freien Eintritt in über 70 Attraktionen und weitere Vergünstigungen bietet. Außerdem spart man sich damit bei vielen Sehenswürdigkeiten das Warten in der Schlange (▶ S. 376).

Eintrittspreise

Abends ins
Museum

Außer Montag gibt es in London keinen Tag, an dem nicht mindestens ein Museum bis 20 oder gar bis 22 Uhr geöffnet hat. Diese **»after hour visits«** sind außerordentlich beliebt, denn sie sind meist auch mit besonderen Führungen oder Vorträgen verbunden.

LONDONS MUSEEN

(KULTUR)GESCHICHTE

ABBEY MUSEUM
► Westminster Abbey

APSLEY HOUSE
► Hyde Park,
Hyde Park Corner

BANK OF ENGLAND MUSEUM
► Bank of England

BENJAMIN FRANKLIN HOUSE
► The Strand

BRITISH MUSEUM
► S. 48

BURGH HOUSE
► Hampstead Heath

CHURCHILL WAR ROOMS
► Whitehall

CLINK PRISON MUSEUM
►Southwark

CUTTY SARK
► Greenwich

DENNIS SEVERS HOUSE
► S. 34

ETON COLLEGE MUSEUM
► Windsor Castle

FLORENCE NIGHTINGALE MUSEUM
Leben und Werk der Begründerin des Krankenschwesterwesens
(► Interessante Menschen)

Staunend, fast schon ehrfürchtig steht man vor der Kolossalbüste von Pharao Ramses II. aus Theben in der Ägyptischen Abteilung des British Museum.

2 Lambeth Palace Road, SE1
www.florence-nightingale.co.uk
Tgl. 10 – 17 Uhr
Eintritt £ 7,50
U-Bahn: Lambeth North

GUILDHALL LIBRARY
▶ Guildhall

JEWEL TOWER
▶ Houses of Parliament

JEWISH MUSEUM
Geschichte und Kultur der britischen
Juden. Eines der Glanzstücke ist die
mittelalterliche, 2001 in der City aus-
gegrabene Mikwe (jüdisches
Ritualbad).
129 – 131 Albert Street, NW 1
www.jewishmuseum.org.uk
Sa. – Do. 10 – 17, Fr. 10 – 14 Uhr
Eintritt £ 7,50
U-Bahn: Camden Town

LONDON BRIDGE EXPERIENCE
▶ Southwark

LONDON DUNGEON
▶ South Bank

MUSEUM OF LONDON DOCKLANDS
▶ Docklands

MUSEUM OF LONDON
▶ S. 141

MUSEUM OF THE ORDER OF ST JOHN
▶ Smithfield Market

NATIONAL ARCHIVES MUSEUM
▶ Kew Gardens, Kew Village

NATIONAL MARITIME MUSEUM
▶Greenwich

PRINCE HENRY'S ROOM
▶ Fleet Street

RAGGED SCHOOL MUSEUM
Museum mit originalen Räumen einer
viktorianischen Schule im armen East
End
46 – 50 Copperfield Road, E 3
www.raggedschoolmuseum.org.uk
Mi., Do. 10 – 17, 1. So. im Monat
14 – 17 Uhr
Eintritt frei
U-Bahn: Mile End

ROYAL LONDON HOSPITAL MUSEUM
Die Geschiche des 1740 gegründeten
Hospitals. Mit Originalstücken von
den Morden von Jack the Ripper.
St Augustine & St Philip's
Church, Newark Street, E 1
Di. – Fr. 10 – 16.30 Uhr
Eintritt frei
U-Bahn: Whitechapel

SIKORSKI MUSEUM
Über die polnische Exilregierung in
London 1939 – 1945
20 Princes Gate, SW 7
www.pism.co.uk
Mo. – Fr. 14 – 16, 1. Sa. im Monat
10.30 – 16 Uhr
Eintritt frei
U-Bahn: South Kensington

TOWER OF LONDON
▶ S. 216

WELLINGTON MUSEUM
▶ Hyde Park, Hyde Park Corner

WESLEY'S CHAPEL AND HOUSE
Haus des Gründers der Methodisten
John Wesley (1703 – 1791)
49 City Road, EC 1
www.wesleyschapel.org.uk
Mo. – Sa. 10 – 16 Uhr
Eintritt frei
U-Bahn: Old Street

KUNST, DESIGN UND ARCHÄOLOGIE

BARBICAN ART GALLERY
Thematisch breit gefächerte
Wechselausstellungen

Silk Street, EC 2
www.barbican.org.uk
Sa. – Mi. 10 – 18, Do. – Fr. 10 – 21 Uhr
Eintritt: je nach Ausstellung
U-Bahn: Barbican

COURTAULD INSTITUTE GALLERY
▶ S. 197

DESIGN MUSEUM
▶ S. 68

DULWICH PICTURE GALLERY
▶ Dulwich

ESTORICK COLLECTION OF MODERN ITALIAN ART
Hervorragende Sammlung italieni-
scher Futuristen
39 a Canonbury Square, N 1
www.estorickcollection.com
Mi. – Sa. 11 – 18, So. 12 – 17 Uhr
Eintritt £ 5
U-Bahn: Highbury & Islington

FASHION AND TEXTILE MUSEUM
Zeitgenössische Londoner Mode und
Schmuck in Wechselausstellungen
83 Bermondsey St., SE 1
www.ftmlondon.org
Di. – Sa. 11 – 18,
So. 11 – 17 Uhr
Eintritt: £ 9,90
U-Bahn: London Bridge

GEFFRYE MUSEUM
Englische Möbel und Einrichtungs-
gegenstände vom 17. bis 20. Jh. in
einem Altenheim des 18. Jh.s
136 Kingsland Road, E 2
www.geffrye-museum.org.uk
Mo. –Fr. 10 – 17 Uhr,
Eintritt frei
U-Bahn: Hoxton Station

GUILDHALL ART GALLERY & ROMAN AMPHITHEATRE
▶ Guildhall

HAYWARD GALLERY
▶ South Bank

HOGARTH'S HOUSE
Landhaus des Grafikers und Malers
William Hogarth
Hogarth Lane, Great West Road,
W 4
http://williamhogarthtrust.org.uk
Di. – So. 12 – 17 Uhr
Eintritt frei
U-Bahn: Turnham Green

INSTITUTE OF CONTEMPORARY ART
▶ The Mall

LEIGHTON HOUSE
Maurisch inspiriertes Haus des Künst-
lers Frederic Leighton (1830 –1896),
Präsident der Royal Academy
12 Holland Park Road, W 14
www.rbkc.gov.uk
Mi. – Mo. 10 – 17.30 Uhr
Eintritt: £ 12
U-Bahn: High Street Kensington

18 STAFFORD TERRACE
Haus des Künstlers und »Punch«-
Karikaturisten Edward Linley Sam-
bourne (1844 –1910) mit Einrichtung im Stil des Aesthetic Movement
des späten 19. Jh.s
18 Stafford Terrace, W 8
www.rbkc.gov.uk/
linleysambournehouse
Mi., Sa. und So. 14 – 17.30 Uhr
Eintritt: £ 7
U-Bahn: High Street Kensington

NATIONAL GALLERY
▶ S. 142

NATIONAL PORTRAIT GALLERY
▶ National Gallery

PETRIE MUSEUM OF EGYPTIAN ARCHAEOLOGY
Die Sammlung des Ägyptologen Sir
Flinders Petrie (1853 – 1942), der
die Pyramiden von Gizeh vermaß, ist
eine der größten ihrer Art weltweit.

Die größte Sammlung britischer Kunst des 16. – 21. Jh.s weltweit besitzt Tate Britain. Auch Skulpturen sind ausgestellt, u. a. von Hamo Thorncroft, der mit »The Kiss« (1916) die innige Beziehung zwischen Mutter und Kind thematisiert.

University College London,
Malet Place, WC 1
www.ucl.ac.uk/museums
Di. – Sa. 13 – 17 Uhr
Eintritt frei
U-Bahn: Euston Square

THE PHOTOGRAPHER'S GALLERY
Zeitgenössische Fotografie in Wechselausstellungen
16 – 18 Ramillies Street, W 1
www.thephotographersgallery.
org.uk

Mo. – Sa. 10 – 18, Do. bis 20,
So. 11 – 18 Uhr
Eintritt: £ 4 , vor 12 Uhr frei
U-Bahn: Oxford Circus

QUEEN'S GALLERY
▶ Buckingham Palace

ROYAL ACADEMY OF ARTS
▶ Piccadilly Circus

SAATCHI GALLERY
▶ Chelsea

SERPENTINE GALLERY
▶ Hyde Park ● Kensington Gardens

SIR JOHN SOANE'S MUSEUM
▶ S. 189

TATE GALLERY
▶ S. 210

WALLACE COLLECTION
▶ S. 238

WHITECHAPEL ART GALLERY
Eine der wichtigsten britischen Galerien für zeitgenössische Kunst
77 – 82 Whitechapel High Street, E 1
www.whitechapelgallery.org
Di. – So. 11 – 18, Do. bis 21 Uhr
Eintritt frei
U-Bahn: Aldgate East

VICTORIA & ALBERT MUSEUM
▶ S. 232

LITERATUR, THEATER MUSIK UND FILM

BRITISH LIBRARY
▶ King's Cross ● St Pancras

DR. JOHNSON'S HOUSE
▶ Fleet Street

DICKENS HOUSE MUSEUM
Hier lebte Charles Dickens von 1837 bis 1839 und arbeitete unter anderem an den »Pickwick Papers« und »Oliver Twist«.
48 Doughty Street, WC 1
www.dickensmuseum.com
Di. – So. 10 – 17 Uhr
Eintritt: £ 9
U-Bahn: Russell Square

HANDEL & HENDRIX
Zwei Musiker, zwei Genies, fast dieselbe Adresse: In Nr. 25 lebte Georg Friedrich Händel von 1723 bis 1759, in Nr. 23 wohnte Jimi Hendrix von Juli 1968 bis März 1969 (wo er zu Händel-Platten E-Gitarre spielte ...).

23 – 25 Brook Street, W 1
https://handelhendrix.org
Mo. – Sa. 11 – 18, So. 12 – 18 Uhr
Eintritt: £ 10;
Online-Buchung empfohlen, da nur 20 Besucher pro Stunde im Hendrix Flat zugelassen sind.
U-Bahn: Bond St., Oxford Circus

KEATS HOUSE
▶ Hampstead Heath

LONDON FILM MUSEUM
In Covent Garden zeigt das London Film Museum teils spektakuläre Wechselausstellungen.
45 Wellington Street, WC 2,
www.londonfilmmuseum.com
Tgl. 10 – 18 Uhr
Eintritt: £ 14,50

ROYAL ACADEMY OF MUSIC MUSEUM
Instrumente und Dokumente berühmter Komponisten, Solisten und Dirigenten
Marylebone Road, NW 1
www.ram.ac.uk
Mo. – Fr. 11.30 – 17.30,
Sa. 12 – 16 Uhr
Eintritt frei
U-Bahn: Baker St., Regent's Park

SHAKESPEARE'S GLOBE THEATRE
▶ Southwark

SHERLOCK HOLMES MUSEUM
▶ Regent's Park

MILITÄR

GUARDS MUSEUM
▶ Buckingham Palace

HMS BELFAST
▶ Southwark

HOUSEHOLD CAVALRY MUSEUM
▶ Whitehall

IMPERIAL WAR MUSEUM
▶ S. 121

MUSEUM OF THE CHELSEA
ROYAL HOSPITAL
▶ Chelsea

NATIONAL ARMY MUSEUM
▶ Chelsea

ROYAL AIR FORCE MUSEUM
▶ S. 171

ROYAL ARMOURIES
▶ Tower

NATUR, VERKEHR UND TECHNIK

CHELSEA PHYSIC GARDEN
▶ Chelsea

HORNIMAN MUSEUM AND
GARDENS
Musikinstrumente, Ethnologisches
aus Afrika und Tierpräparate des weit
gereisten Teehändlers Frederick John
Horniman (1835 – 1906): ein tolles
Sammelsurium, mit moderner Muse-
umstechnik präsentiert.
100 London Road, Forest Hill,
SE 23
Overground: Forest Hill
www.horniman.ac.uk
Tgl. 10.30 – 17.30 Uhr
Eintritt frei

HUNTERIAN MUSEUM
▶ Lincoln's Inn

LONDON MUSEUM OF WATER
AND STEAM
Eine Sammlung teils mächtiger
Pumpwerke, vor allem Dampfmaschi-
nen aus dem 19. und frühen 20. Jh.,
unter ihnen die »100 inch«, die größ-
te Kolbendampfpumpe der Welt.
Green Dragon Lane, Brentford
TW8
www.waterandsteam.org.uk
Tgl. 11 – 16 Uhr
Eintritt: £ 12,50

LONDON CANAL MUSEUM
▶ Regent's Canal

LONDON TRANSPORT MUSEUM
▶ Covent Garden

MUSEUM OF GARDEN HISTORY
▶ Imperial War Museum ●
Lambeth

NATURAL HISTORY MUSEUM
▶ S. 151

OLD OPERATING THEATRE
▶ Southwark

OLD ROYAL OBSERVATORY
▶ Greenwich

PETER HARRISON
PLANETARIUM
▶ Greenwich

ROYAL MEWS
▶ Buckingham Palace

SCIENCE MUSEUM
▶ S. 188

SEA LIFE AQUARIUM
▶ South Bank,
County Hall

TOWER BRIDGE EXHIBITION
▶ Tower Bridge

THAMES BARRIER
▶ Docklands

WETLAND CENTRE
Freilandmuseum mit Pflanzen und
Tieren, die in und an der Themse
leben
Queen Elizabeth Walk,
Barnes,SW 13
www.wwt.org.uk
März – Okt. tgl. 9.30 – 17.30,
sonst bis 16.30 Uhr
Eintritt: £ 11,90
U-Bahn: Hammersmith,
dann Bus 283

PALÄSTE, ADELSHÄUSER

BUCKINGHAM PALACE
▶ S. 54

CHISWICK HOUSE
Das erste und eines der schönsten
palladianischen Gebäude Englands
Chiswick, W 4
www.chgt.org.uk
April – Okt. So. – Mi. 10 – 17 Uhr
Eintritt: £ 6,70
U-Bahn: Turnham Green

ELTHAM PALACE
Wunderbarer Art-déco-Landsitz der
Familie Courtauld neben den Resten
des Tudor-Palasts, in dem Heinrich
VIII. seine Kindheit verbrachte
Court Yard, Eltham, SE 9
www.english-heritage.org.uk
April – Sept. So. – Do. 10 – 18,
Okt. bis 17, Nov. – März nur So.
bis 16 Uhr, Eintritt: £ 13
Bahn: Mottingham via Hither
Green ab London Bridge Station,
dann 10 Min. zu Fuß

FENTON HOUSE
▶ Hampstead Heath

HAM HOUSE
▶ Richmond

KENSINGTON PALACE
▶ Hyde Park ● Kensington Gardens

KENWOOD HOUSE
▶ Hampstead Heath

KEW PALACE
▶ Kew Gardens

LANCASTER HOUSE
▶ St James's

MARBLE HILL HOUSE
Georgianischer Adelssitz mit Chinoi-
serie-Sammlung
Richmond Road, Twickenham,
TW 1
www.english-heritage.org.uk

Führungen April – Nov. Sa. 10.30
und 12, So. zusätzl. 14.15 und
15.30 Uhr; Eintritt: £ 6,60
Bahn: St Margaret's ab Waterloo

OSTERLEY PARK HOUSE
Wohnhaus und Park von Sir Thomas
Gresham, dem Gründer der königli-
chen Börse
Jersey Rd., Osterley, Middlesex,
TW 7
www.nationaltrust.org.uk
Mai – Aug. Mi. – So. 12 – 17, März,
April, Sept., Okt. bis 16, Dez. Sa.
und So. 12.30 – 15.30 Uhr
Eintritt: £ 11
U-Bahn: Osterley

QUEEN'S HOUSE
▶ Greenwich

ST JAMES'S PALACE
▶ St James's

SPENCER HOUSE
▶ St James's

SOUTHSIDE HOUSE
▶ Wimbledon

SYON HOUSE
▶ Kew Gardens ● Syon House

SPIELZEUG

V & A MUSEUM OF CHILDHOOD
Alles rund um das Thema Kindheit,
größte Spielzeugsammlung Englands
Cambridge Heath Road, E2
www.vam.ac.uk/moc
tgl. 10 – 17.45 Uhr
Eintritt frei
U-Bahn: bethnal Green

SPORT

ARSENAL FOOTBALL CLUB MUSEUM
Emirates Stadium, Drayton Park,
N 5, www.arsenal.com
Mo. – Sa. 10 – 18.30,

So. bis 16.30 Uhr
Eintritt: £ 20 (Führung und
Museum)
U-Bahn: Arsenal

CHELSEA FOOTBALL CLUB MUSEUM
Stamford Bridge Stadium, SW 6
www.chelseafc.com
Tgl. 9.30 – 17 Uhr
Eintritt: £ 19 (inkl. Stadiontour)
U-Bahn: Fulham Broadway

WORLD RUGBY MUSEUM
Das weltgrößte Museum über Rugby
Twickenham Stadium, Rugby
Road, Richmond, TW 1
www.rfu.com/museum
Di. – Sa. 10 – 17, So. 11 – 17 Uhr
Eintritt: £ 8 (Stadiontour £ 20)
Bahn: Twickenham ab Waterloo

WIMBLEDON LAWN TENNIS MUSEUM
▶ Wimbledon

SONSTIGE

CITY OF LONDON POLICE MUSEUM
▶ Guildhall

CRYSTAL PALACE MUSEUM
▶ Dulwich

FAN MUSEUM
▶ Greenwich

FREUD-MUSEUM
▶ Hampstead Heath

FULLER'S GRIFFIN BREWERY
Eine Führung durch Londons älteste
Brauerei, natürlich mit Probetrunk
Chiswick Lane South, W 4
www.fullers.co.uk
Führungen (£ 12) Mo. – Fr. 11,
12, 13, 14, 15 Uhr
U-Bahn: Turnham Green

MADAME TUSSAUDS
▶ S. 136

RANGER'S HOUSE
▶ Greenwich

TWININGS TEA MUSEUM
▶ The Strand

WILLOW ROAD NO. 2
▶ Hampstead Heath

SHOPPEN

London ist neben Paris das aufregendste und schönste Shopping-paradies Europas. Hier ist »Customer Service« mehr als nur ein Wort, Umtausch kein Problem, und selbst in Top-Boutiquen herrscht erfrischend wenig Snobismus.

Antiquitäten und klassische englische Kleidung – Tweed, Kaschmir, Hemden, Schuhe, Hüte – sind die Trümpfe. Die Themsestadt bietet eine unübertroffene Auswahl an Marken, Hoflieferanten mit langer Tradition in viktorianischen Arkaden, große ethnische Enklaven, farbenfrohe Straßenmärkte, die größte Shopping Mall Europas, einen boomenden Vintage-Sektor, wackelige Marktstände, wo kreative Trends geboren werden, um später die Welt zu erobern und Charity Shops, bei denen der Erlös einem guten Zweck dient.

Einkaufs-gegenden

Die größte Vielfalt und Auswahl findet man im **West End** zwischen der Oxford Street, Regent Street und Bond Street bis Piccadilly und zur Jermyn Street. Die **Oxford Street** als bekannteste Shoppingmeile kann trotz ihrer Dichte an internationalen Markenläden und den großen Kaufhäusern wie Selfridges, Debenhams, House of Fraser und John Lewis allerdings etwas enttäuschen. Denn auf der belebtesten Einkaufstraße Europas ist vor allem um die Mittagszeit und nach Büroschluss statt Flanieren eher Hürdenlauf angesagt. Auch Taschendiebe sind ein unliebsamer Nebeneffekt. Es lohnt sich, auf kleinere »Inseln« mit originellen Shops auszuweichen: St Christopher's Place oder Seven Dials oder Marylebone High Street – eine fast kleinstädtische Straße mit ausgesuchten Läden und einem französischem Touch ohne Menschenmassen. Covent Garden lockt mit schön präsentierten Boutiquen, einem angenehmem Flanierfaktor und ungewöhnlichen Marken; in Soho wird man in Second-Hand-Läden fündig.

Das zweite große Einkaufsviertel verteilt sich auf **Knightsbridge, Kensington und South Kensington** um Brompton Road und High Street Kensington. Demgegenüber fällt die King's Road in **Chelsea** etwas ab, aber ein Gang dorthin lohnt dennoch, vor allem wegen der Sloane Street mit ihren Designerläden. Auf keinen Fall auslassen sollten Sie **Camden Town**, wenn Sie nach Ausgefallenem suchen. Das **East End,** v. a. um die Brick Lane, Cheshire Street und Redchurch Street herum, hat sich zu einer Destination für ungewöhnliches Design entwickelt.

Souvenirs und Mitbringsel

Aus London sollte man etwas **typisch Britisches** mitbringen. Regenschirme oder Gummistiefel, Tee und Marmelade (etwa von Fortnum & Mason oder Harrods), coole T-Shirts und Taschen, Kosmetik-Mini-Sets, oder, wenn es etwas mehr sein darf, ein Trenchcoat oder Accessoires von Burberry. Sehr zu empfehlen sind die Museumsshops in British Museum, Victoria & Albert, National Gallery und Natural History Museum. Gerade für Kinder finden sich dort pädagogisch hochwertige und witzige Geschenke. Zu Hause gebliebene Kinder freuen sich über einen Bobby-Helm aus Plastik, Teenager über Turnschuhe und Streetwear.

Mehrwert-steuer

Auf die meisten Waren und Dienstleistungen (auch in Hotels und Restaurants) wird eine Mehrwertsteuer (Value Added Tax = VAT) in Höhe von 20 % berechnet. Nicht-EU-Bürger können sich die VAT bei der Ausreise erstatten lassen, wenn sie sich in Geschäften, die am Programm zur Exportförderung teilnehmen – kenntlich am »Tax Free«-Schild – eine Bescheinigung ausstellen lassen.

Geschäfts-zeiten

Geschäfte haben auf jeden Fall montags bis samstags zwischen 9 und 18 Uhr geöffnet, die großen Kaufhäuser bis 22 Uhr. Donnerstags ist langer Shopping-Tag im West End, und am Sonntag sind alle größeren Geschäfte zwischen 12 und 18 Uhr offen. Wo Märkte am Wochenende sind, ziehen die Anrainer-Läden oft mit.

OBEN: Die Queen für zu Hause,
ein hübshces Souvenir
UNTEN: Huntsman ist die
Top-Adresse in der Savile Row,
der Straße der Schneider.

SHOPPING-ADRESSEN

KAUFHÄUSER UND SHOPPING-CENTER

FORTNUM & MASON
Beliebte Mitbringsel aus dem 1707 gegründeten Kaufhaus sind Tee, Marmeladen und Feinkost.
181 Piccadilly, W 1
www.fortnumandmason.com

HARRODS
Für viele ist Harrods das Luxus-Kaufhaus schlechthin. Die Innenausstattung und Warenauslage der Food Halls sollte man nicht verpassen. ▶ S. 103
87 – 135 Brompton Road, SW 1
www.harrods.com

LIBERTY
Feine Stoffe mit firmeneigenen Mustern sind seit über 100 Jahren hier der Renner. ▶ S. 131
Great Marlborough Street, W 1
www.libertylondon.com

MARKS & SPENCER
Das Kaufhaus der Nation für Kleidung, Strickwaren und Unterwäsche ist manchmal ein bisschen brav, aber zuverlässig. Die Food-Abteilung ist hervorragend für Picknick-Ausflüge.
458 Oxford Street, W 1
www.marksandspencer.com

ONE NEW CHANGE
Stararchitekt Jean Nouvels modernes, nachhaltiges Gebäude von 2010 (Spitzname: »Tarnkappenbomber«) im historischen Cheapside gegenüber St Paul's Cathedral ist das einzige Shopping Centre in der City – die kommerziell am Wochenende tot ist. 60 Läden von H&M bis edel, ein breites gastronomisches Angebot und als Schmankerl: Die Dachterrasse mit Gastronomie öffnet ab 10 Uhr.
1 New Change, EC4
www.onenewchange.com

SELFRIDGES
Riesenhaft – unter anderem Europas größte Juwelier-, Kosmetik- und Schuhabteilungen – und für viele Londoner, die die Touristenmassen in Harrods scheuen, die wahre Nr. 1 unter den Kaufhäusern, profiliert sich Selfridges vor allem durch ständig aktualisiertes Design und neue Ideen. Hierfür lohnt es sich, die Hektik und Enge der Oxford Street auszuhalten.
400 Oxford Street, W 1
www.selfridges.com

WESTFIELD SHOPPING CENTRE
Europas größte innerstädtische Shopping-Mall erstaunt durch humane Dimensionen hinter der aquariumgrün-transparenten Fassade und bietet trotzdem alles von »A« wie Accessories-Modeschmuck bis »Z« wie Zorba-Süßigkeiten. Dazu gibt es einen edlen Waitrose-Supermarkt und ein Multiplex-Kino.
Ariel Way, W 12 (westl. vom Kensington Park)
https://uk.westfield.com/london
U-Bahn: White City

BÜCHER

BOOKS FOR COOKS
In der Versuchsküche im ersten Stock beweist dieser legendäre Kochbuch-Laden, dass die Rezepte stimmen.
4 Blenheim Crescent, W 11
www.booksforcooks.com

FOYLES
Die unabhängige Buchhandlung, seit 1904 in Soho, ist mit 6,5 km Regallänge auf vier Etagen ein Paradies für Bücherwürmer.
113 –119 Charing Cross Rd, WC 1
www.foyles.co.uk

DAUNT BOOKS

Diese wunderschöne Buchhandlung mit edwardianischem Ambiente ist auf Reiseführer und -literatur spezialisiert, führt aber auch ein hervorragend ausgewähltes Sortiment an Neuerscheinungen und Klassikern.
83 Marylebone High St., W 1
www.dauntbooks.co.uk

WATERSTONES

Flaggschiff der marktbeherrschenden Buchhandlungskette Großbritanniens und die wohl größte Buchhandlung Europas mit einem riesigen Sortiment auf fünf Etagen.
203 Piccadilly
www.waterstones.com

CDS UND VINYL

FOPP

Die Londoner Filiale der landesweiten Kette verkauft CDs, DVDs und Literatur zu Musik und Film.
1 Earlham Street, W 3
www.fopp.com

HIS MASTER'S VOICE (HMV)

Eher mainstream als innovativ, ist der Oxford Street-Gigant aber immer noch der größte Musikladen Europas.
363 Oxford Street, W 1

HONEST JON'S

Für Liebhaber von Jazz, Reggae, Soul, Calypso und World Music
278 Portobello Road, W 8
www.honestjons.com

MUSIC & VIDEO EXCHANGE

Die beste Adresse für Secondhand-Schnäppchen in der besten Straße Londons für unabhängige Plattenläden.
95 Berwick Street, W1
www.mgeshops.co.uk

ROUGH TRADE RECORDS

Freunde authentischer unabhängiger Plattenläden haben die Wahl zwischen dem winzigen Original in Not-

ting Hill (130 Talbot Road, W11) und dem neueren Rough Trade East an der Brick Lane.
Dray Walk, Old Truman Brewery
91 Brick Lane, E1
www.roughtrade.com

DELIKATESSEN

CUNDALL & GARCIA

Das kleine Geschäft ist eine Fundgrube für klassische und ungewöhnliche britische Spezialitäten: Weine, Spirituosen, hausgemachte Scotch Eggs, Londoner Honig, Lemon Curd u.v.m. Salate »to go« und andere Imbisse.
42 Brushfield Street, E1
www.agoldshop.com

CADENHEAD'S

Der berühmte Whiskyabfüller bietet über 200 schottische und irische Sorten.
26 Chiltern Street, W 1
www.whiskytastingroom.com

CHARBONNEL ET WALKER

Seit 140 Jahren verkauft der Hoflieferant hausgemachte Schokolade in der viktorianischen Passage im Mayfair. Eine Spezialität sind Rose & Violet Creams in Zartbitterschokolade.
1 Royal Arcade, 28 Old Bond Street, W 1
www.charbonnel.co.uk

NEAL'S YARD DAIRY

Seit fast 50 Jahren setzt der Laden in Covent Garden auf handwerklich hergestellten britischen Käse und Milchprodukte.
17 Shorts Gardens, WC 2
Borough Market, SE 1
www.nealsyarddairy.co.uk

PARTRIDGE'S

Eine wohlhabende Kundschaft aus Chelsea kauft beim Hoflieferanten alle möglichen Leckereien, samstags auch am Lebensmittelmarkt auf dem Platz.
2 – 5 Duke of York Square, SW 3
www.partridges.co.uk

PAXTON & WHITFIELD
Winston Churchill: »A gentleman buys his ... cheese at Paxton & Whitfield«. Wer die Auswahl und Qualität erlebt hat, weiß warum.
93 Jermyn Street, SW 1
www.paxtoandwhitfield.co.uk

DESIGN, GESCHENKE

THE BUTTON QUEEN
Hier gibt es nichts als Knöpfe, antik oder neu.
76 Marylebone Lane, W 1
www.thebuttonqueen.co.uk

COOL BRITANNIA
Perfekter Standort: direkt gegenüber dem Besuchereingang zum Buckingham-Palast ein Riesen-Souvenirladen mit patriotischen Teebechern, Spielzeug, Kühlschrankmagneten, Fußballtrikots u.s.w.
25 – 27 Buckingham Palace Road, SW1
www.coolbritannia.com

DAVENPORTS MAGIC SHOP
Alles zu Zauberei und Magie findet man in der Unterführung nahe Trafalgar Square.
5, 6, 7 Charing Cross Underground Arcade, The Strand, WC 2
www.davenportsmagic.co.uk

GILL WING
Familiär geführter Laden in einer ehemaligen edwardianischen Friseurstube: Geschenke, Schuhe, trendiger Schmuck (Sarah Angold!), Küchenbedarf, Keramik.
180 – 195 Upper Street, N 1
www.gillwing.co.uk

JAMES SMITH & SONS
Seit 1830 verkauft James Smith Regen- und Sonnenschirme, Spazierstöcke – mit Griffen in Tierkopfform, warum nicht? –, praktische Feldhocker und weitere englische Klassiker. Die Ladenfassade und -einrichtung sind eine Sehenswürdigkeit für sich, haben sie sich seit Mitte des 19. Jh.s doch kaum verändert.
53 New Oxford Street, W 1
www.james-smith.co.uk

MODE FÜR SIE

COCO DE MER
»Something for the weekend?«: Londons exklusivste Boutique für alles rund um Sex und Erotik befindet sich in einer tollen Schuhladenstraße.
23 Monmouth Street
www.coco-de-mer.com

LAURA ASHLEY
Klassischer, sehr englischer Schick für Damen und Mädchen, hübsche Inneneinrichtungs-Objekte
9 Harriet Street, SW 1
www.lauraashley.com

MYLA
Lingerie und sexy Pyjamas; Filialen u. a. in Harrods und Selfridges sowie Old Bond Street.
77 Lonsdale Road
www.myla.com

VIVIENNE WESTWOOD
Vivienne Westwood hat die Punkszene entscheidend mitgeprägt und sprüht immer noch vor Ideen für asymmetrische Designs.
44 Conduit Street, W1 (Hauptgeschäft), 18 Conduit Street (Herrenmode), 6 Davies Street, W1
www.viviennewestwood.com

MODE FÜR IHN

HACKETT
Traditionell englisch, erschwingliche Preise
137 – 138 Sloane Street, SW 1
www.hackett.com

LOCK & CO.
Erfinder des Bowler-Huts und Hoflieferant – man kann ja mal ins Schau-

fenster gucken und viele andere
schöne Hüte entdecken.
6 St James's Street, W 1
www.lockhatters.co.uk

OZWALD BOATENG
Der innovativste Herrenschneider,
daher auch eher teuer. An der berühmten Savile Row.
9 Vigo Street, W 1
www.ozwaldboateng.co.uk

TURNBULL & ASSER
Ausgezeichnete Hemden, Krawatten,
Schals und Accessoires seit 1885. .
71 / 72 Jermyn Street, SW 1
www.turnbullandasser.com
Auch in 4 Davies St., W 1

MODE FÜR BEIDE

AQUASCUTUM
Luxusmarke für Tweed, Accessoires
und Regenmäntel, deren wasserfes-
tes Tuch in den Schützengräben
(»trench«) der Weltkriege bewährt
hat – daher »Trenchcoat«.
24 Great Marlborough Street, W 1
www.aquascutum.com

BRORA
Luxusstrickwaren, Tweed und Kaschmir aus Schottland, auch für Kinder
The Market, Covent Garden, WC 2,
7 Symons Street/Sloane Square,
SW 3 und 186 Upper Street, N 1
www.brora.co.uk

BROWNS
Topadresse für britische Haute
Couture. Neues bei Brown's Focus
gegenüber.
23 – 27 Molton Street, W 1
www.brownsfashion.com

BURBERRY'S
Klassische Trenchcoats, Schals und
Portemonnaies mit dem Karo-Muster.
Nicht zuletzt dank Model Emma Wat-
son aus den Harry-Potter-Filmen ist
die Marke cool geworden.

121 Regent Street, W 1
www.burberry.com

DOVER STREET MARKET
Auf sechs Etagen im exklusiven Mayfair, doch mit dem Flair eines Stra-
ßenmarkts, versammeln sich edle
Designerkollektionen unter diesem
Dach.
17 – 18 Dover Street, W1
www.doverstreetmarket.com

STELLA MCCARTNEY
Die Beatles-Tochter brauchte ihren
Vater nicht, um in der Modeszene zu
brillieren. Ob Tag- oder Abendgarde-
robe, alles ist tragbar – und kommt
ohne tierische Produkte aus: kein
Leder, kein Pelz.
30 Bruton Street, W 1
www.stellamccartney.com

REISS
Die neuesten Trends von der Stange
zu vernünftigen Preisen; Accessoires
gibt es im Geschäft in 30 – 31 Islington Green, N 1.
114 – 116 Kings Road, SW 3
www.reissonline.com

SECONDHAND

BLITZ
Eine ehemalige Möbelfabrik im Trendviertel Spitalfields beherbergt das
nach eigenen Angaben größte Vinta-
ge-Geschäft Europas.
55 – 59 Hanbury Street, E1
www.blitzlondon.co.uk

RED CROSS
Einer der besten Charity Shops der
Stadt bietet viele klassische Designer:
günstige Garderobe für einen guten
Zweck.
67 – 71 Old Church Street, SW 3
www.redcross.org.uk

ROKIT
Authentische Vintage-Mode zwischen
klassischem 1940- und 1990-Grunge,

mit vielen Accessoires, inkl. einer großen Auswahl an ultrabritischen Her-
renhüten
255 High St, Camden, NW 1, 42
Shelton St, Covent Garden, WC 2
www.rokit.co.uk

PARFÜMERIEN

JO MALONE
Legendäre parfümierte Kerzen, Bade-
Ingredienzien und Düfte fürs Haus in
durchdesignter Präsentation
23 Brook Street, W 1
www.jomalone.com

PENHALIGON'S
Unter den 34 Düften des Hof-Parfü-
meurs sind viele Klassiker wie Ham-
mam Bouquet, Blenheim Bouquet,
Bluebell oder Jubilee.
u. a. 16 – 17 Burlington Arcade,
WC 2, 125 Regent St., W 1, 41
Wellington Street, WC 2
www.penhaligons.com

PFEIFEN UND TABAK

DAVIDOFF OF LONDON
Hier findet man die wahrscheinlich
größte Auswahl an feinen Zigarren in
Europa, jede selbstverständlich in
ihrer noblen Box präsentiert.
35 St James's Street, SW 1
www.davidoff.com

SCHMUCK

@WORK
Viele Designer stellen hier angesagten
Schmuck her.
35 Ponsonby Terrace, SW 1
www.atworkgallery.co.uk

COMFORT STATION
Alle Kollektionen der kreativen East-
End-Designer werden im Kellerstudio
unter dem kleinen Geschäft herge-
stellt.
22 Cheshire Street, E 2
www.comfortstation.co.uk

DINNY HALL
Designer-Schmuck inspiriert von or-
ganischen Formen – Bambus, Lotus,
Wellen
292 Upper Street, N 1 und bei
▶ Liberty
www.dinnyhall.com

SCHUHE

CHURCH'S
Geschmackvolle Herrenschuhe, eine
Investition. Church's unterschieden
als Erste linke und rechte Schuhe.
Mehrere Filialen.
201 Regent Street, W 1
www.church-footwear.com

OFFICE
Riesenauswahl an ausgefallensten
Schuhen. Viele Filialen; in der Monmouth Street findet sich die teurere
und angesagtere Version Poste Mist-
ress.
210 Camden High Street, NW 1
190 Oxford Street, W 1
57 Street, WC 2
www.office.co.uk

RUSSELL & BROMLEY
Früher recht brav, hat diese Kette
eine gute Mitte zwischen bequem
und modisch gefunden. Mehrere
Filialen.
128 Regent Street;
für Männer: 95 Jermyn Street
SW1
www.russellandbromley.co.uk

SPIELZEUG

HAMLEY'S
Vielleicht nicht mehr das größte
Spielwarengeschäft der Welt, aber
riesig genug und mit Gründungsjahr
1760 wohl das älteste. Ein Paradies
für Kinder und Junggebliebene. Viel
zum Ausprobieren; familiengeprüfte
Animateure zeigen, wie's geht.
188 – 196 Regent Street, W 1
www.hamleys.com

EIN SONNTAGMORGEN IN LONDON

Blumenduft und die Klänge der Straßenmusiker liegen in der Luft. Lauthals und mit viel Witz preisen Händler ihr Warenangebot an, von Schnittblumen über kleine Topfpflanzen bis zu ganzen Olivenbäumen. Hinter den Ständen bieten kleine individuelle Geschäfte Mode, Schmuck, Parfum und Designprodukte für den Haushalt, charmante Cafés und Flohmarktstände besetzen die Hinterhöfe drum herum. Besser als auf dem Columbia Road Market können Sie den Sonntagmorgen kaum verbringen (▶ S. 353).

SPORT

LILLYWHITE'S
Vereinstrikots und alles für Fußball, Tennis, Rasenbowling, Rugby
24 – 36 Lower Regent St., SW 1
www.lillywhites.com

KAFFEE UND TEE

MONMOUTH COFFEE COMPANY
Hervorragender Kaffee aus der firmeneigenen Rösterei
27 Monmouth Street, Covent Garden, WC2
2 Park Street, Borough Market, SE1
www.monmouthcoffee.co.uk

TWININGS
In dem schlauchförmigen holzgetäfelten Laden wird schon seit bald 300 Jahren Tee verkauft. Eine kleine Ausstellung beleuchtet die Firmengeschichte, an der Teebar kann man probieren.
216 Strand, WC 2
www.twinings.co.uk

MÄRKTE

BOROUGH MARKET
Londons ältester Lebensmittelmarkt
hat sich zu einem ausgesprochenen
Gourmet-Treff mit Street Food und
hochwertigen Produkten entwickelt
(▶ S. 206).
SE 1, Mo. u. Di. 10 – 17 mit be-
schränktem Angebot; Mi. u. Do.
10 – 17, Fr. 10 – 18, Sa. 8 – 17 Uhr
»full market«
www.boroughmarket.org.uk
U-Bahn: London Bridge

BRICK LANE MARKET
Mit Trubel findet auf der Brick Lane
zwischen Curryrestaurants, Bars,
trendigen Läden und Straßenkünst-
lern ein Secondhand-Markt statt und
bei der ehemaligen Truman-Brauerei
ein Design- und Streetfood-Markt
(Backyard Market, 146 Brick Lane,
auch Sa. 11 – 18 Uhr).

E 1 / E 2,
So. 9 – 17 Uhr
www.visitbricklane.org
U-Bahn: Aldgate East

BRIXTON MARKET
In den Markthallen und auf Electric
Avenue und Pope's Road mischt sich
das Angebot eines ganz normalen
Wochenmarkts mit einem gastrono-
mischen aus der ganzen Welt.
SW 9, Markthallen tgl. 8 – 23.30
(Mo. bis 18), Straßenmarkt Mo./Di.
und Do. – Sa. 8 – 18, Mi. 8 – 15 Uhr.
http://brixtonmarket.net und
www.wearebrixtonvillage.london
U-Bahn: Brixton

BROADWAY MARKET
»Bauernmarkt« und Darling der hip-
pen Szene: viel Bio und Hausgemach-
tes, auch ein alteingesessener Eel &
Pie-Shop, Pubs und Deli-Cafés, Vintage-Mode und Design-Stände.

An Wochenenden, wenn auch Antiquitäten und Secondhand angeboten werden,
ist auf dem Portobello Road Market in Notting Hill einiges los.

Auch an anderen Wochentagen lohnt es sich, in den Läden an der Straße Broadway Market zu stöbern.
E 8, Nähe London Fields
Overground: Haggerston
Sa. 9 – 17 Uhr
www.broadwaymarket.co.uk
Bus: London Fields

CAMDEN MARKETS
▶ Camden

COLUMBIA ROAD FLOWER MARKET
Sonntags findet der Pflanzen- und Blumenmarkt zwischen Ravenscroft St. und Barnet Grove statt.
Columbia Road E 2
So. 8 – 15 Uhr
U-Bahn: Old Street; Bus 26, 48, 55

LEADENHALL MARKET
▶ Lloyd's Building

OLD SPITALFIELDS MARKET
Der hippe East-End-Markt ist eine Fundgrube für Design, Schmuck, Mode, auch für originelle Einzel-

stücke. Sonntags drängt sich das kaufwillige Volk um mehr als 200 Stände.
65 Brushfield Street, E 1
Do. 9 – 17 (Antiquitäten, Vintage-kleidung), Fr. 10 – 16 (Mode und Kunst), Sa. 11 – 17 Uhr (wech-selnde Angebote), So. 9 – 17 (et-was von allem); auch Mo. – Mi. 10 – 17 mit weniger Ständen
www.oldspitalfieldsmarket.com
U-Bahn: Liverpool Street

PORTOBELLO ROAD MARKET
Event und Touristenattraktion ersten Ranges. Werktags nur Obst und Ge-müse, nur samstags Antiquitäten und Secondhand, vor allem dann mit un-glaublichem Gedränge.
W 11, Mo. – Sa. 9 – 17, Do. bis 13 Uhr
U-Bahn: Ladbroke Grove, Notting Hill Gate

SMITHFIELD MARKET
▶ S. 192

❚ Auktionshäuser, Galerien, Antiquitäten

Die international führenden Auktionshäuser **Sotheby's** und **Christie's** haben ihren Hauptsitz in London. Bonham's und Phillips stehen etwas in ihrem Schatten, sind jedoch ebenso traditionsreiche Häuser mit einer Geschichte, die bis ins 18. Jh. reicht. Auktionen wer-den in den Tageszeitungen und auf den Internetseiten der Auktions-häuser angekündigt.

Auktions-häuser

Die teuren bis sehr teuren Geschäfte mit teils exklusivem Angebot findet man vor allem in **Mayfair** um Old und New Bond Street und deren Seitenstraße, z. B. Silber bei SJ Philips (139 New Bond St., W 1) oder alte Meister bei Richard Green (33 und 147 New Bond St., 39 Dover St., W 1). Ähnlich exklusiv geht es in **St James's** oder auch in **Bloomsbury** zu. Nicht ganz so teuer, aber noch lange nicht billig, geben sich die Geschäfte in der **Pimlico Road** und den Seitenstraßen südlich von **Sloane Square**, wo Möbel und Einrichtung in vielen klei-nen, feinen Läden zu finden sind. Auch **Kensington** mit der Kensing-

Einige Antiquitäten-geschäfte

ton Church Street und dem Verkaufsraum von Christie's (85 Old Brompton Road, SW 7) hat einen guten Ruf. Schließlich **Chelsea**, wo man abseits von King's Road, New King's Road und Fulham Road man noch ein Schnäppchen machen kann, so z. B. in den Sonntagsauktionen in der Lot's Road (73 Lot's Road, SW 10, www.lotsroad.com).

AUKTIONSHÄUSER

BONHAM'S
Montpelier Street, SW 7
Tel. 020 7584 91 61
www.bonhams.com

CHRISTIE'S
8 King Street, SW 1
Tel. 020 7839 90 60
www.christies.com

PHILLIPS
101 New Bond Street, W 1
Tel. 020 7629 66 02
www.phillips.com

SOTHEBY'S
34 – 35 New Bond Street, W 1
Tel. 020 7493 50 00
www.sothebys.com

ANTIK- UND FLOHMÄRKTE

ALFIE'S ANTIQUE MARKET
Der größte Antikmarkt der Stadt: 370 Händler unter einem Dach
13 – 25 Church Street, NW 8
Di. – Sa. 10 – 18 Uhr
www.alfiesantiques.com
U-Bahn: Edgware Road

BATTERSEA CAR BOOT SALE
Auf dem durchorganisierten und bekanntesten der Londoner Flohmärkte findet man eher klassische Vintage-Schnäppchen als billigen Trödel.
Battersea Park School, SW3
So. 13.30 – 17 Uhr,
Eintritt £ 0,50
www.batterseaboot.com
Bahn: Battersea Park

BERMONDSEY MARKET
Die besten Schnäppchen auf dem großen Treffpunkt der Händler und Trödler in Südlondon machen Frühaufsteher, die ab fünf Uhr vor Ort sind. Hohe Qualität und freundliche Atmosphäre.
Zwischen Abbey St. und Tower Bridge Road, SE 1
Fr. 6 – 14 Uhr
www.bermondseysquare.co.uk
U-Bahn: Borough, London Bridge

GRAY'S ANTIQUE MARKET
Hier verkaufen 200 Stände edlen Schmuck, Uhren, Sammlerobjekte und Kuriositäten. Sehr zentral.
58 Davies Street, W 1
Mo. – Fr. 10 – 18 Uhr
www.graysantiques.com
U-Bahn: Bond Street

KENSINGTON CHURCH STREET ART & ANTIQUE DEALERS ASSOCIATION
60 vertrauenswürdige Antiquitätenläden entlang einer schönen Einkaufsstraße
W 8,
www.antiques-london.com
U-Bahn: Kensington High Street

SILVER VAULTS
Europas größte Auswahl an antiker Silberware ist ein Stöber- und Einkaufserlebnis.
53 Chancery Lane, WC 2
Mo. – Fr. 9 – 17.30, Sa. 9 – 13 Uhr
www.thesilvervaults.com
U-Bahn: Chancery Lane

STADTBESICHTIGUNG

Eine Stadtrundfahrt per Bus ist nicht die schlechteste Idee, wenn man zum ersten Mal in London ist – es gibt Highlights kompakt. Erfahrenen London-Besuchern bieten sich jenseits davon aber unzählige Gelegenheiten für professionelle Stadterkundungen zu den unterschiedlichsten Themen.

Rundfahrten für den schnellen Überblick inklusive Foto-Gelegenheit vom offenen Oberdeck dauern i.d.R. etwas mehr als zwei Stunden und kosten £ 25 bis £ 30. Es gibt Touren, die von einem festen Punkt aus starten (oft Piccadilly Circus oder Victoria Station) oder **»Hop-on / hop-off«**-Touren, bei denen man an mehreren Haltestellen beliebig oft ein- und aussteigen kann; das Ticket ist dann 24 Std. gültig. Auf der touristisch interessanten Linie 15 (Trafalgar Square – Tower) setzt London Transport noch die alten **Routemaster-Doppeldecker-Busse** mit Plattform ein – die günstigste Art einer Stadtrundfahrt, da man nur das reguläre Busticket zahlen muss (oder eine Travelcard vorweisen kann).

Busrundfahrten

Ob Themen wie Beatles, Jack the Ripper, Harry Potter, das römische, das mittelalterliche, das viktorianische London oder mit allerlei ausgefallenen Vehikeln, nachts oder am Tag oder auch im Untergrund: Außergewöhnliche Führungen jenseits der Highlighttouren sind mittlerweile Legion.

Themenführungen und Außergewöhnliches

Von der **Themse** aus lernt man London aus einer ganz anderen Perspektive kennen. Unter dem Label **River Tours** fahren verschiedene Veranstalter fünf Routen mit Kommentaren zwischen Greenwich und Hampton Court. Fahrkarten kauft man an den Piers (ermäßigt für Besitzer einer Travelcard).
Auf dem **Regent's Canal** geht es viel beschaulicher zu: Hier gleitet man in alten Treidelkähnen von Little Venice am Regent's Park entlang nach Camden Lock.

Fluss- und Kanalfahrten

BUSRUNDFAHRTEN

THE BIG BUS COMPANY
Drei Routen, Hop-on-hop-off.
24-Stunden-Ticket ab £ 23 inkl.
geführten Rundgängen, auch auf
Deutsch
Tel. 020 7808 67 53
www.bigbustours.com

ORIGINAL LONDON SIGHTSEEING
Hop-on-hop-off auf einigen Routen,
24-Stunden-Ticket £ 30, online £ 26
inkl. geführten Rundgängen und
Flussfahrt, auch auf Deutsch
17 – 19 Cockspur Street
Trafalgar Square, SW 1
Tel. 020 8877 17 22
www.theoriginaltour.com

STREET ART ERFRISCHT

Humorvoll und leidenschaftlich erklären junge Guides
die bunte, anarchische, sich stets verändernde Welt der
Street Art in Shoreditch und Spitalfields. Sie schulen den
Blick für skurrile Kunstwerke an unerwarteten Stellen.
Nach den Alten Meister in der National Gallery eine erfri-
schende Abwechslung. (http://streetartlondon.co.uk/tours
www.shoreditchstreetarttours.co.uk)

THEMENFÜHRUNGEN

THE ORIGINAL LONDON WALKS
Eines der umfangreichsten und besten Angebote, Einheitspreis £ 10
Tel. 020 7624 39 78
www.walks.com

LONDON DISCOVERY TOURS
Tel. 020 8530 84 43
www.discoverywalks.com

LONDON-TOURS AUF DEUTSCH
Regelmäßige Führung sonntags 10.30
Uhr von März bis Okt. ab U-Bahnstation
Green Park beziehungsweise Oxford
Circus, £ 17. Auch private und Kinder-
führungen.
Tel. 07860 78 24 03
www.londontoursaufdeutsch.com

BRITMOVIETOURS
Zu den Schauplätzen bekannter Filme
und Fernsehserien, auch eine Beatles-
Tour und eine Führung im stillgelegten U-Bahnhof Aldwych, einer beliebten Filmkulisse.
Tel. 0844 2471 0 07
http://britmovietours.com

**LONDON PARKS &
GARDENS TRUST**
Unregelmäßige Veranstaltungen und
Führungen auf Grünflächen; es werden auch selbst geführte Rad- und
Fußgängertouren angeboten mit einer Broschüre oder mit Podcasts/Be-
schreibungen zum Herunterladen auf
das Handy.
Tel. 020 7839 39 69
www.londongardenstrust.org

GIN JOURNEY
Eine Luxustour zu Bars und kleinen Ginbrennereien im East End
www.ginjourney.com

AKTIV

LONDON BICYCLE TOUR
Touren wie West End, Nachttour, City, Docklands, auch tgl. um 10.15 Uhr auf Deutsch, 3stündige Rundfahrt zu den wichtigsten Sehenswürdigkeiten £ 24,95.
Gabriel's Wharf auf der South Bank zwischen Waterloo und Blackfriars Bridge
Tel. 020 7928 68 38
www.londonbicycle.com/tours

UP AT THE O2
Abenteuer auf dem Dach der O2-Arena in Greenwich – mit Seil und Helm
www.theo2.co.uk

AUF DER THEMSE

CITY CRUISES
Häufige Abfahrten ab Westminster, London Eye, Greenwich, Tower, auch mit Afternoon Tea, Mittag- oder Abendessen, Jazz Cruise
Tel. 020 7740 04 00
www.citycruises.com

THAMES RIVER SERVICES
Zwischen Westminster und Greenwich, teils weiter zur Thames Barrier
Tel. 020 7930 40 97
http://thamesriverservices.co.uk

THAMES ROCKETS
50 Minuten im Schnellboot für £ 40
www.thamesrockets.com
Tel. 020 7928 89 33

AUF DEM REGENT'S CANAL

JASON'S WHARF
Abfahrt ab Little Venice tgl. 10.30, 12,30, 14.30 Uhr, ab Camden Lock jeweils 45 Minuten später
Little Venice, gegenüber 42 Blomfield Road, W 9
Tel. 020 7286 34 28
www.jasons.co.uk
U-Bahn Warwick Avenue

WALKERS QUAY
90-Minuten-Rundfahrt ab Camden Lock mit dem traditionellen »Narrowboat« und Fahrten mit Mittag- oder Abendessen an Bord der »My Fair Lady«.
Tel. 020 7485 44 33
www.walkersquay.com

ÜBERNACHTEN

Die ganze Vielfalt der Themsemetropole spiegelt sich in ihren Unterkünften wider – hier bleiben keine Wünsche offen.

❙ Hotels

Am unteren preislichen Ende rangieren originelle Hostels und klassische Jugendherbergen. Das Mittelfeld reicht von anonymen Ketten – die sich vom Preis-Lage-Verhältnis oft lohnen können –, plüschigen Bed & Breakfasts und öden Standardhotels mit einsilbigem und kaum des Englischen mächtigen Personal zu charaktervollen, familiär geführten Häusern. Nach oben hin öffnet sich das Feld zu historischen Stadthäusern mit Charme, zu Boutiquehotels, die Style-Magazinen entsprungen sein könnten, bis hin zu Etablissements, die Hotelgeschichte geschrieben haben.

Hotelpreise Die schlechte Nachricht: Londons Hotels zählen nach wie vor zu den teuersten der Welt, und ein Großteil des Reisebudgets muss für Übernachtungen angelegt werden. Für ein Doppelzimmer in einem Haus der unteren Mittelklasse muss mit etwa £ 130 gerechnet werden, für ein Bed & Breakfast mit ca. £ 100. Alleinreisende zahlen meist ein substanzielles »single supplement«. Die gute Nachricht: Wachsende Konkurrenz und vor allem das Internet haben Innovation und Diversifizierung gebracht. Im Budget-Bereich etwa gibt es heute eine größere Auswahl mit allerdings winzigen Räumen und bewusstem Verzicht auf Annehmlichkeiten wie Room Service, Fön und Wasserkessel. Am Wochenende bieten die Hotels oft günstigere Preise oder gute Package-Angebote mit Extras: eine Flasche Champagner, Spa-Nutzung oder Musicalkarte. Die Mehrwertsteuer von 20 % ist nicht immer ausgewiesen – so werden aus £ 99 pro Nacht schnell fast £ 120.

Ausstattung Lifts und Klimaanlage gibt es nur in größeren modernen Hotels; wer schlecht Treppen steigen kann, sollte in älteren Etablissements nach einem »ground-floor room« fragen. WLAN ist i.d.R. im Preis inbegriffen; wo man es noch separat dazukaufen muss, sind die Preise oft horrend. Immer häufiger wird Gästen ein Leih-Fahrrad angeboten.

Wo? Eine wichtige **erste Entscheidung bei der Wahl der Unterkunft** ist (abgesehen vom Budget), wieviel Zeit man wirklich dort verbringen will. Der Nahverkehrsanschluss des Hotels spielt ebenfalls eine wichtige Rolle. Sobald eine Unterkunft außerhalb der U-Bahn-Zonen 1-2 liegt, werden die Zimmerpreise zwar günstiger, doch lohnt sich die Ersparnis angesichts der längeren Fahrzeiten und der höheren Preise für die Fahrkarte kaum.

❘ Andere Unterkünfte

Bed & Breakfast B&Bs sind bekanntermaßen eine britische Erfindung. **Privatzimmer** mit dem klassischen britischen Frühstück – in größerer Menge in Stadtteilen wie Victoria und Earl's Court – bieten die Möglichkeit, bei Londonern zu wohnen. Heute findet man auch moderne Design-B&Bs und Privathäuser voller Antiquitäten und Kunstobjekten, deren Besitzer sich Zeit für ihre Gäste nehmen. Manche B&Bs haben ein Gemeinschaftszimmer; ansonsten aber herrscht die ungeschriebene Regel, dass die Gäste tagsüber nicht in Erscheinung treten.

Für junge Leute und Junggebliebene sind Londons dynamische Hostels eine hervorragende Option. Die meisten bieten sogar **Doppelzimmer** an und haben mit anständigem Service den traditionellen Jugendherbergen den Rang abgelaufen. Einige sprechen auch ganz gezielt den älteren Markt an – Reisende, die kein Interesse an ständiger Partyatmosphäre haben, aber trotzdem den Austausch mit anderen suchen. In jedem Fall sparen die dazugehörigen Selbstversorger-Küchen viel Geld. **Hostels**

EMPFOHLENE HOTELS

PREISKATEGORIEN
für ein Doppelzimmer

€€€€ über £ 300
€€€ £ 200 – £ 300
€€ £ 100 – £ 200
€ £ 70 – £ 100

❶ etc. s. Plan s. S. 324/325
Ohne Nr.: außerhalb des Plans

ÜBER £ 300

⓮ THE DORCHESTER €€€€
Marmor war im Jahr 1900 eines der wichtigsten Baumaterialien dieses Hauses. Der herrschaftlichen Inneneinrichtung entspricht ein herrlicher Blick über den Hyde Park. Hier richtete sich General Eisenhower während des Zweiten Weltkriegs ein und hier feierte Prinz Philip seinen Junggesellenabschied. Heute lassen sich Gäste im Spabereich oder im Drei-Sterne-Restaurant Alain Ducasse verwöhnen.
53 Park Lane, W 1
Tel. 020 7629 88 88
www.dorchesterhotel.com
244 Z.
U-Bahn: Hyde Park Corner

⓰ THE MILESTONE HOTEL €€€€
Eines der schönsten und mehrfach ausgezeichneten Hotels – nicht nur Großbritanniens, sondern weltweit – hat eine tolle Lage direkt gegenüber dem Kensington Palace. Hinter der roten Klinkerfassade zweier viktorianischer Stadthäuser warten sehr individuell eingerichtete Zimmer, die den traditionellen Geist des Hauses widerspiegeln. Cheneston's Restaurant bietet feine britische Küche, die Park Lounge einen eleganten Afternoon Tea.
1 Kensington Court, W 8
Tel. 020 7917 10 00
www.milestonehotel.com
44 Z., 12 Suiten
U-Bahn: High Street Kensington

⑩ SAVOY €€€€
Das Savoy war das erste britische Hotel mit elektrischem Licht und verfügt heute über zum Teil herrlich altmodisch (aber nicht alt!) eingerichtete Badezimmer. Viele Zimmer in dieser viktorianischen Hotellegende mit Art-déco-Foyer haben einen Flussblick. Einst mietete sich Claude Monet ein, um die Lichtstimmungen auf der Themse zu malen. Die American Bar ist ein berühmter Cocktailtreff, der Savoy Grill in den professionellen Händen des Starkochs Gordon Ramsay.
Strand, WC 2
Tel. 020 7836 43 43
www.fairmont.com/savoy
268 Z.
U-Bahn: Charing Cross

£ 200 – £ 300

⑮ ASTER HOUSE €€€

Das elegante Bed & Breakfast im ebenso eleganten Kensington ist ideal für Museumsfreunde: Science, Natural History Museum und V&A sind gleich um die Ecke. Klimatisierte Zimmer, aufmerksamer Service und ein wunderbares Frühstücksbuffet in der Orangerie.
3 Sumner Place, SW 7
Tel. 020 7581 58 88
www.asterhouse.com
13 Z.
U-Bahn: South Kensington

⑥ GRAZING GOAT €€€

In der »grasenden Ziege« geht das britische Konzept des Pubs eine gelungene Verbindung mit einem komfortablen Country-House-Hotel ein. Der Standort ist ideal für Shoppingtrips, aber man ist auch schnell an den Kultur-Hotspots oder in Notting Hill.
6 New Quebec Street, W1
Tel. 020 7724 72 43
www.thegrazinggoat.co.uk
8 Z.
U-Bahn: Marble Arch

⑧ HAZLITT'S €€€

Zentraler geht es wirklich nicht. Die ehemalige Residenz des preußischen Konsuls mitten in Soho bietet ein nobles Ambiente im Stil der georgianischen Zeit.
6 Frith Street, W 1
Tel. 020 7341 17 71
www.hazlittshotel.com
23 Z.
U-Bahn: Tottenham Court Road

❶ RENAISSANCE ST PANCRAS €€€

Wer per Eurostar anreist, hat es nicht weit: George Gilbert Scotts monu-

Im Hotel Renaissance St Pancras neben dem gleichnamigen Bahnhof reisen Sie zurück ins viktorianische Eisenbahnzeitalter.

mentale und türmchenbewehrte Backstein-fantasie des ehemaligen Great Midland Hotels, eine Institution des viktorianischen Eisenbahnzeitalters, übt eine ganz eigene Magie aus. Hinter der neugotischen Fassade verstecken sich alle Annehmlichkeiten eines Luxushotels.
Euston Road, NW1
Tel. 020 7841 35 40
www.marriot.co.uk
283 Z.
U-Bahn: King's Cross / St Pancras

£ 100 – £ 200

❾ FIELDING €€
Der Standort mitten in Covent Garden, direkt gegenüber der Oper, ist ideal für Shopping- und Kulturfreunde. Es gibt kein Frühstück, aber an Möglichkeiten um den Covent Garden Market fehlt es dazu nun wirklich nicht. Hotelgäste haben Zugang zum Spa um die Ecke.
4 Broad Court, Bow St., WC 2
Tel. 020 7836 83 05
www.thefieldinghotel.co.uk
26 Z.
U-Bahn: Covent Garden

❸ THE MAIN HOUSE €€
Elegantes, individuelles B&B. Sachlichkeit in Weiß und Holz, generöse Zimmer. Wer mit einem Familienmitglied unterwegs ist und zwei Zimmer braucht, ist mit der French Suite hervorragend bedient.
6 Colville Road, W 11
Tel. 020 7221 96 91
www.themainhouse.co.uk
U-Bahn: Notting Hill Gate

❶⑦ PREMIER INN COUNTY HALL €€
Hier gibt es nichts Individuelles, denn bei dieser sehr gut bewerteten Hotelkette wird alles standardisiert, aber die Lage zwischen London Eye und Westminster Bridge könnte nicht besser sein. Das Preis-Leistungsver-

hältnis stimmt, und die Zimmer sind sehr komfortabel.
Belvedere Road, SE1
Tel. *0871 527 86 48
www.premierinn.com
U-Bahn: Waterloo

❺ THE SUMNER €€
Wer nahe an Hyde Park und den Geschäften der Oxford Street wohnen möchte, ist in diesem charmanten Boutique Hotel bestens aufgehoben. Es befindet sich in einem georgianischen Reihenhaus bei Marble Arch, jedoch in ruhiger Lage.
54 Upper Berkeley St., W 1
Tel. 020 7723 22 44
www.thesumner.com
20 Z.

❶⑧ WINDERMERE €€
Dieses sehr hübsche und freundliche Haus ist familiengeführt. Regionale, saisonale Produkte verwendet die Brasserie für ihr tägliches englisches Frühstück und Dinner.
142 – 144 Warwick Way, SW 1
Tel. 020 78 34 51 63
www.windermere-hotel.co.uk
19 Z.
U-Bahn: Victoria

❹ THE ZETTER HOTEL €€
Das trendige Boutiquehotel in einem umgebauten Lagerhaus pflegt ein umweltfreundliches Image. Das historisch interessante wie angesagte Clerkenwell ist ein wahres Mekka für Gourmets, nahe den klassischen wie auch den East-End-Attraktionen, die man auf einem der Gratis-Klapprädern erkunden kann. Das Zetter Townhouse am gleichen Platz (49 – 50 St Johns Square) ist kleiner und etwas exklusiver.
St John's Square,
86–88 Clerkenwell Road, EC 1
Tel. 020 7324 45 67
www.thezetter.com
59 Z.
U-Bahn: Farringdon

£ 70 – £ 100

❸ CLINK 261 €

Dieses hervorragend zentrale »Boutique-Hostel« an der Schnittstelle von King's Cross mit dem Intellektuellenviertel Bloomsbury bietet neben Schlafsälen (auch nur für Damen) auch Doppelzimmer an. In den großen Gemeinschaftsräumen treffen sich Traveller aus aller Welt und jeden Alters.
Gray's Inn Road, WC1
Tel. 020 78 33 94 00
www.clinkhostels.com
177 Betten

⓬ THE ROYAL FOUNDATION OF ST KATHARINE

Die Royal Foundation of St Katharine, eine 1147 gegründete religiöse Stiftung, bietet moderne Einzel-, Doppel- und Vierbettzimmer in einer ruhigen Umgebung (ohne Fernseher, dafür mit einer guten WLAN-Verbindung) mit einem großen Garten. Vom Docklands-Stadtteil Limehouse kommen Sie mit der Docklands Light Railway schnell zum Tower für weitere Verbindungen.
2 Butcher Row, E14
Tel. 0300 111 11 47
http://rfsk.org.uk
DLR: Limehouse

JUGENDHERBERGEN

ZENTRALE RESERVIERUNG

Natürlich wird man hier nicht verwöhnt, aber bei knappem Budget sind die Herbergen nicht nur für Jugendliche eine echte Option. Private und Familienzimmer kosten £ 50 bis £ 80.
Britischer Jugendherbergsverband
www.yha.org.uk
Tel. *0800 0191 70 08

⓫ ST PAUL'S

36 – 38 Carter Lane, EC 4
Tel. *0845 371 90 12

❼ OXFORD STREET

14 Noel St., W 1
Tel. *0845 371 91 33

❷ ST PANCRAS

79–81 Euston Road, NW1
Tel. *0845 371 93 44

JUGENDHOTEL

GENERATOR

Die Lage nahe Russell Square in Bloomsbury ist hervorragend, die Zimmer und Gemeinschaftsräume im industriell-schicken Stil recht angenehm. In der Lounge ein Café, eine Bar und eine Kinoleinwand.
37 Tavistock Place, WC1
Tel. 020 7388 76 66
800 Betten in Zwei-, Drei- und Mehrbettzimmern

Eine der nobelsten Herbergen in London ist das Milestone.

P
PRAKTISCHE INFOS

Wichtig, hilfreich präzise

Unsere Praktischen Infos
helfen in allen Situationen
in London weiter.

Londons U-Bahn ist mehr als ein Fortbewegungsmittel – eine Legende. ▶

KURZ & BÜNDIG

ELEKTRIZITÄT
240 Volt/50 Hz; Mitnahme eines Adapters oder Kauf vor Ort ist empfehlenswert. Die meisten britischen Dreipol-Steckdosen haben einen Extraschalter zum Einschalten!

FUNDBÜROS

LONDON TRANSPORT LOST PROPERTY OFFICE
Bei Verlusten in der Docklands Light Railway, in U-Bahnen, Bussen und Themsebooten
200 Baker Street, NW 1
Mo. – Fr. 8.30 – 16 Uhr
Tel. 0343 222 12 34
Online-Abfrage per Formular:
https://tfl.gov.uk/forms/12411.aspx

IN BAHNEN
Auf den Bahnhöfen nachfragen
www.lostproperty.org

GELD

WÄHRUNG/WECHSELKURSE
Wechselkurse für das britische Pfund:
£ 1 = 1,20 € / 1 € = £ 0,83

BANKEN & GELDAUTOMATEN
Schalterstunden Mo.–Fr. 9.30 bis 15.30, in Hauptgeschäftsstraßen bis 17.30 Uhr, an den Flughäfen Heathrow und Stansted rund um die Uhr

NOTRUFE

ALLGEMEINER NOTRUF
Polizei, Feuerwehr, Rettungsdienst (gebührenfreie Nummer) Tel. 999

SPERRNOTRUF
Für Bank- und Kreditkarten, Handys und Krankenkassenkarten:
Tel. 00 49 116 116 (aus dem Ausland mit Vorwahl +49)

VORWAHL- UND SERVICENUMMERN
Vorwahl London:
Tel. 020 (innerhalb Großbritanniens)
Tel. 00 44 20 (vom Ausland)

Von London …
nach Deutschland: Tel. 00 49
nach Österreich: Tel. 00 43
in die Schweiz: Tel. 00 41

Auskunft (directory enquiries)
Tel. 118 500

WAS KOSTET WIE VIEL?
Einfaches Doppelzimmer: ab £ 80
Imbiss: ab £ 6
Mahlzeit im Pub: ab £ 12
1 Pint Bitter: ab £ 4
1 Tasse Kaffee: ab £ 2,50
Einzelfahrt U-Bahn (Zone 1):
£ 4,90, mit Oyster £ 2,40

ZEIT

GREENWICH MEAN TIME
(GMT = MEZ –1 Stunde)

SOMMERZEIT
Ende März–Ende Oktober
(GMT + 1 Stunde)

Die Stunden vor Mittag (lat. ante meridiem) werden mit a.m. bezeichnet (6 a.m. = 6 Uhr), die Stunden nach Mittag (lat. post meridiem) mit p.m. (6 p.m. = 18 Uhr)

Nach dem am 31. Januar 2020 vollzogenen Austritt Großbritanniens aus der EU besteht bis Ende 2020 eine Übergangsfrist, in der alle bisherigen Regelungen fortbestehen. Wie es danach weitergeht, wird bis dahin zwischen EU und Großbritannien verhandelt (**»deal«**). Sollten die Verhandlungen scheitern, ist auch ein **»no deal«** noch möglich. Im Folgenden sind wichtige Regelungen, die sich ändern, rot markiert. Genauere Auskünfte:
www.gov.uk/guidance/visiting-the-uk-after-brexit
www.auswaertiges-amt.de.#

Brexit

ANREISE · REISEPLANUNG

▎ Anreisemöglichkeiten

Nonstop-Verbindungen bestehen von allen größeren deutschen Flughäfen, von Österreich aus Salzburg und Wien, aus der Schweiz von Basel, Genf und Zürich. Von Londons fünf Flughäfen sind Heathrow und Stansted die wichtigsten.

Mit dem Flugzeug

Die Anfahrt mit der Bahn geht über Holland, Belgien oder Frankreich. Am Kanal muss man auf Fähren umsteigen, nimmt man nicht den Eurostar (s. u.) Die meisten Züge nutzen die Fähren Hoek van Holland – Harwich, von Frankreich über Calais – Dover. Ankunft in London ist in Victoria Station (von Dover) oder in Liverpool Street Station (von Harwich). Die sicher spektakulärste Bahnreise nach London bietet der **Eurostar**, der in 35 Minuten den Kanal im Eurotunnel zwischen Calais und Folkestone unterquert. Abfahrt ist in Brüssel (über Lille) bzw. in Paris (über Frethun), in London kommt man in St Pancras International an. Ab Köln besteht eine Verbindung mit dem Hochgeschwindigkeitszug **Thalys** nach Brüssel, wo man in den Eurostar umsteigt (Köln – London: 5 St. 40 Min.).

Mit der Bahn

NÜTZLICHE INFORMATONEN

FLUGHÄFEN

HEATHROW
 Lage: 24 km westlich der City
Heathrow besitzt vier Terminals.

Lufthansa, Eurowings, Austrian Airlines und Swiss :Terminal 2; British Airways von und nach europäischen Zielen gehen i. d. R. über Terminal 5.
www.heathrowairport.com

U-Bahn: Piccadilly Line alle 5 – 10 Min.; Fahrzeit ca. 45 Min; einfache Fahrt ca. £ 6. Es gibt zwei U-Bahn-Stationen (eine für Terminals 2 und 3 sowie je eine in 4 bzw. 5)!
Die U-Bahn ist die günstigste Möglichkeit, um ins Zentrum zu kommen.

Bahn: Heathrow Express nach Paddington alle 15 Min.;
Fahrzeit 15 Min. (von Heathrow Central/Terminal 3) bzw. 20 Min. (von Terminals 4, 5); einfache Fahrt ab £ 22 (bisn 75 % Nachlass bei Buchung 90 Tage im Voraus
www.heathrowexpress.com

TfL Rail nach Paddington alle 30 Min.;
Fahrzeit 25 Min.
(von Terminal 3); einfache Fahrt ab £ 10,30

Bus: National Express nach Victoria Station in ca. 1 Std. von Central Bus Station (Terminal 3), Terminal 4 (Haltestellen 13, 14) und Terminal 5 (Haltestellen 13 – 16);
einfache Fahrt ab £ 10,10

Taxi: teuer (ca. £ 45 – 90) und sehr staugefährdet, was im Übrigen auch für Fahrten von und zu den anderen Flughäfen gilt.

STANSTED
Lage: 55 km nordöstlich von London
www.stanstedairport.com

Bahn: Stansted Express alle 15 Min. in 45 Min. nach Tottenham Hale und Liverpool Street Station; einfache Fahrt ab £ 19,40
www.stanstedexpress.com

Bus: Verschiedene Anbieter u. a. nach Victoria Station und Liverpool Street Station in 45 – 80 Min.; einfache Fahrt £ 2 – 12

GATWICK
Lage: ca. 40 km südlich von London
www.gatwickairport.com

Bahn: Gatwick Express alle 15 Min. nach Victoria Station in ca. 30 Min., einfache Fahrt ab £ 16;
Thames Link und Southern via London Bridge Station und St Pancras Station in ca. 35 Min.; einfache Fahrt ab £ 17,20;
www.gatwickexpress.com

Bus: easybus nach Earls Court, National Express nach Victoria Station in ca. 85 Min.; einfache Fahrt ab £ 2 bzw. £ 8

LUTON
Lage: 51 km nördlich von London
www.london-luton.co.uk

Bahn:Thames Link und Southern via London Bridge Station nach Victoria Station in ca. 60 Min.; einfache Fahrt ab £ 20; inkl. Zubringerbus vom Terminal zum Bahnhof Luton Parkway

Bus: verschiedene Anbieter u. a. Victoria Station in ca. 75 Min.; einfache Fahrt ab £ 2

CITY AIRPORT
Lage: 10 km östlich der City in den Docklands
www.londoncityairport.com

DLR: ab DLR City Airport nach Canning Town (U-Bahn) in 10 Min. oder Bank Station in 22 Min.

BAHNHÖFE

ST PANCRAS INTERNATIONAL
Endstation der Eurostar-Züge
Euston Road, NW 1
U-Bahn: King's Cross /
St Pancras

LIVERPOOL STREET
Endstation der Züge von Harwich

Liverpool Street, EC 2
U-Bahn: Liverpool Street

VICTORIA
Endstation der Züge von Dover
Victoria Street, SW 1
U-Bahn: Victoria

BAHNAUSKUNFT

IN GROSSBRITANNIEN
www.nationalrail.co.uk

EUROSTAR UND THALYS
www.eurostar.com
www.thalys.com
www.bahn.de

BUS

EUROLINES TOURING
www.touring.de

FLIXBUS
www.flixbus.de

AUTOFÄHREN

CALAIS – DOVER
1,5 Std. mit Norfolkline, P & O
www.poferries.com

DUNKERQUE – DOVER
2 Std. mit DFDS Seaways
www.dfdsseaways.de

OSTENDE – RAMSGATE
4 Std. mit Transeuropa Ferries
www.transeuropaferreis.de

HOEK VAN HOLLAND – HARWICH
6,5 Std. mit Stena Line
www.stenaline.de

EUROTUNNEL
www.eurotunnel.com

Busse der eurolines Touring fahren von allen großen Städten Deutschlands, Flixbus fährt von Frankfurt am Main, jeweils nach Victoria Coach Station. | **Mit dem Bus**

Es ist davon abzuraten, mit dem Auto nach London hinein zu fahren: Die **Congestion Charge**, eine Maut für jedes Fahrzeug, das in die Innenstadt fährt, kostet mittlerweile **£ 11,50 pro Tag** – es gibt eine elektronische Überwachung. Hinzu kommt, dass Parkplätze Mangelware sind und unerlaubtes Parken sehr teuer zu stehen kommen kann. | **Mit dem Auto**

▌ Ein- und Ausreisebestimmungen

Zur Einreise genügt für Bürger aus Deutschland, Österreich und der Schweiz ein gültiger Personalausweis. Autofahrer müssen Führerschein, Kraftfahrzeugschein und die internationale Grüne Versicherungskarte dabeihaben. | **Reisedokumente**

»Deal«: Keine Änderung bei der Einreise bis Ende 2020. Danach möglicherweise Reisepasspflicht. **»No Deal«**: Vorläufig ebenfalls keine Änderung bei der Einreise. Sollte die Freizügigkeit eingeschränkt werden, ist nur noch ein visumsfreier Aufenthalt von maximal drei | **Brexit**

Monaten erlaubt. Mit längeren Kontrollen ist zu rechnen. Die Mitnahmepflicht der Fahrzeugpapiere, insb. der Grünen Versicherungskarte, ändert sich in keinem Fall.

Tiere Mitnahme unter folgenden Bedingungen: eingepflanzter Mikrochip zur Identifikation, Tollwuttest und -impfung in einem autorisierten Labor mindestens sechs Monate vor der Einreise, Zecken- und Bandwurmimpfung ein bis zwei Tage vor der Einreise.

Brexit »Deal«: keine Änderung. »No Deal«: keine Änderung.

Zollbestimmungen Im EU-Binnenmarkt (zu dem Großbritannien bis zum Brexit noch gehört) ist der private Warenverkehr weitgehend zollfrei. Innerhalb der EU-Länder gelten lediglich noch gewisse obere Richtmengen (z. B. für Reisende über 17 Jahren 800 Zigaretten, 10 l Spirituosen und 90 l Wein). Freimengengrenzen für Reisende aus Nicht-EU-Ländern: 250 g Kaffee, 100 g Tee, 200 Zigaretten oder 50 Zigarren oder 250 g Tabak, 2 l Wein oder andere Getränke bis 22 % Alkoholgehalt sowie 1 l Spirituosen mit mehr als 22 % Alkoholgehalt. Souvenirs dürfen in die Schweiz bis zu 100 sfr zollfrei eingeführt werden.

Brexit Es ist davon auszugehen, dass sich die Freimengengrenzen auf alle Fälle ändern werden. Info ggf. unter **www.zoll.de**

AUSKUNFT

NÜTZLICHE ADRESSEN

VISIT BRITAIN
Die Internetseite der britischen Tourismusbehörde
www.visitbritain.com.
Tickets und Fahrkarten
www.visitbritainshop.com

VISITOR CENTRES

CITY OF LONDON INFORMATION CENTRE
Das einzige Tourist Information Centre in der Innenstadt ist vor allem eine Verkaufsstelle für Fahrausweise , Busrundfahrten, Eintrittskarten etc.. Auch Hotelreservierungen

St Paul's Churchyard, EC 4
Südseite von St Paul's),
Tel. 020 7332 14 56
www.visitthecity.co.uk
U-Bahn: St Paul's, Mansion House
Mo. – Sa. 9.30 – 17.30,
So. 10 – 16 Uhr

HOLBORN INFORMATION KIOSK
Kingsway ,vor der U-Bahnstation Holborn
Mo. – Fr. 8 – 18 Uhr

GREENWICH
Im Old Royal Naval College
www.visitgreenwich.org.uk

DLR: Cutty Sark
tgl. 10 – 17 Uhr

**IN BAHNHÖFEN,
U-BAHNSTATIONEN,
AM FLUGHAFEN**

Victoria Station, SW 1
ggü. Bahnsteig 8
U-Bahn: Victoria
Mo. – Sa. 7.15 – 21.15,
So. 8.15 – 20.15 Uhr

Liverpool Street Underground
Station, EC 2
U-Bahn: Liverpool Street
Mo. – Sa. 7.15 – 21.15,
So. 8.15 – 20.15 Uhr

King's Cross / St Pancras, N 1
Western Ticket Hall,
U-Bahn: King's Cross / St Pancras
Mo. – Sa. 7.15 – 21.15,
So. 8.15 – 20.15 Uhr

Piccadilly Circus
Underground Station, W 1
U-Bahn: Piccadilly Circus
tgl. 9.15 – 19 Uhr

Heathrow Terminals 2, 3
Underground Station
Mo. – Sa. 7.15 – 21.15,
So. 8.15 – 20 Uhr

INTERNET

WWW.VISITLONDON.COM
Umfassende Informations- und
Buchungsangebote

WWW.TIMEOUT.COM/LONDON
Sightseeing, Pubs, Bars, Restaurants,
Shopping, Kids …. auf der Website
des Stadtmagazins

WWW.LONDONTOWN.COM
Nach eigenem Bekunden die
»number one internet site for
London« – da ist was dran, wenn
man die Themenbreite anschaut.

**WWW.OFFICIALLONDON
THEATRE. CO.UK**
Das gesamte Londoner Theater-
programm inkl. Shows und Comedy;
Suchmaschine und natürlich Ticket-
informationen

WWW.TFL.GOV.UK
Seite von Transport of London:
alles über den öffentlichen Nah-
verkehr der Themsestadt, inkl.
Fahrpläne.

WWW.LONDONEATS.COM
Die umfangsreichste Website zum
Thema Restaurants in London

WWW.CAPITALFM.COM
Die Website des populärsten Londoner Radiosenders bietet Umfassendes
zur Musikszene.

WWW.FANCYAPINT.COM
Wer einen Pub in London sucht:
Tausende sind gelistet …

WWW.ROYAL.GOV.UK
Die virtuellen Royals, inklusive
Terminkalender

**BOTSCHAFTEN
IN LONDON**

DEUTSCHLAND
23 Belgrave Square, SW 1
Tel. 020 7 8 24 13 00
www.london.diplo.de

SCHWEIZ
16 – 18 Montagu Place, W 1
Tel. 020 7 616 60 00
www.eda.admin.ch/london

ÖSTERREICH
18 Belgrave Mews West, SW 1
Tel. 020 7 3 44 32 50
www.aussenministerium.at/
london

ETIKETTE

Nicht alle Briten sind Engländer

»Nebel im Kanal – Kontinent abgeschnitten« – diese legendäre Schlagzeile kombiniert treffend die geografische Lage Großbritanniens mit dem individualistischen Selbstverständnis der Briten. Winston Churchill setzte noch einen drauf:

> »
> Der Kanal ist keine Wasserstraße,
> sondern eine Weltanschauung.
> «,

konstatierte er. Und trotz Eurotunnel ist das so geblieben – das Votum für den EU-Austritt (und auch der Umgang der Regierungen damit) hat es wieder einmal bestätigt. Seien Sie bei einem Besuch auf den Britischen Inseln also stets auf die Frage gefasst, ob Sie denn vom Kontinent bzw. aus Europa angereist seien! Schnelle Anerkennung finden Sie, wenn Sie sich in den Territorien der unterschiedlichen Inselbewohner auskennen: **Engländer, Schotten und Waliser** sind zwar unter einer Queen vereint, doch nach jahrhundertelangen, unvergessenen Fehden wünschen weder ein Highlander noch ein Waliser aus Aberystwyth mit einem Engländer verwechselt zu werden, ganz zu Schweigen von dem Nord-Süd-Geplänkel dieser einzelnen Nationen! Sicher ist es am einfachsten, alles und alle im Zuge politischer Korrektheit als britisch zu bezeichnen.

Britische Höflichkeit

Freundlich sind die Briten und, entgegen weitläufiger Meinung, auch recht **unkonventionell**. Bringen Sie etwas Zeit, Geduld und Humor beim Schlangestehen an Bushaltestellen, Fahrkartenschaltern und Geschäften mit (oder üben Sie sich nach gutem britischen Vorbild darin), und schnell kann ein freundlicher Smalltalk entstehen. Nach einem »How do you do« oder »How are you«, auf das kein wirklicher Tatsachenbericht erwartet wird, spricht man sich beim ersten Kennenlernen meist auch gleich mit Vornamen an. Eifriges Händeschütteln und ausschweifende Gebärden gehen den eher auf physische Distanz bedachten Briten dann aber doch etwas zu weit. Auch Titel und Dienstbezeichnungen spielen eine eher untergeordnete Rolle, wird doch das **Understatement** großgeschrieben: Selbst herausragende Talente, wie beispielsweise die Beherrschung von Fremdsprachen, werden nur zögernd und dann in aller Bescheidenheit zur Schau gestellt. Eine fundamentale **Höflichkeit** bestimmt den alltäglichen Umgangston und schon die Kleinsten haben mit beschämender Schlagfertigkeit ein »Please« und »Thank you« in ihren Sprachgebrauch eingebaut. Es ist wirklich ratsam, immer ein »Sorry« oder

»Excuse me« auf den Lippen zu tragen. Was nämlich so mancher Gast als übertriebene Höflichkeit definiert, ist für den Einheimischen gerade gut genug und wer erst einmal in die »not very friendly«-Kiste gesteckt wurde, kommt da so schnell nicht wieder heraus. Wundern Sie sich bitte auch nicht, wenn die Person, der Sie auf den Fuß treten, sich zuerst bei Ihnen entschuldigt und sich dann auch noch bedankt, nachdem Sie Ihren Fauxpas korrigiert haben!

Wird Ihre Bestellung in einem Pub nicht aufgenommen, dann liegt das nicht an fehlenden Umgangsformen, sondern an dem **Selbstbedienungssystem**. Getränke werden direkt an der Theke bestellt und sofort bezahlt, das gilt manchmal auch fürs Essen. Große Tafeln rund um den Barbereich dienen häufig als Speisekarten, von denen dann ausgewählt wird. Kinder werden mittlerweile in den meisten Pubs willkommen geheißen, sollten sich aber nicht direkt an der Theke tummeln. Auch die Briten rühmen sich ihrer zahlreichen Biersorten, die regional stark variieren. Gefüllt werden die Gläser bis zum Rand und wenn Sie ein lauwarmes, dunkles Bier ohne Schaumkrone serviert bekommen, dann haben Sie sich für ein landestypisches Bitter entschieden. Ist man mit Engländern unterwegs, dann sollte man sich schnell an die **»rounds«**, das Rundenzahlen gewöhnen. Als Resultat hat man dann meist zu viel getrunken und ist um einige Pfund Sterling leichter, gleichzeitig aber auch auf den Geschmack gekommen.

Pub-Etikette
▶ Baedeker Wissen, S. 306

Besonders stolz sind die Briten aber auf ihren Humor. Sie sind sich vollkommen sicher, dass ihnen keine andere Nation darin den Rang ablaufen kann. Die Fähigkeit, über sich selbst zu lachen, gehört zu den Stärken dieser Inselnation, die gute und schlechte Situationen mit subtiler Ironie, surrealen Wortspielen und banalen Witzen pfeffert, die kollektiv belacht und verstanden werden. Den Deutschen wird nachgesagt, dass sie das mit dem Humor einfach zu ernst nehmen – sollten Sie also wider Erwarten ihr Gegenüber mit einem trockenen Sinn dafür überraschen, werden Sie schnell ins britische Herz geschlossen.

Britischer Humor

GELD

Die gängigen Bank- und Kreditkarten wie VISA und Mastercard werden von den meisten Hotels, Restaurants und Geschäften akzeptiert.

Bank- und Kreditkarten

An vielen Geldautomaten (**cash machine, ATM**) kann man mit Bank- oder Kreditkarten Bargeld abheben.

Geldautomaten

Geldwechsel · Geldwechselstellen gibt es u. a. in großen Hotels, in den Kaufhäusern Harrods, Dickins & Jones, Selfridges, John Barker und Marks & Spencer (Marble Arch und Oxford Street), an vielen U-Bahn-Stationen und Bahnhöfen. Sie bieten jedoch meist einen schlechteren als den offiziellen Kurs an und berechnen z. T. hohe Gebühren: unbedingt vergleichen und höchstens im Notfall benutzen.

GESUNDHEIT

Ärztliche Hilfe · Bürger der Europäischen Union und Schweizer Staatsangehörige haben im Krankheitsfall Anspruch auf kostenlose Behandlung durch den National Health Service; EU-Bürger sollten die Europäische Krankenversicherungskarte dabeihaben.

Brexit · **»Deal«**: voraussichtlich keine Änderung. **»No Deal«**: Die Krankenversicherungskarte wird nicht mehr akzeptiert. Wer Barzahlung vermeiden will, sollte eine Reise-Krankenversicherung abschließen.

LESETIPPS

Tagebücher, Reiseberichte · **James Boswell**: Journal. Sittengemälde aus dem 18. Jahrhundert

Samuel Pepys: Tagebuch. Das pralle Leben im London des 17. Jahrhunderts: Das ist ein Zeitzeugnis allererster Güte und ein großer Lesespaß.

Romane und Erzählungen · **Sir Arthur Conan Doyle**: Sherlock Holmes, Romane und Erzählungen. Viele Fälle des Detektivs spielen im viktorianischen London.

Daniel Defoe: Die Pest zu London. Ein alter Mann blickt nach sechzig Jahren auf die große Pest von 1665 zurück.

Charles Dickens: Oliver Twist.
Das literarische Bild des viktorianischen London.
Oliver Harris: London Stalker. Der dritte und jüngste Thriller um den Detektiv, der in die Abgründe der Londoner Society taucht.

Nick Hornby: High Fidelity. Zeitgeistroman über einen Londoner Mitdreißiger und Arsenal-Fan

NÜTZLICHE ADRESSEN

APOTHEKEN (PHARMACY)

HD BLISS
5 Marble Arch, W 1
Tel. 020 7 7 23 61 16; 9 – 24 Uhr

BOOTS
Viele Filialen der Drogeriekette Boots
haben eine Apothekenabteilung.
114 Queensway, W 2
(nahe Paddington Station),
Tel. 020 7229 11 83
Mo. – Sa. 9 – 24, So. 12 – 18 Uhr

NOTDIENSTE

AMBULANZ
Tel. 999

NOTAUFNAHMEKLINIK
St. Mary's Hospital, Praed St., W 2
Tel. 020 33 12 66 66

NOTFALL-ZAHNARZT
Royal London Hospital,
Whitechapel Rd., E 1
Tel. 020 7 3 77 70 00

---

ders.: Fever Pitch. Hornbys autobiografischer Roman in Tagebuch-
form: Jeder Eintrag thematisiert ein Match des FC Arsenal und was
es mit dem Leben des Autors zu tun hat (te).

Hanif Kureishi: Der Buddha aus der Vorstadt. Klassiker über das Leben der asiatischen Minderheit.

Colin MacInnes: Absolute Beginners. Kultbuch über die Fünfziger
und Sechziger in Notting Hill.

Geoff Nicholson: London, London. Die Wege dreier London-Beses-
sener kreuzen sich: Stuart läuft jede Straße Londons zu Fuß ab, Judy
sucht Sex an möglichst vielen Orten im Freien.

Zadie Smith: Zähne zeigen. Ein eindrucksvolles literarisches Debüt
über Immigrantenfamilien im Norden von London.

Barbara Vine: König Salomons Teppich. Hauptdarsteller dieses düsteren Thrillers: die Londoner U-Bahn.

Peter Ackroyd: London. Die Biografie. Thematisch angelegtes Mam-
mutwerk über Leben und Geschichte in der Stadt.

Stadtporträts

Dumont Bildatlas London: Birgit Weber,Patrenerin des Baedeker-
Autors John Sykes, porträtiert ihr zweites Zuhause, und Georg Knoll
setzt es fotografisch in Szene.

Bildbände

Dumont Bildband London: Die britische Hauptstadt opulent bebil-
dert aus frischen und interessanten Blickwinkeln.

PREISE · VERGÜNSTIGUNGEN

Eine teure Stadt London ist eine der teuersten Städte Europas. Da tut es gut, dass viele Museen, darunter die meisten großen, keinen Eintritt bzw. nur einen freiwilligen Beitrag verlangen. Andererseits sind Publikumsmagneten wie der Tower, Madame Tussaud' oder St Paul's sehr teuer. Für einen Aufenthalt von mehreren Tagen lohnt sich daher u. U. die Anschaffung des **London Pass**, einer Chipkarte, die freien Eintritt in über 50 Attraktionen (z. B. Tower) sowie weitere Vergünstigungen und gegen Mehrpreis auch eine Travelcard bietet. Man erhält ihn bei u. a. bei den Touristeninformationen (▶ Auskunft); Information über Preise und Gültigkeit unter **www.londonpass.com**.

SPRACHE

SPRACHFÜHRER ENGLISCH

AUF EINEN BLICK

Vielleicht.	**Perhaps./Maybe.**
Bitte.	**Please.**
Danke./Vielen Dank!	**Thank you./Thank you very much.**
Gern geschehen.	**You're welcome.**
Entschuldigung!	**I'm sorry!**
Wie bitte?	**Pardon?**
Ich verstehe Sie/dich nicht.	**I don't understand you**
Ich spreche nur wenig (English)...	**I only speak little (English) ...**
Können Sie mir bitte helfen?	**Can you help me, please?**
Ich möchte ...	**I'd like ...**
Das gefällt mir (nicht).	**I (don't) like this.**
Haben Sie ...?	**Do you have ...?**
Wie viel kostet es?	**How much is it?**
Wie viel Uhr ist es?	**What time is it?**

KENNENLERNEN

Guten Morgen!	**Good morning!**
Guten Tag!	**Good afternoon!**
Guten Abend!	**Good evening!**
Hallo! Grüß dich!	**Hello!/Hi!**

Mein Name ist ...	**My name's ...**
Wie ist Ihr/Dein Name?	**What's your name?**
Wie geht es Ihnen/dir?	**How are you?**
Danke. Und Ihnen/dir?	**Fine, thanks. And you?**
Auf Wiedersehen!	**Goodbye!/Bye-bye!**
Tschüs!	**See you!/Bye!**

AUSKUNFT UNTERWEGS

links/rechts	**left/right**
geradeaus	**straight on**
nah/weit	**near/far**
Bitte, wo ist ...?	**Excuse me, where's ..., please?**
... die Bushaltestelle	**... the bus stop**
... der Hafen	**... the harbour**
... der Flughafen	**... the airport**
Wie weit ist das?	**How far is it?**
Ich möchte ... mieten.	**I'd like to hire ...**
... ein Auto	**... a car**
... ein Fahrrad	**... a bike/bicycle**

EINKAUFEN

Wo finde ich ... eine/ein ...?	**Where can I find a ...?**
Apotheke	**chemist/pharmacy**
Bäckerei	**bakery**
Kaufhaus	**department store**
Lebensmittelgeschäft	**grocery store**
Markt	**market**
Was kostet ...?	**How much is ...?**

ÜBERNACHTUNG

Können Sie mir ... empfehlen?	**Could you recommend ... ?**
... ein Hotel/Motel	**... a hotel/motel**
... eine Pension.	**... a guest-house**
Ich habe ein Zimmer reserviert.	**I have reserved a room.**
Haben Sie noch ...?	**Do you have ...?**
... ein Einzelzimmer	**... a single room**
... ein Doppelzimmer	**... a double room**
... mit Dusche/Bad	**... with a shower/bath**
... für eine Nacht	**... for one night**
... für eine Woche	**... for a week**
Was kostet das Zimmer	**How much is the room**
... mit Frühstück?	**... with breakfast?**
... mit Halbpension?	**... with half board?**

ARZT

Ich brauche einen Arzt/Zahnarzt.	**I need a doctor/dentist.**
Ich habe hier Schmerzen.	**I've got pain here.**

BANK/POST/KOMMUNIKATION

Wo ist hier bitte eine Bank?	Where's the nearest bank, please?
Ich möchte ... Euro (Franken) wechseln.	I'd like to change ... Euro (Swiss Francs).
Was kostet ...	How much is ...
... ein Brief ...	... a letter ...
... eine Postkarte ...	... a postcard ...
nach Deutschland?	to Germany?
nach Österreich?	to Austria?
in die Schweiz?	to Switzerland?
Handy, Mobiltelefon	mobile phone
Wo ist das nächste Internetcafé?	Where is the next internet café?
Ich brauche eine Prepaid-Karte für mein Handy.	I need a prepaid card for my mobile phone.
Ich brauche eine Speicherkarte für meine Kamera.	I need a memory card for my camera.

SPEISEKARTE

Breakfast	Frühstück
coffee (with cream/milk)	Kaffee (mit Sahne/Milch)
hot chocolate	heiße Schokolade
tea (with milk/lemon)	Tee (mit Milch/Zitrone)
scrambled eggs	Rühreier
poached eggs	pochierte Eier
bacon and eggs	Eier mit Speck
fried eggs	Spiegeleier
hard-boiled/soft-boiled eggs	harte/weiche Eier
(cheese/mushroom) omelette	(Käse-/Champignon-) Omelett
bread/rolls	Brot/Brötchen/Toast
brown/white toast	Körnertoast/Weißbrottoast
butter	Butter
honey	Honig
jam/marmalade	Marmelade/Orangenmarmelade
yoghurt	Joghurt
fruit	Obst
Starters and Soups	Vorspeisen und Suppen
clear soup/consommé	(Fleisch-) Brühe
cream of chicken soup	Hühnercremesuppe
cream of tomato soup	Tomatensuppe
mixed/green salad	gemischter/grüner Salat
onion rings	frittierte Zwiebelringe
seafood salad	Meeresfrüchtesalat
shrimp/prawn cocktail	Garnelen-/Krabbencocktail
smoked salmon	Räucherlachs
vegetable soup	Gemüsesuppe
Fish and Seafood	Fisch und Meeresfrüchte
cod	Kabeljau
crab	Krebs
eel	Aal
haddock	Schellfisch
herring	Hering

lobster	**Hummer**
mussels	**Muscheln**
oysters	**Austern**
plaice	**Scholle**
salmon	**Lachs**
scallops	**Jakobsmuscheln**
sole	**Seezunge**
squid	**Tintenfisch**
trout	**Forelle**
tuna	**Thunfisch**
Meat and Poultry	**Fleisch und Geflügel**
barbequed spare ribs	**gegrillte Schweinerippchen**
beef	**Rindfleisch**
chicken	**Hähnchen**
chop/cutlet	**Kotelett**
fillet	**Filetsteak**
duck(ling)	**(junge) Ente**
gammon	**Schinkensteak**
gravy	**Fleischsoße**
ham	**gekochter Schinken**
kidney	**Niere**
lamb (with mint sauce)	**Lamm (mit einersauren Minzsoße)**
liver (and onions)	**Leber (mit Zwiebeln)**
minced meat	**Hackfleisch**
mutton	**Hammelfleisch**
pork	**Schweinefleisch**
rabbit	**Kaninchen**
sausages	**Würstchen**
sirloin steak	**Lendenstück vom Rind**
turkey	**Truthahn**
veal	**Kalbfleisch**
venison	**Reh oder Hirsch**
Dessert and Cheese	**Nachspeisen und Käse**
apple pie	**gedeckter Apfelkuchen**
cheddar	**kräftiger Käse**
cottage cheese	**Hüttenkäse**
cream	**Sahne**
custard	**Vanillesoße**
fruit salad	**Obstsalat**
goat's cheese	**Ziegenkäse**
ice-cream	**Eis**
pastries	**Gebäck**
Vegetables and Salad	**Gemüse und Salat**
baked beans	**gebackene Bohnen in Tomatensoße**
baked potatoes	**gebackene Kartoffeln mit Schale**
cabbage	**Kohl**
carrots	**Karotten**
cauliflower	**Blumenkohl**
chips	**Pommes frites**
cucumber	**Gurke**
fritters/hash browns	**Bratkartoffeln**
garlic	**Knoblauch**

leek	**Lauch**
lettuce	**Kopfsalat**
mashed potatoes	**Kartoffelpüree**
mushrooms	**Pilze**
onions	**Zwiebeln**
peas	**Erbsen**
peppers	**Paprika**
spinach	**Spinat**
sweetcorn	**Mais**
tomatoes	**Tomaten**
Fruit	**Obst**
apples	**Äpfel**
apricots	**Aprikosen**
blackberries	**Brombeeren**
cherries	**Kirschen**
grapes	**Weintrauben**
lemon	**Zitrone**
oranges	**Orangen**
peaches	**Pfirsiche**
pears	**Birnen**
pineapple	**Ananas**
plums	**Pflaumen**
raspberries	**Himbeeren**
strawberries	**Erdbeeren**
Beverages	**Getränke**
beer on tap	**Bier vom Fass**
cider	**Apfelwein**
red/white wine	**Rot-/Weißwein**
dry/sweet	**trocken/lieblich**
sparkling wine	**Sekt**
soft drinks	**alkoholfreie Getränke**
fruit juice	**Fruchtsaft**
milk	**Milch**
mineral water	**Mineralwasser**

TELEKOMMUNIKATION · POST

WLAN Sehr viele Cafés, Restaurants und Kneipen bieten kostenloses Surfen; manche Hotels erheben noch eine Gebühr. In über 150 U-Bahn-Stationen ist der Zugang für Kunden der führenden Anbieter (z. B. Vodafone, O2, Orange, Virgin Media) frei.

Telefon Mobiltelefone (»mobile phone«, »cell phone«) wählen sich in das entsprechende britische Partnernetz ein. Roaming-Gebühren fallen bis zu einer bestimmten Obergrenze nicht mehr an. Die meisten öffentlichen Telefone von British Telecom (BT) funktionieren mit Münzen (10, 20, 50 Pence, 1 £), einer Telefonkarte (»Phonecard«, u. a. in Postämtern und Kiosken) und Kreditkarten. Wer von einer BT-Telefonzelle ins Ausland telefonieren will, muss mindestens £ 1 einwerfen. Ermäßigte Tarife gelten wochentags 18 bis 8 Uhr und übers Wochenende.

»Deal«: voraussichtlich keine Änderung, wenn man Kunde bei einem EU- oder einem Schweizer Anbieter ist. **»No Deal«**: Die Begrenzung der Roaming-Gebühren innerhalb der EU wird nach einem harten Brexit nicht mehr gelten.   Brexit

Beim Telefonieren innerhalb Londons wählt man bei Festnetztelefonen die letzten acht Ziffern der Nummer, von Mobiltelefonen muss man die Vorwahl 020 mitwählen.

Die Londoner Postämter sind i.d.R. Mo. – Fr. 9 – 17.30 und Sa. bis 12.30 Uhr geöffnet. Länger offen hat das Postamt in der William IV St. etwas östlich vom Trafalgar Square: Mo. – Fr. 8.30 – 18.30, Sa. 9 – 17.30 Uhr. Postkarten und Briefe bis 20 g nach Festlandeuropa müssen mit £ 1 frankiert werden.   Post

VERKEHR

London Transport betreibt U-Bahnen, Busse, die Docklands Light Railway und den River Bus auf der Themse. In allen U-Bahn-Stationen bekommt man Verkehrspläne. Telefonische Auskunft rund um die Uhr erhält man unter Tel. **020 7 222 1234** oder im Internet unter **www.tfl.gov.uk**. Achtung: **Am ersten Weihnachtsfeiertag** (25. Dezember) verkehren mit Ausnahme des Heathrow und Stansted Express (▶ Anreise) **keine öffentlichen Verkehrsmittel** in der Stadt!   Verkehrs-verbund

Das effektivste, wenn auch viel gescholtene Verkehrsmittel Londons ist nach wie vor die U-Bahn, die »tube« (»Röhre«). Fünf Linien (Victoria, Central, Northern, Jubilee und Piccadilly) verkehren rund um die Uhr, die restlichen sieben in sehr kurzen Intervallen von ca. 5 bis ca. 1 Uhr. Die Stoßzeiten zwischen 7.30 und 9.30 sowie zwischen 16.30 und 18.30 Uhr sollte man vermeiden.   Untergrund-bahn

Die Docklands und Greenwich sind mit der fahrerlosen Docklands Light Railway (DLR) zu erreichen; sie fährt Mo. – Sa. 5.30 – 0.30, und So. 7 – 23.30 Uhr.   Docklands Light Railway

London
Overground

Die oberirdischen Züge präsentieren sich unter dem Namen London Overground. Auch in diesen gilt eine Oystercard oder eine Travelcard. Vor allem im Osten der Stadt, wo das U-Bahnnetz weniger gut ausgebaut ist, ist der Overground ein nützliches Verkehrsmittel.

Bus

Die berühmten – allerdings nur noch in moderner Ausführung – roten Doppeldeckerbusse verkehren von frühmorgens bis Mitternacht. Auf der touristisch interessanten Linie 15 (Trafalgar Square – Tower) werden allerdings noch die alten Routemaster-Busse eingesetzt. Pflichthaltestellen für Busse sind mit weiß unterlegtem Schild, Bedarfshaltestellen, an denen man dem Busfahrer winken muss, sind mit einem rot unterlegten Schild und dem Zusatz »Request« gekennzeichnet. Nachtbusse verkehren nach Mitternacht ein- oder zweimal die Stunde und sind mit einem »N« vor der Liniennummer gekennzeichnet.

Fahrkarten

Das Nahverkehrsnetz ist in sechs Zonen eingeteilt. **Einzelfahrkarten gibt es ab £ 4,90 für die Zone 1** (am Automaten bzw. beim Busfahrer), was sich nicht lohnt, da sich in den zwei inneren Zonen die meisten Sehenswürdigkeiten befinden. **Günstiger sind deshalb immer Travel- oder Oystercards** (s. u.). Kinder unter elf Jahren in Begleitung Erwachsener (in Bussen sogar ohne Begleitung) fahren kostenlos. Eine Einzelfahrkarte ist unbedingt aufzubewahren, da sie am Ende der Fahrt abgegeben werden muss bzw. von der automatischen Sperre einbehalten wird.

Besser:
Travelcard,
Oystercard,
Kreditkarte

Der Kauf einer Travelcard oder einer Oystercard ist auf jeden Fall ratsam. Man erhält sie in den meisten U-Bahn-Stationen und auf Bahnhöfen sowie online.

Die Travelcard ist eine Papierkarte mit Magnetstreifen und wird an der Sperre auf ein Lesegerät gehalten. Es gibt die **Day Travelcard** als »Peak«-Karte (werktags ab 1 Uhr) und »Off-Peak«-Karte (werktags ab 9.30 Uhr sowie samstags oder sonntags durchgehend) mit einem Tag und die **7 Day Travelcard** mit einer Woche Gültigkeit. Die Preise richten sich nach der Zahl der gewählten Zonen (i.d.R. genügen die Zonen 1 und 2: Day Travelcard ab £ 13,50 oder 7 Day ab £ 36 zzgl. Gebühr für die Freischaltung).

Die Alternative zur Travelcard – vor allem, wenn man öfter in London ist – heißt **Oystercard**. Mit dieser aufladbaren Geld-Chipkarte ohne Zeitbegrenzung zahlt man »pay as you go«. Sie wird an der Sperre an den gelb markierten Lesegeräten eingelesen und beim Verlassen der Station wieder ausgelesen. Abgebucht wird der günstigste Tarif für die Fahrt. Man kann die Oystercard auch mit einer Travelcard aufladen und macht so aus ihr ein Tages- oder Wochenticket.

Mit einer **Kreditkarte** (»contactless«) kann auf man dieselbe Art wie mit einer Oystercard bezahlen. Akzeptiert werden Karten von American Express, Mastercard und die meisten Visa-Karten.

Fast so berühmt wie der Doppeldeckerbus und das rote Telefonhäus-   Taxi
chen ist das Londoner Taxi, das **Black Cab**, das mittlerweile aber
auch in anderen Farben unterwegs ist. Man kann es einfach auf der
Straße heranwinken; ob es frei ist, erkennt man am erleuchteten
Schild »FOR HIRE«. Wichtig: **Lizensierte Taxen haben eine Wa-
gennummer!** Die Fahrpreise und Zuschläge sind im Taxi angeführt;
sie sind nach Entfernung und Strecke gestaffelt. Mindestpreis ist
£ 2,20. **Minicabs** können nur direkt bestellt werden. Sie sind günstiger als die Black Cabs.

Man kann tatsächlich auch London per Rad erkunden. Wenn man   Fahrrad
nicht gerade die Hauptverkehrswege benutzt, ist das durchaus ver-
gnüglich und eröffnet neue Perspektiven. Über die Stadt verteilt sind
viele **Verleihstationen von Santander Cycle Hire**, an denen man
mit Kredit- oder Bankkarte ein Rad auslösen kann (£ 2 inkl. einer
Fahrt von 30 Minuten, zusätzliche Gebühr pro weitere 30 Minuten:
£ 2). Weitere Informationen unter
www.tfl.gov.uk/modes/cycling/santander-cycles.

REGISTER

N

O

P

T

BILDNACHWEIS

Interfoto   274, 277, 292, 294
istock/Chris Elwell   319 o.re.
istock/Joe Gough   318 u.re.
istock/lostinbids   318 li.
laif   17 u., 29, 287
laif/Daniel Biskup   278
laif/REA   306
laif/Richard Bryant/Arcaid   98
laif/Pawel Libera/Loop Images   102
   u.li.
laif/Matt Gibson/Loop Images   125 u.
laif/Neil Emmerson/robertharding
   144
laif/Louis-Marie Preau/hemifr
   170
laif/René Mattes/hemifr   205
laif/Charlie Harding/robertharding
   259
laif/Jonathan Player/The New York
   Tim/NYT/Redux   193
laif/Eric Tschaen/REA   13

laif/Martin Sasse   301 u.
laif/Ludovic Maisant/hemifr   127,
   174, 322
Look   9, 319u.re.
Look/Holger Leue   28
Look/age fotostock   336
Mauritius Images   289, 339
Mauritius Images/Steve Vidler 77,
   182 o.
Mauritius Images/alamy   62, 211 u.
Mauritius Images/Travel Collection
   207
Mauritius Images/Neil Setchfield /
   Alamy S 62
National Gallery   149
picture alliance/dpa   34, 68, 95, 228,
   310, 311
Martin Thomas   120, 131
shutterstock/ Aniczkania 18/19

Titelbild: age fotostock / Lookphotos

VERZEICHNIS DER KARTEN UND GRAFIKEN

IMPRESSUM

Ausstattung:
155 Abbildungen, 27 Karten und
Grafiken, eine große Reisekarte

Text:
John Sykes, Rainer Eisenschmid

Bearbeitung:
Baedeker-Redaktion
(Manuela Hunfeld)

Kartografie:
Christoph Gallus, Hohberg
Franz Huber, München
MAIRDUMONT Ostfildern
(Reisekarte)

3D-Illustrationen:
jangled nerves, Stuttgart

Infografiken:
Golden Section Graphics GmbH,
Berlin

Gestalterisches Konzept:
RUPA GbR, München

Chefredaktion:
Rainer Eisenschmid,
Baedeker Ostfildern

21. Auflage 2020

© MAIRDUMONT GmbH & Co KG;
Ostfildern

Anzeigenvermarktung:
MAIRDUMONT MEDIA
Tel. +49 711 450 20
Fax +49 711 450 23 55
media@mairdumont.com
http://media.mairdumont.com

Trotz aller Sorgfalt von Redaktion und Autoren zeigt die Erfahrung, dass Fehler
und Änderungen nach Drucklegung nicht ausgeschlossen werden können. Dafür kann der Verlag leider keine Haftung übernehmen. Jede Karte wird stets
nach neuesten Unterlagen und unter Berücksichtigung der aktuellen politischen De-facto-Administrationen (oder Zugehörigkeiten) überarbeitet.
Dies kann dazu führen, dass die Angaben von der völkerrechtlichen
Lage abweichen. Irrtümer können trotzdem nie ganz ausgeschlossen werden. Kritik, Berichtigungen und Verbesserungs-
vorschläge sind jederzeit willkommen. Schreiben Sie uns,
mailen Sie oder rufen Sie an:

Baedeker-Redaktion
Postfach 3151, D-73751 Ostfildern
Tel. 0711 4502-262
www.baedeker.com
baedeker@mairdumont.com

Printed in Italy

MIX
Paper from
responsible sources
FSC® C015829

ATMOSFAIR

Reisen verbindet Menschen und Kulturen. Doch wer reist, erzeugt auch CO_2. Der Flugverkehr trägt mit bis zu 10 % zur globalen Erwärmung bei. Wer das Klima schützen will, sollte sich nach Möglichkeit für die schonendere Reiseform entscheiden (wie z.B. die Bahn). Gibt es keine Alternative zum Fliegen, kann man mit atmosfair klimafördernde Projekte unterstützen.

atmosfair ist eine gemeinnützige Klimaschutzorganisation unter der Schirmherrschaft von Klaus Töpfer. Flugpassagiere spenden einen kilometerabhängigen Betrag und finanzieren damit Projekte in Entwicklungsländern, die den Ausstoß von

nachdenken · klimabewusst reisen

Klimagasen verringern helfen. Dazu berechnet man mit dem Emissionsrechner auf **www.atmosfair.de** wieviel CO_2 der Flug produziert und was es kostet, eine vergleichbare Menge Klimagase einzusparen (z.B. Berlin – London – Berlin 13 €). atmosfair garantiert die sorgfältige Verwendung Ihres Beitrags. Alle Informationen dazu auf www. atmosfair.de. Auch der Karl Baedeker Verlag fliegt mit atmosfair.

BAEDEKER VERLAGSPROGRAMM

Viele Baedeker-Titel sind als E-Book erhältlich.

A
Algarve
Allgäu
Amsterdam
Andalusien
Australien

B
Bali
Barcelona
Belgien

Berlin · Potsdam
Bodensee
Böhmen
Bretagne
Brüssel
Budapest
Burgund

C
China

D
Dänemark
Deutsche
  Nordseeküste
Deutschland
Dresden
Dubai · VAE

E
Elba
Elsass · Vogesen
England

F
Finnland
Florenz
Florida
Frankreich
Fuerteventura

G
Gardasee
Golf von Neapel
Gomera
Gran Canaria
Griechenland

H
Hamburg
Harz
Hongkong · Macao

I
Indien
Irland
Island
Israel · Palästina

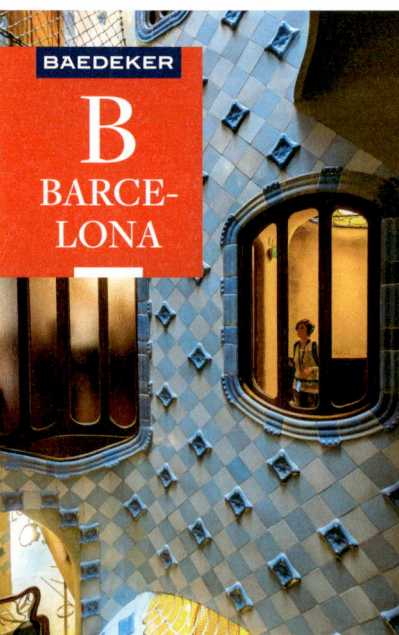

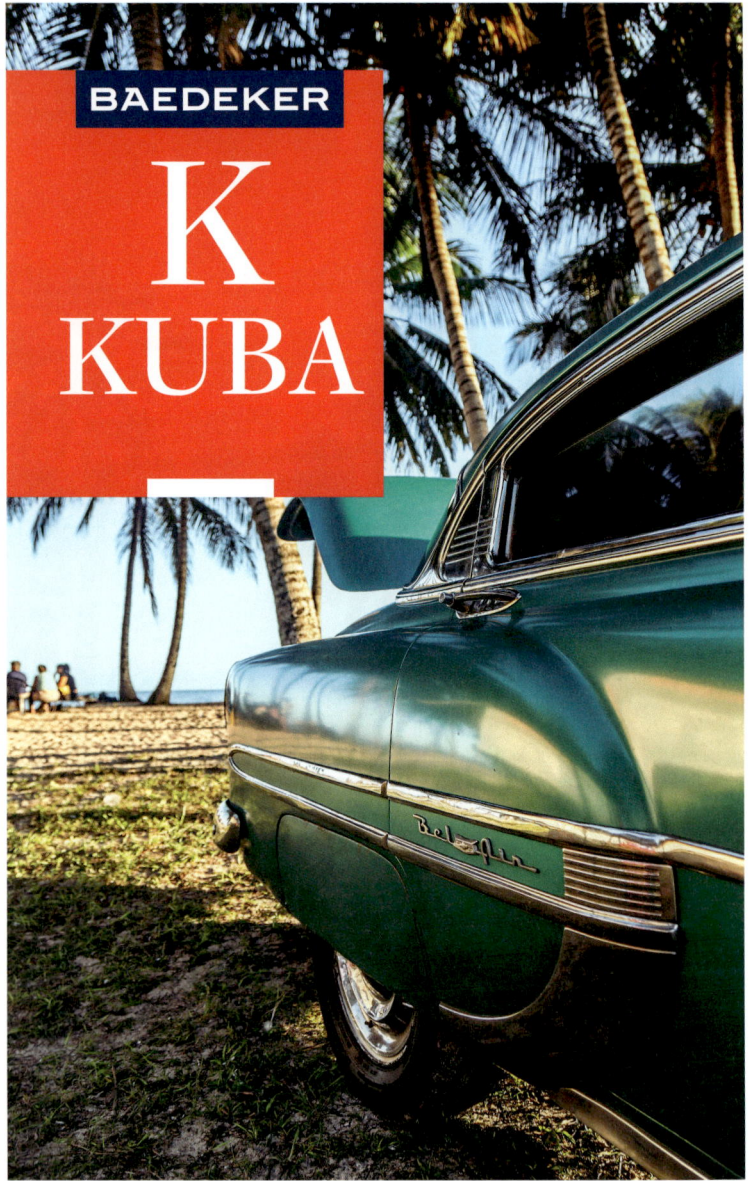

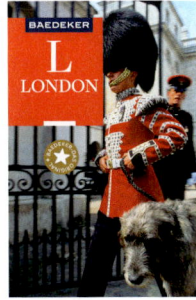
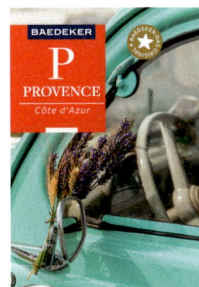

Meine persönlichen Notizen

Meine persönlichen Notizen